"十四五"国家重点出版物出版规划项目

"中国当代哲学史(1949—2009)"丛书

陈卫平 主编

中国当代哲学史史料

文献选编—中 ②

第四卷

陈卫平 主编

广西师范大学出版社
·桂林·

本册目录

从合法性到新范式

——中国少数民族哲学研究困境与出路

宝贵贞*

中国少数民族哲学研究二十多年来取得了可喜的成果。20 世纪 80 年代，少数民族哲学研究兴起之初曾经面临许多质疑，二十多年来，当许多研究成果问世后，新的问题再次出现。少数民族哲学的合法性问题一直困扰着民族哲学的发展。对此，研究者也做出一些回应。早在 1994 年伍雄武先生在《略论少数民族哲学及其意义》一文中就提出了这个问题。近几年来，随着民族哲学研究的深入，其合法性问题重新引起了学界的讨论，涌现了一批优秀的论文。李兵教授的《少数民族哲学何以可能？——兼论民族文化的哲学基础》《少数民族哲学：意义及可能》《少数民族哲学：何为？为何？》等系列论文，对这一问题进行了全面深入的探讨。萧洪恩教授发表《中国少数民族哲学：可能与现实》一文，在前人研究的基础上对这一问题做了全面的总结。然而，中国少数民族哲学研究总有来自不同方面的种种质疑包括作者本人的困惑。本文试图从民族哲学的合法性问题入手，对民族哲学陷入合法性困境的原因进行分析，从而探讨其研究范式转换的新路向。

一

哲学是一个民族思想的权力。如果说哲学是时代精神和民族精神的

---

* 宝贵贞，1965— ，女，中央民族大学哲学与宗教学学院副教授。

精华，那么，哲学必有其时代性和民族性。事实上，"任何哲学都是以民族性的形式、时代性的内容、个体性的风格，探索人类性的问题"①。时代性是指哲学总是凝聚着一定时代的时代精神，传达一个时代的声音。正如现代西方哲学对所谓现代性和后现代性的探讨，体现着对现代西方时代精神的哲学意识。哲学的民族性就在于哲学是民族精神的结晶，换言之，民族精神的自觉认识和理论表达就是一个民族所特有的哲学。"民族性是哲学的存在方式和基本特征，哲学是以民族的生活实践为源泉和基础的。虽然有超越于具体的民族性的哲学价值和观念，但任何现实的哲学都必须以民族哲学的形式才能存在"②。

关于这一点，张志伟指出："中国哲学史最初就是按照西方哲学的模式从浩瀚的古代思想材料中梳理出来的。必须强调的是，当我们说印度与中国不存在西方哲学式的哲学的时候，这并不意味着它们在这一方面比西方落后。不同的民族不同的文化形成了不同的思想观念，它们由于多方面的差异而走了不同的道路，在这里不存在谁高谁低的问题。在某种意义上说，我们可以将不同文化不同民族的最高意识形态称为'思想'，因为思想的普遍性似乎比'哲学'更大一些。"③

文化都是有民族性的，各民族创造自己的文化，各有特异之点（张岱年语）。文化的重要特征之一，就是民族文化的传承性。任何一个民族必有其特殊的哲学思想和精神文化形式。一个民族的历史，既是民族物质文明不断发展和进步的历史，同时又是民族文化积淀、丰富和发展的历史。民族文化的传承性正是民族文化在历史的积淀中的扬弃，民族文化的精华因此而得到不断延续和发展。

基于以上几个层面的考虑，中国少数民族哲学的合法性问题可分为以下几个层面：（1）何为少数民族哲学？即少数民族哲学的定义，同时也是少数民族有无哲学的问题。必须首先对这个问题做出回答，肯定回答的理由何在，怎样为少数民族哲学研究保留属于自己的领地。（2）在

① 李兵：《少数民族哲学：何为？为何？》，《云南大学学报》2004年第5期。
② 曾凡跃：《略论哲学的民族性》，《广西社会科学》2003年第8期；李兵：《少数民族哲学：何为？为何？》，《云南大学学报》2004年第5期。
③ 参见张志伟《西方哲学史》，中国人民大学出版社，2002年，第3页。

肯定少数民族哲学的基础上应当把少数民族哲学的研究界定在哪些方面，有什么可供运用的"文本"资料。怎样区分少数民族哲学研究与少数民族宗教学、民俗学、人类学、文学等方面的研究。特别是在与这些研究共用研究的"文本"时，怎样保持哲学研究的特点，即保持其独立性合法性问题。（3）如何借鉴哲学研究的新范式并立足于少数民族文化返本开新，拓展民族哲学研究进一步发展的空间。

对于中国少数民族哲学研究，学者们尝试着用各种范式进行解读。传统的哲学范式也是被一些学者批判的，用马克思主义哲学理论来理解少数民族哲学的观点有两种："一种是不加'批判'地承诺少数民族拥有自己的哲学，然后用传统马克思主义哲学原理的理解模式和概念框架，按照世界观、辩证法、认识论、历史观等构成要素，……牵强附会地贴上'唯物主义'或'唯心主义'、'辩证法'或'形而上学'的标签。另一种是从教科书关于哲学的定义出发，否认少数民族拥有自己的哲学，放弃从哲学的意义上对民族文化进行探究。"①李兵把这两种解答理解为："虽然出发点不同，但存在的弊端却是相同的，在基本观点和思维方式上都带有浓厚的教条化、简单化、外在化。"针对这两种认识误区，李兵教授认为应当从生存论的范式出发，把哲学理解为："以某种文化样式对关于自身存在的这种自我意识的表达。"从这个意义上讲，只要有人的存在，就会有某种形态的哲学存在。在此基础上他把少数民族哲学定义为："它是存在于少数民族各种文化样式或'文本'形式之中，以少数民族哲学理解和把握世界的各种独特方式……为中介，所反映出来的他们关于自身存在的自我意识，以及他们对'思维和存在关系问题'的思索和'觉解'。"②

伍雄武则认为："哲学是时代精神的精华。一个民族，不论其大小，不论是否如蒙古族那样有过震惊世界的伟绩，只要他战斗过，拼搏过，生存和发展至今，它就一定有自己民族精神的精华——哲学思想。"③"多元一

---

① 李兵、吴友军：《少数民族哲学何以可能——兼论民族文化的哲学基础》，《学术探索》2002 年第 3 期。
② 李兵：《少数民族哲学：何为？为何？》，《云南大学学报》2004 年第 5 期。
③ 伍雄武：《略论少数民族哲学及其意义》，《云南师范大学学报》（哲学社会科学版），1994 年第 6 期。

体是中华民族的内部格局，也是中华各民族的根本关系。我们要从这种关系来理解各民族哲学思想发展的历史过程和深层意义，同时，因为哲学是民族文化的核心，我们只有深入研究和揭示了各民族哲学思想的多元一体关系，也才能深层地、核心地认识各民族文化的多元一体关系。"①

比较上述研究范式对少数民族哲学的定义性阐释，我们不难发现，随着研究的深入，少数民族哲学研究的范式不断转换更新，为我们研究民族哲学提供了新的视角。不论从上述哪种范式出发，我们必须以什么是哲学为基点，弄清楚人们对少数民族哲学是从哪个层面上肯定的，而其他人的否定又是从什么意义出发的。如果从传统的马克思主义哲学原理出发，把哲学理论分成唯物论、认识论、唯物史观、价值论几个部分，并以这种方法为指导研究少数民族哲学，就很容易用这些模式来裁剪少数民族哲学的"文本"资料，这犹如站在民族文化之外来看待民族哲学，可能造成与原有民族文化相分离的误读，甚至制造出许多冠之以哲学之名的常识。而站在严格的理论哲学的角度来看待少数民族思想文化，当然很难找到与"哲学"相符的内容，这种不加仔细分析的否定，同样是不可取的。而"文化构成说"认为哲学是文化的重要构成部分，在历史上少数民族创造了丰富多彩的物质文明和精神文明，其背后就一定有哲学的支撑，这种肯定似乎过于宽泛，削弱了民族哲学应有的意义。

如此说来，生存论范式定义下的少数民族哲学为其研究限定了"文本"范围，也为进一步的"文本"解读和论证少数民族哲学在民族文化中的重要地位奠定了基础。

二

通过以上分析，我们大体上确定了少数民族哲学的研究范围，从而使少数民族哲学与其他哲学相区别开来；通过对文本的不同解读，我们把少数民族哲学与少数民族其他的文化类型区别并提升出来。这些"文本"包括哪些方面呢？

---

① 伍雄武：《中华民族多元一体关系与少数民族哲学研究》，《玉溪师范学院学报》2004 年第1 期。

李兵教授在生存论的范式下，对这些文本形式作出了精确的概括：（1）生产方式和生活方式。由于我国许多少数民族没有自己的文字，对他们的生产方式和生活方式的"从后思考"即是对这一种特殊哲学"文本"的解读。（2）神话传说和民间故事。其中内含着该民族对人与自然、人与社会、人与他人、人与历史等关系，本质上亦即思维与存在的关系的把握和理解。（3）宗教典籍和信仰活动。对流传在这些民族中的被不同程度"民族化"的宗教典籍，特别是对少数民族现实信仰观念和行为的研究，是少数民族哲学研究的重要组成部分。（4）器物文化和审美观念。器物是人们劳动成果的凝结，是人的本质力量的现实化。其表现形式是多种多样的，如民族建筑、民族服饰、民族生产生活器具等。审美则是人对存在于物象中的本质力量的感性直观，审美观念就是经过某种条理化梳理的审美情感。对器物文化和以自觉或不自觉的方式表现出来的审美观念的反思，也是获取对少数民族生存方式超越性和理想性维度把握的重要路径。① 这四大"文本"的概括集中体现了少数民族文化生活的样式，相较于以往的少数民族哲学研究模式，生存论模式和文化构成说模式的高明之处就是没有机械地从外部对这些"文本"进行裁剪，使之符合某种哲学思想，而是深入少数民族文化内部，把哲学看成是其文化不可或缺的重要部分，通过对这些"文本"的解读，反思、概括出该民族的哲学。

然而这也造成了少数民族哲学与其他民族文化研究的混同，尽管其强调了哲学的"反思"性、形式与内容的统一性、"前提性批判"的功能，但并没有以实际的具体操作手段区分少数民族哲学与少数民族其他文化的研究。特别是二者共用同一种文本时，少数民族哲学研究应充分把握该民族当时的时代精神，和哲学作为该民族的智慧的结晶，把对具体文本的研究交给如文学、宗教学等一些具体学科，从而使哲学更清楚地把握这些具体文本背后的意义，突出少数民族哲学的理论层次，同时也是对该民族特定时代的问题思考和民族智慧的总结。

---

① 李兵、吴友军：《少数民族哲学何以可能——兼论民族文化的哲学基础》，《学术探索》2002 年第 3 期。

对少数民族哲学的合法性问题的另一种解决方式是 2004 年萧洪恩提出的，"'中国少数民族哲学何以可能'这个问题的解决可归结为两种理路：一种是改变范式，如'中学西范'，目前多取这种理路；一种是寻找内部支撑，如文化构成说等。我们认为由于哲学民族性本身已不只是一个价值判断，而且是一个事实判断，因此各民族都有自己的哲学。其合法性是不应成为问题的，但是对民族哲学研究范式的选择却有一个合理性的问题，即如何才能更合理地理解这一民族哲学的问题"①。为此他提出从以下几个方面论证少数民族哲学是可能的："（1）哲学的民族性：少数民族哲学可能的客观依据；（2）理论的适用性：少数民族哲学可能的理论依据；（3）哲学的特殊性：少数民族哲学可能的现实依据；（4）哲学的内在性：少数民族哲学成立的构成根据。"②通过把合法性问题转换为合理性问题，萧洪恩使少数民族哲学得以在事实上和学理上成为可能，并且通过哲学本身的特性，寻求少数民族哲学成立的客观依据和理论上的合理性以及区别于其他哲学的特性。着力从哲学内部诸要素，即哲学是时代精神的精华、哲学是面向未来之思、哲学特有的研究对象和运用的工具寻求新的研究范式。

三

通过对少数民族哲学合法性问题及其研究范式的梳理，我们不难发现，找到合理的研究各民族哲学的新范式是推动少数民族哲学发展的关键。然而，由于中国各少数民族发展不平衡，有些民族的社会历史、思想文化发展比较成熟，有些民族直至 20 世纪 50 年代还处于农奴制或奴隶制社会，甚至有些民族还在阶级社会的门槛前徘徊，没有经历过人类社会历史发展的各个阶段，加之很多民族没有自己的文字，要想写出系统的哲学社会思想史，其困难可想而知。再者，以经过 20 世纪 50 年代的民族识别确定的民族单位来简单地分割中国少数民族思想文化这个复杂的系统，或者从 55 个民族单位出发来构建 55 种哲学思想，似乎有悖

---

①　萧洪恩：《中国少数民族哲学：可能与现实》，《江汉论坛》2004 年第 10 期。
②　同上。

历史的辩证法，真正运作起来难度也太大。

所以，少数民族哲学研究，可以不必完全拘泥于现代中国各个民族的划分，我们可以尝试把众多民族划分为几个不同的文化圈（或文化区），比如，可以按传统宗教信仰把北方的少数民族归为原生型萨满教文化圈、藏传佛教文化圈、伊斯兰教文化圈、西南地区原生型宗教文化圈等。对同属于一个文化圈的几个民族的哲学和社会思想进行综合研究或比较研究，还可以对几个文化圈之间的民族哲学进行横向比较研究。

第一，中华民族多元一体的格局决定了各民族思想文化的共生性和多元性。这样，我们既可以在共时态上获得对一些民族文化的总体性把握，也能够在历时态上辨析各民族文化历史性演变的逻辑和规律；在多样性中发现统一性，在统一性中展现多样性，使人们不至于沉醉于扑朔迷离的文化现象而止步不前，而是能够理性地捕捉到一种文化的内在逻辑。少数民族哲学研究应当以凝聚民族精神的宗教信仰为主线，注重从宏观上把握问题。

第二，宗教文化对中国少数民族哲学思想的影响颇大（尤其是原生型宗教、藏传佛教、南传佛教、伊斯兰教对少数民族影响极大），形成了富有特色的宗教哲学。宗教文化是少数民族哲学研究的重要组成部分，这不仅因为哲学被概括地理解为"对一切存在的反思"，当然也包括对宗教的反思，而且，一定程度上对少数民族宗教信仰从哲学的视阈进行研究，可以更为集中地揭示和把握少数民族关于宇宙存在、社会历史、人生价值的思考。而一种宗教类型对信仰它的各民族往往有着相似的影响。对很多民族而言，宗教信仰已经成为他们的生活样式。不讲宗教信仰，他们的哲学就没有源头；离开他们的信仰，其哲学甚至可以说没有内容。

民族哲学研究范式的转变，使少数民族哲学真正成为少数民族文化活的灵魂，从而使少数民族哲学文化走出一条"返本开新"的道路。站在生存论的立场上，立足于丰富的民族文化资源，能够更好地体会各民族基于自身独特的生存方式所领悟到的关于人类存在的自我意识和自我觉解，推动民族哲学研究跨入新的更高阶段！

原载《内蒙古师范大学学报》2009 年第 1 期

中国少数民族哲学史研究30年述评

伍雄武*

“少数民族哲学”这一概念及研究方向，20世纪80年代以前，在中国学术史上从未出现过。20世纪50年代，苏联曾出版过《苏联各民族哲学及社会思想史》一书，中国出版了译本，但没有多大反响。因此，在中国学术史上，“少数民族哲学”是一个全新的概念、全新的研究方向和领域。那么，它是怎样提出来的，又是怎样获得它的价值和意义而为人们所研究的呢?

一、“少数民族哲学”的提出和论争

“少数民族哲学”这一概念及研究方向，首先是从政治和道义的角度提出来的。1979年在济南召开全国哲学、社会科学规划会，会上少数民族学者蒙和巴图（蒙古族）、果吉宁哈（彝族）提出：现今的中国哲学史（著作）没有写少数民族哲学的，因此应当改称“汉族哲学史”。这首先是从民族平等的政治原则和精神理念提出的尖锐问题。于是，有关领导和参会学者高度重视、积极回应这一提问。《光明日报》(1979年6月28日）发表署名邓祥的文章:《建议重视我国少数民族的哲学思想研究》。文章指出：“研究我国少数民族的哲学思想，是摆在哲学工作者面前的一项光荣而艰巨的任务，对于繁荣我国的学术，增强各民族之间的团结，是非常必要的”，“无视或轻视少数民族的哲学思想，既不符合我国的历

* 伍雄武，1939— ，男，云南师范大学哲学与民族文化研究所教授。

史实际，也不符合各族人民的愿望"。在北方，内蒙古自治区建立蒙古族哲学研究室；在南方，要求中国哲学史学会云南省分会等组织开展研究。1981 年"中国北方少数民族哲学及社会思想史学会"成立，1983 年"中国南方少数民族哲学及社会思想史学会"成立，由此展开了有组织的研究。随后，《中国大百科全书·哲学卷》《哲学大辞典》等大型工具书都要求设立少数民族的条目，并推动学者们展开研究。

当然，"少数民族哲学"并不只是适应政治需要而设定的概念和研究方向，当时从学术的角度也提出了这个问题。首先，中国哲学史的系统性、全面性问题。1981 年《中国哲学史研究》第 4 期发表李国文的论文《纳西族古代哲学思想初探》，该杂志在《编者按》中指出："少数民族的哲学思想，是中国哲学史的重要组成部分，积极开展这一方面的研究是建立完整的系统的中国哲学史体系的必要条件。由于种种原因，三十年来这一工作没有得到应有的开展，致使这一研究课题至今还是空白。"这按语实际代表了中国哲学史学会的意见。1982 年 8 月中国北方少数民族哲学及社会思想史学会举行第一届年会和学术讨论会，次年出版会议论文集，任继愈先生在文集的序言中说："1949 年全国解放后……我们的中国哲学史这门学科也出现了前所未有的新气象，可以说是十分兴旺发达。美中不足的是对少数民族的哲学史研究得很不够，它不能如实地反映我国各民族的哲学史现状，显得中国哲学史的内容不够充实。中国哲学史，是中华各民族共同创造的认识史，民族有大小，各民族人口有多有少，但各民族都对中华民族的文化建设做出了各自的贡献"，"对各民族的哲学思想研究得越彻底，思想资料掌握得越丰富，将来我们写出的中国哲学史的内容就越充实，从而做到名副其实的'中国哲学史'"。①其次，改革开放后，中华民族的民族意识觉醒，各少数民族的民族意识也日益觉醒，纷纷要求继承、弘扬本民族文化，由此各族儿女积极整理、研究本民族的思想、文化遗产，并进而要求研究本民族重要的、有代表性的哲学思想，如蒙古族学者就展开对成吉思汗、忽必烈以及尹湛纳希、

---

① 中国北方少数民族哲学及社会思想史学会编：《中国少数民族哲学思想史论集》，中国社会科学出版社，1985 年，第 1、3 页。

罗布桑却丹哲学思想的研究。再次，当时国内兴起关于哲学的起源和萌芽的研究以及原始意识、原始思维的研究，这方面的研究必然要触及少数民族哲学的问题。1983 年任继愈先生主编的《中国哲学发展史》（先秦卷）出版，第一章《中国原始社会思维的发展和世界观的早期形态》，支撑它的史料来自两方面：考古发掘的远古遗物和现实调查的少数民族资料。与此同时，一些学者发表了从少数民族资料研究原始思维和哲学起源的论文，如刘文英先生的《纳西族〈创世纪〉中哲学思想的萌芽》[①]，李国文的《从象形文字看古代纳西族时间观念的形成》[②]。这些研究明确地肯定，若要研究哲学的起源和原始思维问题，就必须研究少数民族。

由于政治和学术两方面的推动，从 20 世纪 80 年代起少数民族哲学思想的研究就蓬勃地开展起来。但是，从开始它就为一个根本性的问题所纠缠和困扰：少数民族究竟有没有哲学思想？虽然没有人公开发表文章提出这个问题，但是一些同志在不同的会议上反复提出过这个问题，同时，作为一个新的研究领域和方向，"少数民族哲学"也不可避免地要面对这个问题。如 1981 年底 1982 年初，吴德希、佟德富两位就说："在我国，开展少数民族哲学思想的研究是一项新课题。两年多来，我们在着手开展这项研究工作时，碰到了一些亟待解决的问题，比如，我国少数民族有无哲学思想？开展这项研究工作有没有意义？许多同志对这些问题都持肯定态度，但也有些同志抱怀疑乃至否定的态度。"[③]

人们普遍认为，要回答这个问题，首先就是拿出资料来。拿出有关少数民族哲学思想的资料，就证明少数民族有哲学思想，证明这个研究方向能够成立。于是中国哲学史学会云南省分会从 1980 年开始，连续 6 年编选并内部出版了 6 本《云南少数民族哲学及社会思想资料选辑》；内蒙古社会科学院蒙古族哲学思想研究室，用蒙汉两种文字编印了《蒙古族哲学及社会思想史资料》以及有关的文献，如《蒙古秘史》《蒙古源流》等；贵州省哲学学会编印了《贵州省少数民族哲学及社会思想资料选编》。

---

① 刘文英：《纳西族〈创世纪〉中哲学思想的萌芽》，《哲学研究》1981 年第 4 期。
② 李国文：《从象形文字看古代纳西族时间观念的形成》，《哲学研究》1983 年第 1 期。
③ 吴德希、佟德富：《谈谈少数民族哲学研究》，《中央民族学院学报》1982 年第 1 期。

与此同时，20 世纪 80 年代发表了一大批有说服力和较高学术水平的论文，它们从著作、文献、人物等各方面论述：少数民族有丰富多彩的哲学思想。如李延良对彝族三部重要文献《勒俄特依》《宇宙人文论》《宇宙源流》的论述；王天玺对彝族著作《生命的根源》的论述；买买提明·玉素甫对 11 世纪维吾尔族思想家玉素甫·哈斯·哈吉甫的论述；巴干对忽必烈的论述；武国骥、李凤鸣对清代蒙古族思想家罗布桑却丹的论述；李国文对纳西族史诗《创世纪》《崇搬图》的论述；龚友德对白族思想家高奣映、王崧的论述；伍雄武对傣族古代著作《哇雷麻约甘哈傣》（论傣族诗歌）和《咋雷蛇曼蛇勐》（谈寨神勐神的由来）以及白族思想家李元阳的论述。在数年之中，他们对数十个少数民族的众多的著作、人物以及口传的文本进行诠释，指出它们包含着丰富的哲学思想。到 20 世纪 90 年代初，在各种报刊和学术会上发表的论述少数民族哲学思想的论文已经非常多了，汇集成文集不下十余种，如《蒙古族哲学思想史论集》《藏族哲学思想史论集》《朝鲜族哲学思想史论集》《彝族哲学思想史论集》《白族哲学思想史论集》《纳西族哲学思想史论集》《傣族哲学思想史论集》《中国南方少数民族哲学思想研究》《西南少数民族哲学社会思想史论文集》《云南少数民族哲学思想史论文选集》，等等。在此基础上，从 20 世纪 90 年代中后期起，陆续诞生了多部分族别撰写的哲学思想通史，如《白族哲学思想史》（龚友德著，云南人民出版社，1992 年）、《蒙古族哲学思想史》（乌兰察夫等著，内蒙古大学出版社，1994 年）、《蒙古族哲学史》（武国骥主编，内蒙古文化出版社，1994 年）、《壮族哲学思想史》（黄庆印著，广西民族出版社，1996 年）、《彝族哲学思想史》（伍雄武、普同金著，民族出版社，1998 年）、《傣族哲学思想史》（岩温扁、伍雄武编著，民族出版社，1997 年），以及《中国苗族哲学社会思想史》（石朝江著，贵州人民出版社，2005 年）、《土家族哲学通史》（萧洪恩著，人民出版社，2009 年）。与此同时，由萧万源、伍雄武、阿不都秀库尔主编的《中国少数民族哲学史》也编写完成和出版（安徽人民出版社，1992 年）。包括 24 个少数民族的哲学思想史，其中涉及人口较多、文化较为发达的各个民族，如蒙古族、藏族、维吾尔族、壮族、彝族、白族、苗族、瑶族、傣族等。至此，少数民族有没有哲学？少数民族哲学研究方向能否建立？这两个问题似乎解决了。少数民族有哲学，可以研究少数民族哲学，应当是不成问题的了。

但现实并非如此，因为，对于已发表的思想资料和研究成果，它们算不算哲学，许多人大表怀疑！如李国文先生，虽然在 1981 年就发表论文《纳西族古代哲学思想初探》，后来著有《纳西哲学与东巴文化》《先民的智慧——彝族古代哲学》（合著）等，在研究少数民族哲学方面卓有成绩，但是在 2007 年和 2008 年的两个学术讨论会 ① 上仍明确地说："我这些年搞的东西（指资料和论著）算什么我不知道，你说是什么就算什么！"如果说，连李先生的上述论著都不算哲学，那么，20 多年来大家发表的上述著作和资料算不算哲学就大成问题了！少数民族有没有哲学，"少数民族哲学"能否成立，依然是问题！

许多学者注意到这种情况。2004 年李兵同志在《少数民族哲学：何为？为何？》一文中就说："少数民族到底有没有自己相对独立的哲学？这个问题直到现在为止在学理上并没有被认真地追问过。也许有人会反驳：不是已有为数不少的冠名为'少数民族哲学'的论著和论文见之于世了吗？然而，我们认为，'名称并不等于概念'。"②2008 年中国少数民族哲学及社会思想史学会在昆明召开年会，宝贵贞同志在其参会论文《从合法性到新范式——中国少数民族哲学研究困境与出路》中又说："中国少数民族哲学研究二十多年来取得了可喜的成果。20 世纪 80 年代，少数民族哲学研究兴起之初曾经面临许多质疑，二十多年来，当许多研究成果问世后，新的问题再次出现。少数民族哲学的合法性问题一直困扰着民族哲学的发展。"她所说的"新的问题"，就是李兵说的"到现在为止在学理上并没有被认真地追问过"的老问题，即少数民族有没有哲学？"少数民族哲学"能否成立？或者说是少数民族哲学的合法性问题。这实际上是从一开始就存在的问题，只不过在三十年后改换成另一种方式提出：现今被冠名为"少数民族哲学"的资料和论著，算不算哲学？（这种冠名合法吗？）

---

① 2007 年"少数民族哲学理论及编写工作会"（云南景洪），2008 年"少数民族哲学——宇宙观及其人类学意义讲座研讨会"〔北京〕。

② 李兵：《少数民族哲学：何为？为何？》，《云南民族大学学报》2004 年第 3 期。

　　这个问题并非没有被认真追问和回答过。早在 1982 年吴德希和佟德富两位就指出："少数民族有无哲学思想的争论，实质上是如何理解或看待哲学的问题。"即认为少数民族有无哲学思想的问题，要追问到"如何理解或看待哲学的问题"上来。这几乎是大家的共识。但是，为此要如何理解哲学？那就看法各异了。

　　首先，吴德希和佟德富两位认为："……哲学是关于世界观的学问，是关于整个世界发展的一般规律的理论……能够形成这种理论体系的民族起码应当具备如下基本条件：这个民族已进入阶级社会，产生了体力劳动和脑力劳动的分工，有自己的语言和文字，并有一定发展程度的科学文化知识等。每一个民族，不论人数多少，发展程度高低，只要具备这些基本条件，在改造自然和社会的斗争实践中，在从事科学实验的活动中，肯定会产生对自然和社会的一定程度的认识，并对这两方面的知识进行某种程度的概括和总结，从而形成这个民族的某种哲学思想。"[1] 这是源于当时大学哲学教科书的观点，也是 20 世纪研究少数民族哲学的主流观点。绝大多数学者都认为这是马克思主义的观点，都以这种观点为指导来发掘、整理、研究、诠释、评价少数民族哲学思想，指出：在少数民族的著作、文献、口传文本等中，包含着"关于整个世界发展的一般规律的理论"或理论萌芽，如包含着对立统一规律的理论或理论萌芽、关于社会从低级向高级阶段发展的理论或理论萌芽，等等。

　　对这种观点，长期以来人们都不甚满意。2002 年，李兵和吴友军发文对之提出尖锐批评："……无论是承认还是否认少数民族拥有本民族的传统哲学，都是基于传统教科书哲学知识论的哲学观所做出的判断，而这种哲学观是不适宜于观照少数民族哲学的。"[2]2004 年李兵又说："少数民族哲学只能在'生存论'哲学的意义上才能得以'敞开'，少数民族哲学研究只有超越知识论的哲学观，才能够获得充分的学理根据和理论资源。"[3] 那么何谓生存论意义上理解的少数民族哲学呢？李兵说："它是存在于少数民族各种文化样式或文本形式之中，以少数民族理解和把握世

①　吴德希、佟德富：《谈谈少数民族哲学研究》，《中央民族学院学报》1982 年第 1 期。
②　李兵、吴友军：《少数民族哲学何以可能？》，《学术探索》2002 年第 3 期。
③　李兵：《少数民族哲学：何为？为何？》，《云南民族大学学报》2004 年第 3 期。

界的各种独特方式（生产方式和生活方式、神话传说和民间故事、宗教典籍和信仰活动、器物文化和审美观念等）为中介，所反映出来的他们关于自身存在的自我意识，以及他们对'思维和存在关系问题'的思索和'觉解'。"①对应用"传统教科书哲学知识论的哲学观"来研究少数民族哲学，加以全盘否定，显然失之偏颇。一者，这种哲学观虽不全面，但并不全错；二者，此前以之为指导所做的少数民族哲学研究，并不是一无是处、毫无价值的。其实，三十年来少数民族哲学研究的指导理论，也并不是只有"知识论哲学观"一种，从人的生存实践和各种文化样式中来认识各民族哲学也不乏其人。

在 1995 年出版的个人专著《中国少数民族哲学思想简史》的《绪论》中，伍雄武就提出，可以从生存实践和文化结构两方面来理解少数民族哲学。生存实践方面：我国 9 000 多万的少数民族兄弟，"在数千年的历史中，与自然斗争、与社会斗争，战胜各种艰难、险阻而生存和发展，创造了丰富多样的物质财富和灿烂的精神文明。此中，各民族一定有鼓舞自己奋进的精神力量，一定有维系民族群体的精神纽带。这种精神力量和精神纽带，凝聚为观念，结晶为理论，有的，由理论而成体系，可谓之哲学；有的，虽未成体系，却深含哲理，亦可谓哲学思想"②。从文化结构来说，"一个民族，它的文化总是多方面的、丰富多彩的，包括文学、艺术、宗教、道德、科学以及风俗习惯，等等。然而，这众多的方面绝不是互不相关、散漫混乱的，而是由某些深层的、普遍的、核心的观念，把它们贯穿和联系起来，整合、建构成为有机的文化整体。我认为，这种贯穿各种文化形式中的深层、普遍、核心的思想观念，就是哲学思想和哲学观念……哲学既是一种科学，它和科学一起成长，同时，哲学也是一种文化，它也和文艺、宗教、道德等文化现象一起成长，因此，哲学既和科学相互渗透、相互包含，同时也和其他文化形式相互渗透和包含；我们既要从科学中，也要从文化中来发掘、认识和评价少数民族哲学思想"③。从 1991 年发起和主持召开"中华民族精神——各民

---

① 李兵：《少数民族哲学：何为？为何》，《云南民族大学学报》2004 年第 3 期。

② 伍雄武：《中国少数民族哲学思想简史》，云南人民出版社，1995 年，第 1 页。

③ 同上书，第 2—4 页。

族精神的融汇与凝聚全国学术讨论会"后，伍雄武在撰写《彝族哲学思想史》《傣族哲学思想史》的同时，则致力于中华民族精神的研究。由此，他总结出研究少数民族哲学的"哲学—民族精神—民族文化"模式。2007年中国少数民族哲学及社会思想史学会在呼和浩特召开年会，伍雄武在参会论文《哲学、民族精神与构建和谐社会》中说："哲学除了时代性和阶级性之外，还有民族性。哲学有民族性，要义不在于说：哲学的普遍原理、范畴在不同的民族中表现出特殊的民族形式。所谓'民族特色、民族性只是形式的问题，科学的、普遍的原理才是内容'，以这样的观点来理解民族性，我以为没有抓住民族性的要点。哲学的民族性就在于哲学是民族精神的结晶，或者说，民族精神的自觉认识和理论表达就是该民族特有的哲学。任何一个民族都有自己的民族精神，但是，有的民族能自觉地认识和理论地把它表达出来，于是它就有自己的哲学（哲学学说）；有的民族尚未做到，或没有完全做到这一点，从而它只有哲学思想……民族精神贯穿在一个民族的全部文化生活中，决定着一个民族的文化模式的性质、特点，决定着它的未来趋向和前途。这样，当我们理解了一个民族的民族精神的时候，那才可能把握这个民族各种文化形态的精髓和根本特征；反之，我们又只有从一个民族的各种文化形态中，才可能深切地体会和认识到该民族的民族精神。而哲学是民族精神的结晶和自觉表达，由此也就形成了"哲学—民族精神—民族文化"的认识模式，即从哲学或哲学思想去认识民族精神，再从民族精神去认识民族文化以及整个民族的历史与现实。或反过来，从民族文化的各个表现形态，如宗教、道德、文学、艺术、习俗、制度……去理解和概括民族精神，再从民族精神去理解和认识一个民族的哲学或哲学思想……回顾20多年来我们对中国少数民族哲学、社会思想的研究，大体上接近上述研究模式。在我们的研究论著中，引述了许多诗篇（创世史诗、叙事长诗等）、文学著作、历史著作，根据它们以及宗教、道德的制度、习俗来论述少数民族的哲学和哲学思想。有的人认为这不是哲学史或哲学思想史的研究。我认为，他们之所以如此偏见，乃因其不理解我们的研究模式。再有人认为，哲学是科学，它研究的是普适的科学原理和原则，因此哲学原理和数学原理一样的，没有什么民族性的问题，而只有水平高低的问题。由此，他们认为少数民族哲学的研究只有历史的价值，而没有现实的意义，因为少数民族哲学只是人类认识的早期的、低级的阶段。我认为，他们持这样的看法乃因其不理解民族精神的重要地位和历史作用，不理解哲学与民族精神的关系。我们对少数民族哲学及社会思想的研究，需要不断地改进、提高、创新，但是，我们已有的正确而有开拓性的观点和方法，则要继续坚持、发展，这样才能保持学科的健康发展。"

由此可见，少数民族有没有哲学、"少数民族哲学"能否成立的问题以及研究的基本原则和方法问题，实质上是哲学观的问题，而哲学观是开放的、多样的，我们不应囿于一己之见而否定其余。这和整个中国哲学史学科遭遇的情况是类似的。中国哲学史学科发展至今一个多世纪，虽然产生了众多杰出的学者、大师，发表了许多重要的传世之作，但是，至今也还有人不时提出其"合法性"问题，质疑其汗牛充栋的论著讲的是不是"哲学"！问题的实质仍在哲学观。这种共同的遭遇和处境正说明，中国少数民族哲学和中国哲学是"一家人"，少数民族哲学是中国哲学的一个部分，甚至就哲学的民族性问题而言，可能是具有典型意义的部分。所以，少数民族哲学的上述问题的解决，有待于整个中国哲学史学科问题的解决；反之，我们对上述少数民族哲学问题的探索，或许作为一个特定的典型，对整个中国哲学史学科的建设会做出有益的贡献。

二、丰富多彩的专题研究

中国 55 个少数民族，虽然就人口数量来说不到全国总人口的十分之一，但是，不论其生存实践方式或文化类型，都显示出异彩纷呈的多样性，从而为哲学思想史的研究提供了丰富、深厚的资源基础。二十多年来，各民族学者从数十个民族的多种不同的文化形态入手，研究了众多的专题，提出了许多极富启发的见解。

（一）原始意识、原始思维与哲学的萌芽

研究发生学、史前史，是认识事物的本质和发展规律的重要途径。

达尔文写《物种起源》，恩格斯写《家庭、私有制和国家的起源》就是如此。因此哲学应当有自己的发生学，哲学史应当写哲学史前史，而且，哲学作为知识的总结、文化的核心，它的发生、萌芽与整个人类意识、思维和文化的发生密不可分，所以对原始意识、原始思维以及哲学的萌芽的研究，是相互结合、密不可分的。对于原始意识、原始思维以及哲学的萌芽的研究来说，少数民族哲学学科占有重要的地位；少数民族哲学的研究是它们的重要基地。

少数民族哲学的研究，从一开始就注意到这个方面。1981 年，在《云南少数民族哲学及社会思想资料选辑》（第一辑）的《序言》中伍雄武提出：云南一些少数民族在中华人民共和国成立前曾处于原始社会末期，其思想、意识和文化都处于原始阶段，或俱留着原始的遗迹，因此"从云南少数民族现实的和不久前的生活中，我们可以得到许多关于哲学、宗教、伦理、审美等观念以及逻辑思维发生、发展的直接而生动的材料……如果把这些材料和地下发掘出来的殷商以前的文物做一番比较研究，很可能会得出许多有启发的结论"①。1983 年他发表论文《对哲学萌芽的探索——云南少数民族原始意识研究之一》②，文中对"研究哲学萌芽的重要意义"和"云南少数民族哲学思想对研究哲学萌芽的意义"做了专门的论述。1984 年《哲学研究》编辑部和云南省社会科学院、中国哲学史学会云南省分会、云南师范大学在昆明联合召开"原始思维研究座谈会"，参会学者一致认为要重视从少数民族哲学去研究原始思维与原始意识。会后《哲学研究》杂志在"原始思维研究"标题下发表一组论文，并在《短评》中说："由于原始社会还没有文字，而且距今年代久远，要研究和把握原始人类的思维结构和方式，只能依靠考古学、人类学、民族学方面的资料和研究成果；只能凭借少数民族中残留下来的原始思维的痕迹。"③由此，少数民族哲学研究，从一开始就把原始思维和原始意识作为自己的重要研究领域，并取得丰硕的研究成果，提出了一些

---

① 此文又以《谈谈开展云南少数民族哲学、社会思想研究工作的意义》为题，发表于《中国哲学史研究》1982 年第 6 期。

② 伍雄武：《对哲学萌芽的探索——云南少数民族原始意识研究之一》，载《云南少数民族哲学思想史论文选集》（第一集），1983 年内部发行。

③ 钟哲：《加强原始思维的研究》（短评），《哲学研究》1985 年第 1 期。

重要见解。

首先，伍雄武提出，区分原始思维与原始意识，前者是怎样思维的问题，后者是思维什么的问题；当然，思维形式结构（思维什么）与思维内容是相结合的。[①]

刘文英先生主要研究原始思维，同时也研究原始意识（他称之为"原始文化"）。在前述会上他发表论文《关于原始思维的特点》[②]，1987年主持国家基金项目：原始思维与原始文化研究，1996年出版个人专著（作为结项成果）《漫长的历史源头——原始思维与原始文化新探》。这部近60万字的著作，立即引起重视，得到高度评价，荣获首届国家社会科学基金项目优秀成果二等奖。他自认为："……本书不是介绍西方某个学者或学派的工作，也不是对他们的理论、观点作注解。而是站在一个中国人的立场上，用一个中国人的特殊眼光，来阐述一个中国人的特殊看法。不是个别问题上，而是一系列重大问题及整体上的特殊看法。"[③]他确实做到了。例如，他提出"意象"概念，认为原始思维的基本形式是"意象"，尤其是"类化意象"；认为原始思维的符号是语言，但是语言不仅只限于音节语言，而且包括手势语言，"手势语言曾一度大大超过音节语言，而正是手势语言的'指物''指事'的功能，从外面给人类的音节信号注入了思想的意义"[④]。他又从原始思维的角度对原始文化进行研究，认为只有这样才能对原始道德（道德的起源）、原始宗教（宗教的起源）、原始艺术……"为何"（而不仅是"如何"）有真正的理解。这些见解都是独到而深刻的。刘文英先生从一开始就关注少数民族哲学，数次到西北和云南少数民族地区进行调查，把少数民族哲学研究的成果大量应用到其著作中，因此他的研究成果体现着少数民族哲学、思维学、文化人类学相互交叉和渗透的性质。

现今许多学者都认为，哲学、艺术起源于宗教，而宗教起源于原始宗教。伍雄武对此提出异议。他依据云南少数民族资料研究提出：哲

①　伍雄武：《原始思维和云南少数民族的原始意识》，《哲学研究》1985年第1期。
②　刘文英：《关于原始思维的特点》，《哲学研究》1985年第1期。
③　刘文英：《漫长的历史源头——原始思维与原始文化新探》，中国社会科学出版社，1996年，第2页。
④　同上书，第4页。

学、宗教、艺术、道德和科学都起源于"原始意识"，从原始意识中分化出来。"原始意识是人类最初的社会意识，它是哲学、宗教、艺术、道德、科学等社会意识形式的萌芽的混沌整体"，"从云南少数民族的资料来看，原始意识的基本的和主要的表现形式是原始史诗、神话和原始崇拜"。①

汉族没有流传下什么史诗，但是少数民族却有丰富的史诗流传至今，其中如创世史诗就是来自原始时代的，因此少数民族有汉族不可比拟的、丰富的原始意识资料。依据其创世史诗来研究各民族哲学的起源、萌芽，是少数民族哲学研究近三十年来的重要成就。少数民族哲学的研究最初可以说就是从研究创世史诗开始的，如前述刘文英和李国文对纳西族史诗《创世纪》(崇搬图)的研究。后来发表了不少专题研究各部史诗的论文，特别是在论述各个民族哲学思想发生、发展的历史时，几乎都要从其创世史诗开始，于是前后研究了数十部创世史诗，这不仅在汉族思想史研究中没有，在世界范围来说也是少见的，由此提出的关于哲学萌芽的见解也就十分丰富。

自然崇拜、图腾崇拜、灵魂崇拜、生殖崇拜、灵物崇拜……其中包含着宗教的萌芽、艺术的萌芽、道德的萌芽以及哲学的萌芽，因此称其为"原始宗教"不妥，它应为原始意识之一种形式，故可概称为"原始崇拜"。这是文化人类学和哲学的交叉研究领域。中国55个少数民族各有自己的原始崇拜或保存着原始崇拜的遗迹，各民族学者据此而研究哲学的起源与萌芽，取得了许多有价值的成果。

根据少数民族丰富的原始意识的资料研究各种文化形态的起源，除刘文英先生的《漫长的历史源头》第三编有所专论外，还有两部专著：《艺术的起源》(杨志明、章建刚)和《道德的起源》(雷昀、雷希)。② 他们都做出了有益的探索，形成自己独特的论点。

---

① 伍雄武：《原始意识和哲学、宗教、道德、文艺、科学的起源——云南少数民族原始意识研究》，《云南社会科学》1987 年第 2 期。

② 这两部著作，前者由云南大学出版社 2007 年出版，后者由云南人民出版社 1999 年出版。——编者注

（二）宗教思想

宗教对于民族文化、民族精神有重大的影响，甚至有的民族就以宗教为其文化的主要特征，因此，少数民族哲学学科重视对宗教思想的研究。世界主要的宗教在中国少数民族中几乎都有传播，但是人们特别重视本土化了的宗教以及本民族自生的宗教。

首先论及的有回族、维吾尔族的伊斯兰教哲学思想、藏传佛教哲学思想以及傣族的南传佛教思想。对回族伊斯兰教思想的研究主要集中在明清时期，这一时期回族学者通过汉译伊斯兰教经典以及"以儒诠经"活动，推进了伊斯兰教的本土化，形成中国回族宗教思想的特点。先是余振贵先生在 1982 年北方学会年会上发表论文《伊斯兰教义哲学与儒家传统思想的显著结合——试论回族汉文译著〈正教真诠〉的特点》，接着在他执笔的《中国少数民族哲学史·回族哲学思想史章》（1992）中，对回族伊斯兰教思想发展的这一关键时期及其代表人物（王岱舆、刘智、马注、马德新）做了深刻的论述。与此同时，冯今源先生在《中国的伊斯兰教》（宁夏人民出版社，1991）一书中，对这一时期的宗教思想做了概要的论述。此后研究论著不断。至新世纪，沙宗平先生的《以回道包儒道——〈清真大学〉与〈大学〉比较》（2009 年第二届"宗教对话与和谐社会"学术研讨会论文）中研究了王岱舆，其论文《大化循环，尽终返始——清初回族思想家刘智哲学观初探》（《回族研究》2002 年第 2 期）和专著《中国的天方学：刘智哲学研究》（北京大学出版社，2004 年）中对刘智的宗教思想做了深入的研究。从明清时期回族哲学思想的研究中，揭示出伊斯兰教思想与中国传统思想相交流、融会、创新的历史过程和内涵，这对于认识回族以及整个中国哲学史都有重要的意义，同时它还为理解不同宗教之间的对话与和谐提供了有益的历史经验，因此，受到国内外学者的关注。藏传佛教哲学思想的研究，以班班多杰所作成果最为突出。他提出"藏传佛教思想是本体，藏族文化是形式"的观点，甚至认为本教亦是"阳本阴佛"。由此，在他执笔的《中国少数民族哲学史·藏族章》（1992）中，他以藏传佛教思想为主体对整个藏族哲学思想史进行论述，与此同时他完成和出版了《藏传佛教思想史纲》（1992 年）。

接着他在《哲学研究》杂志上发表两篇论述"自空见"与"他空见"的论文 ①，认为"自空见"是"藏族学者对印度大乘佛教义理的独特理解与整合"；在《拈花微笑——藏传佛教哲学境界》（青海人民出版社，1996年）一书中，则对藏传佛教之哲学境界做了概要的阐述。

其次则是对于各民族自生的、传统的"宗教"的研究。这些"宗教"五花八门、多种多样，著名者如萨满教、毕摩教、东巴教、本教、本主崇拜、寨神勐神崇拜等。它们一般都被称为"原始宗教"。但是，这个总称很不确切，因为有的民族在 20 世纪 50 年代时尚处于原始社会末期，他们的自然崇拜、图腾崇拜等还属原始意识，很难说是"宗教"，而彝族的毕摩教、藏族的本教则难说是"原始宗教"，所以，这类"宗教"五花八门，几乎 55 个民族就有 55 种；就其性质、发展阶段、表现形式来说，都是不同的。而少数民族哲学对它们的研究，主要将其视为原始意识，力求揭示出它们所包含的哲学萌芽、宗教萌芽、道德萌芽，等等。

（三）伦理思想和人学

少数民族伦理思想的研究有多本专著出版，如《民族伦理学》（熊坤新著，中央民族大学出版社，1997 年）、《中国少数民族道德史》（龚友德著，云南人民出版社，1998 年）、《中国西南少数民族道德研究》（高发元主编，云南民族出版社，1990 年）、《凉山彝族道德研究》（苏克明等著，四川民族出版社，1997 年）、《白族传统道德与现代文明》（杨国才著，当代中国出版社，1999 年）。同时，有众多的论文发表，集为文集的有《贵州省少数民族传统伦理道德研究》（刘明华等主编，贵州教育出版社，1991 年）等。《民族伦理学》一书力图把"民族伦理学"作为一个学科建立起来，因此对它的研究对象、任务、方法、意义以及基本内容、当前国内的研究状况等，都做了全面的论述。其总的概念意指涵盖一切民族的伦理学，而实际的内容是指少数民族的伦理学，因此它所提出的问

---

① 班班多杰：《藏传佛教史上的"他空见"与"自空见"》，《哲学研究》1995 年第 5 期、第 6 期；《藏传佛教觉朗派的独特教义"他空见"考》，2001 年第 9 期。

题与中国少数民族哲学学科是相同的，如"中国少数民族究竟有没有自己的伦理思想，其地位和作用何在，它与中国伦理思想特别是汉民族伦理思想的关系怎样"，等等，对问题的回答也基本一致。中国少数民族道德以及伦理思想的特点在于多样性，在上述论著中分别展现了藏族、蒙古族、彝族、白族、壮族……各族的特点；少数民族道德皆以淳朴为特点，因而在当前市场经济全面建立的时代，都面临着从冲突、碰撞到并存、协调、促进的诸多问题，以上论著对这些问题都做了深入论述。

中国传统思想认为道德是建立在人性的基础上的，因此伦理学与人学相结合。《彝族古代人学思想研究》（杨树美著，人民出版社，2008 年）一书以彝族为例说明少数民族有系统的人学思想。它以翔实的材料说明：古代彝族众多的著作和人物都围绕着"人是什么？人应如何？"在思考和探索，提出了许多独特而深刻的见解。这些见解对彝族精神世界的塑造和成长起到重大、关键的作用，对今人亦有别开生面的启迪作用。由此该书以人学专题为例，对少数民族有无哲学思想的问题做了一个回答。

（四）中华民族精神

如果说中国哲学不仅是汉族哲学，而且包括少数民族的哲学，那么，中华民族精神就不等同于汉族的民族精神，而是中华各民族共同的民族精神。这样，从少数民族哲学思想的研究必然衍生出中华民族精神与少数民族的关系问题。1992 年云南学者就发起召开"中华民族精神——各民族精神的融汇与凝聚全国学术讨论会"。会后出版论文集《中华民族精神新论——各民族精神的融汇与凝聚》。张岱年先生在参会论文中说："中华民族包括五十多个民族，但中国文化却是统一的。中国文化是中国各民族共同创造的，也涵盖着众多民族，而具有统一的民族心理。中华民族的各族人民各有不同的宗教和思想信仰，而彼此相容。'道并行而不相悖'，正是中华民族各种思想信仰兼容并存的基本情况。而儒家所倡导的'自强不息，厚德载物'构成了中华民族共同心理的核心内容。"①

---

① 伍雄武主编：《中华民族精神新论——各民族精神的融汇与凝聚》，云南人民出版社，1994 年，第 2 页。

任继愈先生在文中说："秦汉以来，境内各个兄弟民族长期融合、共同进步，形成了统一的中华民族文化和共同的民族意识。中华民族精神是境内各民族不断融汇和凝聚的结晶，这是维护祖国统一和民族团结的强大纽带，是极为珍贵的历史遗产。对这一课题的研究不但具有很高的学术价值，而且有着巨大的现实意义。"① 伍雄武在会议主题报告《中华民族精神——各民族精神的融汇与凝聚》的基础上，继续扩展研究，于 2000 年发表专著《中华民族的形成与凝聚新论》(云南人民出版社出版)。该书在全面考察各民族哲学及社会思想的基础上，对中华民族精神的基本内核和丰富内容做出了新的阐释，进而认为，中华民族精神之所以能够成为凝聚各民族的纽带和核心，就因为它融汇了汉族以及各少数民族思想、文化的精华。全书从历史与逻辑两方面对这一论点进行了全面的论述。张岱年先生在其书评中指出："从 1992 年到现在……继续深入从各民族民族凝聚和认同的角度，特别是从少数民族哲学思想的角度研究中华民族精神的著作，就我所知还是伍雄武同志这本《中华民族的形成与凝聚新论》最为系统、全面。其实它并不是中华民族精神研究的简单继续，而是在开辟新研究视野，因此我给它高度的评价。"②

(五) 儒学及其他

儒学与少数民族哲学的关系是一个重大的问题，它关系到汉族与少数民族的关系问题，以及中华各民族思想、文化的共性问题，因此，受到重视。在一些民族，如壮族、满族、白族的通史中，对此有专门的论述。此外，还有一些专门的论著，如龚友德的专著《儒学与云南少数民族文化》(1993 年)，其中有专章"儒学与云南少数民族哲学"，对之有所论述；萧万源、肖景阳、王永祥诸先生亦有论文专论之。

55 个兄弟民族丰富多样的哲学思想，几乎关联到所有的哲学问题，因此从各个不同的角度提出和研究的专题非常多，如少数民族的价值观的问题、审美观的问题、法理思想的问题，等等。对这些问题的研究展

---

① 伍雄武主编：《中华民族精神新论——各民族精神的融汇与凝聚》，第 5 页。
② 张岱年：《深入研究中华民族和中华民族的精神力量——简评〈中华民族的形成和凝聚新论〉》，《中华读书报》2001 年 5 月 16 日。

现了少数民族哲学思想的丰富性和多样性，启迪着人们的思想。

三、填补空白之作——各民族通史与专著

20世纪90年代以前，既没有总括各少数民族的哲学史，也没有单写某一个民族的哲学史著作，所以1992年出版的《中国少数民族哲学史》和《白族哲学思想史》真正是填补空白之作。前者是第一部包括24个少数民族的哲学思想通史，后者是第一部关于一个民族（白族）的哲学思想通史。接着，1994年出版了《蒙古族哲学思想史》（乌兰察夫、宝力格、赵智奎）和《蒙古族哲学史》（武国骥主编），1996年出版了《壮族哲学思想史》（黄印庆），1997年出版了《傣族哲学思想史》（伍雄武、岩温扁），1998年出版了《彝族哲学思想史》（伍雄武、普同金），2005年出版了《中国苗族哲学社会思想史》（石朝江、石莉），2009年出版了《土家族哲学通史》（萧洪恩）。就每一个民族来说，这些著作都可称为"第一部"，都具有填补空白的意义。与此同时，还有一些分族别做研究的专著，如《东巴文化与纳西哲学》（李国文）、《成吉思汗哲学思想研究》（蒙古文本，格·孟和）、《满族哲学思想研究》（宋德宣）、《先民的智慧——彝族古代哲学》（王天玺、李国文）、《诗性的智慧——哈尼族传统哲学思想研究》（李少军）以及总结性的概论《中国少数民族哲学概论》（佟德富）。如果说中国少数民族哲学史学科的殿堂开始建构，那么，它们就是刚树立起来的一根根梁柱。

《中国少数民族哲学史》于1986年立项即开始编写，1992年出版。它既是本学科开创之作，也是奠基之作。从内容的涵盖面来说，虽然只涉及24个民族，但基本包括了我国主要的少数民族，即蒙古族、回族、藏族、维吾尔族、满族、壮族、彝族、白族、苗族、瑶族、傣族、纳西族、水族、布依族等。全书分三编。第一编讲的是，处于哲学思想萌芽阶段的民族。第二编讲的是，哲学思想基本形成并有一些发展的民族，即纳西族、傣族、苗族、彝族等5个民族。第三编讲的是，有较丰富的哲学思想和系统的发展过程的民族，即白族、满族、蒙古族、藏族、维吾尔族、回族6个民族。这样的结构，既包含了我国少数民族哲学思想

的基本类型，充分展现了少数民族哲学思想的丰富性和多样性，同时，也显示出哲学思想发生、发展的总体过程，使全书24个民族在逻辑上形成一个整体。在第二、第三编中，每一章论述一个民族哲学思想发展的历程，共11章，涉及11个民族。由于是第一次系统地论述少数民族哲学思想的通史，故其方法和框架等，对后续的研究者有很大影响。甚至对于回族、藏族、维吾尔族、瑶族、水族、布依族等族来说，其哲学思想通史至今还只在该书之中。该书写到的24个民族，各有不同的内容与特色，把它们汇聚在一起，就把少数民族哲学与文化的多样性、丰富性充分地展现出来。如宗教哲学思想，书中只涉及佛教、伊斯兰教和各族的传统宗教，而佛教又分为不同的情况：在藏族章中，把藏传佛教思想作为全章的主干来阐述；在傣族章中，则讲述南传佛教思想在傣族中的传播和影响；在白族章中，论述南诏时期密宗和藏传佛教的传入、大理国以后密宗向禅宗的转变以及儒学与佛教的融合、渗透。至于各民族的传统宗教与信仰，则是24个民族就有24种不同的情况：蒙古族有腾格里（天）的信仰和萨满教，藏族有本教，彝族有毕摩教，白族有本主信仰，等等。这些论述，既展现了各民族宗教思想的多样性，同时又表现了我国少数民族哲学思想的多样性。

《中国少数民族哲学史》的编写原则和方法，既是全书15个民族的27位作者的共识，对后续者也有很大影响。首先，对"哲学思想"有明确的共识。即认为，哲学思想既是自然知识和社会知识的概括和总结，也是关于自然、社会、思维普遍规律的科学，同时又是民族文化的核心、民族精神的结晶。因此在本书中，一方面总结各民族关于自然、社会、思维的普遍本质和规律的认识，如关于万物本源和演化过程的认识、关于对立统一规律的认识、关于社会和人类演化和发展的认识，等等。这些认识在一些民族中只是幼稚的、朴素的、萌芽的认识，但是在一些民族，如蒙古族、满族、维吾尔族、白族、壮族……中已经达到了很高的水平，特别是，不论处于萌芽阶段的认识或发达的认识，都闪耀着自己民族特殊的智慧光芒。另一方面，全书注意从少数民族各种文化形态（如文学、艺术、宗教、道德）中，概括和总结其哲学思想，如在藏族章中，通过藏传佛教讨论其哲学思想；在傣族一章中，从其叙事长诗和诗论而探讨其哲学思想；在回族一章中，则从伊斯兰教教义与儒学相互融会的过程来讨论哲学思想的发展；等等。其次，对"历史"的理解。该书是各民族的认识史、民族精神发展史，要把握的是各民族认识的进展历程，以及民族精神演进的历史，而不是作为编年史的年代考订，因此，一些民族可按年代或政权顺序来写，一些民族可按认识进展、精神演进的逻辑来写，这不是根本的问题。这样的哲学观和史学观，在学理上能够成立，在操作上能够得到 15 个民族的 27 位作者的认同和实行；此后的少数民族哲学思想史的研究和撰写，也多在其影响之下。

分民族写出哲学思想通史虽不是学科的最终目的，但是最重要的目的。有关少数民族哲学思想史的各种理论和方法，其对错、好坏，都要由各民族通史的编写来检验和体现；而学科的社会意义，即对于各民族文化自觉和自信的促进作用，也主要靠通史的编写来体现。分民族的通史专著，目前完成的有 7 部。它们应当被视为 30 年来学科建设最重要的成绩。这些著作各有特点。以结构来说，第一类是《白族哲学思想史》，基本上按时间顺序来分章；第二类是《蒙古族哲学史》《彝族哲学思想史》，基本上以社会形态为序来分章；第三类是《傣族哲学思想史》《中国苗族哲学社会思想史》，基本上按文化形态来分章，而在各章中写思想发生、发展的历史；第四类是《蒙古族哲学思想史》《土家族哲学通史》，力求从分章中体现出民族精神觉醒和发展的历史。虽然不同的结构体现着不同的指导思想和目标，但是揭示本民族思想和精神世界发生、发展的历程，却是各部通史共同的目标。《白族哲学思想史》按时间顺序，把唐宋（南诏、大理）、元明、清代分别设章，由此凸显这三个时期中白族佛学和儒学思想、文化的发展与转折，从而展现民族意识发展的主线。《蒙古族哲学史》按社会形态分为四编：奴隶制时期、封建制时期（上、下）、半殖民地半封建时期。由此便于从社会经济关系、政治关系出发对各个时期的著作和人物做出深刻的、马克思主义的分析和评价。对于尚无本民族文字的苗族来说，其哲学思想、民族精神只能体现在宗教、道德、文学、艺术等文化形态中，体现在民族的生存实践中，因此在《中国苗族哲学思想史》中按各种文化形态和军事、科技来论述，就十分切合实际并能充分展现苗族思想、民族精神的丰富内涵。

　　《蒙古族哲学思想史》和《土家族哲学通史》都致力于探索民族精神觉醒和发展的历史，但又互为不同。前者把民族精神主要理解为认识，哲学史就是民族的认识史。其"绪论"中说："本书的分段原则摈弃了以王朝的更迭来写思想史的方法，力图立足于蒙古民族自身对自然界、人类社会的认识和本民族思维规律特点，进行科学的分段。只有这样，才能真正揭示出蒙古族哲学思想发展的逻辑进程。"[1] 这部著作认为，蒙古族认识自身、认识社会的逻辑进程共分六个阶段。在第二阶段，随着现实中民族的"崛起与统一"，民族意识的核心——哲学思想形成，随之，它与释、道、儒"冲突与融合"，然而在喇嘛教的意识形态统治地位形成后，整个蒙古族的民族意识、哲学思想都被"变异与束缚"了，蒙古民族也随之衰落。到了近代，一方面从中华传统思想，特别是儒学中汲取力量；另一方面受到西方思想的启发，蒙古族中产生了批判喇嘛教等旧思想的先进人物，他们兴起的启蒙运动使蒙古族觉醒，为马克思主义思想的传播准备了条件。按照这样的思路，《蒙古族哲学思想史》批判地评价喇嘛教在蒙古族思想史上的历史作用和地位，高度评价和表扬了尹湛纳希、罗布桑却丹、裕谦、倭仁等思想家的批判精神和杰出智慧。由此该书作者们实现了自己的目标，完成了一部重要的、高水平的少数民族哲学史著作。

　　《土家族哲学通史》是一本近 80 万字的大作。全书近三分之一的篇幅是"论"，即"导论：土家族哲学的研究方法"和"上篇：土家族哲学总论"。就研究方法来说，萧洪恩自认是以"心灵体验"的方法来研究土家族哲学，因为"一个民族有无哲学的问题，并不只是一个理论问题，而且还是一个实践问题，特别是对一个民族的生成体验问题。而且，对一个民族哲学的研究，还包含着研究者自身的哲学体验"[2]。他认为，作为一种生存体验的土家族哲学，其发展过程就是土家族精神传统、文化传统发展的历程。这个历程从远古开始至明代为一个阶段，即土家族精神传统形成的阶段。土家族从明代开始融入中华，"其上层精英的思想发展

---

[1] 乌兰察夫、宝力格、赵智奎：《蒙古族哲学思想史》，内蒙古大学出版社，1994 年，第 17 页。
[2] 萧洪恩：《土家族哲学通史》，人民出版社，2009 年，第 8、12 页。

已有与中域思想发展的共振因素，这种趋新动向使土家族得以在以后的历次斗争中走在前列，直到产生辛亥革命时期的精英、中国共产党的早期领导人等"[1]。但是，更为根本的转变在清代"改土归流"之后，因为，"经过改土归流后的百余年努力，无论是从儒家文化视野还是从土家族自身的民族认知方面看，土家族都已'脱蛮入儒'，实现了华夏认同与社会转型"[2]。在此基础上，土家族在近代就能够与整个中华民族一道应对西方文化与现代化进程，甚至走在时代的前列。萧洪恩认为，这就是土家族民族精神、哲学思想发展的历程。此论能否成立尚可讨论，但是对于所谓"内陆"少数民族的民族精神和哲学思想的发展，这是开创性的论点，很有学术意义。据此，萧洪恩用三分之二以上的篇幅，即"中篇：土家族传统哲学"和"下篇：土家族近代哲学"来具体展开这一论点。"中篇"对其萌芽和先秦阶段用了不小的篇幅，但重点讲述汉晋以后渝东、湘西、鄂西地区土家族文人，特别是《田氏一家言》（主要是诗集）。这两章（第六章、第七章）实际上是全书的主干和重心，是土家族传统哲学的主要内容。"下篇"用四章讲述近现代土家族传统哲学的特征已为中华民族的共性所代替。因此，通史的主干（土家族传统哲学）仅由第六、第七章两章来支撑似显单薄。所以，我觉得该书主要是"论"，主要意义在于，对"内陆"少数民族哲学思想的研究提出新的思路。

与通史同时，又有一些按族别进行研究的专著。这些专著全面研究和介绍某一个民族的哲学思想，但认为还没法找出其时间顺序，不能做出历史的叙述，因此不是作为"史"，而是作为"论"成书的。这类著作中发表较早的是李国文著《东巴文化与纳西哲学》（云南人民出版社，1991年）。李国文认为，纳西族文化就是东巴文化，因此东巴文化中的哲学思想，就是纳西族的哲学思想，但因对东巴文化的主要载体《东巴经》的记述无法确定时间、年代，因此对纳西族哲学也就无法历史地展开而只能平面地铺开，列为若干个专题来讲。通过这些专题的阐述，"可以看到古代纳西族人民思维认识发展及哲学思想的很多时代和民族特

---

[1]　萧洪恩：《土家族哲学通史》，第137页。
[2]　同上书，第138页。

点"。其实，在书中只能看到记载于《东巴经》中的纳西族人民认识的"现状"，而不能看到其发展。所以这不是关于纳西族认识史的著作，更不是如《土家族哲学通史》那样是民族精神发展历程的著作，而是关于纳西族认识特点的著作。《先民的智慧——彝族古代哲学》（王天玺、李国文著，云南教育出版社，2000年）《满族哲学思想研究》（宋德宣著，辽宁大学出版社，1994年）和《诗性的智慧——哈尼族传统哲学思想研究》（李少军著，民族出版社，2006年）与此类似，即通过一些专题而全面论述一个民族（彝族、满族、哈尼族）的哲学思想。

与此不同，《成吉思汗哲学思想研究》（蒙古文，格·孟和著，辽宁民族出版社，1997年）、《康熙思想研究》（宋德宣著，中国社会科学出版社，1990年）是关于某一人物的研究。《成吉思汗哲学思想研究》是用蒙古文写成和出版的，在国内外蒙古族和蒙古学中都有影响。该书曾获首届国家社会科学基金项目优秀成果三等奖，由《获奖成果简介》可知，该书立论于：成吉思汗并非"只识弯弓射大雕"，而是武功盖世，又是一个政治家、思想家。其著作者在此简介中说："……本书则专门研究成吉思汗的哲学思想，认定他是古代蒙古族哲学思想家，这个观点突破了以往研究的结论……填补了成吉思汗研究，乃至国际蒙古学研究中的一大历史空白。同时这本书又是研究蒙古族历史人物思想史的第一本……"[1]与此相似，《康熙思想研究》也是研究少数民族杰出皇帝的。宋德宣认为：（以往对康熙的）"……评价仅仅停留在文治武功的表面层次上，还未涉及思想理论的内在深层。本书正是从康熙的思想历程中进行再认识、再评价的学术著作。本书通过大量的事实，证明了康熙不仅是著名的政治家、军事家，而且也是杰出的哲学家、科学家。"[2]

由刘尧汉先生带头的彝族文化研究十分独特，受到学界关注。他带领楚雄彝族自治州一批人，出版了《彝族文化研究丛书》20多本，其中一些是有关彝族哲学思想的，如《中国文明源头新探——道家与彝族虎宇宙观》（刘尧汉著，云南人民出版社，1985年）、《彝族天文学史》（陈

---

[1] 全国哲学社会科学规划办公室编：《获奖成果简介》，中国社会科学出版社，2000年，第456页。

[2] 宋德宣：《康熙思想研究》"内容提要"，中国社会科学出版社，1990年。

久金、卢央、刘尧汉著，云南人民出版社，1984 年）、《道家混沌哲学与彝族创世神话》（普珍著，云南人民出版社，1993 年）以及论文《彝族文化对国内外宗教、哲学、科学和文学的影响》（载刘尧汉著，《彝族文化研究文集》，云南人民出版社，1985 年）。刘尧汉认为，彝、汉文化远古同源，彝族宇宙观乃"虎宇宙观"，这也是道家的宇宙观，只不过后来道家将其抽象化了，用抽象概念来表达，而原始的虎宇宙观至今仍保存在彝族文化之中。他说："彝族的虎宇宙观，经由老子、庄子抽象概括为道家最高哲学'道'的别名'一'即'太一'之后，又经彝族先民羌戎方士谬忌向汉武帝提出作为高于五帝的天神受到供奉。高于五帝的'太一'……它是彝族'罗罗'或'罗'（虎）的别名，早在先秦、西汉时已出现于西北地区。"[①] 为此他提出这样一些论据：道家和道教"尚玄贵左"与彝族"尚黑贵左"相通；"老聃""李耳"的读音，与彝语的虎首、母虎的音相同，故老子本为彝族先民；道家和道教崇尚的"太一"源于彝族虎宇宙观；等等。此论"曲高"，且论据多来自民俗和语言，故学界和之者甚寡。

最后，佟德富的《中国少数民族哲学概论》，可谓总括性的著作。该书是其多年进行专题研究和教学的总结。他说："……在专题研究和讲座中，尽可能做到既讲'史'，又概述各个民族……如此坚持数年，就写成了这本中国少数民族哲学专题研究，作为我系（中央民族大学哲学系——引者注）研究生教材奉献给读者。"[②] 作为教材，该书的分章与高校一般的哲学教材大体一致，即分为"哲学萌芽""认识论思想""辩证法思想""社会政治思想"等。把少数民族哲学思想如此分章节地汇聚、编排起来，从而证明少数民族有哲学思想，而且是丰富的、深刻的哲学思想，这是该书作为教材的主要目的与任务。当然，作为一门课程的教材，它必须有一个总体的概述，说明少数民族哲学的对象、任务、特点、方法与意义，等等。该书专辟一章对此做了论述。与其他专著相比，这大概是该书在学术上最值得注意而有创意之处。

---

① 刘尧汉：《中国文明源头新探——道家与彝族虎宇宙观》，云南人民出版社，1985 年，第131 页。
② 佟德富：《中国少数民族哲学概论》，中央民族大学出版社，1997 年，第 440—441 页。

四、研究趋势

（一）完成 55 个少数民族哲学思想的研究和探讨

回到初始的推动，不论从政治和道义来说，或者从学术来说，我们都必须研究和探讨每一个少数民族的哲学思想。即便其没有哲学思想，那也应当是在探讨与研究之后再下结论。结集性的著作《中国少数民族哲学史》只写了 24 个民族，那么，下一步要完成的就是包括 55 个少数民族的《中国少数民族哲学思想史》。这应当是必须的，目前也是有条件做的事。至于分族别的通史专著，目前还不多，虽然不可能也没有必要每个民族都写一部哲学通史专著，但是一些人口较多、文化积累较深厚的民族，如维吾尔族、哈萨克族、瑶族、水族等，应当有一部关于其民族精神与思想发展的通史专著。目前，学界也具备完成这些专著的能力和条件。

（二）研究和探讨各民族哲学思想的相互关系

一方面，这是理论自身发展的逻辑要求。如果不顾各民族之间的相互关系（相互交流、融合和影响），不从相互交流和联系来研究和论述各个民族的历史，许多问题就没法讲清楚。例如，不顾云南彝族、白族、汉族的相互关系，爨氏统治时期（魏晋南北朝）的《爨龙颜碑》《爨宝子碑》的族属问题，南诏时期（唐代）的《德化碑》的族属问题以及明清时期的思想家高奣映的族属问题，都难以解决，它们都是彝族、白族、汉族三个民族文化交流、融会的结果，用一种孤立的、"非此即彼"的观念来看待这个问题，不可能得出合理的结论。再如，不顾纳西族与白族、藏族、汉族的相互关系，是不可能对纳西族文化做出深刻、合理的分析的。此外，对于维吾尔族、哈萨克族、乌孜别克族等民族的思想史，若不注意从相互交流、融会、依存的角度进行思考，那也是难以讲清问题的。而回族、保安族、东乡族思想史亦是如此。所以，少数民族哲学思想史的研究，应当在分民族的个别研究的基础上，加入（或者说，特别关注到）各民族相互关系的研究。

另一方面，现实生活中，不同民族之间在思想、文化上的相互关系（冲突与和谐、融会与排斥、交流与孤立），日益成为构建和谐的国际关系、和谐的国内关系的基础条件。就国内来说，国家的凝聚力、中华民族的凝聚力，即中华各民族的凝聚与团结，这是构建和谐社会、实现中华民族伟大复兴的条件与动力。然而，各民族的凝聚与团结有赖于各民族文化的谐调、民族精神的认同。哲学是民族文化的核心，是民族精神的结晶，故而加强各民族哲学思想相互关系的研究，是学术和社会现实两方面的共同要求，是由两方面共同推动的。

（三）研究和探讨少数民族哲学史与传统中国哲学史的会合、融通问题

研究少数民族哲学史的重要目的与意义，在于补充、丰富、完善中国哲学史，但是两者现在还互不搭边，各走各道；丰富，可以说是，补充和完善则谈不上。这种情况的根源就在于，两者会合、融通的问题至今还较少讨论。如果说完成一部包括 56 个民族的《中国哲学史》（或《中华民族哲学史》）还是很遥远的事，那么，研究和探讨少数民族哲学史与传统中国哲学如何会合、融通的问题，就应该是当下要做的事了。

（四）形成"百花齐放"的局面

在各种哲学观的影响下，会出现不同理念、不同类型、不同风格的少数民族哲学思想史著作（通史和专著），从而形成"百花齐放，百家争鸣"的局面。

原载宝贵贞主编《回顾与创新：多元文化视野下的中国少数民族哲学》，
中央民族大学出版社，2013 年

全球性现代化视域的中国少数民族哲学研究探析

萧洪恩 *

"可以从哲学史，从外在历史特有的形态里去揭示哲学的起源和发展。"① 这是黑格尔对哲学史研究价值的深刻阐明。但是，如何研究哲学史却始终存在着一个方法论问题。近年来，随着全球化、现代化研究理论成果的方法论意义日益凸显，全球性现代化理论已日益成为哲学史研究的方法论，并引起了一些学者的关注，如张世宝《全球化审视下的中国少数民族哲学》②、袁东升《全球化审视下土家族哲学研究的思考》③ 等，虽然没有直接指认"全球性现代化"，而用的是"全球化"，但笔者认为，用"全球性现代化"更能凸显其哲学史方法论意义。因为全球性现代化并不是全球化与现代化的简单综合，而是表明二者一体两面的内在关系。一方面，全球化作为现代化的必然趋势与现实舞台，从一开始就成了现代化的宿命——从新大陆的开辟直到全球性的殖民掠夺，无不显示出现代化的全球性扩张本性。④ 另一方面，现代化作为全球化的内生机制与现实内容，从一开始就同时成了全球化的根据——从文艺复兴、启蒙运动到近现代的思想扩张，从工业革命、资产阶级革命到民族独立运动等政治、经济、文化变革，无一不显示出现代化的强大张力。正是由于二者

---

* 　萧洪恩，1961— 　，男，华中农业大学社会学系教授。

① 　黑格尔：《小逻辑》，贺麟译，商务印书馆，2003 年，第 54 页。

② 　张世宝：《全球化审视下的中国少数民族哲学》，《西部发展的理论与实践》，云南教育出版社 2005 年版。

③ 　袁东升：《全球化审视下土家族哲学研究的思考》，《湖北民族学院学报》(哲学社会科学版) 2010 年第 3 期。

④ 　《马克思恩格斯选集》第 1 卷，人民出版社，1995 年，第 273—276 页。

的内在关系，我们以全球性现代化来表明这样的三方面内涵：全球性现代化进程、全球性现代化思维方式、全球性现代化运动。强调其进程是为了凸显其历时性的过程特征；强调其思维方式特征是为了凸显其对人们的思想、观念等方面的深刻影响；强调其运动特性则可以凸显其影响的广泛性和深刻程度。① 在全球性现代化视域下，中国少数民族作为后发现代化族群，因在全球性现代化运动中表现出自身的独特性，从而在哲学思想的发展上也显示出了自己的内在特色。因此，研究中国少数民族哲学，应有全球性现代化视野。

一、全球性现代化理论的哲学史方法论意义

"历史理论的认识论视野就具体化为方法论，确切地说是历史研究的方法学。"② 全球性现代化理论的哲学史方法论意义，也就是彰显其在哲学史研究中的认识论视野，而其中最直接的表现在于全球性现代化运动对哲学发展产生的多方面影响，其首要影响即在于使哲学发生了形态转变，即哲学转型。所谓哲学的形态，简言之即哲学在历史发展中所呈现的一定的思维方式，一定时期哲学的致思趋向、话语系统和哲学文化风貌都受制于这种思维方式，并因此使哲学呈现出明显代差。也正是在这种意义上，人们强调哲学的真正使命在于捕捉自己时代的迫切问题并以之作为哲学思考的聚焦点："问题是时代的格言，是表现时代自己内心状态的最实际的呼声。"③ 哲学只有准确地捕捉和深刻地回答自己时代的迫切问题才能够成为"自己时代的精神上的精华"④。由于人类历史发展表现为三大历史形态，即"人的依赖关系"、"以物的依赖性为基础的人的独立性"和"建立在个人全面发展和他们共同的、社会的生产能力成为从属于他们的社会财富这一基础上的自由个性"⑤，与此相应，哲学也就可以划分为

---

① 萧洪恩等：《全球性现代化视野下的湖北民族地区村落文化建设研究》，《湖北社会科学》2007 年第 10 期。
② 约恩·吕森：《历史思考的新途径》，来炯等译，上海人民出版社，2005 年，第 3 页。
③ 《马克思恩格斯全集》第 1 卷，人民出版社，1995 年，第 203 页。
④ 同上书，第 220 页。
⑤ 同上书，第 107—108 页。

相应的历史形态。

哲学形态能够在一个相当长的时间内保持基本不变，显示出较大的稳定性，从而彰显其时代特征，如黑格尔曾在《小逻辑》中多次论述到近代哲学的形态特征，强调"近代哲学的主要兴趣"和特殊诉求在于对"思维的效果或效用，加以辩护，所以考察思维的本性，维护思维的权能"①；强调"思想与事情的对立是近代哲学兴趣的转折点"，是"到了近代才有人首先对于此点提出疑问，而坚持思维的产物和事物本身间的区别"②，认识矛盾并且认识对象的矛盾特性是近代哲学界一个最重要的和最深刻的一种进步③；但另一方面，近代哲学又被称为同一哲学，即强调"要认识一切特定存在着的事物之间的内在统一性"④。这种哲学的形态特征，无论在西方哲学发展中，还是在中国哲学发展中，都可找到明显的证据，如中国哲学自商周至明清都长期处于古代哲学形态中，形成了中国哲学的传统形态。随着全球性现代化运动引发的中国社会历史的大变迁及相应的中西文化及其哲学的碰撞、交流与融会，中国哲学出现了哲学的近代形态，并于19世纪末20世纪初开始向现代形态转变。因此，哲学形态也具有可变性。正是由于有哲学形态的转变，因此造成了哲学发展的大的阶段性划分。从世界哲学发展的视域看，不同民族的哲学都有自己的转型。但这种转型，在西方哲学的发展中尤为鲜明和典型，呈现出由古代形态到近代形态到现代形态的相当分明的发展阶段。对此，冯友兰曾针对中国哲学的发展强调19世纪末以来在中国进入近代社会的过程中，中国哲学即产生了脱离古代形态的近代化的哲学，并且是指"近代化的"哲学，而不是哲学"在近代"。⑤

全球性现代化运动对哲学的另一深刻影响是使哲学的民族性得以彰显，即文德尔班强调的"因为有了近现代哲学，各特殊民族的特性才开始表现出决定性的影响"⑥。如果再向前延伸，我们看到，关注哲学形态的

---

① 黑格尔：《小逻辑》，第68页。
② 同上书，第77页。
③ 同上书，第131—132页。
④ 同上书，第254页。
⑤ 冯友兰：《中国现代哲学史》，（香港）中华书局，1992年，第180页。
⑥ 文德尔班：《哲学史教程》（上卷），罗达仁译，商务印书馆，1987年，第16页。

黑格尔也曾特别强调哲学的这一特性，认为"某一特定哲学之出现，是出现于某一特定的民族里面的。而这种哲学思想或观点所有的特性，亦即是那贯穿在民族精神一切其他历史方面的同一特性，这种特性与其他方面有很紧密的联系并构成它们的基础。因此，一定的哲学形态与它所基以出现的一定的民族形态是同时并存的；它与这个民族的法制和政体、伦理生活、社会生活、社会生活中的技术、风俗习惯和物质享受是同时并存的；而且哲学的形态与它所隶属的民族在艺术和科学方面的努力与创作，与这个民族的宗教、战争胜败和外在境遇——一般讲来，与受这一特定原则支配之旧国家的没落和新国家的兴起也是同时并存的"[①]。哲学的这种民族性，一方面给我们提供了研究少数民族哲学的明确方向和丰富的材料，这就是具有民族特色的文化现象，包括黑格尔列举的艺术、科学、风俗习惯、社会生活、伦理生活等都可成为民族哲学研究的材料。另一方面也应看到，这种民族特性，也会为我们研究少数民族哲学带来某些不方便的地方，比如中国不少少数民族哲学的分期研究，就是一个"剪不断，理还乱"的问题。如果把上述两个方面的影响结合，假如要研究近现代哲学，那就必须注意的是，研究的"不仅是'近代化的'，而且是'民族化的'"，是"现代化与民族化融合为一"的哲学。[②]

　　全球性现代化运动对哲学的影响，还表现在对哲学史的书写诉求上，这就是"哲学通史要包括所有民族的哲学"，但是，也由此带来了非西方民族，其中包括中国哲学及中国少数民族哲学的合法性问题，因为在一些人看来，"不是所有的民族都已产生真正的思想体系，只有少数几个民族的思辨可以说具有历史"，"许多民族没有超过神话阶段"。[③]中国少数民族哲学的合法性问题首先来自中国哲学史学界，但随着"中国哲学的合法性"问题再次凸显，历史上对中国哲学的否定也再次成了确认中国少数民族哲学合法性的心病，如康德曾说孔子是"中国的苏格拉底"但不是哲学家，甚至整个东方都根本没有哲学；黑格尔在《哲

---

① 黑格尔：《哲学史讲演录》第 1 卷，贺麟等译，生活·读书·新知三联书店，1956 年，第 55 页。
② 冯友兰：《中国现代哲学史》，第 204 页。
③ 梯利：《西方哲学史》，葛力译，商务印书馆，1995 年，第 14 页。

学史讲演录》中虽然讲了中国哲学、东方哲学，但在总体上强调能称为"哲学"的只有希腊哲学和日耳曼哲学[①]；文德尔班不仅否认东方哲学，甚至对"东方精神"做出的都是否定性评价[②]；海德格尔则明确说哲学是西方专利，"常听到的'西方—欧洲哲学'的说法事实上是同义反复。为何？因为'哲学'本质上就是希腊的；'希腊的'在此意味：哲学在其本质的起源中就首先占用了希腊人，而且仅仅占用了希腊人，从而才得以展开自己。……哲学本质上是希腊的，这话无非是说：西方和欧洲，而且只有西方和欧洲，在其最内在的历史过程中原始地是'哲学的'"[③]。所以，虽然都诉求写出所有民族的哲学通史，却不得不面对着两个方面的参照系：中国传统哲学与现当代西方哲学范式，据此而产生了全面否定论和部分否定论两个层次的中国少数民族哲学否定论。中国少数民族哲学研究者自身，则先后就中国少数民族哲学存在性问题提出过接受汉族哲学说、中国哲学融合说或代表说、中国哲学多元一体说等，并根据思考中国少数民族哲学存在性问题的形式，提出了范式说、阶段说、层次说、广狭义说等四类解决方案，而在确认中国少数民族哲学存在性的根据问题上，则先后提出了实践论证说、文化核心论证说、哲学事实论证说、哲学产生条件论证说、发展水平说、存在形式说、社会贡献说、文明生活必需品说等，总之是坚信中国少数民族哲学的存在性。[④]

最后，在全球性现代化进程中，后发现代化国家的民族民主革命等问题，还影响了对近现代哲学的历史研究中出现的"革命史观"与"现代化史观"两种主要视野，具体表现在对哲学价值的评价上随即可能出现民族性、阶级性、现代性等多重复杂关系，难以进行客观公正的评价。人们通常认为，看一种哲学代表的阶级、民族，最基本的标志是看他的思想反映哪个阶级和哪个民族的利益，如犹太人马克思和资本家恩格斯的哲学代表的却是全世界无产阶级的利益，是全世界被压迫民族的代言

① 黑格尔：《哲学史讲演录》第 1 卷，第 98—100 页。
② 文德尔班：《哲学史教程》（上卷），罗达仁译，第 38 页。
③ 马丁·海德格尔：《什么是哲学？》，载孙周兴选编《海德格尔选集》（上），上海三联书店，1996 年，第 591 页。
④ 萧洪恩：《中国少数民族哲学合法性问题研究述评》，湖北省哲学史学会 2010 年年会论文集。

人；湖南人毛泽东，其思想已成为中华民族的共同精神财富；斯宾诺莎、笛卡儿、莱布尼茨各自代表的是时代精神和当时欧洲各族人民共同达到的先进认识水平等。总之，"每个具体的哲学家虽然属于一定的民族，但我们研究哲学史，却不应把他看作仅仅属于某一民族的哲学家，同时也要看到它代表着全人类的先进思想"①。

二、全球性现代化视域的少数民族哲学自觉

如果把现代化运动从西方文艺复兴运动算起，则西方近现代科技传入中国，就可算中国现代化运动的酵素，于此可从利玛窦 1583 年来华算作起点，这是以"西方中心论"为界标的划分；同样，如果以资本主义萌芽、以中国早期启蒙算作起点，则应从明清之际算起。也就是说，中国的现代化进程均可追根于明清之际。但是，作为一种中国式的现代化运动，无论如何都应从 1840 年鸦片战争开始，正是那场战争将中国强行卷入了全球性现代化运动的历史进程。也正是在 19 世纪 40 年代，世界历史和中国历史都从此掀开了极为厚重的一页：1848 年《共产党宣言》的发表宣告了马克思主义诞生，从而揭示了世界历史的科学社会主义前景；1840 年鸦片战争拉开了中国现代化历史的序幕。1840 年以后的历次侵略与反侵略战争，一方面表现出了资本主义社会的巨大能量，另一方面也凸显了资本主义的残暴、贪婪本性。于是，中华民族就有了两大历史任务：一是实现现代化；二是反抗资本主义侵略。在这一过程中，中国人民遭受了西方资本主义的暴力压迫，并逐渐认识到"遭受这种暴力的民族只有在拥有有效的自卫手段（即自己的国家）的情况下才是安全的"②。为此，包括中国少数民族在内的整个中华民族都投入为新中国诞生而奋斗的历程中。从哲学思维发展的角度说，"中国向何处去"的问题即成了中国少数民族近现代哲学自觉的动力。

一般而论，全球性现代化进程开创了人类历史中的一个真正统一的时代，并为各个不同历史发展阶段的民族提供了同一个"现代的"参照

---

① 任继愈：《如何看待中国古代哲学中的民族哲学家》，《南京大学学报》1982 年第 4 期。
② 耶尔·塔米尔：《自由主义的民族主义》，陶东风译，上海译文出版社，2005 年，第 2 页。

系①，文化的民族地位、民族的文化地位，同时决定了民族的社会地位，甚至是"国际"地位。所以，"世界"作为一种文化或文明范畴生成了，相对落后的国家或地区追赶相对发达的国家或地区，甚至追赶最发达的国家或地区成为这种文化的最主要动力特征。在现代化的进程中，不仅在地域上是全球性的，而且在政治制度、生活方式、价值取向、道德标准等方面，"世界"都成了各国或地区的文化参照。在这种"世界"文化下，参照与追赶实际上成为一种普遍的机制性功能。也就是说，全球性现代化运动本身就是一种内生性动力，"现代化本身就是'内因'，就是这个运动的规定性。因此，从运动性质来讲，现代化不可能由这个运动性质之外的东西（比如传统）来决定；当然，从真实空间来讲，也不可能由地球之外的东西（比如外星人）来决定"②。

就中国少数民族来说，全球性现代化运动给中国带来的是中国文化历史的巨大变迁，并提供了中西古今哲学碰撞与交流的宏大舞台，使得包括中国少数民族哲学在内的中国哲学必须面对近现代中国所遭遇的重大问题而做出深入的思考和有效的回答，如中国现代化道路的选择问题、中国文化传统与现代化的关系问题、中国向何处去的问题等。"与此同时，由于全球日益统一，西方的思想、制度和技术正以不断加快的速度传遍全球。"③正是由于全球性现代化进程，中国少数民族人民，从一般民众到乡土精英人物，再到国家和民族的社会精英人物，都以特有的时代感和强烈的问题意识，生成了现代意识，出现了哲学自觉，其中包括有对西方文化霸权性格的反思和对自己民族传统文化的再阐明，从而形成了各自民族的哲学自觉，并在 20 世纪 80 年代以后表现得特别明显。

从理论思维自身发展的动力说，这种哲学自觉可以说同时来自国际与国内两个方面。就国内而言，核心精神在于不满足于当时的"中国哲学史"只是"中国的汉族哲学史"，因而强调从中国哲学史研究的现状即可看出开展少数民族哲学研究的必要性，即丰富中国哲学史的内容④，填

① 郭赤婴：《民族哲学的现代化》，《北京第二外国语学院学报》1995 年第 4 期。
② 孙津：《打开视域——比较现代化研究》，社会科学文献出版社，2004 年，第 167 页。
③ 斯塔夫里阿诺斯：《全球通史——1500 年以后的世界》，吴象婴等译，上海社会科学院出版社，1999 年，第 781 页。
④ 参见吴德希、佟德富《谈谈少数民族哲学研究》，《中央民族学院学报》1982 年第 1 期。

补中国哲学史的空白，使中国哲学史成为各民族共有的中国哲学史，从而依据中国少数民族哲学史研究成果写出一部从萌芽、形成到发展的内容全面、完整、系统的中国哲学史。[①] 就国际而言，目的在于彰显中国少数民族哲学研究的国际意义，甚至本身就有一种中国少数民族哲学研究的世界化诉求，因为近百年来已有许多国家对中国少数民族进行了深入研究，如蒙古学在欧、亚、美等地区有 40 多个国家有专门研究机构，且自 1959 年 9 月以来已经开过多次国际蒙古学学者会议；对维吾尔族哲学的研究，特别是对《福乐智慧》的研究也十分活跃，其他如对藏族、彝族、傣族、苗族、土家族、朝鲜族、回族等少数民族思想的研究，在国际上也很重视。正是基于这一国际视野，"从提高我国的国际威望和加强国际文化交流的角度着想，我们也有必要大力开展少数民族哲学思想的研究工作。而且，这样做也有助于我们同各种错误观点和反动宣传做斗争，维护祖国的尊严"[②]。

从中国少数民族哲学自觉的表现说，可以说形成了一个基本趋势，这就是由各少数民族成员自己书写的各少数民族哲学史大量出现，并力求最终形成汇聚全部中国少数民族哲学的《中国少数民族哲学史》。具体表现在三个方面，一是研究的深入与成果的突出。据初步统计，从 20 世纪 80 年代以来，中国少数民族哲学研究在全国自然形成了北京、新疆、云贵川地区、内蒙古地区、湘鄂渝地区五个中心，其中内蒙古地区出版了《蒙古族哲学史》等著作或论文集达 20 多部，发表了包括蒙古族、满族、朝鲜族、赫哲族、达斡尔族、鄂伦春族、鄂温克族等民族哲学思想史论文 100 余篇。新疆地区出版有《维吾尔族哲学思想史论》《法拉比和他的哲学体系》及《维吾尔哲学史论集》等著作 10 余部，发表了包括维吾尔族、哈萨克族、俄罗斯族、塔塔尔族、锡伯族等民族哲学思想史论文 50 余篇。云贵川地区、四川出版有《南方少数民族哲学思想研究》《凉山彝族哲学与社会思想史》等著作，发表了包括藏族、彝族、羌族等民族哲学思想史论文 20 余篇；贵州出版有《苗族生成哲学研究》《苗族

---

① 参见佟德富《中国少数民族哲学概论》，中央民族大学出版社，1997 年，第 22—24 页。
② 同上。

哲学思想史》等著作，发表了包括苗族、布依族、水族、瑶族、侗族等民族哲学思想史论文 30 余篇；云南出版《天、地、人——云南少数民族哲学窥秘》等著作 13 部，发表了包括白族、彝族、纳西族、傣族、哈尼族、景颇族、布朗族、独龙族、佤族、拉祜族、普米族等民族哲学思想史论文 100 余篇。北京地区出版了包括 24 个民族的通史性哲学著作《中国少数民族哲学史》，并从 1982 年开始在中央民族学院政治系哲学专业本科生中开设了"中国少数民族哲学"课程，出版了研究生教材《中国少数民族哲学概论》等，并出版了《中国少数民族哲学、宗教、儒学》等一批相关著作，发表了包括蒙古族、满族、藏族、朝鲜族、壮族、维吾尔族、纳西族、彝族等民族哲学论文 60 余篇。湘鄂渝地区形成了《土家族哲学通史》等 8 部著作，发表了包括土家族、苗族、侗族等民族哲学思想的论文 40 余篇。此外，藏族出版有《藏族生态伦理》《藏族哲学思想史论集》等著作，发表了论文 40 余篇；满族出版有《满族哲学思想研究》等著作，发表了论文 20 余篇；回族出版有《伊斯兰哲学史》《伊斯兰文化哲学》《伊斯兰哲学》等著作，发表了论文 90 余篇；壮族出版有《壮族哲学思想史》等著作，发表了论文 40 余篇。① 二是不少少数民族哲学研究都开始进入自觉的总结反思阶段，出现了研究综述一类总结性文献，如何金山的《评近代蒙古族哲学思想研究》②、萧洪恩的《20 世纪土家族哲学研究综述》③ 等，此外还形成了一批对中国少数民族哲学进行总体研究的论文，不仅着眼于总结成就、反思问题，而且面向未来，探索中国少数民族哲学自身的发展。④ 三是谋求写出包括全部中国少数民族哲学在内的《中国少数民族哲学史》，并力求汇通中华民族多元一体格局的思想关系。⑤ 总之，中国少数民族的哲学自觉，已在各方面得到了彰显。

　　问题还在于，光有自觉还只是初步的，深刻的问题在于如何自觉。

---

① 朝克等主编：《科学发展观与民族地区发展研究》，Russian Buryat Scientific Cfenter Press，2010，第 2—6 页。

② 何金山：《评内蒙古近代哲学思想研究》，《内蒙古社会科学》2001 年第 6 期。

③ 萧洪恩：《20 世纪土家族哲学研究综述》，《土家族研究五十年》，湖北人民出版社，2008 年。

④ 宝贵贞：《从合法性到新范式——中国少数民族哲学研究困境与出路》，《内蒙古师范大学学报》（哲学社会科学版）2009 年第 1 期。

⑤ 朝克等主编：《科学发展观与民族地区发展研究》，Russian Buryat Scientific Cfenter Press，2010。

综合考稽 20 世纪 80 年代以来的中国少数民族哲学研究，事实上形成了不同的自觉路径，笔者此前曾概括为范式说与文化内部构成说两个方面，并提出了自己的哲学要素论证说。[①] 有学者曾概括为要采取还是拒绝"以西解中（少）""以中解少""以少解少"的自觉？[②] 但实际上，目前存在的是三类自觉方式：一类是传统教科书范式，坚定地承认少数民族有自己的哲学并用传统马克思主义哲学原理理解模式和概念框架分析问题，笔者也曾有过这种尝试。这种范式中还包括从教科书的哲学定义出发否认少数民族有自己的哲学，从而放弃在哲学意义上探究民族文化。[③] 二类是生存论范式，即把哲学理解为"以某种文化样式对关于自身存在的这种自我意识的表达"[④]。从这个意义上讲，只要有人的存在，就会有某种形态的哲学存在。所以，少数民族哲学即"是存在于少数民族各种文化样式或'文本'形式之中，以少数民族哲学理解和把握世界的各种独特方式……为中介，所反映出来的他们关于自身存在的自我意识，以及他们对'思维和存在关系问题'的思索和'觉解'"[⑤]。三类是思想权力说。宝贵贞即强调"哲学是一个民族思想的权力"。她以哲学是时代精神和民族精神的精华为前提，阐明特定时代、特定民族所特有的哲学思想。[⑥]

笔者认为，由于中国少数民族哲学发展的特殊性，在全球性现代化背景下，应以哲学与生存体验的关系来加以阐明，并坚持"以哲学史为中心的思想史研究"方法进行研究。这一方法可以说是石峻"宽领域哲学思想史研究"[⑦] 的发展，特别是受到《哲学史研究中的纯化和泛化》[⑧] 的启示。这里涉及哲学史与思想史的关系，在中国少数民族哲学思想研究

---

① 萧洪恩：《土家族哲学成立的可能与现实》，《湖北民族学院学报》（哲学社会科学版）2004 年第 5 期。

② 张世保：《浅谈少数民族哲学史的书写方式——兼评萧洪恩教授〈土家族哲学通史〉》，《社会转型与土家族社会文化发展》，民族出版社，2010 年，第 521—526 页。

③ 李兵、吴友军：《少数民族哲学何以可能——兼论民族文化的哲学基础》，《学术探索》2002 年第 3 期。

④ 同上。

⑤ 同上。

⑥ 宝贵贞：《从合法性到新范式——中国少数民族哲学研究困境与出路》，《内蒙古师范大学学报》2009 年第 1 期。

⑦ 《蒙古族哲学及社会思想史论稿》，内部资料，1982 年，第 1 页。

⑧ 萧洪恩：《土家族哲学通史》，导言，人民出版社，2009 年。

中，如何使哲学史研究更多地吸取思想史研究的内容，使"思"与"史"结合起来？开展"以哲学史为中心的思想史研究"应是马克思主义哲学史观的当代化，因而也应是中国少数民族哲学研究的正确方法。当然，还应强调的是，坚持"以哲学史为中心的思想史研究"，还应坚持"以少数民族文化为中心的地域文化研究，以少数民族思想为中心的区域思想研究"的方法；根据少数民族哲学发展的实际，还应采取以全球性现代化运动为社会背景，以西方哲学中国化与中国哲学现代化两种哲学运动为哲学背景，以少数民族的传统哲学与文化性格为历史文化的背景，以少数民族地区的区域文化为地域文化背景等相结合的研究方法。[①]

三、全球性现代化背景下少数民族哲学研究的特殊价值

全球性现代化运动在使全球成为单一场所、形成所谓"地球村"的同时，也提出了全球性现代化运动中的一系列矛盾，其核心矛盾即是西方学者所提到的"普遍性的特殊化"与"特殊性的普遍化"的矛盾，即强调全球化的形成过程本是一个世界的和民族的、全球的（global）和本土的（local，或译在地的）、普遍的和特殊的两者的矛盾展开过程，如罗伯森（R.Roberson）用全球在地化（glocalize, glocalization）来说明全球化是一个相对自主的双向过程，其间存在着"普遍性的特殊化"和"特殊性的普遍化"的双向互动[②]；贝克（U.Beck）认为这是思维的悖论即自反性（reflexivity）[③]；吉登斯（A.Giddens）认为这是现代性的后果，即赋予对象与自己原来的理论、概念、论述以完全相反的性质。[④] 尽管这些西方学者各自的出发点不尽相同，但都力求揭示全球性现代化过程中的这一思想文化矛盾的特质。

全球性现代化运动是起源于西方的，它本身就是一个"特殊性的普遍化"过程，按罗伯森的理解，这一趋向意味着随着全球性现代化运动

---

① 萧洪恩：《土家族哲学通史》，导言。
② 罗兰·罗伯森：《全球化：社会理论与全球文化》，梁光严译，上海人民出版社，2000年。
③ 乌尔里希·贝克等：《自反性现代化》，赵文书译，商务印书馆，2001年。
④ 安东尼·吉登斯：《现代性的后果》，田禾译，译林出版社，2000年。

引发的社会差异的扩大，特定群体为特定目的提出的主张具有合法性，如女权主义、民族主义等；意味着具有特定意义的实践活动日益具有世界意义或影响，如麦当劳化等。同样，当全球性现代化成为"全球性"时，也同时意味着"普遍性的特殊化"，如男女平等转向从男女差异方面寻求，标准化与当地经验结合等。正是这两种趋向的统一，决定了在全球性现代化运动中，从思想文化发展看，就既不可能是同质化的，也不应该是两极或多极"对立"的。按照费孝通 1993 年在与日本学者的学术交流中所言，应该是"各美其美，美人之美，美美与共，天下大同"[①]。当然，费孝通所说的只是一种理想的应然状态，要达于实然，则还需要各民族做出艰苦的努力。

鸦片战争以后，为因应全球性现代化进程，中国少数民族被卷入全球性现代化运动进程中。随着现代化因素的增长，不仅中国少数民族传统文化的活力得到释放，转化成民族地区社会变迁和思想发展的动因；而且，随着国家的军事斗争及军事现代化进程，随着作为现代市民社会基础的商业生产力的发展及传统农业的更进一步积累，新式教育等得以在民族地区推广，从而在 19 世纪末 20 世纪初产生了各民族近现代知识分子，生成了各民族现代意识，于是在 20 世纪，各民族知识分子得以前赴后继地探索着救国救民的真理，不断地接受和阐释体现着时代精神、民族形式和个人风格的新哲学，形成了 20 世纪的各民族思想者群体。他们的思考并不是传统思想的简单再现，而是体现了各民族从传统社会向现代社会转型过程中的整体的文化形态转换，从而体现了西方哲学的中国化与中国少数民族传统哲学的现代化两种哲学运动及其相因关系，具有了"普遍性的特殊化"与"特殊性的普遍化"相结合的现代社会特征。在这一转变过程中，先进的少数民族知识分子以各种近现代哲学精神为核心，建构各民族 20 世纪的时代精神，铸造各民族社会变迁的思想灵魂。也正是在这个意义上，笔者并不满足于中国少数民族哲学研究的功能主义视角，而强调中国少数民族哲学研究的目的在于哲学自身的发展，

---

① 费孝通在日本召开的"东亚社会研究讨论会"上做题为《人的研究在中国》的演讲。会议结束时，他写下"各美其美，美人之美，美美与共，天下大同"的题词。

笔者率先在中国少数民族哲学界提出中国少数民族哲学的现代转型问题，并发表一系列论文加以阐明，其意正在于此。① 这样，在全球性现代化视野下，中国少数民族哲学研究的价值即转化为两个内在的关联层面："一方面，它应当将历史思考与全球化进程联系起来，通过批判和反思使全球化进程参与历史思考，将历史思考转化为该进程的一种文化生产力；另一方面，它同时还应当将历史思考在全球化进程中的特殊任务清楚无误地表达出来：即让作为历史固有特性的众多的独特之处出现在该进程中（而不只是起反作用）。"② 也就是说，全球性现代化理论要求中国少数民族哲学研究与中国哲学研究、与外国哲学研究处于一种创造性的、开放性的关系之中，从而促成一种跨文化的交流和中国少数民族哲学自身的创造性转化。

当然应当看到，这种跨文化交流和中国少数民族哲学自身的创造性转化必须以哲学史研究为基础。一方面，少数民族哲学思维作为少数民族对社会存在的反映，充分体现着各该民族的意识形态、生活方式和行为方式，因而首先应该把握其民族性。但另一方面，这也并不否认少数民族哲学中的一般性，只是由于"各个民族所占的地位，至少是在近代所占的地位，直到今天在我们的历史哲学中都阐述得很不充分，或者更确切些说，还根本没有加以阐述"③。因此，不少学者都对哲学的民族性与普适性加以特别关注。④ 结合上述所论的中国少数民族哲学研究的价值诉求，这种关注的根据至少可从两个方面进行，并且可以从否认中国有哲学的黑格尔的思想中获得启示。一方面是"思维使灵魂首先成为精神。哲学只是对于这种内容、精神和精神的真理的意识，不过是意识到精神在使人异于禽兽并使宗教可能的本质性的形态里"⑤；另一方面是"我们可以在正确有据的意义下说，哲学的发展应归功于经验"，因为"哲学的发展实归功于经验科学，……哲学又能赋予科学以必然性的保证，使此种

① 萧洪恩：《20 世纪上半叶土家族对儒家文化的反思与重构》，《武汉科技大学学报》2008 年第 3 期。
② 约恩·吕森：《历史思考的新途径》，第 6 页。
③ 《马克思恩格斯选集》第 1 卷，第 19 页。
④ 宋浩：《论哲学的民族性内涵》，《边疆经济与文化》2009 年第 6 期。
⑤ 黑格尔：《小逻辑》，第 13 页。

内容不仅是对于经验中所发现的事实的信念，而且使经验中的事实成为原始的完全自主的思维活动的说明和摹写"。① 要之，应依据中国少数民族自身在全球性现代化背景下反思历史、经历现实，并通过"经验"面向未来。

原载郭齐勇、欧阳祯人主编《问道中国哲学：中国哲学史研究的现状与前瞻》，

九州出版社，2014 年

---

① 　黑格尔：《小逻辑》，第 54 页。

近四百年中国学者的中西哲学比较研究史概述

许苏民 *

中国哲人学术的自觉与文化的自觉，除了学术独立的自觉意识的觉醒以外，主要表现为通过中西哲学比较研究而建立文化自信，自觉地寻找传统哲学和文化与现代化的历史结合点，以及通过中西哲学比较研究而自创新说诸方面。

一、通过中西哲学比较研究建立起文化自信

在我国近四百年来的中西哲学比较研究史中，有两位大学者明确地说西方哲学水平不高、见识不大。一是方以智，他说西学"详于质测而拙于言通几"[①]；二是章太炎，他说西方哲学"精思过于吾土，识大则不逮远矣"[②]。后来从事中西哲学比较研究的学者，如熊十力、方东美、唐君毅等人，都对章太炎的这一观点有所继承和发挥，区别只在于章太炎重在表彰道家，而熊十力等人则重在表彰儒家而已。

方以智之所以认为西学"拙于言通几"，其理由在于：第一，从哲学学科的独立性来看，当时西方哲学与自然科学和社会科学尚未分家，纯粹的哲学并未成为卓然独立的学科，故与西方哲学相比，中国的"通几"才是真正思辨的纯哲学。第二，从哲学的内容来看，传教士带来的西方哲学关注的主要是关于上帝存在的本体论证明，而不是从自然本身来说

---

* 许苏民，1952—2024，男，南京大学历史系教授。
① 方以智：《物理小识·自序》，《物理小识》（上），商务印书馆，1937年，第1页。
② 傅杰编校：《章太炎学术史论集》，中国社会科学出版社，1997年，第263页。

明自然，故与此相比，中国的"通几"之学更有助于"通神明之德，类万物之情"①。第三，从方法论上来看，研究"通几"不仅需要运用形式逻辑的方法，更需要运用辩证逻辑的方法，在这方面，中国的易学和气论具有明显的优势。第四，从哲学形上学的价值论属性来看，基督教哲学的人生观似亦不及中国佛学在"∴"的审美境界中所展示的入世与出世圆融不二的人生智慧。这些理由，都体现了方以智独到的哲学眼光。

章太炎之所以认为西方哲学见识不大，主要理由在于：第一，康德学说与柏拉图理念论一样，皆有忽视"依他起性"而难以自圆其说的不足；西方哲学家"至今犹自寻缠绕"于时间有尽无尽、空间有边无边的问题上，而中国哲学则没有陷入这种矛盾之中；康德因陷入逻辑矛盾而在"物自体"面前止步不前，而庄子则超越了分别智，而以无分别智达于对本体的体认。第二，与基督教哲学借助上帝的赏罚并诉诸人的利己心来维持道德、康德讲"德福一致"必设置上帝之赏罚不同，中国哲人以"依自不依他"之说来唤起人的道德自觉，更具有洞彻道德之本质乃人类精神之自律的深邃眼光，在学理上也更为纯正。第三，西方近代哲学的进化论思想是片面的，实际情形是"俱分进化"，即"善亦进化，恶亦进化"；黑格尔关于历史发展"必达于尽美醇善之区"的"终局目的论"②，并不切合实际；而黑格尔之所谓"绝对精神"，如宋儒之所谓"天理"，"陵藉个人之自主"，乃是"名为使人自由，其实亦一切不得自由"③。与此相比，我国的庄子哲学才是真正具有自由精神的。第四，黑格尔哲学公然尊奖强权、以恶为实现历史的终局目的之必由之路，而庄子之"齐物"就没有这一弊病，因而更具有价值论的合理性。庄子的"应物之论，以齐文野为究极"④，正可以克服黑格尔主张"文明民族"对"野蛮民族"具有"绝对权利"的强权主义观点。

西方学者习惯于依照中国哲学与西方相近的程度来衡量其价值，而方以智、章太炎则反过来以西方哲学与中国相近的程度来衡量其价值。

---

① 方以智：《物理小识·总论》，《物理小识》（上），第 3 页。
② 章太炎：《章太炎全集》第 4 册，上海人民出版社，1985 年，第 386 页。
③ 同上书，第 448 页。
④ 章太炎：《章太炎全集》第 6 册，上海人民出版社，1986 年，第 40 页。

这一从中国哲学的主体性立场来看西方哲学的思路，体现了中国哲人所具有的民族文化认同的自觉意识；而方以智对"泰西质测颇精"的肯定和推重，对"质测即藏通几"的科学哲学观的阐扬和论析，章太炎对西方哲学"精思过于吾土"的肯定，又表现了他们吸取西学之精华来发展中国哲学的宽广胸怀和卓越见识。

20 世纪 30 年代，贺麟、唐君毅分别发出了"毋以中国哲学界为西洋哲学之殖民地""毋以中国哲学为西洋哲学之附庸"的振聋发聩之声。贺麟指出，要使中国哲学界不是西洋哲学的殖民地，就必须反对把中国哲学看作是所谓"西洋哲学问题在中国"的观点，要把"中国哲学家的伟大识度"加以阐扬 [1]，以贡献于全人类。唐君毅认为，中国哲学自有其与西方哲学相区别的民族特点，所以中国哲学不是西洋哲学的附庸。[2] 这一时期，虽然贺麟的学术出发点主要是普遍主义的，而早年唐君毅则颇近于特殊主义，但他们都有一个共同的特点，即通过中西哲学比较研究的深入开展而建立起民族的文化自信，增强民族的自尊心和自信心。

二、寻找传统哲学和文化与现代化的历史接合点

从戊戌维新到辛亥革命，认同明末清初学者对君主专制的批判及其民族意识，成为 20 世纪初社会改革思潮的原动力；"五四"以来，各种思潮的代表人物皆从传统文化吸取资源，无论是自由主义者、文化保守主义者，还是马克思主义者，都从中国传统文化中吸取了许多有益的思想因素。

严复和梁启超皆以历史发展的眼光观察中国文化，致力于从明清之际哲学中寻找传统与现代的历史接合点。严复认为顾炎武所谓"合天下之私以成天下之公"的思想本质上与西欧近代政治哲学的根本理念相通。[3] 梁启超肯定王夫之、顾炎武等人的思想中已具有科学精神的因素，又把王夫之与顾炎武做比较，认为"亭林建设方向近于'科学的'，船山

---

[1]　贺麟：《近代唯心论简释》，独立出版社，1944 年，第 10 页。
[2]　参见唐君毅《中西哲学思想之比较研究集》，正中书局，1942 年，第 347 页。
[3]　王栻主编：《严复集》第 1 册，中华书局，1986 年，第 31—32 页。

建设方向近于'哲学的'"，但王夫之"哲学的"建设方向亦是以"科学的"认知和方法为前提或内核。① 他指出戴震"不以人蔽己，不以己自蔽"的研究方法实乃科学研究法，其关于"十分之见"与"未至十分之见"的区分实际上就是科学家的定理与假说之分。又说颜李学派和杜威所提倡的唯用主义或实验主义（practicalism）"有许多相同之点，而且有些地方像是比杜威们更加彻底"②。此外，他对明清之际中国政治哲学的新突破给予了特别的重视，说："《明夷待访录》之《原君》《原臣》诸篇，几夺卢梭《民约》之席，《原法》以下诸篇，亦厘然有法治之精神。……抑《黄书》亦《明夷待访录》之亚也。其主张国民平等之势力，以裁抑专制，三致意焉。"③

在 20 世纪初的改革思潮中，学者们还从明清之际早期启蒙学者的思想中吸取了丰富的道德资源。人们通常说，有什么样的民众就有什么样的政府。梁启超则认为，有什么样的读书人就有什么样的政府；执掌所有政府部门权力的人无不来自士阶层；而清朝政府之所以腐败黑暗，就在于读书人的素质太低。因此，如欲雪国耻，"其在我辈之自新……斯乃顾亭林之所谓天下兴亡匹夫有责也"④。章太炎作《革命的道德》一文，把顾炎武的伦理学说作为医治中国社会道德沦丧之弊病的唯一良药，并引述其说来与同志共勉：一曰知耻，二曰重厚，三曰耿介，外加必信；把改革者的道德素质看作是关系改革成败的决定性因素，尤为发人深省。1910 年，蔡元培写出现代第一本《中国伦理学史》，表彰黄宗羲、戴震、俞正燮的学说为"自由思想之先声"⑤，充分肯定黄宗羲倡导新的政治伦理、戴震揭露程朱理学"以理杀人"、俞正燮提倡新的家庭道德所做出的贡献。

胡适以"把现代文化的精华与中国自己的精华联结起来"作为中西哲学比较研究的根本宗旨，努力从中国传统文化中寻找科学与民主的知识论基础，认为在反对独断主义和唯理主义而强调经验，用历史的或发

---

① 林志钧编：《饮冰室合集》第 10 册，中华书局，1936 年，第 75 页。
② 同上书，第 5 册，第 3 页。
③ 同上书，第 1 册，第 82 页。
④ 同上书，第 4 册，第 9 页。
⑤ 蔡元培：《中国伦理学史》，商务印书馆，1937 年，第 151 页。

展的观点来看真理和道德方面，这些西方现代哲学最重要的贡献"都能在公元前五、四、三世纪中那些伟大的非儒学派中找到遥远而高度发展了的先驱"。因此，"非儒学派的恢复是绝对必要的，因为在这些学派中可望找到移植西方哲学和科学最佳成果的合适土壤"①。胡适还驳斥了西方学者关于中国近一千年停滞不进的观点，认为17世纪的中国哲学"开始了一个新时代"②；并把清代学术与"欧洲的再生时代"（即文艺复兴时代）相比拟，认为"清代的'朴学'确有'科学'的精神"，主张"用科学的知识来修正颜元、戴震的结论，而努力改造一种科学的致知穷理的中国哲学"③。

贺麟探讨了清末民国初五十年陆王哲学得到盛大发扬的原因，他认为这是因为："（一）陆、王注重自我意识，于个人自觉、民族自觉的新时代，较为契合。因为过去五十年，是反对传统权威的时代，提出自我意识，内心自觉，于反抗权威，解脱束缚，或较有帮助。（二）处于青黄不接的过渡时代，无旧传统可以遵循，无外来标准可资模拟。只有万事自问良知，求内心之所安，提携自己的精神，以应付瞬息万变的环境。庶我们的新人生观，新宇宙观，甚至于新的建国事业，皆建筑在心性的基础或精神的基础上面。"④

中国马克思主义者努力寻找中国传统哲学和文化与现代化的历史接合点，突出表现在侯外庐、萧萐父的"早期启蒙说"中。这一学说的重大意义，正如萧萐父绝笔之作所云："坚持早期启蒙说，……如实地把早期启蒙思潮看作我国自己文化走向现代文明的源头活水，看作中国文化自我更新的必经历程，这样我国的现代化发展才有它自己的历史根芽，才是内发原生性的而不是外烁他生的；如果不是这样如实地看待和尊重这段文化自我更新的历史事实，而把中国文化看作一个僵化的固定不变的'体'，我们势必又会陷入'被现代化''被西化'的体、用割裂的处境。正视并自觉到明清之际崛起的早期启蒙思想是传统文化中现代化价

---

① 欧阳哲主编：《胡适文集》第6册，北京大学出版社，1998年，第11页。
② 同上书，第12册，第102页。
③ 同上书，第7册，第342页。
④ 贺麟：《当代中国哲学》，胜利出版公司，1945年，第19页。

值的生长点、是正在成为我们中国文化自我更新之体。这样，我们才可能自豪地看到近代先进的中国人既勇于接受西学，又自觉地向着明清之际的早期启蒙思想认同的形象是多么光彩和大气；'外之不后于世界之潮流，内之弗失固有之血脉'是多么强的文化自信。如此，所谓中西对峙、中西殊途的狭隘观念也就失去了依据。我们所面对的将不是'文明冲突论'所夸张的儒教文化与基督教文化的冲突，而是中西文化在更高层次上的会通融合。"①

三、通过比较哲学研究而自创新说

在黑格尔看来，通过比较研究在哲学领域创立新说是难以想象的，他说："我们今日所常说的科学研究，往往是指对于所考察的对象加以相互比较的方法而言。不容否认，这种比较的方法曾经获得许多重大的成果，……（但）尤须特别强调指出，只通过单纯的比较方法还不能最后满足科学的需要。比较方法所得的结果诚然不可缺少，但只能作为真正的概念式的知识的预备工作。"②

然而，中国哲人并没有仅仅停留于比较，而是通过比较研究来满足求科学真知的最高要求，形成自己的哲学见解。因为他们都生活在时代的漩涡之中，他们的比较研究乃是为了探索从何处着手来改造中国社会的具体方案。这是一个与历史哲学息息相通的问题。在这方面，梁启超的观点具有代表性。他认为比较研究的目的不仅在于"校彼我之短长而相淬厉"，而且在于运用推究因果之法，找出"彼我之短长"的原因所在，在于见历史"进化之公例"，"既知其果之所必至，又知其果之所从来，则常能造善因以补助之，使其结果日趋于至善，学术之有助于进化"③。用今天的话来说，就是通过比较研究，从中找出带有规律性的东西，并且可以自觉地运用这种规律性的认识，创造必要的条件来推动社会的进步。

---

① 萧萐父：《自序》，《吹沙三集》，巴蜀书社，2007 年，第 1—2 页。
② 黑格尔：《小逻辑》，商务印书馆，1980 年，第 252 页。
③ 林志钧编：《饮冰室合集》第 2 册，中华书局，1936 年，第 106 页。

20世纪的中国，出现了一批自觉地将中西哲学加以会通融合的哲学家。有"以平等心究观古今各大学派"，融会儒佛，并自觉地把王阳明、王船山视为自己的哲学先驱的，如熊十力，创立了"新唯识论"的哲学体系；有声称"接着程朱理学往下讲"的，如冯友兰，创立了"新理学"的哲学体系；有隐然"接着陆王心学往下讲"的，如贺麟，创立了被称为"新心学"的哲学学说；有以中国文化的中坚思想和最崇高的概念（"道"）为最高范畴，以传统哲学范畴为主要骨架，融会西方哲学学理来建立中国哲学的逻辑体系的，如金岳霖，创立了"不仅是现代化的，而且是民族化的"的《论道》的哲学体系。他们的哲学创造，或通过对中国哲学中特定学脉的自觉选择和继承，或通观中国哲学之全体并摄取各家思想之精粹，而坚持了中国哲学自身的主体性。他们都强调，必是有历史渊源的新，才是真正的新，有生命力的新。同时，他们又在自己的哲学中融摄了现代西方哲学的因素，如冯友兰的新理学乃是程朱理学与西方逻辑实证主义哲学的奇特结合，贺麟的新心学是陆王心学与西方新黑格尔主义哲学的精巧融会，金岳霖的道论体系是中国哲学的范畴骨架、内在精神与西方逻辑分析方法和哲学学理的有机综合。此外，方东美、唐君毅、牟宗三、张岱年、冯契、萧萐父、杨国荣等，无不通过比较和会通中西哲学，或系统阐发其独创性的哲学见解，或创造出具有鲜明中华民族特色和他们自己个性特征的新哲学体系。

但王国维提出的"可爱者不可信，可信者不可爱"的矛盾问题，在20世纪似乎并没有引起海内外哲学界应有的重视。为什么英美知识论哲学的实证论、伦理学的快乐论、美学的经验论"可信"，但"不可爱"？为什么康德式的伟大之形而上学、高严之伦理学与纯粹之美学虽"可爱"却"不可信"？这是人类面临的最大的哲学难题，可是在整个20世纪，可信者依然被很多人视为不可爱，并且因这种感情上的疏远而干脆连信也不信，可爱者却因很多人对其投入了过多的爱，而受到狂热的崇拜和信奉。百年来人类所身受的各种惨痛教训告诉我们，如今是到了非回答和解决这一问题不可的时候了。我认为要回答这一问题，就必须深入探讨人类追求的三大价值——真、善、美——各自包含的内在矛盾和三者之间的矛盾；而要试图对这一问题做出相对来说比较合理的解决，就必须以中国哲学的"尊生齐物"之旨为最高原则，融会赫尔德所说的人类在追求人道的历程中所创造的一切合乎人性，适乎人情，体现着人与人之间的善意、同情和挚爱的思想成果，扬弃自康德以来英美经验论与大陆理性派在价值观上的根本对立，来建构反映时代精神之精华的现代人文精神哲学体系。

哲学是多元的，哲学亦无定论，但真正的哲学总是体现着时代精神的精华和人类的至性至情。继承和发扬近四百年来中国哲人的优秀传统，以庄严而崇高的时代良心、气魄恢宏的世界意识、科学而严谨的理性态度、独立不移的主体意识以及尊重学术独立价值的理论勇气，特别是以"惧以学术杀天下万世"的责任感，和以对于"不通人情者鲜不为大奸"的深刻洞察力，来推进我们的哲学研究事业，以常青的理论之树来推动社会生活的万象更新，是我们伟大的时代、社会和人民赋予哲学研究者的使命。

原载许苏民《中西哲学比较研究史》下卷，南京大学出版社，2014 年

从重新评价到互动对话

—— 台湾对大陆近 20 年儒学研究的评价

陈卫平 *

　　台湾学界在 20 世纪 80 年代提出"文化中国"，意谓大陆和台湾在文化传统上存在着一致性。因此，台湾学界对于大陆二十多年的中国哲学研究比较关注。在 1949 年以后相当长的时期内，台湾以继承和发扬儒学为己任，而大陆发展到"文革"期间把儒学作为彻底打倒的对象，因此台湾对于大陆中国哲学研究的关注自然就集中在儒学方面。1949 年以后，港台形成并活跃着现代新儒家，而现代新儒家注重阐发孔孟和宋明理学，现代新儒家在 20 世纪 80 年代以后又成为大陆学术界研究的重要课题。于是，台湾学术界[①] 最瞩目于大陆儒学研究中有关孔孟、理学、新儒学的研究。同时，在一般层面的儒学研究上，由于港台新儒家注重阐发儒学的宗教意蕴和现代意义，因而对大陆有关儒教说，中国马克思主义与儒学传统的争论也有所评述。

一

　　大陆二十多年来对于儒学的研究，是从对孔子的重新评价开始的。熊自健所著的《中共学界孔子研究新貌》甚为全面地评述了大陆 1978 年至 1988 年的孔子研究，包括研究孔子的方法论以及孔子的道德哲学、宗教思想、美学、认识论、政治思想、教育学等方面。这里择其与哲学相

---

* 　陈卫平，1951—　，男，华东师范大学哲学系教授。

① 　这里所说的台湾学术界是较为广义的，包括一些与台湾关系密切的定居国外和香港的学者。

关部分的评述。

　　熊自健注意到大陆对孔子的重新评价，首先是与研究方法的出新相联系的。他以李泽厚、匡亚明、张岱年的方法为代表，指出李泽厚从文化心理结构来研析"仁"，指出仁学结构的四因素及其相互关联。匡亚明强调不能机械套用"存在决定意识"来分析孔子的人本哲学思想体系，提出对孔子思想遗产实行三分法，即分为封建性意识、有生命力的智慧、精华与糟粕相混杂三方面。张岱年注重对哲学范畴、命题的理论分析，由此来认识孔子的哲学体系及其特点、传承。熊自健认为这些方法"超出了简单阶级分析的模式，深化历史唯物主义的方法论"，"探索孔子思想内在的统一性具有方法论的自觉，要求避免各执一端片面地理解孔子"；然而，牟宗三指出的宋明儒学从道德实践的工夫来体认孔子，要比上述的方法"更具有活泼动人的生命"。关于孔子道德哲学的研究，熊自健绍述了朱伯崑、魏英敏、冯友兰、匡亚明、罗佐才、李启谦、杨景凡、严北溟、杨伯峻、李泽厚、萧萐父、任继愈、徐长安等人的有关论著，在孔子论道德的意义与道德行为的来源、孔子道德哲学的核心、孔子道德哲学的体系这些问题上的各种观点，认为"中国大陆学界近年来对孔子道德哲学的解析有浓厚的学术气息，脱离肤浅的政治谩骂"，"最令人瞩目的是，大多数的学者主张对孔子的道德哲学吸收其精华，进行创造转化，为社会主义的道德生活与马克思主义的道德哲学服务"。但是，"牟宗三先生所阐明孔子成德之教的精义，是大陆学界解析孔子道德哲学时尚未达到的境界"。关于孔子认识论的研究，熊自健分析了张岱年、任继愈、钟肇鹏、茅亭、杨凤麟、冯契、刘邦富、王举忠以及北大哲学系与萧萐父等主编的两本《中国哲学史》等论著，认为这些论著涉及了孔子关于知识的来源与性质、认知的方法与过程、知识与道德实践的关系等问题，重新探索了孔子的认识论，在"努力地辨析孔子认识论在中国哲学史的意义与作用上，颇见功力"，但往往纠缠于唯心、唯物的问题上，对于最能表现孔子认识论特点的知识与道德实践的关系问题，较少有人提出讨论，而牟宗三在《现象与物自身》中"所开出儒学认识论的新方向，正好反照出中国大陆学界探索孔子认识论的各种限制"。对孔子美学的研究，熊自健以刘纲纪、张怀谨、叶朗、钟肇鹏四人的研究成果为代表，认为刘纲纪以结构分析的方式来探讨孔子的美学，孔子从仁学出发，以个体与社会的统一去观察美和艺术的现象，强调审美和艺术是陶冶人的思想情感的重要手段，分析了艺术的社会作用，又提出了美的本质是与道德上的善相统一的，把"中庸"作为美学批评的尺度。张怀谨从孔子的诗乐理论来探讨孔子的美学，由此把孔子的美学思想概括为由诗乐而达到理，又由礼而归乎仁，指出孔子审诗正乐的美学理想与天下归仁的理想是结合在一起的。叶朗以孔子的审美观念为中心，从其提出的美学范畴和命题来论述孔子的美学思想，强调探讨审美和艺术在社会生活中的作用，是孔子美学的出发点和中心，并说明了孔子"兴观群怨""大""智者乐水，仁者乐山"所具有的审美意义。钟肇鹏把孔子有关美和文艺的言论汇集在一起，分类论述，以文质彬彬为孔子美学思想的纲领，由此诠释孔子的美善统一、诗教与乐教、语言修辞等思想。他认为从上述四人的研究成果可看到："研究方法受到历史唯物主义的限制最少"，"不落在'基础、上层建筑、意识形态'的架构中来解析孔子的美学，而从孔子美学本身的性质与内涵进行研析"；比较一致地注意到了孔子美学与其仁学的关联，"因此他们探讨孔子美学是具有整体性的脉络"；辨析了孔子美学的价值层次，不是"把孔子有关美和文艺的论点放在同一平面上来处理"，而是注意到它们在孔子美学思想中有不同的层次；一致认为美善统一的理想是孔子美学的最大特征，并指出伴随这一特征而来的一些局限性；有待努力的是加深对孔子仁学的体察，由此才能进一步诠释出孔子美学的精彩之处，在这方面马一浮的《论语大义》和台湾大学教授张亨的《论语论诗》是值得作为参考的。①

　　大陆的美学研究，包括对中国传统美学的研究，马克思的《巴黎手稿》是重要的理论依据。陈怀恩在肯定李泽厚、刘纲纪的《中国美学史》"堪称为近代处理中国美学的皇皇巨制"的同时，对其用《巴黎手稿》来诠释孔子的仁学和审美态度的可行性提出质疑。他认为该书把仁学诠释为以社会性的感情为本，而马克思讲的社会感情是一种历史的抽象，孔

---

① 此部分的引文均见熊自健《中共学界孔子研究新貌》的有关章节，文津出版社，1988年。

子的道德情感则是实存的，两者"在出发点上就有差异"；马克思和孔子虽都认为审美活动是自由境界，但就孔子来说，"一般人的艺术享受和艺术创作都可以暂时地达到自由、审美的境界"，就马克思来说，纯美的自由境界要等待人类的"人性的感官""社会感官"完全创造出来才能达成，而这又与完全废除私有制相联系，因此，"就实践过程来看，两者却是泾渭分明的"；该书以"艺术作用即社会性感情的交换功能"来诠释孔子的兴、观、群、怨是否有公式化的问题；他还指出该书既认同孔子以善为美的内容，又说孔子承认形式美有独立意义，这是互相矛盾的。[1]

在大陆有关研究孟子的论著中，李明辉对杨泽波的《孟子性善论研究》给予了比较高的评价。在他看来此书"是中国大陆第一部突破马列教条，从自己的观点来讨论孟子性善论的专著"；并说1994年他在为"中研院"中国文哲研究所筹办"孟子学国际研讨会"的时候，"曾广泛浏览中国大陆有关孟子学的著作，发现千篇一律都将孟子的性善论说成唯心论，完全无法进入其思想脉络之中。因此，尽管杨泽波此书仍有若干值得商榷之处，但已令人耳目一新"[2]。但对其耳目一新之处和值得商榷之处都未有进一步的论述。

杨祖汉则在充分肯定杨泽波的著作是"近年来孟子学的相当有水准极富个人见解的著作"的同时，对此书中有关牟宗三的孟子研究的一些评议提出了商榷意见。首先，关于孟子与康德。牟宗三认为康德和孟子都是道德自律形态的，杨泽波则认为不然，因为康德重理性轻情感，并把道德情感纳入他律之中，而孟子尊重包含丰富情感性的良心本心，很难戴上道德自律的桂冠。杨祖汉维护牟宗三的观点，论证孟子的学说"是自律的伦理学，不特如此，康德的意志底自律说，必须承认孟子的理论，才能证成"。其次，对道德形上学的理解。牟宗三沿着孔孟"践仁以知天""尽心知性知天"之义，阐发"道德形上学"，杨泽波认为，这样的道德形上学是为了使本心善性有稳固的基础，从而走向把心体性体不仅作为道德根源而且作为宇宙真实根源的泛道德主义。在杨祖汉看来，这

---

[1]　陈怀恩：《李泽厚〈中国美学史〉孔子部分商榷》，《鹅湖》总第 144 号，1987 年。

[2]　李明辉主编：《儒家思想在现代东亚：总论篇》，"中研院"中国文哲研究所，1998 年，第 98 页。

是对牟宗三的误解，因为牟宗三从孔孟出发，区分了道德的形上学与形上学的道德学，后者是为心性找形上学根据，而这正是牟宗三所反对的。再次，圆善问题。所谓圆善，即德福一致，牟宗三认为儒、道、释对于圆善如何能实现的问题，较之康德有更圆满的解答，杨泽波认为儒家幸福观也许比康德圆满，但其并没有解决康德所没有解决的问题，即在实际上保证有德之人一定能享受到现实的幸福。杨祖汉指出，这是把幸福理解为满足感性欲望而导致的，现实的幸福是人的存在情况使他感到称心如意，是一种状态的理念，因而儒家的圣人一切随心而转的境界就是现实的幸福。最后，牟宗三以孟子为标准，分宋明儒学为三系，以朱熹为"别子"，杨泽波批评这一标准有偏颇，因为孟子和荀子各继承了孔子的内求或外求之一翼，所以不可以孟子为孔子嫡系真传。杨祖汉申论牟宗三对孔、孟、荀的分别，以为孔子虽然讲外学，但重点在反己自省的德性之学，故孟子所偏者小而荀子所失者大，承继孔子方向的自然是孟子，以此来看朱熹用讲知识的方法来讲道德，与孔孟不相应，认其为"别子"也是合理的。总之，杨祖汉认为在杨泽波的孟子研究中，对牟宗三的孟子研究的理解不太恰当，并认为这往往是大陆学者的通病。①

二

对于大陆宋明理学的研究，傅伟勋和曾春海都注意到了侯外庐等主编的《宋明理学史》。傅伟勋的评论较为具体，提出该著作有两个特色：强调了长期不被重视的元代理学；注意到理学发展与当时社会发展的关系。但对该著作的序言提出科学的理学史必须以马克思主义为指导则不以为然，认为这是混淆了科学形态、哲学形态、意识形态这三种马克思主义的区别。② 作为台湾"中研院"中国文哲研究所"当代儒学主题研

---

① 杨祖汉：《牟宗三先生对儒学的诠释——回应杨泽波的评议》，《儒家思想的现代诠释》，"中研院"中国文哲研究所，1997 年，第 175—206 页。
② 参见傅伟勋《大陆学者的哲学研究评论》，《海峡两岸学术研究的发展》，《中国论坛》杂志出版，1988 年，第 51—52 页；参见曾春海《以马列主义中国化为线索评估中国大陆四十年来的哲学发展》，《中国大陆人文及社会科学发展现状》，政治大学学术委员会出版，1995 年。

究计划"成果之一的论文集《儒家思想在现代东亚：中国大陆与台湾篇》，收有香港学者郑宗义《大陆学者的宋明理学研究》一文，该文对大陆的宋明理学研究有甚为详细的分析。他认为大陆的宋明理学研究，大致可分为三个阶段：第一阶段自 1949 年至 20 世纪 80 年代初，研究几乎完全套用唯心唯物的二分法、阶级出身等教条主义，对理学大抵采取全盘否定的态度；第二阶段自 20 世纪 80 年代初至 80 年代末，此时已不满教条的生搬硬套，而提倡通过重要范畴的分疏来掌握理学，对理学有正、负两方面的评价，但仍未脱教条阴影；第三阶段自 20 世纪 80 年代末至 2000 年，研究开始完全摆脱教条的色彩，强调文献的解读与爬梳，且多有参考借取海外学界的观点说法，以为进一步思考析论之所资，但对理学的了解还不免重心性而轻天道，而有一偏之虞。他对第一阶段的评估，这里只叙述与本文有关的部分。他认为侯外庐等主编的《宋明理学史》在研究方法以至内容结论上均有大不同于贯穿唯心唯物二分法的《中国思想通史》，反映了大陆学者的理学研究在 20 世纪 80 年代中期已转入另一阶段，书中很多篇章实际上是通过分析厘清宋明儒的各个范畴、命题及问题来立论的，特别是对材料所下的考证功夫，例如仔细指出宋明儒学那些观念受到佛、老的影响，则深具参考价值。对于冯友兰《中国哲学史新编》的宋明理学研究，他的看法是"冯先生虽自诩从比较哲学的观点揭示宋明理学的中心课题乃关乎什么是人与怎样做人的'人学'"，但视野常常转到共相与殊相的问题上，与《中国哲学史》的旧说大同小异，"未能会心于宋明儒天道性命相贯通的睿识"。他对第二阶段的评估，以张立文的著作为代表，认为张立文肯定理学是体现当时时代精神的思潮，但由于强调回到它那个时代中去考察它，因而很难重释出理学的现代意义；张立文以范畴分析方法透视宋明理学，"从方法论的角度看，绝对值得肯定"，但其对理学范畴的分析，依然是唯心、唯物那一套，而且以世界本原问题作为研究理学的视野，无法了解理学贯通天道性命的特质。在这一阶段，张岱年的《宋明理学评价问题》和《宋明理学的心性概念的分析》，"竟一反其唯物论立场，运用道德自觉性与西方哲学理性主义的观念来阐释宋明儒的心性之学，虽只简略点及而未见仔细的铺陈，惟已隐约透露出大陆学者的理学研究在九十年代又将迈进另一新阶段的消息。而这消息后来则具体表现在张先生的弟子陈来先生的著作中"。他对第三阶段的评估，以陈来的《宋明理学》为代表，认为陈来"更能尽量让文献本身说话、并且在义理上几完全弃用唯心、唯物等教条用语"，其借用西方哲学中的实践理性与普遍性道德法则等概念来辩解理学之理的实义，反对将理学简单化地看成社会规范或礼教，"可知他对理学中的心性部分确有相当的契会"；不过，其对理学的理解有重心性轻天道的片面。最后，他的结论是"大陆学者经历了三个阶段的研究，迄今似仍未能完全契接宋明儒天道性命贯通的微意"，因而需要与牟宗三的理学研究有进一步的对话交流、视域交融。[①]

　　传统儒学自汉以后成了经学，因而对儒学的研究不能不涉及经学。同时由于台湾"中研院"中国文哲研究所有研究经学的计划，因此在关注大陆的理学研究的同时，也对大陆的宋代经学研究有所关注。许维萍著文详尽地介绍和评价了大陆"文革"后研究宋代经学的概况。该文指出：有关宋代经学的研究，"中国大陆在许多领域、许多课题上，都有不俗的表现，值得台湾学者借镜"。大陆研究《周易》的成果，在各经中数量最多，主要是从哲学和史学的角度进行研究，这与台湾以中文系、所为主研究《周易》很不相同。宋代凡有《易》说传世的大家，都有专文研究，其中以研究朱熹《易》学的为最多，"朱熹可以说是最受大陆学者瞩目的宋代《易》学家"，也有针对《易》说中某一问题深入探究者，如金祖孟的《论邵雍的"天圆地方"》就是典型的例子。《诗经》学的研究，是以朱熹《诗集传》为中心的，其他宋人的《诗经》学著作，研究者比较少，成果也比较有限，对于朱熹《诗集传》的研究论文，有概论性质的，有分析《诗集传》纂例的，也有与《毛诗序》进行比较研究的，还有从声韵和训诂入手的。对于宋代《尚书》学的研究议题比较零散，论文数量只有十余篇，这些论文有概论性的，有研究某个经学家《尚书》学，值得注意的是若干从版本目录学角度切入的论文。在《春秋》学方面，没有专门研究宋代《公羊》学或《穀梁》学的论文，只有关于宋

---

① 郑宗义：《大陆学者的宋明理学研究》，《儒家思想在现代东亚》，第123—159页。

代《春秋》学的概论性论文和研究吕祖谦《左传》学的论文，值得注意的是在这个领域的版本研究，如王清原的《辽宁新发现宋德佑刻本春秋集注》。对于《四书》学的研究，"不论在数量上或是研究题目的宽广度上，中国大陆的研究成果都是相当有限的"，在这些成果中，有的属于"《四书》研究史"的范畴，有的从宋代学者的《四书》学角度出发，有的属于古籍整理的点校。大陆的《礼》学研究有待开发，在有限的成果中，姚瀛艇的《宋儒对〈周礼〉的研究与争议》是唯一研究《周礼》的文章，文中肯定欧阳修的疑经精神，这与台湾晚近研究经学史的学者的态度相一致，但该文从李觏出身于中小地主阶层和阶级矛盾等方面分析其提出《周礼致太平论》，则很典型地反映出大陆学者对经学问题的切入方式。宋代《尔雅》学的研究，大陆只有一二人参与，除石云孙点校的《尔雅翼》之外，所有的论文由冯蒸一个人包办了，并且全部集中在研究《尔雅音图音注》一书上，由此"可以看出这个领域仍然有极大的发展空间"。关于石经的研究论文约有五篇，议题零星，篇幅也不长，有系统、较深入的研究成果有待进一步的努力。①

　　在儒学发展史上，取代宋明理学而兴起的是清代乾嘉经学。因而宋明理学的研究和乾嘉经学的研究有着紧密的关联，台湾"中研院"中国文哲研究所实际上是将这两方面的研究相配合的。于是，台湾学者对大陆的乾嘉经学的研究也颇为关注。蒋秋华撰有专文对大陆学者的乾嘉扬州学派研究予以考察。他指出在 1980 年以前，大陆学者对扬州学派的研究，只有不到 20 篇的相关论著，而且重心多半放在王念孙、王引之父子的训诂学著作上。张舜徽是比较全面研究扬州学派的第一人，"他的研究，影响深远，不仅开启了近代学者研究扬州学术的风气，他的许多论点也为后来研究者所袭用"。20 世纪 80 年代以来，比较集中的研究，以扬州师范学院为重心，祁龙威教授主导着研究的推进。在研究成果中，关于小学的成果占了大部分，有意识的专论是少数，且创立新解的并不多。②

---

① 许维萍：《中国大陆宋代经学研究概况》，《中国文哲研究通讯》2002 年第 12 卷第 3 期。
② 蒋秋华：《大陆学者对清乾嘉扬州学派的研究》，《汉学研究》2000 年 19 卷 4 期。

三

在对传统儒学重新评价的同时，实际上已经蕴含着与儒学的对话，当然，这种对话更集中地表现在大陆研究对港台新儒学的兴起。杜维明、刘述先较早把新儒学向大陆做了介绍，并首先提出了当代新儒学、马克思主义与自由主义的互动对话。尔后对新儒学在大陆广泛流传起了很大作用的方克立也倡导这三者的互动对话。大陆哲学界与新儒学的互动对话促进了双方的新儒学研究。大陆方面认识到与新儒学对话，就必须研究新儒学。于是，1986 年由方克立和李锦全负责的"当代新儒家思潮研究课题"被列入国家重点研究课题，大陆的新儒学研究从此有效地展开，并在相当的时期里成为学术界聚焦点之一。同时，大陆的新儒学研究也促进了台湾的新儒学研究。李明辉指出，台湾"中研院"确定"当代儒学主题研究计划"的"直接背景，则是中国大陆的学术转向"，即开始正视中国传统文化的价值与意义，把"当代新儒家思潮研究课题"列入"七五"期间国家重点研究课题之一，由方克立和李锦全负责，"由于大陆学术界的人力充沛，一经动员，很容易形成局部优势，这对台湾的学术界自然造成很大的挑战"①。作为回应这一挑战的当代儒学研究计划一直持续至今。

在大陆与新儒学的互动对话中，这一领域的意识形态对立逐渐舒缓。李明辉在 1991 年评价方克立主持的课题组的研究成果时，以为郑家栋的《现代新儒学概论》"标示了大陆新儒学研究的第一阶段之高峰"，态度客观，少有刻意的曲解，"作者也有不错的理解力，避免了一些流行的误解，有时甚至能澄清若干误解"，例如对当代新儒家与张之洞的"中体西用"论做了分疏，其缺点是对港台和海外新儒家的研究较弱，表现了与他们的隔膜，因而对他们的"良知坎陷""内圣外王"理解有误；然而，由于方克立并非将新儒学研究单纯地看作一般的学术研究，而是看成意识形态斗争的一部分，因而在该课题组的论文集《现代新儒学研究论集》

---

① 李明辉：《"中央研究院""当代儒学主题研究计划"概述》，《汉学研究》2000 年 19 卷第 4 期。

第一集的多数论文中，"到处都可以见到作者套用马列主义观点提出批判"，于是在他看来，"中国大陆新儒学研究的最大阻碍在于意识形态的限制，这项限制形成其研究成果无法突破的瓶颈"①。对于这样的评价，方克立提出了反批评，李明辉又对此做了回应。②这些往返论辩可以说既有学术上的分歧更有意识形态上的对立，或者说这些学术上的分歧是与意识形态的对立相联系的。到了 1996 年，李明辉在看到大陆的邓小军和杨泽波的著作后，认为他 1991 年所作的"今天在中国大陆研究当代新儒家的学者，不论其个人对新儒家的评价如何，多半不能摆脱马列主义意识形态之影响"这项论断，"可能有修改之必要"。③在四年之后的 2000 年，他说"时至今日，大陆的学术界已有了不小的变化，非意识形态化的趋势日益明显"④。这是否意味着在他看来往日制约大陆新儒学研究的瓶颈正在消解？其实，意识形态对立的和缓是双向的，正如林安梧所说，在大陆与新儒学的对话互动中，"当代新儒学原先的反共根芽倒是自然而然的被淡去，这一方面可能是有意的忽略，另一方面则显示大陆已不再是意识形态挂帅"⑤。

　　大陆与新儒学对话的重要方面，是儒学与现代化的关系或者说儒学是否具有现代意义。因为大陆长期以来认同"五四"打倒孔家店的潮流，以为儒学是现代化的阻碍，而新儒家把儒学作为发展当代中国现代化的思想资源，强力阐发儒学的现代意蕴。在 20 世纪 80 年代的前期，虽然大陆还未展开对现代新儒学的认真研究，但对于新儒学的"返本开新"（返传统儒学之本而开科学民主之新）已有所讨论。王章陵从朱日耀、薛涌、毛丹、包遵信、耿云志、黄万盛等人的论文中，注意到当时大陆对这种"返本开新"论持有赞同和否定两种态度，而否定态度是占上风

---

① 李明辉：《中国大陆有关当代新儒学的研究：背景、成果与评价》，《当代儒学之自我转化》，"中研院"中国文哲研究所，1994 年，第 175—192 页。

② 方克立的反批评文章《当代新儒学研究的自我回省——敬答诸位批评者》，《南开学报》1993 年第 2 期，台湾《当代》第 89 期转载；李明辉的回应文章《学术辩论与意识形态斗争——敬答方克立教授》，台湾《当代》1993 年总第 90 期。

③ 李明辉主编：《儒家思想在现代东亚：总论篇》，第 97—98 页。

④ 李明辉：《"中央研究院""当代儒学主题研究计划"概述》，《汉学研究》2000 年 19 卷第 4 期。

⑤ 林安梧：《台海两岸哲学发展的一个观察》，《鹅湖》2001 年总第 316 号。

的。他对否定"返本开新"的观点提出了批评：大陆学界以为儒学与专制制度相适应，因而不能疏导出民主，其实，"中国传统政治虽非西方民主，但并非专制，这种非专制的传统共和政治，实即奠基于儒学的人文主义思想"；大陆学界把儒学看作是轻视科学知识得到的理想型学说，其实，如钱穆、胡适所论证的，儒学并不缺乏科学精神和科学方法，因此"说儒学里根本不能产生科学，那都是偏见"；大陆学界认为亚洲"四小龙"的经济起飞不是以儒学为动力，只是西方模式的移植，实际上儒学是"四小龙"经济起飞的文化因素，即以儒家伦理调节人际关系，建立和谐社会，形成"经济发展之必要前提"。① 刘述先认为，包遵信反对新儒家关于儒家传统与现代化并不相悖的观点，把儒学看作现代化的负面包袱，是因为他把大陆现存的一些"封建"的东西归咎于儒家，把西方的现代化看作是现代化的唯一模式。包遵信认为新儒家试图用传统儒家的智慧解决后现代的一些偏失是徒劳的，因为这些偏失的出现是必然的，同时也没有经验能证实新儒家这种努力的有效性。对此刘述先指出，新儒家并不认为后现代的偏失是必然的就可以听之任之，而是要有批判意识，新儒家力图建立人的"终极关怀"，不能因为其在现实上缺乏急效就断定为无用。② 如果说王章陵和刘述先是批评了大陆不赞同返本开新说的观点，那么高柏园则注意到了大陆学者蒋庆完善新儒学开出新外王的努力。蒋庆著文指出，新儒学在外王问题上有两个缺失：一是从心性儒学开出外王，忽视了政治儒学的资源；二是以科学民主为新外王的标准，有变相西化之嫌；由此试图从政治儒学来开出新儒学的新外王。高柏园认为，蒋庆为新儒学的外王思想提供新资源的用心十分可敬，对心性儒学与政治儒学的区分于新儒学也有正面的作用，但其努力并不成功，因为其论证"在在充满缺失"，"缺乏有力的支持"，"对儒家及新儒家的理解也不乏许多可商榷之处"。③ 李明辉颇感兴趣的是大陆出现的与返本开新说相近似的著作，如邓小军的《儒家思想与民主思想的逻辑结合》，认

① 王章陵：《"新儒学"批判的批判》，《大陆文化思潮》，1993 年，第 233—269 页。
② 刘述先：《论儒家思想与现代化、后现代化的问题》，《大陆与海外》，允晨实业，1989 年，第 99—113 页。
③ 高柏园：《再论当代新儒家在外王问题上的缺失》，《鹅湖》1995 年总第 243 号。

为此书"是要证明儒家思想虽不等于现代民主思想，但两者之间具有逻辑关联。熟悉当代新儒学的人对于这种看法一定不会感到陌生。但是它出自一位中年大陆学者之手，而且书中完全见不到马列术语，这便透露出一项值得玩味的讯息"①。这种值得玩味的讯息，就是经过与新儒学的对话，认为儒学仍有现代价值，应当成为当代中国哲学的思想资源的观点，已在大陆占据主导的地位。林安梧指明了这一点，"两岸自八十年代以来，多有互动、影响。明显地，港台新儒学的影响最大"，大陆"在改革开放的过程里，传统文化逐渐为人重视，当代新儒学在这样的波动下，进到中国大陆，成了一重要的稳健力量，作为改革发展过程中的调节力量之一。此时，传统儒道佛思想的和谐性原理取代了原先的斗争性原则。九十年代，大陆一连串的国学热、文化热可以放在这样的脉络来处理。或者，我们可以说，当代新儒学的渗入正显示大陆对于中国文化传统的重新正视，而此中的唯心气质则代表着辩证唯物论的另一类型的转进与发展"。②

大陆与新儒学对话的另一重要方面，是关于如何认定构成新儒学思潮的代表性人物。这用刘述先的话来说，就是"现代新儒学自梁漱溟揭开序幕之后，已经有了几个世代的发展。究竟哪些人可以包括在这个思潮之内？几个世代要怎样划分？"对此学者有不同意见。大陆的主流意见是方克立的三代人三个阶段说，即 1920—1949 年为第一阶段，代表人物是梁漱溟、张君劢、熊十力、冯友兰、贺麟、钱穆、马一浮；1950—1979 年为第二阶段，代表人物是唐君毅、牟宗三、徐复观、方东美；1980 年以后为第三阶段，代表人物是杜维明、刘述先、成中英。郑家栋则认为，第一代有梁漱溟、张君劢、熊十力；第二代有冯友兰、贺麟、钱穆；第三代有唐君毅、牟宗三、徐复观；第四代有杜维明、刘述先、蔡仁厚等。郑家栋不同于方克立处，主要是把冯、贺、钱作为第二代，主要理由是冯友兰虽然只比梁漱溟小两岁，但抗战时期的学风与 20 世纪 20 年代差异甚大。刘述先认为方克立的说法对新儒家的"描述与讨

① 李明辉主编：《儒学思想在现代东亚：总论篇》，第 98 页。
② 林安梧：《台海两岸哲学发展的一个观察》，《鹅湖》总第 316 号，2001 年。

论相当全面，颇有参考价值。可惜的是，未能照顾到郑家栋所提出的论点，乃有所憾"；而郑家栋的"说法有一定的道理，但也有其困难。譬如余英时就向我提出，像钱先生和熊先生一向平辈论交，彼此之间并无师承关系，忽然变成了两代，怎么说得通呢？"于是，刘述先折中各家的说法，提出三代四群的架构：第一代第一群：梁漱溟、熊十力、马一浮、张君劢；第二群：冯友兰、贺麟、钱穆、方东美；第二代第三群：唐君毅、牟宗三、徐复观；第三代第四群：余英时、刘述先、成中英、杜维明。他认为这是到目前为止，照顾得比较全面的一种办法。① 这个架构是否恰当，还可以讨论，但其作为两岸互动对话的产物则是无疑的。

四

在儒学研究中，大陆自 20 世纪 80 年代以来一直存在着关于儒教的争论。熊自健对此做了评述。儒学是不是宗教的讨论，首先涉及如何看待孔子的宗教思想。对于大陆的孔子宗教思想研究，熊自健归纳为这么几种观点：杨伯峻和匡亚明强调孔子重人道轻天道，只有在个别的特殊场合，"天"才发挥宗教安慰的情感呼应与寄托。冯友兰和任继愈认为孔子保留了西周天命神学传统，但又对天命的威力做了限制，鼓励人事有为，不过冯友兰突出孔子的道德理念与天命无关，任继愈强调孔子是从人事活动中去体认天命，天命与人事有为形成矛盾。北大哲学系与萧萐父主编的两本《中国哲学史》，把孔子说成命定论者。李泽厚分析孔子仁学结构，以为儒学既不是宗教，又有宗教的功能，扮演了准宗教的角色，"从大陆学界对孔子宗教思想的新解释可以了解到大陆学界在宗教学领域的学养是有待加强的"，这表现在不能从构成宗教社会的特征、宗教性超越境界、宗教艺术情怀等来探讨孔子的宗教思想。②

熊自健还指出：任继愈首先提出儒教说，以为孔子创立的儒学直接继承了殷周的天命神学和祖先崇拜的宗教思想，但在先秦还不是宗教，从汉代独尊儒术起，儒家已具宗教雏形，宋明理学标志着儒教的完成；

① 刘述先：《现代新儒学研究之省察》，《中国文哲研究集刊》2002 年第 20 期。
② 熊自健：《孔子宗教思想的新解释》，《中共学界孔子研究新貌》，第 45—58 页。

并论证了儒教与世界三大宗教的共同性以及独有的特殊性。对任继愈的观点有不少学者提出相反的意见：儒家学说不是从殷周宗教思想发展而来的，而是从西周的伦理道德发展而来的；董仲舒的理论虽有明显的宗教神学色彩，但在其神学外衣下，仍是儒家的伦理本质；宋明理学没有一般宗教的外在特征，任继愈说的宗教本质属性，如教主、经典神圣化、彼岸世界、崇拜对象、神职人员、"罪恶"问题等在宋明理学中也是不存在的。熊自健认为这一争论有两点值得注意：一是"跳出过去的框框而对儒学进行整体性的辨析"，探索儒学的基本特征、儒学的多元因素以及这些因素的相互关系，"在学理上将会具有较坚强的说服力"；二是在这争论中，"最大的症结在于缺乏一个共同认定的马克思主义的宗教定义，来判定宋明儒学是否为一种中国特质的宗教"，因此，"努力去建立一个有系统的马克思主义宗教理论来处理中国宗教问题，将成为儒教争论后中共理论界的一项重要工作"。[1] 在港台新儒学影响大陆后，新儒学的学者强调他们讲儒学的宗教性与任继愈儒教说的区别："海外学者倾向于肯定儒学思想有宗教意涵的角度，但那是肯定儒学有它的终极性，乃是与任继愈完全不同的思路。"[2] 就是说，不赞同任继愈儒教说的思路。

　　大陆是以马克思主义为指导思想的，因此在研究儒学对现实中国的影响时，马克思主义中国化与儒学传统的关系自然成为探讨的问题。对此台湾学者也有所关注。王章陵和曾春海先后列举了慧彬、金观涛、李泽厚、陈卫平、祝福恩等人的论文，并予以评论，前者的评论较为系统。王章陵把大陆关于马克思主义中国化与传统文化的研究，归结为"马克思主义儒家化"的命题，认为对这个命题有三种理论诠释：同构效应论、西体中用论、文化重构论。同构效应论意谓马克思主义被接受的部分是基于和传统儒学的文化心理同构，而其与传统儒学的文化心理不同构的则被排斥了，因而中国的马克思主义在结构上是类似于儒家文化的思想系统的。这一观点的代表作是张慧彬的《中国传统文化人文精神的特点》和金观涛的《当代中国马克思主义的儒家化》。王章陵主要评论了后者，

---

① 熊自健：《中共学界对儒教问题的争论》，《中共学界孔子研究新貌》，第 139—150 页。
② 刘述先：《平心论冯友兰》，《当代》1989 年总第 35 期。

认为金观涛以刘少奇的《论共产党员的修养》为依据，论证中国马克思主义是伦理中心主义的思想体系，因而是儒学化的马克思主义，实际上"不能把刘少奇要求共产党员的'修养'比附到儒家的道德理想，马克思主义的原质，自始就重视人的立场与品质，绝非刘少奇原创性发展"，而且"马克思的阶级斗争与儒学仁爱哲学毫无'同构对应'的可能"。对于提出西体中用论的李泽厚，王章陵批评他开始以现代化、马克思主义为"西体"，以马克思主义指导的现代化与中国实际（包括中国传统意识形态的实际）的结合为"中用"，但在后来解释"西体中用"时，又否认马克思主义为体，而谓为"学"，称生产方式是"体"；因此，"概念模糊，前后矛盾"。文化重构论的代表作是祝福恩的《文化重构与马克思主义在中国的发展》，提出中国马克思主义经过了中国文化场的重构，因而存在若干变形和失真，马克思主义中国化应当反省这样的变形和失真。王章陵认为，"这当然不失为挽救马克思主义危机的法子之一"，但既然马克思主义和传统儒学产生于不同的文化场，那么两者融合的可能性是很小的。① 曾春海也对上述的西体中用论、文化重构论有评论，但大体是重复王章陵的观点。②

李明辉认为马克思主义中国化是儒家化的观点不能成立。他指出包遵信、甘阳和金观涛把马克思主义中国化对贯彻自由化政策的阻碍归于受到儒家传统的影响，分别从三个层面来论证中国马克思主义的儒家化：包遵信着重于理论思想层面，甘阳偏重社会心理层面，金观涛强调文化结构层面，但三者"均注意到道德伦理在儒家思想中的优越地位，而将这种特色称为'伦理本位主义'、'道德理想主义'或'伦理中心主义'，并视之为儒家思想与中国共产主义汇合之处"。他主要从儒学的理论意涵来批评马克思主义儒家化的说法，认为这种说法的"最大盲点是不了解道德与政治在儒家思想中的关系，只凭表面上的形似，便将儒家思想与马克思主义牵连在一起"；如果借用康德"道德的政治家"与"政治的道德家"的区分，那么儒家是前者而马克思主义是后者，就如张灏所说，

① 王章陵：《马学儒化驳论》，载王章陵主编《大陆文化思潮》，第 193—230 页。
② 曾春海：《以马列主义中国化为线索评估中国大陆四十年来的哲学发展》，载沈清松主编《中国大陆人文及社会科学发展现状》。

儒家是政治道德化而毛泽东则是道德政治化，两者适成对比。他并不否认"在社会心理及文化结构的层面上，儒家的'德治'思想有被中共假借以争取支持的可能性。在这个意义之下，上述三位大陆学者的剖析亦非完全无所见"，但是，"不能将这个层面上的探讨与儒家思想本身的理论意涵混为一谈，并据此批评儒家。原则上，任何思想都有被假借或歪曲的可能性"，意谓在社会心理及文化结构层面上的儒学，往往是不能代表儒家思想真正意义的。[1] 刘述先认为金观涛的中国马克思主义儒学化的论证，"主要症结在于，他仍然未能在儒家思想与中国传统之间做出足够的分疏，以致陷入泥沼之中。但我觉得，如能补上一些必要的分疏，他的想法仍然是有意义的"；其意义在于指出了毛泽东的马克思主义是中国传统的产物，然而把毛泽东当作儒学化的马克思主义，则是没有在概念上加以分疏，因为毛泽东"完全看不见儒家的超越理想与价值"，金观涛认为毛的道德理想主义来自儒家传统，"不能说是完全没有根据的，但他所缺乏的是没有好好讨论儒家的理想与精神在马列框架以内受到的折曲"。[2] 在李明辉和刘述先看来，以毛泽东为代表的中国马克思主义所受到的传统影响，并不是真正体现儒学思想精神的东西，因而中国马克思主义儒学化的观点无从谈起。

以上关于台湾学者对大陆二十多年儒学研究述评的归纳，只是以我最近到台湾两个月（2003 年 10 月至 12 月）时间里搜集到的材料为依据的，疏漏之处在所难免，希望批评指正。

原载《孔子研究》2005 年第 4 期

---

[1] 李明辉：《论所谓"马克思主义的儒家化"》，《儒学与现代意识》，文津出版社，1991 年，第 45—66 页。
[2] 刘述先：《理想与现实的纠结》，学生书局，1993 年，第 122—124 页。

为什么西方人研究哲学不能绕过中国

弗朗索瓦·于连 *

大家知道哲学扎根于问题之中，甚至周期性地僵化在传统中。要想在哲学中重新找到一种边缘活动，换句话说，要想恢复理论创新精神，我选择离开哲学的本土——希腊，穿越中国。这是一种迂回战略，是为了重新质疑深植于欧洲理性当中的成见，追溯我们之所未想。

一、迂回的逻辑

选择出发，也是选择离开，创造可以进行远景思维的空间。这种迂回与异国情调毫不相关，而是有条不紊。我们这样穿越中国也是为了更好地阅读希腊：尽管我们对希腊思想有认识上的断层，但由于遗传的缘故，我们与它还是有某种与生俱来的熟悉，所以要想了解它，发现它，我们不得不割断这种熟悉，构成一种外在观点。

那为什么是中国？

这种被迫的选择，是因为它同时符合了：（a）脱离印欧语系（这就排除了梵文）；（b）脱离历史联系（这就排除了与我们历史联系得很近的阿拉伯、希伯来世界）；（c）遇上一种在文本中叙述的思想，这种思想是高阶段的、原始的（排除日本）。剩下的形象，只有一种情况：中国。既然要做一个哲学家而不是人类学家，就必须与一种明晰的，能与希腊思想媲美的思想打交道。

* 弗朗索瓦·于连，1951— ，法国巴黎第七大学教授。

欧洲——中国：在此中，就会有一种思维的交替。

人们会想起帕斯卡的"摩西或中国"① 和莱布尼茨："……他们的语言文字、生活方式、机械制作和手工操作，甚至连游戏都与我们不同，仿佛是来自另一个星球的人。即使他们惯常使用的准确而不加修饰的描述也不可能带给我们非常重要的知识，在我看来，也不可能比那么多哲人执着的古希腊人和古罗马人的仪式和图章更有用。"②

二、异地

从此，要避开两个暗礁："同"与"异"。我们认为，一方面是种族中心主义的暗礁，它是用其所在世界的眼光投射到其他地方，认为那些是显而易见的——"明显的事实"；另一方面，相反地（相反到经常是两者同时出现），是异国主义的暗礁，它在对差异的痴迷中和距离形成的海市蜃楼前屈服。

不过，虽然我们不能就此推测人们在中国发现的东西比别处更特异，但至少背景不同（福柯称之为"异"，与"乌托邦"相反 ③）。换句话说，困难并不在于中国思想相对于欧洲思想的不同，也不在于它们自古以来相互之间的不相干；因此一旦进行剪接（这种剪接从没完成），首要的工作就是要成功地将它们从这种互不相干的状态中脱离出来，使它们面对面，让一个能看见另一个，另一个也这样看着它。从这时起，就是从此到彼的这种背景的变化自发地产生思考。这样回过头来思考：（a）如果脱离了印欧语系的大家族，人们一下子切断了语言上的亲缘关系，不能再依赖于语义场和追溯词源，割断了思想所习惯所流经的句法因果关系；（b）抑或脱离了我们的历史（"西方"世界的历史），又同时割断了哲学的历史，不能再信赖概念或主义的前后关系；——那么思想会发生什么，或什么会发生在思想上呢？

同时，在中国，我们要接触的是稳定明确的思想；这就是为什么这

---

① 《思想录》，Brunschvicg 出版。
② 1705 年 8 月 18 日致 R.P.Verjus 的信。
③ 《词与物》，前言。

种背景的变化会引起思考。因为，与自黑格尔以来的西方哲学历史所认为的相反（尽管梅洛-庞蒂之后的德勒兹颠覆了黑格尔术语，但他也还是这样认为），中国并没有处在前哲学阶段；它创造了抽象思维的里程碑，经历了思想的多元化（从古代起，在竞争的诸侯国而不是城市的背景下）。它不是处在哲学的童年阶段，而是开发了其他心智源泉。

三、迂回的益处——回归

这种迂回的益处是双重的。首先是发现其他可能的沟通方式，我称之为其他的心智；以及由此探测思想的异乡能一直走到哪儿。例如，思维没有动词"存在"——中国古文只有系词或"有"（当然没有它并非就是空白；它开发了其他连接资源）——那思想勾勒了另外哪种心智呢？假如思想不是在脱离叙述的话语（即辩论话语／神话叙述，中国不清楚muthos/logos 的区分，因为它在文明的开端没有经历过神话和史诗的繁荣）之中展开，那它又开发了另外哪种心智呢？

人们由是明白，中国是行走在西方的存在概念、上帝观念、自由理想等这些伟大的哲学元素之外的——它按照它的轨迹思考：过程逻辑、作为机器的世界、调和的理想等。所以中国吸引我们把思想从自己的轨迹中解脱出来（使它发现它之所以为"它"）——也就是说，抹平思想的轨迹。

这种迂回因此也就包含着一种回归：从这种外在观点出发，问题又回到了那种深藏的、不明晰的成见，欧洲理性从这些成见上发展起来，欧洲思想把这些成见当作一种显然的事实传递下来，因为欧洲思想吸收了太多这样的成见，而且，它就是在其之上繁荣起来的。

目标也因此是回溯思想中没想到的东西，在这种外在观点基础上，从反面研究欧洲理性；脱离思想的偶然性（经万另一种思维背景的考验）；阐明在"我"理直气壮地说"我思"的时候一直被含混地使用的"我们"这个词的含义（语言与思维层次上的）。

这就会引导我们回到欧洲理性的特殊历史。因为欧洲理性是在雄心勃勃之中在普遍性的视野上酝酿形成的；但是，我们必须衡量这种普遍性的愿望是在哪种特定的、混杂甚至混沌的历史基础上形成的——而并非如它所表现的那样是必需的（特别是，在这种历史过程中，普遍性的地位或模式有了多大的变化：从希腊的逻各斯的普遍性，到罗马的公民身份和帝制的普遍性等等）。

四、外部"解构"

不过，人们要注意的是，穿越另一种思想不能通向相对主义：千万不要从了解欧洲理性的普遍性是在哪种特定历史中形成的通向对这种普遍性的贬低。这两个暗礁都是要越过的：轻易的普遍性和懒惰的相对主义。我谈到欧洲理性的成见，只是想更好地探测它的丰富性，把欧洲思想当作思想的一种令人惊奇（反常？）的经历重新去发掘；而不是为了降低普遍性的愿望或雄心，相反，是为了从曾经激活思想的特异压力之上更严肃地考虑思想的愿望。

再说这种从中国的迂回至少其出发点不是源于一种意识形态上的雄心。这种作用是战略上的。它目的在于逐渐进行一系列的移位——小小的移动。"移位"有两层含义：相对于常规而言（即我们那些思维习惯），从这个背景到另一个背景——从欧洲到中国，反之亦然——进行某种移动，移动我们的艺术作品，让思维重新运动；移位，也有拿掉楔子，去发现一直以来思维所依附的东西——但是也就是因为它们，我们不能思想。

我称这个为从外部解构。因为，从内部（即我们的传统）行动可能会夭折；因为想对形而上学拉开距离的，注定会因为这而颠覆"另一方"——有希伯来-圣经源泉的一方（从海德格尔到德里达：有名的"未想之债"）。只有中国才可能成为有别于（希腊-希伯来的）另一个原始的发源地。

五、"移位"的工作

不能居高临下地"比较"，因为事先就怀疑那些可以一下子把差异整理出来的"普遍"范畴；也不能把一张纸分两半来平行比较——一边是中国，另一边是欧洲，即东方和西方，因为"中国"和"欧洲"不属于同一张纸（这就是我前面所指出的异）。我重新从一个点出发，在这种或那种迂回的办法之下进行不断地尝试：局部地尝试。循序渐进地，一个节接一个节地联结，结成一个网；就是通过这张中、欧之间仿若网状的逐渐分枝的未定系统，我试着重新考问欧洲理性那未明确表达的选择，试着对思维进行"移位"——这是一个"开启"理性和重新勾勒可思区域范围的冒险。

下面是一些最新的例子（既然，对那些泛滥的归纳表示怀疑，我只能给出一些例子，让大家参观一下我的工作区域）：

——在话语和意义策略范畴（参见《迂回与进入》[①]）：与城邦中话语的对峙相反，与列队战斗的军队对峙相似，这会是涉及迂回的话语，就像中国的情况；同样，用下定义的话语去试图紧握真理，这是一句纯粹的无以表述的话语，它不是试图包围它的目标，而是站在一旁，隔着距离提及，通过间离进入目标（这我称之为隐喻的距离）。

——在"美学"范畴（参见《平淡颂》[②]）：指出平淡怎样改变特征，变成正面意义：当具体事物变得审慎，不再排除任何可能的时候；当通向愉悦的最长线路在感性范围内展现的时候，"平淡"是那既能是此又能是彼的事物。

——在伦理范畴（参见《缔造伦理》[③]）：怎样不以意愿为参照、不以自由为理想来"缔造"伦理？同时有好的试验群体（同情）和需求群体（能够通过伦理达到绝对自由的价值绝对）。

——在战略范畴（参见《有效契约》[④]）：与西方的塑造模式（和中-小关系）相反，中国战略在从条件到结果的关系中强调的是"情势潜能"：不是直接地针对结果，而是让结果间接地但是又是自然地从涉及的情势中得出；或者，与"行动"相反，行动总是局部的短暂的，而且

[①] 格拉塞出版社，《哲学学校》，巴黎，1995。
[②] 菲利浦·皮克尔出版社，1991，巴黎。
[③] 格拉塞出版社，巴黎，1995。
[④] 格拉塞出版社，巴黎，1997。

针对某一主题（行动也是相互摆脱的，因此引人注目）；中国战略强调的"变化"总是发展的全面的，因此不会相互摆脱，人们只会观察到变化的结果。

——最后，就哲学本身（《哲人无思想》①）：回到中国-希腊的理论分支，为了在这一分支之下找到哲学没有构想过的经验和思想背景。因为哲学在追寻真理的时候曾离开过这一背景，哲学自身的机构也因此变得无法掌握。那些避开哲学的可能就是那些太为人所知或太普遍的东西——一句话，太过于"靠近"的东西，它们没有建构理论必需的距离；换句话说，（"生命"的）明显事实，内在财富的明显事实，对不分真伪但又向事物的"所以"敞开心扉的哲人来说，可能仅是入口而已。

六、反对意见

还得说出追溯成见的理由来回答反对意见。

第一点被指责的可能是天真地滥用"传统"（参见福柯的《断裂主义》）：不存在"西方"传统，西方不仅不停地从一极运动到另一极，而且不停地变化。假如我们从内部来考察"西方传统"的话，这一点千真万确。因为，在"西方传统"内部，人们对那些张力形式以及不断更替的断裂效应尤其敏感——我们知道所有哲学家都对他的前人说不。但是从外边感受到的并非从内部感受到的（列维-斯特劳斯的教训）。因为，从外部，例如从中国看西方，人们反而会对那些关联效应很敏感——并比较其实质——甚至对那些最细微的相通之处都很敏感。这些细微的相通之处，即使是在同一个断层内部，仍然联结了一种非常明显的异质（回到前面的例子：自由的理想背靠着上帝的观念，同时包含了存在和感性）。

另一点指责是哲学的定义本身。福柯、德勒兹还在重复着："哲学，就是换一种思维"——哲学不停地追寻着它自身的相异性（这种相异性一直贯穿了哲学的历史并赋予它生命力：诡辩论或柏拉图主义，本体论/逻各斯学，等等）。当翻译时我不得不用属于我们的术语来提起中国为我们

---

① 瑟伊出版社，《哲学秩序》，巴黎，1998。

打开另一种思维的可能性，似乎中国思想真的时而站在赫拉克利特的立场（变化的逻辑），时而站在诡辩派的立场（因为少了存在），一会儿站在怀疑主义的立场（因为少了真理），一会儿又站在禁欲主义的立场（参见内在，或"依赖我们的"或"不依赖我们的"，等等）。人们将回答：（a）那有一种必要的方便——让这种面对面成为可能——但又必须是暂时的，因为不能陷入那些"好像"之类的幻想□（好像中国思想是时而赫拉克利特主义的，时而诡辩的，时而怀疑主义的，等等，总之，好像它只能重复玩和我们相同的牌局似的）。因为，人们看到，困难正在于：为了表达另一个意思，我们却不可避免地要用属于我们的、同样的术语，那么我们怎样表达这另一个意思呢？至少我们应该这样开始——要做的工作是，能够逐渐地把语言引入歧途（这样使语言能表达出与以前所表达的不同的事物——或是换一种方式表达）。这就是为什么我不愿利用那些哲学的重要概念，而宁可从在我们的理论话语边缘得到的术语出发，因为那些术语更加不受约束，更加适合这种意思的扩张——我把这些术语上升为基本概念：平淡和隐喻，倾向和调整，效率，全等，等等。（b）剩下背景的问题：哲学能自身产生它的"另类"吗？"另类"到什么地步呢？换句话说，它能脱离它的轨迹吗？不过，我在关于解构的话题里已经开始回答这些问题了。

第三点是被引用的差异的地位。

因为，每次我在中西思想之间进行的剪辑都有侧重对比的趋势，也就是说，通常我将这些思想从彼此的间离中解脱出来并使它们对立，这种对立就应该被看作思维的某一时刻。思维是运动的，就如它不应被结束，也不应被僵化（不要把这种思想变成"世界"：中国世界 / 西方世界）。一旦人们超越简单的模式化，就会经常站在某一边，初步地发现另一边最广泛的现象。这与我刚才讲的有关靠近的幻想的话毫不冲突，相反，是它的补充。因为必须抓住两方面：一方面，抓住思想轨迹间的间隔，这种间隔是根本的，并以某种方式使所有比较都流于表象，即使这种比较非常形象（例如，希腊赫拉克利特——毕达哥拉斯运动因流水逻辑而将动词"存在"放入括号，和中国在动词"存在"及其参照物之外思考——这种方式没有立场，人们因而怀疑其可能性，这完全是两回事）；另一方面，也就是同时，抓住可思性的一致，所有各种各样的思想轨迹缩成思想的同一结构，思想于是将它们联结起来，并使人们因此能从此境到彼岸，如从希腊到中国，互相沟通。

例子：中国发展的战略性智慧在杂糅——希腊神话保留了杂糅的痕迹（尤利西斯）——中找到了相似物。相反，中国古代末期的后期墨家学派，提出了思想的范畴和限制：利益的概念，局部和整体的概念，无穷和有限的概念等；对几何学的兴趣，对定义的关心，对立的原则等。这些就是在同一时期的亚里士多德那里被发挥到极致的范畴和限制。调查的兴趣于是就是去发现为什么这独特的哲学心智是在这边被发展，而不是在那边，尽管那边同样感受到这种可能性；用另外的话说，就是哪些广阔而又根深蒂固的地势对其设置了障碍，甚至有时到了消灭它的程度：为什么希腊的理论体系在形成之时不能像"狡诈的心智"结合变化的情势那样来保存杂糅的东西呢——甚至连这个词本身也不存在了？或者，相反，为什么墨家理性主义与希腊人的理性主义如此接近，但在中国却没有"被接受"，而是被反哲学以及发展了"圣贤"的反选言判断逻辑所掩盖（只是在20世纪初，在被埋藏了两千多年后，当中国人知道了西方的形式逻辑后，才被他们重新挖掘出来）？

使人们去思考那些已显露出来的对比的，不像是经验的不同（也不像是在其相异性之中包含了异的"本质"或"心态"的差异："他是中国人"，"这是中国的"），而像是可读性的差异：每种概念体系，正如每种句法可能性一样，将这种现象阐释得清楚些，就会将另一种置于含混之中；勾勒出这种思维的可能性的轮廓并对它有利，就不会去开发其他的思维可能。它有许多成见；不过，所有观点都有其成见——有了成见，才开始思维。因此，中国对真理过程的特征，尤其是转变和持续过渡的面貌阐释得多些；相反，欧洲说明得多的是模式的影响以及它给真实赋以形式的能力（参见《在解释自然中数学的运用》）。

七、在成见上游的前分类

关于这一主题不会再有含糊不清：这是利用"中国"，而不是利用一个知识世界——即便需要知识："迁回"没有结束——也不是利用一个思维工具；这不是又一个要拉开的抽屉，而是一个要利用的间离效果。中国起了启示者的作用，人们因此更能感受到欧洲命运及其哲学的显著特征。因此，我们有机会重新对思维分类：因为人文科学全部都是从西方的单一经验中形成的，而其他文化经验从语言学到人类学都未被计算在内，只是在特定的栏目下孤立地被考虑。这也是打乱哲学的时机了：不仅仅是将哲学从它的排列、概念和问题的堆积中解脱出来，而尤其是要使哲学经受质疑，经受这种从其历史内部它不能面对的质疑。归根结底，这就是穿越中国的理由：那有我要询问的和让我去询问的，也有在其中我无法询问的。或者说怎样追溯思想的条件呢？这就需要一个计谋，一种迁回的办法，一种战略。

某种"方法"或一些"指导思想"的"准则"是不够的：因为这些虽然足以摆脱成见，甚至足以消除"邪恶精灵"的障碍，但却不足以挫败陷阱；一旦开始思维，就会陷入陷阱。换句话说，我觉得笛卡儿所下的成见概念并不能将思维拖出它的限制：在"成见"的上游，有我称之为暗含的事物；因为问题不是在判断的时候开始的，而是在更原始的时候，以那些"能被想到的"能表达出来的方式开始的。

因此在"成见"的上游，有前命令、前提问、前分类；"判断"本身无论真假、明了与否，都是随后产生的。笛卡儿似乎不怀疑他讲的，或更确切地说，不怀疑他用语言进行的思维；他也不怀疑他的思想预先就具有多大的倾向性（这根据多种多样的角度：数学理想，或"观念""真理"等的概念，或谓语句子等）。

"怀疑"从我们这降临了……尼采教我们要成为文献学家：一个"家族的异类"沟通了"印度、希腊、德国的哲学"，并且习惯了思考；因而"阐释世界的其他的可能性"看见它们被这种"衵传现象"挡住去路，必然坚持不懈地重历同一理论"回路"①。

福柯在日本一个禅宗寺庙里被问及有关哲学未来和东方思想能给他带来什么时，他随意地重申：我们的时代不可能产生任何一种伟大的哲

---

① 《善与恶之外，Jenseits von Gut und Bose》，《哲学家的成见》。

学体系（这调子已为人所知，事情已宣布过多次：哲学的"死亡"……）；相反，他劝说人们要从人类学或精神分析学以及欧洲和非欧洲之间的"碰撞"，去对哲学进行"再审视"。[①]我也许可以断定，不必期待"东方"带给西方所"缺少"的，譬如东方掌握的某种神秘主义的启示——这种神秘主义也许是我们的理性主义的反面，能将我们从中解救出来（最坏的是有"宗教术士"的幻觉的东方）；而是要小心地去工作，让东方给思想以自省的机会。

八、意识形态的赌注：普遍或统一

我一开始就小心地把这个调查从意识形态的风险中摆脱出来，这种意识形态的风险，人们可能预料到了（自伏尔泰以来，模式或中国反模式等）。然而，一个新的赌注，意识形态的甚至也是政治上的，在途中显示出来了。因为在"世界"思维的时代，危险的是混淆普遍和统一。普遍是理性的概念，它建造了一种必然性；而统一是创作的概念，其唯一的理由是方便——标准的方便，刻板的方便。然而，把此当作彼会将我们引向用一种也许是将来世界的共同语言——标准语（杂交的英语）进行的伪国际"大辩论"（就像人们称之为"国际大餐"）。人们会看到，从现在起，这种语言会导致中国思想的消失：因为，中国思想在翻译成起源于西方的世界性术语（"本体"和"客体"，"抽象"和"具体"等）时，就此变得难以辨认，再也不能被理解。

更为严重的是，这样一种统一化，在普遍化的借口下流行开来，但是没有进行有效的再分类，只会折回去重新刺激地方本位主义，甚至是最顽固的宗派主义。所以穿越中国，面对面思考它，这是故意重建间离（不让这种思想异质的机会消失），但是是在某种心智内部——这种心智原则上是共同的：有各种不同的心智，但是它们让彼此互相了解，同时互相打量。可以说，问题在于开创对话这一术语真正意义上的条件：在其中必须得有差异、地位、概念以及"逻辑"的交流。否则就会出现在

---

① 《与僧侣的谈话》，1978，《说与写》，第三卷。

环境的同语反复下因封闭而恢复愚蠢的身份的危险。

所以，在重新张开思维的时候，要采取将其从厌倦中脱离出来的方式，否则，它的因循守旧会致它于死命。①

原载乐黛云、李比雄主编《跨文化对话》第 5 辑，上海文化出版社，2001 年

---

① 这说明我很不热衷今天中国和美国都非常流行的观点，即东方和西方的伟大结合，在下一个千年达到大有前途的文化最终综合："这样我们的同生态共生最终会出现，我们真心地一起高兴我们全球文化的一致。"（Kuang-Ming Wu，《一致的"逻辑"》，Brill，1998）

中国哲学研究在英语世界的三个阶段[*]

姜新艳[**]

经过几代人的努力，尤其是最近几十年的工作，今天中国哲学在英语世界已有一定规模，并且得到那里哲学界一定程度的承认。所以，在英语世界现今中国哲学的处境比半个世纪前大有改善。这是毫无疑问的。不过，中国哲学仍被边缘化，不为英语主流哲学界重视，也是无可争辩的事实。造成这种局面的原因很多。例如，某些英语哲学家的自大、自我中心，英语哲学界所流行的对哲学的特定理解以及海外中国哲学研究方法上的不成熟，等等。本文在讨论中国哲学研究在英语世界的不同阶段时，将仅就方法论和哲学概念方面的原因做些分析并尝试性地建议可能的解决办法。

一

大致而言，在英语世界的中国哲学研究可分为三个阶段。第一个阶段可称为"初步引入阶段"。对中国哲学经典的英文翻译最初出现于 19 世纪下半叶。所以，中国哲学在那里的初步引入阶段可从那时算起。在这个时期的翻译中，最著名的要数 Jame Legge 所译的儒家四书。在这个阶段，由于翻译和研究者都不是哲学家，中国哲学并未同英语世界的哲

---

[*] 本文的准英文版曾以 "The Study of Chinese Philosophy in the English Speaking World" 为题发表于 *Philosophy Compass*，第 6 卷，第 3 期，2011 年 3 月，第 168—179 页（Wiley-Blackwell Publishing）。本文与 "The Study of Chinese Philosophy in the English Speaking World" 的内容不完全相同，但基本上是一篇论文的两个语言版本。

[**] 姜新艳，1953—　　，美国雷德兰兹大学哲学系教授。

学发生联系，而只被看作是中国的文化现象。因此中国哲学只为汉学家所研究，只在东亚、宗教系等教授。①

第二个阶段可称为"沟通阶段"，也就是中西哲学在英语世界的沟通阶段。在这一阶段，中国哲学被在哲学方面训练有素的中国哲学学者以西方哲学家能理解和感兴趣的方式加以介绍并与西方哲学进行比较。这样的介绍和研究使英语世界中的西方哲学家对中国哲学有所了解和关注，并使某些西方哲学家试图在中国哲学中寻找有助于回答某些西方哲学问题的东西。例如，在儒家伦理学中寻找对当代德性伦理学有价值的成分。这样，中国哲学总算打入了英语的西方哲学界，得到了一定程度的承认。

这一阶段也可再划分为几个不同时期。在第一个时期（大致从 20 世纪 30 年代到 50 年代），中国哲学由中国哲学家用广义上的分析方法（即力求表达得清楚明白和逻辑一贯性的方法）系统地介绍给西方读者。这样的系统介绍既打破了中国思想不可言传的神话，又在一定程度上挑战了中国无哲学的成见。在中国国内，中国哲学也以同样的方式被研究、传授。所以，用广义上的分析方法系统介绍、解释中国哲学在中国和海外几乎是同步进行的。冯友兰的《中国哲学简史》（英文）和《中国哲学史》的英译本（两卷本）可以说是这一时期英语世界之中国哲学研究最明显的标志和最高的成就。此外，值得一提的是，冯友兰所译的带有郭象注的《庄子内篇》英文版，也是在这一时期的一个贡献。此书近几年又重现于英语世界。②

冯友兰的书教育了海内外几代中国哲学学者。虽然在这一时期，冯友兰没有在海外长期停留，而是主要在国内，但他在中国哲学史方面的著作对海外的中国哲学研究的重大贡献是不应忽视的。直至今日，他的中国哲学史著作仍是英语世界中国哲学的重要入门书。他的《中国哲学史》英文版，尤其是他的《中国哲学简史》，现在英语国家仍继续大量印刷，就是对此的一个证明。以笔者之见，在英文的中国哲学史论著中，

---

① 关于中国哲学在西方（从 17 世纪到 20 世纪中叶）的一个简要讨论，参见 Chung-ying Cheng，第 352—353 页。本文对在英语世界的中国哲学研究第一阶段的讨论使用了部分成中英提到的资料。

② 冯友兰的译本为 *A Taoist Classic Chuang Tzu*（商务印书馆，1931 年）。此书在 1989 年和 1991 年由外语出版社重印。在美国的一些图书网站上可购到此书。

冯友兰的书是最清楚、最易读、最系统和最全面的对中国哲学的介绍和阐发。它们可以说是用分析方法介绍与研究中国哲学的范例。

冯友兰认为，中西哲学应向彼此学习，而分析方法则是中国哲学最应向西方哲学学习的东西。他明确地说过："西方哲学对中国哲学的永久贡献，是逻辑分析方法。"① "用逻辑分析方法解释和分析古代的观念，形成了时代精神的特征。"② 可见他对分析方法之推崇。但是，他并不认为分析的方法应是中国哲学研究的唯一方法，而是认为它是应被中国哲学所吸收的方法。他认为，分析的方法和直觉的方法对中国哲学都是不可缺少的。他称前者为正面的方法，后者为负面的方法。③ 他清楚地意识到分析方法的局限性，因而强调了对其要恰当使用。作为中国哲学史家，他注重于发现古代中国哲学家话语的实际含义，而只很有限度地使用分析方法，因为他知道"古代哲学家的观念，其原有形式，不可能像现代解释者所表述的那样清楚"④。"哲学史的作用是告诉我们，哲学家的字句。这些人自己在过去实际上是意指什么，而不是我们现在认为应当意指什么"⑤。对他来说，分析一定要建立在对古代哲学原著仔细的研究之上，否则分析的就不再是对中国哲学的分析。他曾谈到，在他的《中国哲学史》中，"利用了（清代）汉学家研究古代哲学家著作的成果，同时应用逻辑分析方法弄清楚这些哲学家的观念"⑥。这就解释了为什么冯友兰的《中国哲学史》和《中国哲学简史》既在逻辑上清楚、连贯，又很有中国思想味道。所以，他的这些书明显地高于那些无国学功底的哲学分析或那些无逻辑分析的中国哲学。

当然，作为一个哲学家，而不仅仅作为一个哲学史家，他不止于发

---

① *A Short History of Chinese Philosophy*, the Macmillan Publishing Company, 1948, p.329;《中国哲学简史》，北京大学出版社，1985 年，第 378 页；本文自 *A Short History of Chinese Philosophy*（麦克米伦出版公司出版，1948 年）的引文均采用了其中译本《中国哲学简史》（1985）的翻译。但为了便于读者查阅，此处及以下各处都将英文本和中译本的出处同时注出。分号前为英文本，分号后为中译本。

② 同上书，331 页；同上书，第 380 页。

③ 同上书，338—340 页；同上书，第 392—395 页。

④ 同上书，333 页；同上书，第 382 页。

⑤ 同上。

⑥ 同上。

现中国古代哲学家到底说了什么。他这样表述道："可是从纯哲学家的观点看，弄清楚过去哲学家的观念，把他们的理论推到逻辑的结论，以便看出这些理论是正确还是谬误，这确实比仅仅寻出他们自己认为这些观念和理论的意思是什么，要有趣得多，重要得多。"①

他在中国哲学史方面的著作实际上也体现了他作为哲学家的一面。在这些著作中，他不仅仅是告诉读者古代中国哲学家是怎么认为的，而且也告诉读者他自己是如何分析和评判古代中国哲学家的。不过，他并没有让后者影响前者的表述。所以，他的分析方法不仅用来澄清古代中国哲学家话语的意义，而且也用来解释和反思他们的思想。可见，在中国哲学研究中他对分析方法的运用与当今英语世界中许多中国哲学学者的用法完全相同。另外，同当今的许多学者一样，他的分析方法也与比较研究密切相连。例如，他将墨子的伦理思想与功利主义相比较②；将公孙龙的离坚白之辩与希腊哲学家的共相概念相联系③。由于他相信所有哲学都隐含着在不同条件下用不同方式表现出的某种永恒和普遍的东西，他较注意发现中西哲学相似的因素。当然，这也与他想沟通中西哲学思想、增进中西哲学家的相互理解的愿望有关。但无论如何，他的分析方法和比较方法并不是内在地联系在一起的。也就是说，他的分析方法和比较方法并不是不可分离的。虽然比较方法有益于同西方哲学学者沟通，但它对分析和澄清中国哲学的概念和观点并不是不可缺少的。④

20 世纪的 60 至 80 年代可被看作中西哲学沟通阶段的第二个时期。在这一时期，中国哲学的许多经典已由深知中国哲学的学者译为英文。其中影响较大的当属陈荣捷所编译的《中国哲学史料》(*A Source Book in Chinese Philosophy*, 1963)，刘殿爵所译的《论语》、《孟子》和《道德经》。当然，由西方学者译出的《庄子》、《荀子》、《墨子》和《韩非子》等，也对英语世界的中国哲学研究有很大的推动作用。与此同时，相当数量的中国哲学论著相继用英语出版。这些著作已不限于用西方人能懂

---

① *A Short History of Chinese Philosophy*, p.333；《中国哲学简史》，第 382 页。

② *History of Chinese Philosophy*, vol. 2, Princeton University Press, 1953, p.95.

③ *A Short History of Chinese Philosophy*, pp.87–90.

④ 本文对冯友兰的大部分讨论来自我在"中国哲学的分析方法"会议上的发言"冯友兰与英语世界中中国哲学研究的分析方法"（2009 年 6 月 20 日，上海）。

的语言和方法向西方介绍中国哲学，而是对中国哲学的特征和重要概念进行较深入的分析和论证。例如，这期间对仁、义、礼及其关系的大量和全面的讨论。中国哲学的主要流派和主要人物在许多学术论文和专著中得到了深入的讨论。一批出色的中国哲学学者在英语世界涌现出来。其中最有影响的华人中国哲学学者包括陈荣捷、杜维明、成中英、秦家懿、柯雄文等。[①]虽然他们的方法和观点不尽相同，但他们都成功地将中国哲学在一个更高层次上呈现给西方世界。他们的深厚国学功底和对中国哲学的极高造诣以及对西方文化或哲学的了解使他们的主要著作成为英语世界中国哲学研究的经典。在这一时期，一批西方学者也有大量关于中国哲学的论著出版。其中，葛瑞汉的《论道者——中国古代哲学论辩》和芬格莱特的《孔子：即凡而圣》可以算得上很有影响的著作。此外，倪德卫、孟旦、罗思文、安乐哲、郝大维和陈汉生等的专著也很有分量。总之，在这一时期，中国哲学作为一个学术领域终于建立起来。

正是在这一时期，成中英所创办的《中国哲学季刊》（*Journal of Chinese Philosophy*）在美国出版（1965），国际中国哲学会在夏威夷成立（1972）。[②]这些都极大地推动了中国哲学在英语世界的发展。另外，在1951年创刊的《东西哲学季刊》（*Philosophy East and West*）和在1967年创立的亚洲与比较哲学会也共同为推动海外中国哲学研究做出了巨大贡献。

中西哲学沟通阶段的第三个时期（自20世纪90年代至今）的特点是在英语世界中中西哲学更直接的交流、中国哲学专家和西方哲学专家间更直接的对话。在英语主流哲学界已很有影响的一些哲学家（例如黄百锐和考普曼）也越来越多地参与中国哲学的研究之中。在这个时期，出现了大量有关中西哲学概念对比的英文论著。这种比较研究可被看作是以西方哲学为参照系对中国哲学概念进行的格义工作。例如，比较中西方哲学中的"德性"概念，或比较中西哲学中的"实体"或"存在"

---

① 毫无疑问，余英时和林毓生在英语世界的中国思想研究中很有影响，但他们的著作通常讨论中国思想，而不是作为一个学科的"中国哲学"。他们并不太在意中国思想的某些部分是否可以被叫作哲学。所以，他们不在那些在英语世界中努力与西方哲学家沟通的人之列。因此，在这里他们的名字没有被列上。

② 成中英为其创会会长。

概念，等等。近二十多年来，海外中国哲学学者，尤其是那些自 20 世纪 90 年代开始在英语国家定居的海外中国哲学学者，大都做过这样的工作。这种中西哲学的直接对话对梳理中西哲学概念的异同是很有价值的。况且，这样的工作是由一批学者（其中许多是在北美哲学系任教的华人）而不是由很少几个人来做的。所以，这就使在英语世界里中西哲学界的交流和理解达到了前所未有的水准。20 世纪 90 年代以前，中国哲学很少在北美的哲学系教授。但 20 世纪 90 年代以来，情况有很大变化。这一方面是因为英语世界中有更多哲学学者认识到中国哲学的不可忽视且更多的民众想更多地了解中国文化，另一方面也因为有更多华人学者在北美哲学系结业并愿意留在北美教授中国哲学。这些华人学者就是北美中国哲学家协会（简称 ACPA，1995 年成立）和国际中国哲学和西方哲学比较学会（简称 ISCWP，2001 年成立）的主体。与 ACPA 联系在一起的《道：比较哲学季刊》（*Tao：A Journal of Comparative Philosophy*，2001 年创刊）为英语世界里的中国哲学研究提供了一个新平台。

自 20 世纪 90 年代以来，越来越多的北美哲学系开设了中国哲学课程或关联到中国哲学的课程，尽管这还基本上局限于重视教学甚于研究的没有博士项目的一般高校。据 2001 年美国哲学会亚洲委员会（全称为"美国哲学会亚洲 / 美国亚洲哲学家和哲学地位委员会"，the Committee on the Status of Asian/Asian American Philosophers and Philosophies of American Philosophical Association）的统计，在参加调查的 235 个哲学系中，有 115 个开设亚洲哲学课程。[①]教亚洲哲学通常离不开讲中国哲学。鉴于以上提及的种种发展，近二十年来，在英语世界，中西哲学的沟通已有相当的深度和广度。而且，自 1990 年以来，用广义上的分析方法做中国哲学研究并将其与西方哲学进行比较已成潮流。[②]

总的说来，就其在沟通中西哲学界，为中国哲学在西方哲学界争得一席之地方面所起的巨大作用而言，在英语世界中国哲学研究第二阶段上的工作的确功不可没。其历史意义和贡献不应被否认和忘却。但是，

---

① Jiang, Xinyan. "Report on the Survey on the Status of Asianl asian American Philosophers and Philosophies," *American Philosophical Association Preceedings* 75:5（2002）.

② 李晨阳：《北美学界对中国哲学的分析和比较研究》，《南京大学学报》2006 年第 2 期。

在这一阶段上出现的某些问题和负面影响也不应该被忽视。毕竟，在这一阶段上，多数工作是在西方哲学的框架中进行的，且西方哲学常被用作比较的标准。正如信广来所指出的那样，"在比较研究中可见到一个这样的趋向：通过参照西方哲学的框架、概念及其所讨论的问题从西方哲学的角度来探讨中国思想"。但与之相反的现象并不存在。"反过来，在当代著作中，我们很少发现参照中国哲学的框架、概念及其所讨论的问题来探讨西方哲学的尝试。"①

　　这种不对等可部分地从作为独立的学术领域的中国哲学的早期历史来解释。虽然中国思想已存在了几千年，但作为有别于其他中国思想的学术领域，中国哲学是在 20 世纪初才开始建立起来的——正是在那个时候有些中国学者将"哲学"一词应用于中国思想的一部分并用西方哲学的框架和概念将其系统化。②从一开始，作为学习课目的"中国哲学"在很大程度上是根据西方哲学的模式来建构的。尽管这样来建构中国哲学很有利于将中国哲学思想系统化、与西方哲学传统沟通，但是它也很容易导向忽视中国哲学的有机整体及其背景，因而使中国哲学支离破碎、精神全无。套用西方哲学的概念、问题和思维方式的倾向不仅使中国哲学研究难于反映中国哲学的本来面目，而且会将中国哲学在比较中置于劣势，使其看上去比西方哲学低级。③正如安乐哲所指出的，这使中国哲学变成了西方哲学的低劣变奏。④既然是以西方哲学为比较标准，与其相当不同的中国哲学自然显得原始、无价值。例如，承认演绎推理为哲学

①　Shun, Kwong-loi, "Studying Confucian and Comparative Ethics: Methodological Reflections." *Journal of Chinese Philosophy* 36:3（2009），p.470，信广来此处的结论对英文和中文的比较研究都适用，像他在其文章中所提到的那样，关于在中文著作中这种不对等现象，最先是由刘笑敢开始讨论的，参见刘笑敢《反向格义与中国哲学研究的困境》，刘笑敢主编《中国哲学文化》第一卷，广西师范大学出版社，2007 年，第 10—36 页。

②　Makeham, John. "Intellectual History and the Inner Logic of Chinese Philosophy," *The Development of Chinese Philosophy in Recent 30 Years: Retrospect and Prospect*, 2010.

③　在 2002 年时我已提出过一个与之相关但有所不同的观点。我曾这样说过："在中国哲学研究中过于强调分析方法可能导致对中国哲学特有优点的忽视，而使中国哲学显得低于西方哲学。"，参见 Jiang, Xinyan. "Introduction," *The Examined Life: Chinese Persepective.* Binghamton: Global Academic Publishing at Binghamton University (SUNY at Binghamton), 2002, pp.xiii-xxv.

④　安乐哲：《和而不同：比较哲学与中西会通》，北京大学出版社，2002 年，第 18 页。

的基本论证形式，演绎推理不发达的中国哲学必被看作只有前苏格拉底水平。承认怀疑论问题的重大哲学意义，必对不太关心此问题的中国哲学不屑一顾。由于中国哲学的长项是修身养性、提高人生境界，而西方哲学，尤其近代以来的西方哲学，对此并不太关心（因为让宗教和文学艺术在这方面起主导地位），在以西方哲学为标准的比较研究中，中国哲学的价值则无从体现。正因如此，有些真心想从中国哲学中学习的西方哲学家，在读了某些中国哲学的研究文章以及某些中国哲学古典著作后大失所望，悲叹从中找不到真正的哲学。

可见，只要中国哲学研究在西方哲学的框架中进行，比较研究以西方哲学为标准，中国哲学一定不会为西方主流哲学家所重视。更进一步说，仅为了其自身在英语世界中的发展，中国哲学也需要按自己固有的概念和结构来被研究。只有当其按自己固有的概念和结构来被研究时，中国哲学独特的思想才更易在英语世界得到发展。①

二

至此，在英语世界的中国哲学研究似乎陷入这样的困境：如果不用西方哲学语言和方法去表述和诠释中国哲学，则难以与西方哲学界沟通、交流；但若用西方哲学语言和方法去表述和诠释之，则往往把中国哲学置于劣势，使其光彩全无。显然，放弃与西方哲学界的沟通不是出路。为了中西方哲学的互相学习和促进，并进而为人类哲学宝库做出更多贡献，中国哲学必须与其他哲学传统沟通。中国哲学的特有概念和理论是其他哲学传统不具有的，但并不意味着它们必不能为其他哲学传统所理解和接受。正是由于在一个传统中的某些独到见解能在其他传统中得以理解和应用，这些独到见解才可能有普遍的价值。正如沈清松所论证的，如果一个人自己的哲学或文化传统的语言能被译为另一个传统的语言或

---

① 此处我从信广来关于发展中国伦理思想的类似观点得到启发。信广来说："正是通过按中国伦理思想自己的概念来学习之，我们才能更容易地创造出更有特色的思想，而这样的思想之产生和发展无须被西方哲学讨论所建立的课题所左右。" Shun, Kwong-loi. "*Studying Confucian* and Comparative Ethics: Methodological Reflections," *Journal of Chinese Philosophy* 36:3 (2009), p.476.

另一个传统所理解的语言，那么这个人自己的哲学或文化传统则有普适性。[①] 显然，走出英语世界中国哲学研究所面临的困境之关键在于改进与西方哲学沟通的方法，而不是放弃与之沟通。这意味着在英语世界中国哲学研究既需要以西方哲学家明白的方式清楚地表达中国哲学的概念和理论，又要忠实于中国哲学文本的原意、揭示中国哲学的真精神。这也就是在英语世界的中国哲学研究第三阶段上的任务。为了方便，我们可将这个第三阶段称为"深入阶段"。

如何才能用西方哲学家理解和接受的语言将中国哲学的真精神、真面貌表述清楚并加以研究和发展？虽然对此难以有简单、确定的答案，但英语世界中国哲学学者在这方面已做了很多努力。基于目前已有的努力，可能的解决办法可归纳为以下几种：（1）对那些在西方哲学中没有准确对应的中国哲学关键词和概念不予翻译，直接用字母拼写，但给予尽可能清楚的阐述。[②] 这不意味着不同西方哲学家在这些概念上进行沟通，而只是不使用西方哲学中的现有概念对它们进行翻译。（2）必要时可以使用西方概念、术语来表达和解释中国哲学，但要尽可能不用西方的理论去套中国哲学。例如，中国思想本身并不讲唯物唯心的对立，所以不应按唯物主义或唯心主义来被解释。[③] 鉴于当今中西哲学的互动以及作为一个学科的"中国哲学"之建立和西方哲学之引入中国的历史联系，以西方人能懂的方式表述中国哲学很难完全避免使用西方哲学的术语。只要使用西方术语不扭曲中国哲学用语的原意，它就是恰当的。最重要的是寻求中国哲学的内在结构和逻辑，而不以西方哲学做标准，不强把

---

① 沈清松 2009 年的文章是其 2003 年文章的修改版，并且是用中文发表的。正是在他的 2009 年文章中，他陈述了这个观点。参见沈清松《关于跨文化哲学与中国哲学的一些反思》，载姜新艳主编《英语世界中的中国哲学》，中国人民大学出版社，2009 年，第 450 页。

② 安乐哲：《和而不同：比较哲学与中西会通》，第 23 页。

③ 关于一个相似的观点，参见余英时《中国思想传统的现代诠释·序言》，联经出版事业公司，1987 年，"序言"第 4—6 页。当他讨论对中国传统思想进行现代诠释的方法时，他论证道：采纳某些西方概念和分析方法是必要的，但使用某些西方特有的理论（诸如唯物主义、唯心主义、唯理论、经验论）来解释中国思想则是不恰当的，因为中国思想与这些理论不符。如果硬要将中国哲学置于这些理论框架中，那就是"削足适履"。虽然在这里他没有使用"中国哲学"一词，但他所说的"中国思想"很接近在英语世界所谈的"中国哲学"。此外，他并没有专门谈在英语世界研究中国思想的方法论，而是谈中国思想研究总的来说如何与西方人沟通、实现现代化。

中国哲学思想放入西方理论系统。①（3）在讨论中国哲学时使用西方术语仅是为了将读者的注意力引到在中国哲学中相关联的现象，而讨论的内容的基本表述则不依赖于对西方术语的使用。也就是说，不使用西方术语，它也可以被清楚地表述与解释。例如，墨子伦理思想的内容可以清楚地被阐明，无论它是否被贴上"功利主义"的标签；但是使用"功利主义"这样的西方术语有助于引起对墨子伦理学之特征的注意。"一旦其内容被阐述清楚，是否相关的哲学术语对其适用则纯粹成了一个术语问题，而对讨论的内容无所添加。"②（4）在比较研究中着重于中西哲学的不同，以便揭示和突出中国哲学的长处。虽然中西哲学有许多相似之处，但中国哲学的独特贡献和价值在于其与西方哲学的不同。③（5）对中西哲学进行结构性与动态性对比，而不是把注意力集中在脱离了历史和文化背景的具体术语和观点的比较。沈清松在讨论建构跨文化哲学时提出了"结构对比"和"动态对比"的概念。④他用下面的例子对此进行了说明：西方哲学更多地关心理论的普遍性，而中国哲学则更多地关心实践的普遍性。二者的关注重点不同，但可以互补。这是中西哲学的一种结构性对比。⑤"结构对比"不涉及时间。一旦将结构放到时间中进行对比，它

---

① 这一观点也是对余英时的思想的一个应用。当余英时讨论中国思想的现代诠释时，他强调"立足点永远是中国传统及其原始典籍内部中呈现的内在脉络，而不是任何外来的'理论架构'"参见余英时的《中国思想传统的现代诠释》之"序言"第7页。

② Shun Kwong-loi. "Studying Confucian and Comparative Ethics: Methodological Reflections." *Journal of Chinese Philosophy* 36: 3 (2009)，p.475. 信广来对这一方法做了解释。他也提到倪德卫、黄百锐以及他本人的一些著作已经使用了这样的方法。他还进一步论证说：这一方法的益处并不为比较研究中的不对等趋向提供理智上的根据，因为没有理由说明为何中国的术语不应被用于将读者的注意力引到某些西方哲学中的现象。但无论如何，在英语世界中，就有效地与西方听众沟通而又忠实于中国哲学思想的原意而言，研究中国哲学的这种方法很有用。

③ 早在20世纪40年代，张东荪已强调中西哲学的比较研究应着重于二者之不同（参见张东荪《知识与文化》，商务印书馆，1946年，第157页。关于一个对张东荪观点的详细讨论，参见 Jiang, Xinyan. "Zhang Dongsun: Pluralist Epistemology and Chinese Philosophy," *Contemporary Chinese Philosophy*. Oxford: Blackwell, 2002, p.77. 在最近的几十年，也有一些学者（例如安乐哲和郝大卫）在其比较研究中着重于中西哲学的不同。

④ 参见沈清松《关于跨文化哲学与中国哲学的一些反思》，载姜新艳主编《英语世界中的中国哲学》，第440—441页。

⑤ Shen, Vincent. "Some Thoughts and Intercultural Philosophy and Chinese Philosophy." *Journal of Chinese Philosophy* 30: 3–4 (2003), p.359.

也同时成了"动态对比"。① 如果这样的结构对比和动态对比运用于英语世界的中国哲学研究，将很有助于对中西哲学进行整体性的比较，在历史脉络和背景中对二者加以理解。

从时间上讲，英语世界中国哲学研究的第三阶段并没有一个清楚的始点。尽管 20 世纪 90 年代以来较多学者做这个阶段上的工作，但个别学者在半个世纪以前就已开始做，有的学者现在才刚刚开始做，而有些学者至今却仍未对此予以重视。所以，更确切地说，中国哲学研究在英语世界的第三阶段是中国哲学研究在英语世界的第三个层次。

三

尽管中国哲学研究在英语世界已进入了第三个阶段，中国哲学在西方哲学界被边缘化的状况并未得到明显的改进。其重要的原因之一在于中国哲学与西方的主流"哲学"概念不吻合。就中国哲学所关注的问题和事物而言，它们符合许多西方哲学家所定义的哲学。② 所以，在这个意义上，西方哲学界没有理由否认其哲学性。像西方哲学一样，中国哲学讨论的也是关乎人生和世界的大问题，尽管其重点在一定程度上与西方哲学不同。英语世界许多主流哲学家不承认中国哲学为哲学的主要原因在于中西哲学在方法论和形式结构上的不同。

自苏格拉底以来，逻辑思维，尤其是演绎推理，一直是西方哲学的特征。苏格拉底的方法通过暴露一个人的自相矛盾而揭示出其无知。这

---

① Shen, Vincent. "Some Thoughts and Intercultural Philosophy and Chinese Philosophy." *Journal of Chinese Philosophy* 30: 3–4 (2003), p.359.

② 例如，Nicholas Rescher 认为："总的来说，哲学家的使命是探讨那些关于我们自己、世界以及我们在其中之位置的传统的'大问题'。他们用来完成这样的使命的方式可最恰当地称为理性猜想。"参见 Rescher, Nicholas. "Philosophical Methodology," Reprinted in *Two Roads to Wisdom*. Open Court, 2001, pp.3–25. 罗素在 1945 年表述了一个更广义的哲学概念。他说："哲学，就我对这个词的理解来说，乃是某个介于神学和科学之间的东西。它和神学一样，包含着人类对于那些迄今仍未确切的知识所不能肯定的东西的思考；但是它又像科学一样是诉之于人类的理性而不是诉之于权威的，不管是传统的权威还是启示的权威。一切确切的知识——我是这样主张的——都属于科学，一切涉及超乎确切知识之外的教条都属于神学。但是介乎神学和科学之间还有一片受到双方攻击的无人之域；这片无人之域就是哲学。"（译文见罗素《西方哲学史》，商务印书馆，1988 年，第 11 页）

样的方法显然是逻辑方法。对许多西方哲学家来说，前后一致而又系统的推理使哲学成为"哲学"。他们认为，"追求理性的连贯性（推理上的一致性、兼容性、全面性）是哲学方法的关键"。"因此，推理和论证是哲学的生命之血。""事实上，我们可以将哲学定义为对我们在那些作为我们理解世界及我们在其中的位置的基础的问题上的信念的理性系统化。"①虽然人文学科的其他领域（诸如宗教或文学）也探讨关乎人生和世界的大问题，但是，与哲学不同，它们通常并不给予系统的论证。它们可以是有哲学性的——就它们的思想涉及那些大的哲学问题而言，但它们并不是哲学本身——因为它们并不对其思想给出系统而又理性的论证。将哲学与它们区别开来的正是"明显的理性与批判的进行方式和系统性"。②根据这样的哲学概念，中国哲学很难被英语世界中的许多主流哲学家看作哲学。毕竟，中国哲学著作，常常是以不系统的对话、隐喻、寓言和模拟为特征的。

鉴于中西哲学的不同，在英语世界让中国哲学被承认为值得学的哲学意味着改变在那里占统治地位的哲学概念。虽然许多中国哲学学者可以批评西方哲学界的哲学概念狭窄、自我中心，但哲学这个词毕竟源于西方。在英语世界流行的哲学概念有其历史和文化渊源。当然，这并不意味着英语世界流行的哲学概念不应被改变，而是说明这样的改变不是容易的，更不是一件我们一厢情愿就可以做到的事。

在目前的情况下，虽然在英语世界的中国哲学学者仍需要继续在拓宽哲学概念方面努力，但也许更需要将重点放在更好地将中国哲学的真精神、真面貌展现给英语世界的思想界和民间，而不忌讳中国哲学与英语世界哲学界通常所定义的哲学之不同。这样做并不会损害中国哲学在

---

① Rescher, Nicholas. "Philosophical Methodology," *Reprinted in Two Roads to Wisdom*. Ed. Bo. Mou. Chicago and La Salle: Open Court, 2001, p.11. 但并不是所有强调哲学之逻辑和系统推理的西方哲学家都相信演绎推理是哲学推理的主要形式。例如，Nicholas Rescher 在前述的著作的第 9 页就为网络式哲学推理做了论证。他认为，网络模式"把认识系统看作一个内在地连在一起的家族。这个家族不必按等级安排（像在公理体系中那样），而是通过交织在一起的网络式的联系被连接在一起的。""这些相互联系在性质上是相协调一致，而不必是演绎的（因为最终所涉及的是'好的解释性的说明'，而不是'逻辑上结论性的根据'。"

② Quinton, Anthony. "Philosophy," *The Oxford Companion to Philosophy*, Oxford University Press, 1996, p.666.

英语世界中的地位。相反，承认中国哲学不是西方哲学界通常所谈的哲学，也许更便于向西方更广大的人群阐明中国哲学之独到的思想和境界。

中国哲学本来就是用来指导人生和社会的，她所谈的问题是大众所关心的问题，她所用的语言是一般人所能懂的语言。与人们生活的这种密切联系是中国哲学的优势，而不是弱点。在中国历史上，正是由于中国哲学对人生的指导意义，她才能极大地影响中国人的个人和政治生活，在中国社会起到宗教在其他文明中起到的那么重大的作用。[①] 如为了将中国哲学挤进西方所承认的哲学之列而把原来通俗易懂、与生活血肉相连的中国哲学变成难懂的书斋玄学，则会使其失去生命力。[②] 要想让中国哲学在英语世界卓有成效地发扬光大，必须突出中国哲学的长处。这一点已部分地由这样的事实所证明：在英语世界许多学生喜欢中国哲学的主要原因是他们认为从中国哲学中学到了为人处世的许多道理，而不是他们欣赏其思辨上的玄妙。[③] 一旦中国哲学被看作是对个人和社会生活无直接影响的纯学术科目，在英语世界学习中国哲学的好处就不再明显了。也就是说，倘若割断了中国哲学与现实生活的联系，中国哲学在那里就失去了其最大的吸引力。如果把中国哲学的优点和独特性呈现给英语世界意味将中国哲学作为"非哲学"（按照英语世界主流哲学家的哲学定义）呈现给那里的读者，那里的中国哲学学者仍然应该那么做。

总而言之，英语世界中的中国哲学学者当然需注意与那里主流哲学界的沟通，且无须以得到其认可为一个主要目标。他们最需要做的是按照中国哲学固有的结构和特征去介绍之、发展之，并以英语听众所能理解的方式表达之。不管这样的工作是否能使英语哲学界接纳中国哲学，只要能将中国哲学之精深博大在英语世界得以展现，将中国哲学之精神

[①]　*A short History of Chinese Philosophy*, p.1.

[②]　在批评牟宗三忽视儒学的现实作用和通俗性能时，李泽厚指出：把儒学弄成玄奥思辨的书斋理论，因而使其与大众的生活脱节，则使其失去了宗教性的品格和功能《论语会读》，天津社会科学院出版社，2007年，第3页。在强调通俗性和社会作用的密切联系方面，我从李泽厚的观点受到启发。但是，此处我的观点与他的不尽相同，因为我把中国哲学对人们生活的影响看作其生命力所在，而不认为此功能一定体现了儒家的宗教品格。关于李泽厚论儒家的宗教性，参见《实用理性与乐感文化》，生活·读书·新知三联书店，2005年，第327页；《论语会读》，第3页。

[③]　这种观察基于我在美国过去十几年的教学经历。

在西方得以弘扬，也就算不辱其使命。目前英语中国哲学研究已在这个方向上做出了不少成就，但"任重而道远"，离着理想的目标，还有很长的路要走。①

原载郭齐勇主编《儒家文化研究》第 5 辑，生活·读书·新知三联书店，2012 年

---

① 本文的初稿曾于 2010 年 6 月 25 日在武汉召开的"近三十年来中国哲学的发展：回顾与展望"学术会议上宣读。作者在此感谢听众的建议和评论。作者还要特别感谢沈清松教授对本文第二稿（英文稿）提出的宝贵意见。

日本的中国哲学史研究及其启示

徐水生 *

众所周知，中国哲学思想对日本的历史和文化有着极其深远的影响。因而，相对西方学者的中国哲学研究，日本学者对此研究具有更深层的动因，他们认为：这"不仅仅是研究外国文化的问题，而且与认识本国文化也有着密切的关系"[①]。因而，日本有关中国哲学的研究，历史悠久、学者众多、视角独特、成果丰硕，乃可谓国际中国学研究的重镇。

从近代学科的意义上来说，日本编辑、出版的"中国哲学史"教科书早于中国。[②] 如1888年，内田周平（1854—1944年）的《支那（中国）哲学史》出版，它是日本"中国哲学史"的开山之作，不过其论述内容仅局限在先秦时期。1898年，松本文三郎（1869—1944年）的《支那哲学史》出版。松本借用西方哲学史的方法，将中国哲学史的发展划为三个阶段，即：东周至秦朝为"创作时代"，此时诸子哲学呈现出空前盛况；西汉至五代为"训诂时代"，此时的哲学缺乏新见，重在古书的训诂解释；宋朝至清朝为"扩张时代"，是哲学的复兴时代。松本之书也不乏深刻之处，他注意到了先秦时期的"邹鲁学派"与"荆楚学派"的思想差异和形成原因，指出先秦哲学兴盛的重要条件是"思想自由"和"言论自由"。1900年，远藤隆吉（1874—1946年）的《支那哲学史》出版；

---

* 　徐水生，1954—　　，男，武汉大学哲学院教授。
① 　蜂屋邦夫：《道家思想与佛教》，隽雪梅、陈捷等译，辽宁教育出版社，2000年，第1页。
② 　学术界一般认为：1919年2月由上海商务印书馆出版的胡适著的《中国哲学史大纲》（上卷）是中国近代以来的第一部"中国哲学史"。参见《中国大百科全书》"哲学"分卷。

1904 年，远藤隆吉另一本有关中国哲学的著作——《支那思想发达史》（富山房）出版。前书把中国哲学史分为"古代哲学""中古哲学""近世哲学"三个时期，后书注重用社会学的方法分析中国古代哲学与中国古代社会状况的密切联系。

一、日本的中国哲学研究重镇

日本的中国哲学研究人员众多，研究团队遍布全国各地高校，因文字所限，这里仅介绍四个具有悠久传统并形成特色的研究基地，以通过个别了解一般。

（一）东京大学的中国哲学学科

东京大学成立于 1877 年，文学部有两大学科，即史学哲学政治学科和汉文学科。东大于 1881 年 9 月开设"印度及支那哲学"的课程，1882 年 12 月将原来学习科目中的"哲学"改为"西洋哲学"，同时，增设"东洋哲学"，由留德六年而归国的井上哲次郎博士（1855—1944 年）负责其教学。

在此期间，井上哲次郎一边讲授"东洋哲学史"，一边完成了《日本的朱子学派》《日本的阳明学派》《日本的古学派》等三部著作。哲学专业出身的虾江义丸的《孔子研究》，被称为是从经学独立出来的崭新的中国古典学研究代表作。高濑武次郎、宇野哲人等人关于中国哲学史的著述逐渐出版，他们在重视史学方法的基础上，开始运用哲学史的方法分析和叙述先秦诸子和经书。因为他们此类工作的时间早于中国"五四"时期的学者，故有日本学者称之为开辟了经学批判之路。

1904 年，"支那哲学"被作为必修的科目和考试的科目。1919 年，"支那哲学"学科独立。1948 年将"支那哲学"改称"中国哲学"。1949 年中国哲学专业与中国文学完全分离，形成了中国哲学学科。20 世纪末，东京大学的"中国哲学研究室"又改名为"中国思想研究室"。

服部宇之吉（1867—1934 年）、宇野哲人（1875—1974 年）、高田真治（1893—1975 年）、加藤常贤（1894—1978 年）、宇野精一（1910—

2008 年）、赤塚忠（1913—1983 年）、山井涌（1920—1990 年）、户川芳郎（生于 1931 年）、沟口雄三（1932—2010 年）、池田知久（生于 1942年）等著名教授先后在此学科点任教。

主要历任教授：

1. 宇野哲人（1875—1974 年）

在重新发掘中国思想、构建中国哲学史学科体系方面，宇野哲人是东京大学的开拓性的领军人物。他 1901 年毕业于东京帝国大学文科大学的汉学科，受教于井上哲次郎等人。1905 年，任东京帝国大学副教授。1906 年，前往中国留学。1908 年离开中国，前往德国留学，1910 年回到日本。1911 年，所著《孔子教》（富山房）出版。1912 年，他在中国留学的感想和记录——《支那文明记》（大同馆）出版。1920 年，任东京帝国大学教授，获文学博士，其《支那哲学研究》问世。1931 年，任东京帝国大学文学部长。1932 年，其《东洋伦理学史》出版。

宇野哲人早期以德国哲学家文德尔班（1848—1915 年）的哲学观为自己的中国哲学史研究的指导思想。1914 年著有《支那哲学史讲话》（大同馆），此书将中国哲学史分为先秦、汉唐、宋以后三大阶段，采取列传体的形式论述了中国古代思想的发展。他通过在 1924 年完成的儒家思想通史《儒学史》（宝文馆）和 1954 年出版的《中国哲学史——近世儒学》（宝文馆）等书，进而系统地提出了自己的思想史研究方法。他在 1926年出版的《支那哲学概论》中，集中地梳理了中国哲学的主题和概念，其书后编——"主要问题概说"论述了宇宙论、伦理说、政治观三大部分。他在 1929 年出版的《支那哲学研究》（增补本）中，又将中国哲学的内容从先秦扩充到清末。宇野哲人的学术研究重点是试图以宋明理学为中心来彰显和诠释儒家思想。

宇野哲人在其《支那哲学研究》中说："支那哲学研究，是我毕生的事业之所在。"他的一生的确完成了这一宏愿。由于宇野哲人寿命百年，著作等身，又长期任教于东京大学，后任东方学会会长，故其学术思想对日本的中国哲学研究产生了深远的影响。

2. 宇野精一（1910—2008 年）

宇野哲人之子。他 1934 年于东京帝国大学毕业，后入东方文化学院东京研究所任研究员。1949 年，任东京大学文学部副教授。1955 年，获文学博士学位，任东京大学教授。1971 年退休，获东京大学名誉教授称号。宇野精一从 20 世纪 50 年代起，主持东京大学的中国思想史教席，后又任斯文会理事长、日本中国学会理事长，为日本皇太子讲汉学等，在日本学术界和社会上有相当大的影响。

其主要著作有《儒教概说》（日月社，1948 年）、《中国古典学的发展》（北隆社，1949 年），《儒家思想》（东京大学出版会，1967 年），《墨家与法家的伦理思想》（东京大学出版会，1967 年），《明解孟子》（明治书院，1972 年）、《论语与日本政治》（明治书院，2002 年）、《宇野精一著作集》全 6 卷（明治书院，1986—1990 年），主编《东洋思想》10 卷（东京大学出版会，1967 年）等。

3. 沟口雄三（1932—2010 年）

1958 年毕业于东京大学文学部中国文学专业，1967 年于名古屋大学大学院中国哲学专业毕业并获硕士学位，1981 年以《中国前近代思想的屈折与展开》一书获得九州大学文学博士学位。曾任埼玉大学教养部助教授、教授，一桥大学社会学部教授。1981 年回母校东京大学任中国哲学专业教授，后任中国哲学研究室主任。1993 年任东京大学名誉教授、大东文化大学教授。其学术研究不仅在日本享有盛名，而且对国际汉学研究也有着重要影响。

其主要著作有《中国前近代思想的屈折与展开》（东京大学出版会，1980 年）、《李卓吾》（集英社，1985 年）、《作为方法的中国》（东京大学出版会，1989 年）、《中国的思想》（日本放送大学教育振兴会，1991年）、《中国的公与私》（研文出版社，1995 年）、《中国的冲击》（东京大学出版会，2004 年）、《中国思想再发现》（左右社，2010 年）。另外主编和合著有：《汉字文化圈的历史与未来》（大修馆书店，1992 年）、《从亚洲思考》（东京大学出版会，1993 年）、《中国思想文化事典》（东京大学出版会，2001 年）、《中国思想史》（东京大学出版会，2007 年）等 20 余部。译著有：王阳明《传习录》（中央公论社，1974 年）、《朱子语类》卷一至卷三（汲古书院，2007 年）。

（二）京都大学的中国哲学学科

京都大学于 1897 年创立，1909 年 5 月开设"支那哲学史"讲座和与"中国哲学史"相关的课程，主要由狩野直喜（1868—1947 年）、高濑武次郎（1868—1950 年）两位教授担任。狩野直喜继承了清朝考证学的传统，重在文献的考证。高濑武次郎主要研究宋明哲学。小岛祐马（1881—1966 年）曾任文学部部长和人文科学研究所所长（现京都大学人文科学研究所的前身），为京都大学的中国哲学学科的发展也起到了重要作用。小岛在运用考证学方法的同时，注意用社会学的方法来研究中国哲学史，并形成了一定的影响。京都大学从 1947 年就成立了以毕业生和在校研究生为中心的"中国哲学史研究会"。1950 年后，办有《中国的文化和社会》的杂志。1977 年，中国哲学研究室主办的《中国思想史研究》杂志创刊，从 1988 年起，该杂志成为重新组织的"中国哲学史研究会"的会刊。目前，该刊在日本学术界有较大的影响。

主要历任教授：

1. 狩野直喜（1868—1947 年）

狩野直喜 1892 年入东京大学汉学科就读，1895 年入东京大学研究生院学习。1900 年 4 月作为日本留学生赴北京学习，因遇"义和团事件"当年 8 月回国。1901 年再次前往中国留学，与我国著名学者俞樾、孙诒让、罗振玉、王国维相交往，1903 年回国。1906 年，任京都帝国大学教授。1907 年，被授予文学博士学位。1912 年 9 月游学欧洲，1913 年 10 月回国。1919 年，任京都帝国大学文学部长。1928 年，从京都帝国大学退休，为名誉教授。狩野直喜去世后，其弟子及后人将其著作整理出版。其主要著作有《中国哲学史》（岩波书店，1953 年）、《两汉学术考》（筑摩书房，1964 年）、《魏晋学术考》（筑摩书房，1968 年）、《论语孟子研究》（美铃书房，1977 年）、《春秋研究》（美铃书房，1994 年）等。

2. 重泽俊郎（1906—1990 年）

重泽俊郎教授是小岛祐马的后继者，其研究范围一开始是先秦及汉代的思想、学术，后来逐步扩大到六朝、唐、宋、明、清等各个时代。其学术特点是立足于精读、考证，注意整个中国哲学史的逻辑发展，主要著作有《周汉思想研究》（1943 年）、《原始儒家思想和经学》（1949 年）、《中国哲学史研究》（1964 年）、《中国的传统和现代》（1977 年）等。

3. 福永光司（1918—2001 年）

福永光司 1942 年毕业于京都大学文学部哲学科，1974 年 4 月至 1979 年 3 月，任东京大学文学部中国哲学教授，1980 年至 1982 年 3 月任京都大学人文科学研究所所长，1982 年 4 月至 1986 年 3 月任关西大学教授，后又任北九州大学教授、京都大学名誉教授。福永光司是日本著名的道家与道教思想研究专家，其丰富多彩的研究成果大体可分为三个方面，即老庄思想研究、魏晋思想史研究、道教思想史研究。其主要著作有：《庄子：古代中国的存在主义》（中公新书，1963 年）、《道教与日本文化》（人文书院，1982 年）、《道教与日本思想》（德间书店，1985 年）、《道教思想史研究》（岩波书店，1987 年）、《道教与古代日本》（人文书院，1987 年）、《中国的哲学·宗教·艺术》（人文书院，1988 年）、《马的文化与船的文化——古代日本与中国文化》（人文书院，1996 年）、《魏晋思想史研究》（遗著，岩波书店，2005 年）。此外，他还日译了《老子》《庄子》《列子》等道家经典，这些译著多次再版，颇受日本学者和青年学生的欢迎。

此外，对海内外著名的中国思想史研究大家、长期任职于京都大学人文科学研究所的岛田虔次（1917—2000）教授也需在此作简单介绍。岛田虔次于 1941 年毕业于京都帝国大学文学部东洋史专业，1949 年任该校人文科学研究所副教授，1969 年任教授，1981 年退休，被授予京都大学名誉教授。1997 年当选为日本学士院会员（院士）。其主要著作有《中国近代思维的挫折》（筑摩书房，1949 年）、《朱子学和阳明学》（岩波书店，1967 年）、《熊十力与新儒家哲学》（同朋舍，1987 年）等。[①] 岛田虔次先生去世后，其高足狭间直树教授等编辑了一部岛田虔次先生学术论文精选集——《中国思想史研究》（京都大学学术出版会，2002 年），该书已由邓红教授译为中文，由上海古籍出版社 2009 年出版。

---

① 岛田虔次教授与武汉大学萧萐父教授有着很深的学术交往并在武汉大学讲学，以上三本著作的中文版均由萧萐父教授的弟子们翻译。

（三）东北大学的中国哲学学科

该大学创立于 1907 年，中国哲学学科的历史开始于 1923 年（支那学讲座），1963 年 4 月改名为中国哲学讲座，1997 年改为中国文化学讲座，1999 年改为中国思想中国哲学专业（研究生）。

主要历任教授：

1. 武内义雄（1886—1966 年）

武内义雄是东北大学中国哲学学科的创建人，1910 年毕业于京都大学的支那哲学科。1919 年由怀德堂派遣到中国研习，曾随我国著名学者马叙伦学诸子学，1920 年回国。1923 年 4 月，任东北大学的法学文学部教授，担任"中国哲学"的课程。1924 年，任东北大学图书馆馆长。1928 年，被授予文学博士学位。1933 年，任法学文学部部长。其主要著作有：《老子研究》（改造社，1927 年）、《老子和庄子》（岩波书店，1930 年）、《诸子概说》（弘文堂，1935 年）、《支那思想史》（岩波书店，1936 年）、《论语研究》（岩波书店，1939 年）、《易和中庸的研究》（岩波书店，1943 年）、《支那学研究法》（岩波书店，1949 年）等。1977—1979 年，日本角川书店出版了由其高足金谷治教授主编的 10 卷本的《武内义雄全集》。

1936 年出版的《支那思想史》（岩波书店），则比较全面地反映了他的学术思想和研究方法。他曾回忆道：该书"虽说非常简要，但我对中国思想的想法基本上都包含在其中了"[①]。此书在当时是颇有深度的一部中国思想史论著，它很快由汪馥泉译成中文，名为《中国哲学思想史》（商务印书馆，1939 年），与同一时间段出版的冯友兰的《中国哲学史》（上、下）一起被作为中国哲学史方面的划时代著作。

2. 金谷治（1920—2006 年）

金谷治师从著名汉学家武内义雄，1944 年毕业于东北大学中国哲学科，是该学科的第二代主任教授。1961 年获文学博士学位。自 1962 年起，历任东北大学教授、中国哲学科主任、文学部长、日本中国学会理

---

① 武内义雄：《武内义雄全集》第十卷，日本角川书店，1979 年，第 428 页。

事长等职。1983 年退休，获东北大学名誉教授称号。主要著作有：《淮南子的思想》（平乐寺书店，1959 年）、《秦汉思想史研究》（博士论文修订，日本学术振兴会，1960 年）、《郑注论语集成》（1978 年）、《管子研究》（岩波书店，1987 年）、《我与论语》（展望社，2001 年）、《易经与中国人的思考》（讲谈社，2003 年）、《孙膑兵法》（筑摩书房，2008 年）等专著，此外还有《论语》《孟子》《荀子》《大学·中庸》《老子》《庄子》《孙子》等译著，计三十余部著作。1997 年，日本平河出版社出版有《金谷治中国思想史论集》（共三卷），即上卷：中国古代的自然观和人间观；中卷：儒家思想和道家思想；下卷：批判主义学问观的形成。

3. 中岛隆藏（生于 1942 年）

中岛隆藏是金谷治教授的高足和继任人，曾任东北大学中国哲学学科主任教授，于 2006 年 3 月退休。其研究重点是儒佛道三教的交流史，其主要著作有：《六朝思想的研究》（博士学位论文，平乐寺书店，1985 年）、《出三藏记集序卷译注》（平乐寺书店，1997 年）、《出三藏记集序卷索引》（朋友书店，1991 年）、《道教义枢索引稿》（1980 年），《云笈七签的基础性研究》（研文出版，2004 年）、《中国的文人像》（研文出版，2006 年）。此外，他还翻译了《庄子》（集英社，1984 年）、《高僧传》（讲谈社，1989 年）、《宋高僧传》（中央公论社，1991 年）等。中岛隆藏教授曾于 1991 年在武汉大学进行客座研究，2006 年在武汉大学短期讲学。

（四）九州大学的中国哲学学科

1911 年，九州大学设立，1924 年，设立法（学）文学部。九州大学中国哲学学科，自首任教授楠本正继（1896—1963 年）以来，已形成了宋明儒学史研究的特色及传统，其收藏的有关宋明儒学的著作之多，享誉学术界。该校中国哲学史研究室每年举行数次"中国哲学恳谈会"，每年出版一本《中国哲学论集》，是九州地区的中国哲学史研究中心。

主要历任教授：

1. 楠本正继（1896—1963 年）

楠本正继是著名的中国哲学研究家。他于 1922 年东京大学支那哲学科毕业，1927 年任九州大学法学文学部教授。1928 年赴德国、英国、中国留学。1960 年任九州大学名誉教授。曾任九州中国学会会长。著有《庄子天籁考》《王阳明晚年的思想》《朱明庵的事业》《全体大用的思想》《宋明时代儒学思想的研究》《楠本正继先生中国哲学研究》等。楠本正继有两大弟子冈田武彦和荒木见悟。

2. 冈田武彦（1908—2004 年）

冈田武彦教授是日本著名的中国哲学研究专家，国际儒学联合会第一届、第二届、第三届理事会顾问，专攻宋明理学。他自 1949 年至 1972 年任教于九州大学。其代表著作有《江户期之儒学》《王阳明及明末儒学》《中国及中国人》《中国思想的理想及现实》《儒教精神与现代》（明德出版社，1994 年）等，并编纂《阳明学大系》十二册、《朱子学大系》十五册、《近代汉籍丛刊》五十二册。

3. 荒木见悟（生于 1917 年）

荒木见悟教授是日本著名的中国哲学史研究专家，文学博士。他以明代思想史之研究成果，驰名于世。历任北九州大学文学院教授、九州大学中国哲学系主任等职。主要著作有《佛教与儒教》、《佛教与阳明学》、《大慧书》、《明代思想研究》、《明末宗教思想研究——管东溟的生涯及其思想》（创文社，1979 年）、《中国思想史的诸相》（中国书店，1989 年）、《明清思想论考》（研文出版，1992 年）、《中国心学的鼓动与佛教》（中国书店，1995 年）、《阳明学与佛教心学》（研文出版，2008 年）等。

二、日本的中国哲学研究特点

自 20 世纪 90 年代至今，笔者先后四次共计两年多的时间在东京大学、同志社大学、国士馆大学、国际日本文化研究中心等单位做过客座研究或参加学术会议。通过与日本学者的密切接触和阅读其论著，我认为，日本的中国哲学史研究主要有以下特点：

（一）破除欧洲文化中心论的观念，注重中国哲学思想的特殊价值

在 20 世纪 60 年代之前的日本学术界，大多数学者是以西方文化中心论为基础来梳理和评价中国哲学思想。随着研究的深入，不少日本学

者对上述研究模式提出了质疑。尤其是进入 20 世纪 70 年代以后，日本经济的持续高速发展和亚洲"四小龙"的崛起，进一步促进了日本学者的思考，如日本研究宋明理学的大家冈田武彦先生指出："随着西欧式的科学研究方法的盛行，中国哲学同传统的东方研究方法即以体认为宗旨的实践性的研究方法一样也衰落了。结果，虽然优秀的学者辈出，可是优秀的思想家却寥寥无几。这的确是一个严重的问题。……中国哲学对世界思想界所做的贡献，其中也就包含着创造新哲学这一层意义在内，这是有目共睹的。因此，在这里对中国哲学给我们提供的课题中有任何与上述相一致的东西，我们都必须加以精审考虑。为满足这一要求，探求其相应的基本资料，对于它的意义和价值加以再认识，就十分必要了。在我个人看来，中国哲学给我们提供了下述三方面的课题。这三方面的课题，我想是没有古今东西之别的。对于个人不用说了，即使对于民族和国家来说，它们也有着必须予以注意的原理；它们被认为是向世界人类提供创造新哲学和思想必要而不可或缺的资料。这三方面的课题就是：（法家、兵家、纵横家的）现实主义、（道家的）超越主义和（儒家的）理想主义。"① 日本东北大学名誉教授，曾任日本中国学会理事长的金谷治先生长期从事中国哲学史的研究，他指出：孔子明确地建立了人的原则，"这一人类自觉的建立，在孔子思想中是有划时代意义的。在论及中国古代的人类观觉醒这个问题时，自然不能单纯地以欧洲的人类观作为尺度，而首先应考察它在历史上的特殊意义"②。"《论语》里很少提及自然和神秘的东西，相反，对人的生活方式，特别是关于道德、政治方面的言论，占绝大多数。"③

又如：日本著名的中国哲学研究专家沟口雄三先生说："我在 70 至80 年代，反对一般常见的——以欧洲的历史展开和价值观为基础，并以它为世界史的或人类普遍原则的这种欧洲一元论的思想方法；而主张多元的世界观，这就是所有的民族各有独自的历史和文化，而且在有着长久历史的民族的历史中，必定有自己独特的同时也遵循着人类历史的发

---

① 辛冠洁等编：《日本学者论中国哲学史》，中华书局，1986 年，第 2—3 页。
② 同上书，第 27 页。
③ 同上书，第 39 页。

展规律的展开，这个观念不久就成了我的信念而逐年加强。……到了现在，中国有它的独自的近代的展开这种看法，在日本的中国研究者特别是年轻的研究者之间几乎已成了常识。"① 沟口先生的《中国前近代思想的屈折与展开》就是这一方面的代表作，该著针对学术界往往以欧洲近代文化价值观来分析、评价中国明清时期思想的倾向，通过对此段时期哲学家思想资料的深入研究而清醒地认识到："实际上在中国思想中存在着不同于欧洲思想史的展开的中国独自的思想史的展开。"并"希望由此亲自认识包括日本在内的亚洲固有的或本来的历史价值"。②

（二）针对丰富的中国哲学思想，采取多元化的研究方法

与西方近现代哲学相比，中国传统哲学涵盖天文与地理、自然与社会、思维与人生，内容十分丰富。对于中国哲学思想的研究，日本学者并没有将一种方法奉为至上的原则，而是古今东西、人文社会、自然科学的研究方法兼而用之。有的学者用范畴分析的方法来进行某一方面的纵向研究，如小野泽精一等人在其编著的《气的思想——中国自然观和人的观念的发展》中，通过对先秦诸子、汉代经学、魏晋玄学、隋唐道教与佛教、宋明理学、近代革新思想的原始资料的清理和研究，系统地阐述了中国的气论，全书40万字，涉及面广，蔚为大观。有的学者运用自然科学的方法探讨了某一位哲学家，如山田庆儿利用所学理科的丰富知识在其《朱子的自然哲学》的著作中，从自然科学发展史的角度发掘了朱熹思想中常人未注意到的特殊价值。有的学者用实地考察的方法来研究道家与道教，如蜂屋邦夫在1980年、1985年、1987年多次来华参观各地的道观，对道观的内部状况、神像、祭祀等进行详细调查，与道士直接交谈，了解道教协会的活动情况、道教理论与道家思想的关系，在此基础上编出了《中国道教》，其资料的丰富和对中国道教现状的把握，绝不在我国此类课题的研究著作之下。有的学者用民俗学的方法研究阴阳五行说及《周易》，如吉野裕子的《阴阳五行与日本民俗》，既探

---

① 沟口雄三：《中国前近代思想的演变》，索介然、龚颖译，中华书局，1997年，第3页。
② 同上书，第7页。

讨了阴阳五行思想的本身，又论述了阴阳五行思想及《周易》对日本民俗生活的具体影响。有的学者还借用现代西方哲学的方法来发掘中国古代哲学的意义，如福永光司的著作《庄子：古代中国的存在主义》用存在主义哲学的方法诠释了庄子的哲学思想，他指出："庄子比起分析的抽象的思考更重视整体性的具体的思考，比起理论更重生活，比起认识更重体验，比起无生命的秩序更热爱有生命的无秩序，他是哲人同时更是艺术家、诗人。"① "我之所以特地把庄子的哲学称为中国古代的存在主义者，是试图强调庄子哲学不仅有虚无主义、厌世主义、逃避主义等倾向，而且还有像欧洲现代存在主义哲学所追求的那种人类的个人主体性的自由。"② 方法的多元化，必然带来成果的多样性。因而，日本学者既有纵论性的学术专著，如《儒教的精神》（武内义雄著，岩波书店，1982 年新版）、《儒教思想》（宇野精一著，讲谈社，1984 年）等；又有比较性的学术专著，如《中国哲学与欧洲的哲学家》（崛池信夫著，明治书院，1996年）、《儒教的变迁和现状：日本、中国、朝鲜之比较》（阿部吉雄著，霞山会，1977 年）等；还有传统与现代化的学术专著，如《儒教精神与现代》（冈田武彦著，明德出版社，1994 年）、《儒教文化圈中的企业者精神和近代化》（中井英基著，北海道大学出版会，1990 年）等。

（三）采取"共同研究"的形式，对中国哲学进行综合性的研究

日本学者的"共同研究"不完全等同于我国常见的合作研究，其合作形式不仅仅是各人承担一部书稿的部分写作任务，而是同一地区不同高校的合作者定期或每周或每月在一起逐字逐句阅读原典、交流体会、讨论问题，时间为多年乃至长达十年，然后在此基础上分头撰写一部书稿的各章部分。如上述《气的思想》主编者之一、时任东京大学教授的山井涌回顾此书的共同研究经历时说："在三年的时间里，除了每月召开例会之外，每年中还有一两次共同住宿，在这期间，全体人员逐渐发表分担的研究，由全体人员进行讨论。这虽还难以说已进行了充分的

---

① 福永光司：《庄子：古代中国的存在主义》，日本中央公论社，1985 年，第 20 页。
② 同上书，第 28 页。

共同研究，但我认为也有相当的效果。汇集这样磨炼的结果，由约二十名撰写的人执笔，再编辑而成的就是本书。"①《梁启超·明治日本·西方——日本京都大学人文科学研究所共同研究报告》的主编者狭间直树教授回忆说，"我们的共同研究，以 1993 年 4 月至 1997 年 3 月，历时 4 年"②，共同研究集体中不仅有分布在京都、大阪、神户、奈良等关西地区的日本国内学者，而且还有"作为外国人客座教授来到京都大学人文科学研究所，共同研究班成员的法国国立科学研究中心研究员巴斯蒂和美国加州大学教授傅果两位"③。可见，这种"共同研究"还具有开放性甚至国际性的特点。不同的思维方式相互碰撞，不同的研究角度相互观照，从而刺激了灵感，带来了活力，必然拓宽和加深对同一对象的认识。这种"共同研究"对于那些涉及面广、颇为复杂的研究对象，不失为一种重要而有效的方法。《梁启超·明治日本·西方》就是这方面的代表作，此书从梁启超与明治思想界，日译西学，明治时期的文学、史学、佛学及日本的中国哲学史的研究等层面的关系，分析了梁启超到日本后"思想为之一变"的原因和内容，指出了在输入西方近代文明重塑中国新文明的过程之中梁启超所发挥的重要作用，解答了梁启超研究中的不少困惑之处。故有的中国著名学者高度评价说："本书无疑是梁启超研究的里程碑。"（张朋园语）对于此类"共同研究"，时任东京大学教授的蜂屋邦夫也说道，"为了深入理解儒教思想，我进入东洋文化研究所以后组织了一个研究会，每周一次研读儒家经典，坚持了 10 年左右。我所选择研读的对象是对于我们日本人来说最难理解的经典——唐代贾公彦的《仪礼疏》。……研读的成果《仪礼士冠疏》和《仪礼士昏疏》分别汇编成书刊行于世"④。笔者在东京大学客座研究期间，也应邀参加了一个有关中国思想文化的共同研究班，参加者按单位划分既有东京大学的学者，又有一桥大学、中央大学等校的学者；按专业分类，既有哲学专业的教授，又有政治学、历史学、文学、社会学专业的教授，此外还有一些不同学科

---

① 小野泽精一等：《气的思想》，李庆译，上海人民出版社，1990 年，第 540 页。
② 狭间直树编：《梁启超·明治日本·西方》，社会科学文献出版社，2001 年，第 8 页。
③ 同上书，第 11 页。
④ 蜂屋邦夫：《道家思想与佛教》，隽雪梅、陈捷等译，第 4 页。

的研究生。根据计划安排，每周的讨论有中心发言人，主讲 40 分钟左右，接着有指定的人给予评论，随后就此主题展开自由讨论，赞同者、补充者、质疑者各抒己见，气氛甚为热烈，讨论相当深入。

（四）充分利用科技新成果，使研究手段现代化

目前，日本学者中从少壮派到老专家不会使用电脑和网络来辅助研究的人几乎没有，从 20 世纪 80 年代中期起，日本学者就能通过微机系统查寻研究所需书籍，了解有关论文。日本全国所有大学以上的图书馆书籍目录均已录入联网的微机，查阅十分方便。如东京大学没有的书籍，可通过设立主题词点击有关查询网页，便知道此书在哪个大学图书馆的哪个书架，或者办一简单手续直接去借，或者通过本校图书馆申请邮寄借阅（需付较低的邮寄费）。1999 年，笔者在东京大学曾多次利用这一现代化的微机网络系统查询日本全国图书馆收藏有关中国哲学思想研究的著作目录（含日本和中国），如输入"儒家思想"的主题词，就马上出现著作总数为 124 种，其中既有日本学者的专著，又有中国学者的专著，时间跨度为 1914 年至 1998 年（英文著作另通过设英文主题词查询）。这一查询系统既可查中国哲学思想的总论、学派，又可查专人、专书的研究著作，十分方便。当然，如需了解某一专题（如孔子仁学）的学术论文情况，可通过另一（收费）网络系统查阅到近几年的所有文章，从而大大节省了了解学术前沿的时间，避免了重复性或低层次的研究。此外，如想了解日本全国的中国哲学专业研究队伍的详细情况也比较方便，只需翻阅日本文部省学术情报中心监修、电气电子情报学术振兴财团编辑的《研究者、研究课题总览》人文科学分册，就一目了然。以 1996 年的专辑为例，它按日文假名五十音图的音序为先后，共编入 256 人，从资深教授到年轻助教均有，每位学者介绍的内容包括有出生年月、学历、学位、工作单位、职称、参加学会、研究方向、承担课题、代表论著、获奖情况，为日本国内学术同行的交流和合作提供了极大的方便。

（五）积极开展国际学术交流，及时了解海外中国哲学的研究动态

首先，日本学者主动参加国际上各种有关中国哲学思想的学术讨论

会。根据笔者的接触，日本学者能用一门外语乃至二门外语宣读论文和交流学术的绝不在少数。因而，不论是在中国的北京，还是在法国的巴黎、德国的特里尔以及美国的夏威夷和哈佛燕京学社，每届有关中国哲学思想的国际会议几乎都有日本学者参加。这些与会的日本学者回到国内后，很快将所了解的学术动态在会议上或杂志上进行详细介绍，使学术信息得到充分的利用。有的学者为了跟踪国际中国哲学研究的最新学术动态，甚至在不到一年的时间内两次分别赴东西方参加同一主题的两个会议。如时任东京大学教授的池田知久于 1998 年 5 月 22 日—26 日参加了在美国达慕思大学召开的"世界首次郭店《老子》学术讨论会"，又于 1999 年 10 月 15 日—18 日参加了在中国武汉大学召开的"郭店楚简国际学术研讨会"，故其郭店《老子》的研究处于国际学术界前列。其次，大量进口中国的文史哲著作和期刊，以了解中国的最新研究成果和学术动态。根据笔者调查，仅在东京一地出售中文书籍和有关中国研究的书籍的专门书店就有东方书店、内山书店、琳琅阁书店、山本书店、亚东书店、中华书店、燎原书店、海风书店、东丰书店等九家，其入店的中国图书内容十分广泛，尤其是中华书局、人民出版社等中国著名出版社的图书相当齐全，其新书上架的速度绝不亚于北京之外的中国各省会大书店。这类书店还承办订购进口中国各种学术杂志（包括各大学学报）的业务。根据笔者的客座研究体验，在东京大学、京都大学的校、部二级图书馆里查阅中国的主要学术杂志几乎同国内一样方便。

（六）大力拓展儒学的研究视野，在比较中注意把握中、日等国儒学的特质

日本学者认为："就儒教研究而言，至少要把视野放在儒教文化圈的整个区域，要以日本、朝鲜、中国和越南的儒教差异为前提，研究各自儒教的特质。或将视野扩大到儒教以外的文化世界，并考虑到儒教文化圈与伊斯兰教文化圈的差异，通过中国的例子研究儒教的特质。还可以从儒教只传入越南而未传入同在印度尼西亚半岛的老挝和柬埔寨这一历史事实出发，一面提出'什么是儒教被他国吸收的条件'这一问题意识，一面以中国为例去探讨儒教的历史性或社会性的存在方式。"① 所以，在日本的中国哲学研究者中，既有专攻日本儒学史，又有研究中国儒学史和韩国儒学史的，也有三者兼而攻之者，并出版了相应的成果。如在"朱子学研究大系"中，有关中国、日本、韩国的朱子学内容的著作各有一册，这类成果细致而清晰地呈现了儒学东渐日本的历程。中国学术界中有一种带倾向性的看法，即认为日本儒学不过是中国儒学的翻版，没有新的特色。日本学者普遍反对这种观点，他们依据中日儒学思想家的原始资料并结合日本的历史实际做出了颇有说服力的解释。如沟口雄三指出："江户时代的朱子学在日本为林家所世袭地传承下来。但从林家的开山祖师林罗山同时也撰写有关神道的书籍来看，其对朱子学的态度是灵活的。读林罗山的著作，即使是讲理学也强调人之心理的作用从而带有心学色彩，故其对朱子学的吸收，从一开始就相对化。"② 关于日本的阳明学，"心即理与致良知，作为以自我之心的主体判断为最高准绳的高扬主体的命题而被接受，因此其往往伴随着'吾心即天'的天人合一的（但为日本的）命题。此外，知行合一也指对自我之伦理的正当做出主体性判断后，即便和周围环境的规范相对抗也敢于实行，它作为重视实践的命题而被接受。由上，阳明学在日本，主要是在幕末变革时期，为那些对抗传统的观念，要以自我信念进行主体性实践的人们所接受"③。总之，"在中国，儒家思想深深地渗透到官僚、知识分子阶层中，其传统之深厚阻碍了对欧洲近代法契约思想的吸取。……相对于此，在日本，'和魂'（儒教、神道、佛教及汉学、国学等）成为支撑'国家主义'的意识形态，以富国强兵为目标的国家主导型的近代化、工业化容易推进。此外，在民间，较之个人与个人的血缘关系（'私'），更重视自己所归属的集团，如国家或公司的集团伦理——'公'伦理的实现。这从内部支撑着日本式的资本主义。就是说，促进了重视'公'的义理（如较之孝，更重视忠）的日本资本主义的发展。日中两国的这种近代化的差异，与两

---

① 沟口雄三：《中国思想和思想史研究的视角》，王瑞根译，《文史哲》2002 年第 3 期。
② 沟口雄三：《中国的思想》，赵士林译，中国社会科学出版社，1995 年，第 77 页。
③ 同上书，第 94 页。

国儒教的存在形态的差异或许不无关系"①。众所周知，中国的佛学虽从印度传入，但是经过多年的吸收和与中国本土文化的融合，尤其是至隋唐时期，中国佛学已形成了自己的特点而有别于印度佛学。中日儒学发展史也是如此。由于日本有着特殊的国情和固有的文化，经过长期的传播和发展，日本的儒学形成了自己的特色。日本学者的"知彼知己"分析，应该引起我国学者的深思，今后应注意研究日本儒学的历史和特点，以减少中日学术交流中不必要的常识性误会。

（七）坚持以原始思想资料为基础，注重实证性研究

日本学者普遍反对大而化之的论题和泛泛而谈的议论，坚持言之有据，用材料说话。所撰论著的观点来自详细的分析和认真的论证，结论力戒武断和简单化。并且非常注意学术规范，尊重知识产权。如日本著名学者岛田虔次的晚年著作《熊十力与新儒家哲学》（日本同朋舍，1987年）全书13章，每章均是以熊十力和冯友兰等人的原著为基础的细致分析，全书的结论完全立足于这些丰富的思想资料之上。该书共计165页，而书末的125个注释就达25页之多。注释涉及熊十力及其同时代学者原著、现代中国学者和日本学者公开出版的著作以及有关国际学术研讨会的论文资料。其中，个别的注释文字达一页之多。这既说明了日本学者严谨的治学态度，也说明了其严格的学术规范意识。又如小野泽精一等人编著的《气的思想》，除了重视先秦诸子的思想资料外，还注意整理、分析甲骨文、金文中所见之"气"。所下实证功夫之深，在我国同类著作中也是不多见的。池田知久教授在其2009年出版的《道家思想的新研究》中对此也有深刻的论述："笔者在这里采用的学术研究方法是严谨的实证主义。为了推进关于思想史的学术研究，必须从多数的资料当中寻找确实而且可以信赖的资料，并且以严谨的态度进行资料批判。只有根据经过这样的资料批判的考察合格而确实的、可信的资料，才可能做正确的分析和有意义的论述。……以上这样严谨的实证主义，无论自然科学也好，人文科学也好，社会科学也好，凡要进行近代的学术研究的时

---

① 沟口雄三：《中国的思想》，第79—80页。

候，是必不可缺的必须要求的研究方法之一，是在东西方认真从事学术研究的人们之间坚决遵守的原则。"① 就我个人来看，这也许是日本学者研究风格的最大特色之一。

当然，以上主要是从长处来谈日本学者的中国哲学研究。毋庸讳言，日本学者的研究也存在着某些偏颇之处，这就是长于史料考证，而疏于哲理分析，重视微观研究，而疏于宏观立论。故有些论著读完之后，往往使人有"见木不见林"之感。

三、日本的中国哲学研究对我们的启示

他山之石，可以攻玉。日本的中国哲学史研究尽管存在着某些不足，但对于我国的学术研究仍有着一定的借鉴意义和启发作用。因而，我认为我国的中国哲学史研究除了应继续发挥过去的优良学风外，还应注意加强以下几方面的工作：

第一，应树立严谨的学风，以第一手资料为研究基础。由于历史和现实的种种原因，在我国的中哲史研究中往往有这样的现象：或过分强调为社会现实服务，以当时的政治原则来裁剪哲学史上的思想资料；或基本以西方哲学的理论来解释中国古代哲学的概念、命题和思想；或受学术浮躁之风影响，学术论著以第二手乃至第三手资料为研究的主要依据，从而使中国古代哲学思想"现代化"、西洋化和肤浅化，与研究对象的原貌相去甚远。其病根是，缺乏对研究对象的第一手资料进行仔细的阅读和全面的分析。我们并非反对历史与现实、中国哲学与西方哲学的互动，并非拒绝在研究中参考后人、今人乃至外国学者的论著，而是强调：在中国哲学史的研究中的任何时候和任何情况下，哲学家的原典是最基本、最主要的依据。离开了这一研究之本，其工作好似南辕北辙，其结论肯定是错误的。

第二，应以问题为中心，组织多学科的学者进行共同研究。中国古代的著名哲学家往往是"百科全书"式的人物，如孔子既是哲学家，又

① 池田知久：《道家思想的新研究》（上），王启发、曹峰译，中州古籍出版社，2009 年，第80—81 页。

是教育家和政治家，庄周既是哲学家，又是文学家和美学家。如果仅从哲学的角度研究，往往容易以偏概全，产生片面性。到了中国近代，情况就更加复杂。一位哲学家的思想来源，既有民族传统文化的成分，又有西方近代思想的理论，既有自然科学的学说，又有其他社会科学的理论，仅凭哲学工作者一方面的研究，有些问题是很难说清楚的。因而，对于中国哲学史上某些疑难问题，实行以哲学专业工作者为主，同时联合其他专业的学者一起研究的方法，可能会取得更好的效果和全面的突破。日本京都大学狭间直树教授主持的"梁启超与日本明治时代思想关系"的研究就是一种成功的尝试。

第三，应拓展学术的空间，开展对儒学海外传播史或东亚儒学史的研究。儒学虽起源于齐鲁大地，但它不仅对中华民族的文化和社会发展起到了积极作用，而且对朝鲜半岛、日本列岛及整个东亚均产生了重大影响。在世界文化多元化的今天，我们除了要研究中国境内的儒学发展史外，还应研究儒学在东亚的传播史，比较中、日、朝三个民族儒学的同与异，以促进东亚儒学研究界的互动，加深国内的儒学研究，更全面地认识和评价儒学的历史作用和世界意义。

第四，应大力提高研究者（尤其是青年研究者）的外语水平，以适应 21 世纪国际学术交流的需要。学术界有一种传统的观念认为，中国哲学史的研究者在文字上只要能阅读古文就行了，外文好不好没关系。如果说，因为种种原因这种观念在 20 世纪学术研究中仍有一定的适用性的话，那么，在世界一体化的 21 世纪，这种观念就难以适应新时代的需要，必须更新。理由之一是，中国哲学与文化已逐渐成为一门国际学术界的"显学"，要与国外同行对话并吸取外国学者的优秀成果，必须精通一门外语。理由之二是，随着世界文化多元化时代的到来和中国综合国力的增强，新的东学西渐与西学东渐的互动局面业已形成，中国哲学与中国文化一起日益为世界各国人员所关注和喜爱，我国需要有较高外语水平的学者去宣传自己的民族哲学，以推动中国哲学进一步走向世界。

原载徐水生《中国哲学与日本文化》，中华书局，2012 年

外国哲学

有关外国哲学研究的文献分为以下 4 辑：第 1 辑，新中国西方哲学研究的整体性述评；第 2 辑，关于西方哲学研究的中国特色和中国视野的探讨；第 3 辑，关于比较哲学，包括两个方面，一是西方哲学与马克思主义哲学的关系和两者比较的研究，二是中西哲学比较研究，这两个方面是西方哲学研究的中国特色、中国视野的突出表现；第 4 辑，新中国关于研究苏联（俄国）哲学和日本、韩国、印度等东方哲学的主要著作的篇目，因为西方哲学不是外国哲学的全部，但中国的外国哲学研究主要集中于西方哲学，因限于篇幅，所以做出这样的安排。

近三十年的西方哲学研究

涂纪亮 *

1978 年党中央召开十一届三中全会后，我国的社会经济进入改革开放、蓬勃发展的新时期，取得了十分辉煌的成果。与此相应，我国的西方哲学研究也在这三十年内取得飞速的进展，无论在深度还是广度方面都远远超过前二十年内取得的进展。

中华人民共和国成立初期，西方哲学研究的工作重点在于创建科研机构、培养干部、搜集资料等打基础的工作。中国科学院哲学研究所成立了以贺麟为组长的西方哲学史研究组，创办了《哲学研究》和《哲学译丛》，《红旗》杂志社创办《学习译丛》①，上海创办《译文》杂志，着重翻译苏联哲学界探讨马克思主义原理和评论西方哲学的论文，翻译苏联哲学研究所主编的六卷本的《哲学史》以及许多评述西方哲学的论著。北京大学、中国人民大学的马克思主义哲学课程由苏联专家主讲，我国研究西方哲学的老专家金岳霖、郑昕、贺麟、洪谦、熊伟等人集中在北京大学哲学系学习马克思主义，进行自我思想改造，批判西方哲学中的唯心主义。

当时我国的西方哲学研究受到联共中央书记日丹诺夫的"左"倾言论的严重干扰。日丹诺夫在 1947 年提出：哲学中党性原则的斗争表现为唯物主义和唯心主义的斗争，前者代表特定社会中进步阶级的要求，后者代表特定社会中反动阶级的要求，现代西方哲学代表没落资产阶级的要求，是应当严厉批判的对象。在这种"左"倾言论的影响下，我国开

---

* 涂纪亮，1926—2012，男，中国社会科学院哲学研究所研究员。
① 此处有误，《学习译丛》由中共中央宣传部领导的《学习》杂志社出版。——编者注

展了大规模的批判实用主义的运动，许多老专家不得不撰写批判自己的唯心主义的文章，如金岳霖对罗素的批判、郑昕对康德哲学的批判、贺麟对黑格尔哲学的批判等，但他们内心并不赞同日丹诺夫的观点。1956年在北京召开的哲学史座谈会上，冯友兰、贺麟、任继愈、石峻、朱谦之等老专家开始批驳日丹诺夫的观点。1958年，关锋发表《反对哲学史工作中的修正主义》一文，把冯友兰等人的反驳压了下去，"左"倾思想再次抬头。1957—1958年的反右斗争，1959年的反右倾斗争，使我国的西方哲学研究进一步受到严重干扰。

三年经济困难时期后，党中央在政治经济领域提出"调整、巩固、充实、提高"的方针，在科学文化领域也采取了一些较为松动的措施。1960年，中国科学院哲学社会科学学部召开扩大会议，强调贯彻"百花齐放、百家争鸣"的方针，把学术问题与政治问题区分开，加强对西方资产阶级哲学的研究。会后，哲学研究所成立了现代外国哲学研究组，《哲学译丛》复刊，组织18辑的《资产阶级哲学资料选辑》的翻译出版。北京大学、复旦大学、武汉大学等校相继成立西方哲学史教研室，开展这方面的科研教学活动。德国古典哲学作为马克思主义思想来源之一，当时成为研究的重点。对古希腊哲学和近代哲学也做了一些研究，但在现代西方哲学领域仍无很多论著出版。

从1966年爆发"文化大革命"到1976年摧毁"四人帮"这整整十年中，西方哲学研究一直处于停滞状态。1978年党的十一届三中全会后，西方哲学研究才进入恢复、发展和繁荣的时期，可以把这个时期粗略地分为两个阶段：前十年可称为复苏阶段，后二十年可称为繁荣阶段。

一、复苏阶段（1978—1987 年）

这个阶段的首要任务是恢复和整顿西方哲学的科研教学机构，开展科研教学工作。1977年中国社会科学院成立后，哲学研究所恢复西方哲学史研究室和现代外国哲学研究室，《哲学研究》和《哲学译丛》复刊，北大、复旦、人大、武大等校也重建西方哲学史教研室，有些大学还新建了现代西方哲学教研室，开设西方哲学史和现代西方哲学课程。1977年恢复大学本科生招考制度，1978 年起哲学研究所与上述高等院校开始招收西方哲学专业的硕士生和博士生，为其后二三十年西方哲学的科研教学工作培养了大批骨干，其中许多人目前已成为教授、博士生导师等学科带头人。

为适应西方哲学专业本科生和研究生的教学需要，在此期间出版了20 多部西方哲学史教材，如北大编写组编写的《欧洲哲学史》，复旦全增嘏等人编写的《西方哲学史》，人大苗力田编写的《西方哲学史新编》，武大陈修斋、杨祖陶编写的《欧洲哲学史稿》，吉大高清海编写的《欧洲哲学史纲》，等等。在现代西方哲学方面也编写了 30 多部教材，如刘放桐等人的《现代西方哲学》，夏基松的《现代西方哲学教程》，葛力的《现代外国哲学》，郑杭生的《现代西方哲学纲要》，王守昌、车铭洲的《现代西方哲学概论》等。此外，洪谦、任华主编的《西方古典哲学原著选辑》《西方现代资产阶级哲学论著选辑》等书，都在提供科研教学资料和培养人才方面发挥了重大作用。

在此期间，还出版了许多本专题史，如夏基松的《唯物论史话》，肖焜焘的《辩证法史话》，朱德生等的《西方认识论史纲》，张尚仁的《欧洲认识史概要》，李匡武的《西方逻辑史》（2 卷），罗国杰的《西方伦理思想史》，萧萐父、陈修斋的《哲学史方法论研究》，钱广华的《近现代西方本体论学说之流变》等。

除以通史、专题史的形式系统地评介西方哲学外，还出版了许多部西方哲学家评传，如汝信、王树人、余丽嫦主编的《西方著名哲学家评传》（10 卷），涂纪亮主编的《当代西方著名哲学家评传》（10 卷），杜任之主编的《现代西方著名哲学家述评》（2 卷），袁澍娟主编的《现代西方著名哲学家评传》（2 卷）等。

此外，还出版了一些有重要参考价值的工具书，如北京出版的《中国大百科全书》（哲学卷）和上海出版的《哲学大辞典》，其中收入数百条关于西方哲学的词条；另有上海辞书出版社出版的《现代西方哲学辞典》，葛力编辑的《现代西方哲学辞典》，陶银骠编辑的《简明西方哲学辞典》等。

随着西方哲学科研教学活动的开展，这个领域内的学术交流活动也活跃起来。首先应当提到 1978 年在芜湖召开的西方哲学讨论会，这是新中国成立后二十多年来首次召开的一次规模空前的大会，冯定、贺麟、严群、熊伟、齐良骥等老专家以及汝信等一百多位中青年学者出席，会上进一步批驳了日丹诺夫关于西方哲学的错误观点，清算了"四人帮"推行的"左"倾路线，对唯心主义和人道主义做了重新评价，对此后的西方哲学研究摆脱"左"倾错误思想的束缚起了重大作用，标志着我国西方哲学研究进入蓬勃发展的新时期。

此次大会后成立了"中华外国哲学史学会"和"中国现代外国哲学学会"，每年都分别召开一次或数次全国性的专题讨论会，如 1979 年召开的"重新评价唯心主义讨论会"和"现代外国哲学研究和批判的方法论问题讨论会"，1980 年召开的"德国古典哲学讨论会"、"现代西方哲学中人的问题和认识论问题讨论会"和"经验主义和理性主义讨论会"，1981 年召开的"康德《纯粹理性批判》出版 200 周年暨黑格尔逝世 150 周年纪念会"，1983 年召开的"分析哲学讨论会"和"存在主义讨论会"，1984 年召开的"中世纪哲学讨论会"，1986 年召开的"现代外国哲学与马克思主义哲学的关系讨论会"等。参加这些研讨会的有来自全国科研机构和高等院校的专家学者，多至百余人，少也有五六十人，他们提交的优秀论文大多在《外国哲学》《现代外国哲学》《外国哲学史研究集刊》《康德黑格尔哲学》《德国哲学》等集刊上发表。

这里需要谈一下广大青年知识分子对现代西方哲学掀起的三次研究热，即 20 世纪 70 年代末至 80 年代初的"萨特热"，80 年代中期的"弗洛伊德热"和"尼采热"，由此引起大批有关论著的出版。例如，关于萨特及其存在主义哲学，出版了夏基松的《存在主义哲学评述》，徐崇温、刘放桐等的《萨特及其存在主义》，王克千等人的《存在主义述评》和《论萨特》，黄颂杰等人的《萨特其人及其"人学"》等；关于弗洛伊德及其精神分析学，出版了张英的《精神分析学述评》，张传开等人的《弗洛伊德精神分析学述评》，车文博的《弗洛伊德主义论评》，陈学明的《弗洛伊德的马克思主义》等；关于尼采哲学，出版了周国平的《尼采：在世纪的转折点上》和《尼采与形而上学》，陈鼓应的《悲剧哲学家尼采》等论著，以及尼采的许多论著中译本。

在大力开展国内科研教学活动的同时，也逐步开展与国外哲学界的学术交流。80 年代初，我国开始派出一批中青年学者以访问学者的身份到欧美进修，为期半年至两年，其后又派出本科生或研究生到国外攻读硕士或博士学位，这些措施为培养我国的西方哲学教学与科研人才做出更大贡献。我国还开始派学者到欧美参加西方哲学会议，如 1983 年首次派代表团出席国际哲学团体联合会（FISP）在加拿大召开的第 17 届世界哲学大会，受到国际哲学界的重视，其后相继参加了每五年召开一次的第 18 至 21 届世界哲学大会。自 20 世纪 80 年代起直到现在，我国每年都邀请一些西方著名哲学家来华讲演或授课。1988 年起还与英、澳、美三方联合成立中、英、澳、美暑期哲学学院，迄今已办了 9 期高级研讨班，为我方培养了一大批西方哲学研究人才。

二、繁荣阶段（1988—2008 年）

从 20 世纪 80 年代后期起，我国的西方哲学研究进入繁荣阶段。这既得力于在此之前十年内于学科基本建设方面打下的牢固基础，也得力于这十年内派到国外进修的中青年学者和在国内培养的大批硕士生和博士生，这是我国西方哲学研究的一支颇有实力的生力军。

粗略说来，前一阶段侧重于从宏观角度研究西方哲学，出版了一大批西方哲学史和现代西方哲学流派教材，后一阶段则侧重于从微观角度对西方哲学的各个历史阶段的哲学思潮、流派以及哲学家进行深入细致的研究。这个特点无论在西方哲学史研究还是在现代西方哲学研究方面都表现得相当明显。下面对这两个领域的研究成果分别做一简述。

在西方哲学史领域，近二十年来对其中各个时期的哲学都进行了深度和广度不等的研究，以对古希腊哲学和德国古典哲学的研究最为突出。古希腊哲学一向受到我国哲学界的高度重视，严群、陈康等老一辈专家早已开展这方面的研究。20 世纪 80 年代初，又先后出版了汪子嵩的《亚里士多德关于本体的学说》，杨寿堪的《亚里士多德范畴学说简论》，叶秀山的《前苏格拉底哲学研究》和《苏格拉底及其哲学思想》，范明生的《柏拉图哲学述评》等论著。20 世纪 80 年代下半叶起，先后出版了汪子嵩、范明生、陈村富、姚介厚合著的 4 卷本《希腊哲学史》，杨适的《哲学的童年》和《古希腊哲学探本》，姚介厚的 2 卷本《古代希腊与罗马哲学》（该书是叶秀山和王树人主编的 8 卷本《西方哲学史》的一部分）等论著，还出版了苗力田主编的 10 卷本的《亚里士多德全集》，王晓朝译的 4 卷本《柏拉图全集》，王太庆译的《柏拉图对话集》等译著。在台湾地区出版了牟宗三的《四因说演讲录》，程石泉的《柏拉图三论》，杨深坑的《柏拉图美育思想研究》，傅佩荣的《柏拉图》，孙振青的《亚里士多德伦理学》，曾仰如的《亚里士多德》等著作。

中世纪哲学研究过去是一个比较薄弱的环节。尽管如此，80 年代初出版了杨真的《基督教史纲》，车铭洲的《西欧中世纪哲学概论》，张尚仁的《西欧封建社会哲学史》等著作。20 世纪 80 年代下半叶起，又出版了徐怀启的《古代基督教史》，尹大贻的《基督教哲学》，傅乐安的《托马斯·阿奎那基督教哲学》，赵敦华的《基督教哲学 1500 年》，陈村富等编写的《宗教与文化：早期基督教与教父哲学研究》，王晓朝编写的《信仰与理性：早期基督教教父思想家评传》，黄裕生主编的《中世纪哲学》等专著，在台湾地区出版了沈清松翻译的《中世纪哲学精神》等译著。

对 17—18 世纪西欧哲学中经验论和唯理论的研究，最近二十年来也取得了重大进展，既出版了陈修斋等的《欧洲哲学史上的经验主义和理性主义》，徐瑞康的《欧洲近代经验论和唯理论哲学发展史》，汪堂家等的《十七世纪形而上学》等综合性论著，也出版了大批专题性论著，如余丽嫦的《培根及其哲学》，巴发中的《霍布斯及其哲学》，吕大吉的《洛克物性理论研究》，邹化政的《〈人类理解论〉研究》，傅有德的《巴克莱哲学研究》，蔡信安的《巴克莱》和《洛克悟性哲学》，周晓亮的《休谟及其人性哲学》和《休谟哲学研究》，李瑞泉的《休谟》，孙振青的《笛卡儿》，冯俊的《笛卡尔第一哲学研究》，洪汉鼎的《斯宾诺莎哲学研究》以及陈修斋、段德智的《莱布尼茨》等专著，最近还出版了周晓亮主编的《近代：理性主义和经验主义，英国哲学》一书。

对 18 世纪法国的唯物论哲学和启蒙运动，也做过不少研究。早在 50 年代已出版了葛力的《十八世纪法国唯物主义》；80 年代起又出版了李凤鸣、姚介厚的《十八世纪法国启蒙运动》，冯俊的《法国近代哲学》，于凤梧的《卢梭思想概论》，侯鸿勋的《孟德斯鸠》等专著；最近又出版了尚杰的《启蒙时代的法国哲学》。

德国古典哲学历来是我国哲学界高度关注的焦点。早在 20 世纪 40 年代，郑昕、陈康、贺麟等老一辈专家已在这方面有论著问世。20 世纪 50 年代，贺麟、杨一之、姜丕之、张世英、汝信等人又出版了不少论著。20 世纪 80—90 年代，更有大批论著出版。在综合性研究方面，有杨祖陶的《德国古典哲学逻辑进程》，杨文极等的《德国古典哲学教程》，俞吾金的《从康德到马克思》，张慎主编的《德国古典哲学》等论著。评论这些哲学家的专著更为众多，例如，关于康德哲学，出版了齐良骥的《康德的知识学》，陈元晖的《康德的时空观》，张世英的《康德的〈纯粹理性批判〉》，李泽厚的《批判哲学的批判——康德述评》，谢遐龄的《康德对本体论的扬弃》，邓晓芒的《冥河的摆渡者——康德〈判断力批判〉》，黄裕生的《真理与自由——康德哲学的存在论阐释》，侯鸿勋的《康德》，程志民的《康德》，孙振青的《康德的批判哲学》以及李明辉的《儒家与康德》等。关于费希特哲学，出版了梁志学的《费希特青年时期的哲学创作》和《费希特耶拿时期的思想体系》，程志民的《费希特哲学》，谢地坤的《费希特的宗教哲学》等。关于黑格尔哲学，出版的专著尤其众多，例如，周礼全的《黑格尔的辩证逻辑》，王树人的《思辨哲学新探》，薛华的《自由意识的发展》和《黑格尔与艺术难题》，朱亮的《辩证法的闪光与闪光的辩证法——黑格尔〈小逻辑〉新论》，宋祖良的《青年黑格尔的哲学思想》，邓晓芒的《思辨的张力——黑格尔辩证法新探》，张慎的《黑格尔传》，赵林的《黑格尔的宗教哲学》，章忠民的《黑格尔哲学的当代意义》，王建军的《灵光中的本体论——谢林后期哲学思想研究》等。此外，康德、费希特、黑格尔以及费尔巴哈的重要著作大多被译成中文。

现代西方哲学研究在最近二十年内获得空前的蓬勃发展，成果累累。现代西方哲学流派众多，层出不穷，这里分别对现代英美哲学和现代欧洲大陆哲学做一简述。

现代英美哲学以分析哲学为主流。金岳霖、洪谦等老一辈哲学家早已开始对罗素和维也纳学派开展了研究。洪谦曾是维也纳小组的成员，早在 20 世纪 40 年代就发表了《维也纳学派》一书，20 世纪 80 年代又编译了两卷本的《逻辑经验主义》，还写了不少论文，收入《逻辑经验主义论文集》和《论逻辑经验主义》中。不过，把分析哲学作为一个流派进行系统研究则始于 20 世纪 80 年代，先后出版了涂纪亮的《分析哲学及其在美国的发展》（2 卷），徐友渔的《"哥白尼式"的革命——哲学中的语言转向》，陈启伟的《西方哲学论集》，王路的《世纪转折处的哲学巨匠——弗雷格》和《走进分析哲学》，陈波主编的《分析哲学——回顾与反省》以及江怡主编的《现代英美分析哲学》（2 卷）等著作。去年在中国现代外国哲学学会中成立了"分析哲学专业委员会"。台湾地区的殷海光、林正弘、方万全等学者，香港的何秀煌、刘述先、高宣扬、周柏乔、冯耀明等学者，也分别对分析哲学做过很多研究。至于对蒯因、戴维森、普特南等分析哲学家的研究，由于他们也被称为新实用主义者，将在后面论述。

　　对分析哲学的研究还集中表现在对维特根斯坦哲学的研究上，因为他是 20 世纪影响最大的分析哲学家。早在 20 世纪 50 年代就出版了舒炜光的《维特根斯坦哲学述评》。20 世纪 80 年代先后出版了江怡的《维特根斯坦》、《维特根斯坦传》和《维特根斯坦——一种后哲学的文化》，韩林合的《维特根斯坦哲学之路》和《〈逻辑哲学论〉研究》，王晓升的《走出语言的迷宫——后期维特根斯坦哲学概述》，李国山的《言说与沉默——维特根斯坦〈逻辑哲学论〉中的命题学说》以及邱文元的《维特根斯坦论语言明晰性》等著作。21 世纪初，则有涂纪亮主编的《维特根斯坦全集》（12 卷）和他在此基础上写成的《维特根斯坦后期哲学思想研究》以及王晓升、郭世平的《后期维特根斯坦心理哲学研究》等。

　　对分析哲学的研究离不开对语言哲学和科学哲学的研究，因为这两者是分析哲学家着重研究而且成果累累的两个领域。我国哲学界对这两个领域的研究也开始于 20 世纪 80 年代，先后出版了涂纪亮的《英美语言哲学概论》和《现代西方语言哲学比较研究》这两部专著，以及他主编的《现代欧洲大陆语言哲学》和《语言哲学名著选辑》，徐友渔、陈嘉映等合著的《语言与哲学——当代英美与德法哲学传统比较研究》，车铭洲主编的《现代西方语言哲学》，周昌忠的《西方现代语言哲学》，陈嘉映的《语言哲学》，黄华新等的《描述语用学》等。此外，语言学界和逻辑学界的学者也发表了许多与语言哲学有关的论著。

　　至于对科学哲学的研究，早在 20 世纪 80 年代上半叶已出版了江天骥的《当代西方科学哲学》，舒炜光的《科学哲学简论》，舒炜光与邱仁宗合著的《当代西方科学哲学述评》，夏基松的《波普哲学述评》，周昌忠的《西方科学方法论史》等著作。这十多年来科技哲学界对科学哲学的研究又取得重大进展，出版了郭贵春的《科学实在论教程》，乔瑞金的《马克思技术哲学纲要》，沈清松的《解除世界魔咒——科技对文化的冲击与展望》，林夏水和童天湘合编的《新自然观》，罗嘉昌的《从物质实体到关系实在》，林夏水的《分形的哲学漫步》，吴国盛的《现代化之忧思》和《追思自然》，殷登祥的《科学技术与社会导论》，余谋昌的《生态哲学》、《生态文明论》和《自然价值论》，赵功民的《遗传的观念》以及刘钢的《千年警醒：信息化与知识经济》等。

对现代英美哲学的研究，除分析哲学外，实用主义也是一个焦点。前面谈到，50 年代国内曾开展过一次大规模的批判实用主义运动。20 世纪 80 年代召开了实用主义专题讨论会，着重纠正这次运动中的片面性，出版了刘放桐的《重新评价实用主义》，杨文极等人的《实用主义新论》，邹铁军的《实用主义大师杜威》，孙有中的《美国精神的象征——杜威社会思想研究》，尚新建的《美国世俗化的宗教与威廉·詹姆斯的彻底经验主义》等论著。20 世纪 90 年代下半叶进而开展对新实用主义的研究，召开了新实用主义专题讨论会，出版了王元明的《行动与效果：美国实用主义研究》，陈亚军的《实用主义：从皮尔士到普特南》和《从分析哲学走向实用主义》，幸强国的《语意、辨明与实用主义——普特南哲学研究》，张国清的《无根基时代的精神状况——罗蒂哲学思想研究》等论著。21 世纪初，出版了涂纪亮与陈波合编的 9 卷本的《美国实用主义文库》和 6 卷本的《蒯因著作集》，较系统地选译了从皮尔士到蒯因、罗蒂等人的重要论著。涂纪亮还在此基础上写出《从古典实用主义到新实用主义——实用主义基本观念的演变》这本专著。刘放桐、俞吾金等人正在编译多卷本的《杜威全集》。

最后还应提到近年来出版的一些关于现代英美哲学的综合性论著，例如，涂纪亮的 3 卷本《美国哲学史》（其中第二、三卷着重评述现代美国哲学），姚介厚的《当代美国哲学》，王守昌和苏玉昆的《现代美国哲学》，罗志野等人的《美国哲学史》。在刘放桐主编的《新编现代西方哲学》和江怡主编的《走向新世纪的西方哲学》等著作中，现代英美哲学也占很大篇幅。近两年还出版了张庆熊等人的《二十世纪英美哲学》(收入刘放桐、俞吾金主编的《西方哲学通史》)，陈嘉明主编的《实在、心灵与信念——当代美国哲学概论》，欧阳康的《对话与反思：当代英美哲学、文化及其他》以及徐向东的《自由主义、社会契约与政治辩护》等论著。

关于现代欧洲大陆哲学，首先也应提到一些综合性研究，如谢地坤主编的 2 卷本《现代欧洲大陆哲学》，在上面提到的刘放桐、俞吾金主编的《西方哲学通史》及刘放桐主编的《新编现代西方哲学》和江怡主编的《走向新世纪的西方哲学》等著作中，也对此做了很多评述。

20 世纪 80 年代中期之后，国内对现代欧洲大陆哲学的主流现象学、存在主义、解释学、后现代主义等流派相继做过深入的研究。胡塞尔作为现象学的创始人受到高度重视，他的重要著作大多被译成中文出版，先后发表了数量众多的专著和论文，如罗克汀的《从现象学到存在主义的演变——现象学纵向研究》，叶秀山的《思·史·诗——现象学和存在哲学研究》，涂成林的《现象学的使命》，倪梁康的《现象学及其效应》、《胡塞尔现象学概念通释》和《现象学的始基——对胡塞尔〈逻辑研究〉的理解与思考》，李鹏程的《胡塞尔传》，张祥龙的《从现象学到孔夫子》和《朝向事情本身——现象学导论七讲》，张庆熊的《熊十力的新唯识论与胡塞尔的现象学》，尚杰的《语言、心灵与意义分析》，蔡美丽的《胡塞尔》等论著。在中国现代外国哲学学会中成立了"现象学专业委员会"，召开过多次专题讨论会，出版了《中国现象学与哲学评论》集刊多期，并与国外现象学研究机构建立起密切联系。

海德格尔作为胡塞尔的门徒和存在主义的创始人，同样受到高度重视，他的主要著作也大多被译成中文，并出版了一批研究专著。熊伟作为海德格尔的门生，早已发表许多评述海德格尔哲学思想的论文，主编了《现象学与海德格》一书。其后一些青年学者又发表许多论著，如靳希平的《海德格尔早期思想研究》，张灿辉的《海德格尔与胡塞尔现象学》，孙周兴的《说不可说之神秘》，俞宣孟的《现代西方的超越思考——海德格尔的哲学》，宋祖良的《拯救地球和人类未来——海德格尔的后期思想》，陈嘉映的《海德格尔哲学概论》，张汝伦的《海德格尔与现代哲学》，张祥龙的《海德格尔思想与中国天道》，黄裕生的《时间与永恒》，胡自信的《黑格尔与海德格尔》等。

在法国存在主义代表人物中，萨特仍然是研究重点，有杜小真的《一个绝望者的希望——萨特引论》，万俊人的《萨特伦理思想研究》，魏金声的《"探索"人生奥秘——萨特与存在主义》，李辛生的《自由的迷惘——萨特存在主义哲学剖视》等。台湾地区出版了赵雅博的《认识萨特》，香港出版了高宣扬的《萨特传》。

解释学（或释义学、诠释学）也是近十多年来备受关注的研究对象，国内翻译了其代表人物伽达默尔等人的许多著作，并邀请哈贝马斯、利科等人来华讲学，召开专题讨论会，出版许多论著。例如，洪汉鼎的《诠释学——它的历史和当代发展》，张汝伦的《意义的探究——当代西方释义学》，郑涌的《批判哲学和解释哲学》，邓安庆的《施莱尔马赫》，谢地坤的《走向精神科学之路：狄尔泰哲学思想研究》，何卫平的《通向解释学辩证法之途——伽达默尔哲学思想研究》，严平的《走向解释学的真理——伽达默尔哲学述评》，李河的《巴别塔的重建与解构——解释学视野中的翻译问题》，章启群的《意义的本体论——哲学解释学》，李建盛的《理解事件与文本意义——文学诠释学》，韩震等人的《历史·理解·意义——历史诠释学》等。台湾地区出版了杨慧林等人的《圣言·人言——神学诠释学》，黄小寒的《"自然之书"读解——科学诠释学》等。

近十多年来，后现代主义成为一些青年学者的研究重点，出版了不少论著，如王岳川的《后现代主义文化研究》和《中国后现代话语》，冯俊主编的《后现代主义哲学讲演录》，陈嘉明的《现代性与后现代性》，张之沧的《后现代理念与社会》，黄作的《不思之说——拉康主体理论研究》等。此外，对其他流派也进行了研究，如杨大春、尚杰主编的《当代法国哲学诸论题——法国哲学研究①》，尚杰的《德里达》、《解构的文本：读书札记》和《归隐之路：20世纪法国哲学的踪迹》，杨大春的《感性的诗学：梅洛·庞蒂与法国哲学主流》和《梅洛-庞蒂》等。最近还成立了"法国哲学专业委员会"。

西方马克思主义也是一个重要的研究领域。20世纪80年代起，国内开始大量翻译法兰克福学派以及其他西方马克思主义者的著作，还出版了不少论著，如江天骥的《法兰克福学派》，徐崇温的《法兰克福学派述评》和《西方马克思主义》，欧力同和张伟的《法兰克福学派研究》，李忠尚的《"新马克思主义"析要》，欧阳谦的《人的主体性和人的解放——西方马克思主义的文化哲学初探》，王元明的《弗洛姆人道主义精神分析学》等。台湾地区也出版了许多论著，如洪镰德的《西方马克思主义论战集》，《新马克思主义和现代社会科学》和《人的解放——21世纪马克思学说新探》，高宣扬的《新马克思主义导引》，姜新立的《新马克思主义与当代理论》，史文鸣的《马库色——马库色及其批判理论》，罗晓南的《哈伯玛斯对历史唯物论的重建》，冯沪祥的《超越新马克思主义》等。

最后，还应介绍关于苏联、俄罗斯哲学的研究状况。前面谈到，20世纪50年代苏联哲学成为我们的研究重点，翻译出版了大批苏联哲学著作。20世纪60年代，对日丹诺夫等人的"左"倾观点有所批判。80年代开始从新的视角研究苏联哲学，成立了"苏联东欧哲学专业委员会"（苏联解体后改名为"俄罗斯哲学专业委员会"），召开过多次专题讨论会，出版了一些有关的论著，如王永江的《日丹诺夫对哲学的干预和影响》，王荫庭的《普列汉诺夫哲学新论》，贾泽林等人编写的《苏联哲学纪事（1953—1976）》和《苏联当代哲学》，贾泽林的论文《改革中的苏联哲学》、《苏联对辩证唯物主义的研究》以及《"批判"—"批判地分析"—"建设性批判"：苏联哲学界对待现代西方哲学态度的变化》，安启念的《苏联哲学70年》和《俄罗斯向何处去：苏联解体后的俄罗斯哲学》等。近年来对俄罗斯的宗教哲学也出版了一些论著和译著。

以上简略地列出了近三十年来我国内地、香港和台湾地区的学者在西方哲学领域出版的部分重要的或比较重要的研究成果。由于本文篇幅有限和掌握资料不全，既没有涉及旅居欧美等地华裔哲学家的论著，也没有对所刊出的论著的内容、作者的观点以及这些论著由此形成的社会背景或思想背景进行任何评述或分析。按照本文的标题，这些工作其实都是应当做的。但要完成这些工作，势必大大扩充篇幅，而这又是这篇短文做不到的。本文由于作者见闻有限和资料不全，肯定有许多重大遗漏，敬请读者和有关学者鉴谅。

根据以上考察可以对今后二三十年西方哲学研究的趋向做一粗略的

展望。鉴于最近已有《西方哲学史》和《西方哲学通史》这两套各有 10 卷的论著问世，可能今后这方面的研究重点会转向对个别的时代、哲学家、哲学概念或哲学问题进行深入细致的研究。古希腊哲学作为西方哲学的主要泉源，一直受到国内哲学界的重视，目前又出现了柏拉图、亚里士多德等大师的论著全集，为这方面的研究创造了更加良好的条件。中世纪哲学研究过去是一个比较薄弱的环节，目前不少学者对基督教及其哲学思想感兴趣，估计这方面的研究会取得较大进展。近代哲学涉及范围广阔，国内哲学界对经验论和理性论做了大量研究，今后将分别对一些哲学家或哲学问题进行深入研究。德国古典哲学对现代西方哲学影响较大，又是马克思主义理论来源之一，目前又有康德、费希特、黑格尔等人著作的新译本出版，对这方面的研究提供了更加有利的条件，估计今后较长期内将继续成为一个研究焦点。

关于现代西方哲学，在欧洲大陆仍以德、法哲学为主流，目前现象学和法国哲学这两个专业委员会学术活动频繁，加以《德意志文化丛书》、《法兰西文化丛书》以及《法国哲学与文化著译丛书》等著作的出版，预示着无论是现象学、存在主义这些较早的哲学思潮，还是解释学、后现代主义这些较晚的哲学思潮，都将在今后一段较长时间内继续成为研究重点。

对英美哲学的研究在今后相当长的时期内仍将以分析哲学为重点，因为尽管它的影响较前有所减轻，但目前仍在英美哲学界处于主导地位。今后这方面的研究可能有以下几个重点：一是将深入研究以蒯因等人为代表的分析哲学实用主义化和以罗萨等人为代表的分析哲学后现代主义化这两种趋势今后的发展及其对分析哲学主体的影响；二是要对语言哲学中从语义学到语用学的转变、从逻辑分析到概念分析的转变，以及从以形式语言为对象到以自然语言为对象的转变等现象进行专题研究；三是要追踪考察高科技的飞速发展所产生的大量的科学哲学新问题；四是对分析哲学家近年来逐渐把注意力转向道德、政治、社会领域内的现实问题所取得的重大研究成果进行分析和评论，以资借鉴。以上展望只是个人管见，仅供参考。

原载《社会科学战线》2008 年第 2 期

现代西方哲学研究三十年的反思与展望

刘放桐*

一、学科的重建和发展

现代西方哲学在我国既是一门有着悠久历史，并发生过重要影响的学科，又是一门因政治和意识形态的牵涉而受到过较多怀疑和误解，以致长期被简单否定，甚至被取消的学科。1978 年召开的党的十一届三中全会确定了改革开放的方针后，哲学社会科学各个学科的研究都进入了一个蓬勃发展的新时期，现代西方哲学研究是其中显得突出的学科之一。

正是在这一年，我国学者在安徽芜湖举行了第一次全国西方哲学学术讨论会。会议着重讨论了哲学史方法论问题，对"左"的路线影响下形成并长期被当作哲学史研究指导原则的所谓"斯大林—日丹诺夫哲学史"定义（把哲学史简单地归结为唯物主义和唯心主义斗争史）提出了质疑，一些学者进一步建议在我国恢复以现代西方哲学为主要内容的现代外国哲学研究。在这种有利形势下，1979 年在山西太原专门举行了第一次全国现代外国哲学学术讨论会，进一步强调了恢复现代西方哲学研究的必要性和迫切性，讨论了恢复学科研究的困难以及可能采取的步骤，初步制订了当前和长远的研究规划，建立了中国现代外国哲学学会。学会后来对推动本学科研究起了重要作用。

太原会议标志着我国现代西方哲学研究正式恢复。由于本学科研究在国内已停顿了几十年，学科研究的恢复实际上是从无到有的重建，诸

---

* 刘放桐，1934—　，男，复旦大学哲学学院教授。

546

如对现代西方哲学流派思潮的基本情况的了解和介绍、学科基本理论框架的搭建、基本资料的编译和整理、课程的开设和教材的编写等，都需要从头做起。更为重要的是，改革开放的方针虽然为本学科的重建和发展开辟了道路，但具体怎样做，在各方面都需要重新摸索。以往把现代西方哲学简单地归结为体现帝国主义资产阶级需要的腐朽没落的哲学、与马克思主义的唯物主义和辩证法根本对立的纯粹的唯心主义和形而上学并由此而对之全盘否定虽然有片面性，但究竟应当怎样看待现代西方哲学？怎样如实地区分其消极方面和积极方面？怎样用马克思主义指导现代西方哲学研究？怎样处理现代西方哲学与马克思主义哲学的关系？怎样使现代西方哲学研究适应中国社会的现实条件？这些问题不仅涉及对现代西方哲学本身的正确认识，也涉及对马克思主义哲学以及中国社会的正确认识，都需要着手进行具体研究。而这些都不是少数人短期内所能完成的，需要从事各个领域研究的学者从不同角度出发共同探讨。这些问题的存在及其复杂性决定了现代西方哲学学科的重建和发展不可能一帆风顺，而必然是一个艰巨和长期的过程。其间必然经历各种曲折，除了受到客观条件的制约外，有时还会遇到各种人为的障碍。

30 年来现代西方哲学学科的重建和发展的曲折过程，大体上可以分为三个阶段。

第一阶段大致为 20 世纪 70 年代末至 80 年代上半期。当时本学科各方面的建设刚刚开始，原有基础薄弱，研究资料稀缺，研究人员不足，这些都使学科研究受到较大限制。更为困难的是，对现代西方哲学的简单化的批判方式当时还占支配地位，许多人仍用僵化的眼光来看待本学科的恢复和重建，甚至对是否应当恢复还有怀疑。我主编的《现代西方哲学》由于是国内编写的第一部教材，1981 年出版后曾受到广泛欢迎。但也有一些人对之表示严重非议，认为这类书不应当出版，即使出版也只能内部发行，公开出版以至于成为畅销书是对马克思主义的冲击（被称为"第二冲击波"）。这种意见甚至还被上报到中央有关部门，再通报到各地，造成了很大风波。但改革开放方针毕竟已经确立，有关部门组织专家审核后，确认了在马克思主义指导下开展现代西方哲学研究的必要性。类似事件当时还发生过多起，有的专家受到过一些压力，但后来都被确认没有问题，现代西方哲学研究的合法性得到了更多确认，坏事变成了好事。

第二阶段大致为 80 年代中期到 90 年代中期。这时年轻一代学者陆续脱颖而出；大家越来越感到学科建设不能满足于解决从无到有，而要在坚持马克思主义基本原则的前提下突破旧的哲学思维和评价模式，对学科的内容重新加以认识和评价。大部分学者，特别是年轻学者都能摆脱旧的评价体系的束缚，对现代西方哲学由一般性的介绍转向深入具体的个案研究。尽管学科的研究没有形成引人注目的热潮，但也少了此前的浮躁肤浅。也正因为学科的研究越来越深入具体、扎实，所以较能应对来自学界外部的干预，连对实用主义这样有较大政治敏感性的哲学流派这时也能求实地重新评价。虽然简单化和全盘否定的批判模式的影响依然存在，但在具体从事过现代西方哲学研究的学者中很少有人再继续坚持。这一时期的学科研究由此在广度和深度上都比此前有了很大进步。

第三阶段大致为 90 年代中期至今。这时本学科研究引起了从事马克思主义哲学及其他学科研究的学者的更多关注，这促使大家思考现代西方哲学与马克思主义哲学等其他哲学的关系，对它们进行比较研究，这种比较研究又促进了大家从更广阔的视野对各个学科本身的研究。例如，从马克思在哲学上实现了革命变更的背景下重新认识和评价西方哲学从近代到现代的转化，从西方近现代哲学变更的背景下更深刻地认识马克思在哲学上的革命变更的伟大意义。我较早从事并倡导开展这方面的研究，在 90 年代中期就曾明确提出：西方哲学从近代到现代的转化不能简单归结为从唯物主义和辩证法转向唯心主义和形而上学、由进步转向反动，而是哲学思维方式的一次重要转型，标志着西方哲学发展到了一个新的、更高的阶段；马克恩的哲学变革和西方哲学的现代转型在阶级基础和理论形态上与西方哲学的现代转型都有着原则区别，但在超越近代哲学思维方式上有着重要的共同之处；马克思主义哲学既超越了西方近代哲学，又超越了西方现代哲学，最科学地体现了现代哲学的发展方向。由于这些观点突破了传统的评价模式，必然为坚持这种评价模式的人所反对，至今仍有人认为这是把现代西方哲学与马克思主义哲学相提并论；但在具体从事过现代西方哲学研究的学者中，包括那些从事马克思主义哲学研究而同时又研究现代西方哲学的学者中，这些观点引起了广泛的共鸣。近些年来，越来越多从事马克思主义哲学研究的专家，特别是青年专家在认真研究现代西方哲学和从事这两种哲学的比较研究，取得了大量高水平的成果，大大丰富和提高了马克思主义哲学研究。这种形势还在稳步发展。我们可以说，随着现代西方哲学研究与马克思主义哲学研究及中国哲学等其他哲学学科的研究的越来越广泛深入的沟通，现代西方哲学研究进入了一个新阶段。

总的说来，经过三十年来学界几代人的不懈努力，不断克服前进道路上的种种困难，本学科研究在各个方面都取得了引人注目的成果。首先，最重要的是越来越多的人认识到，并且越来越善于用发展着的马克思主义来指导本学科的研究，这既划清了马克思主义哲学与现代西方哲学的原则界限，防止西方哲学消极方面的影响，又对现代西方哲学做了求实的具体分析，发现和肯定了其中能体现现当代西方社会发展，特别是其科学技术和思想文化发展的积极因素，用以促进马克思主义哲学的丰富和发展。其次，本学科现在已有了一支遍及各个领域的相当强大的研究队伍。除了专业研究的学者外，众多从事其他学科，特别是马克思主义哲学研究的学者，也同时从事现代西方哲学研究，其研究成果往往并不比专业学者逊色。又如，在对现代西方哲学研究的广度和深度上已有了长足的进步，无论是英美哲学或欧陆哲学，分析传统或现象学传统，元哲学或应用哲学，实践哲学或部门哲学，19—20世纪哲学或新近出现的哲学，国内都有学者在从事深度的研究，其中有些研究（例如现象学研究、分析哲学研究、实用主义等美国哲学研究）的水平在一定程度上已能与国际接轨。再次，哲学界越来越远离以往把对现代西方哲学的研究与马克思主义哲学研究以及中国传统哲学研究分离开来的倾向，已有一批学者用马克思主义作为指导，从事对几种哲学的比较研究，并取得了相当丰富的成果。在国际学术交流中，中国学者已可以就各种西方哲学问题与西方学者进行深层次的平等对话，同时也受到他们的尊重。所有这些成就都值得认真总结和高度肯定。

近年来国内一些学者对改革开放以来我国现代西方哲学研究的这些成就做了相当系统和细致的梳理，我也写过这类文章。本文除概述了现代西方哲学研究的过程外，不拟再列举和分析这些成就；考虑到上面提到的几个主要问题，三十年来大家都较为关注，而至今仍存在较多争议，因此想就其中三个主要问题再次简单阐释自己的看法。

二、重新认识现代西方哲学的社会基础

正确认识现代西方哲学的社会基础，克服对这个问题的认识上存在的两种主要片面性，是对现代西方哲学重新做出正确评价，并使这方面的研究取得重大发展的关键问题之一。

一种片面性是忽视现代西方哲学归根到底体现资产阶级的要求，具有资产阶级意识形态所固有的宣扬个人主义、自由主义等局限性。如果不揭示它们并做出适当批判，势必会对马克思主义在我国的指导作用造成冲击。三十年来国内多次开展的对西化和资产阶级自由化的批判都是由此而来。由于有这些批判，特别是由于马克思主义的宣传和研究始终处于主导地位，现代西方哲学研究又强调用马克思主义作为指导，这种片面性得到了有效抑制。自私自利意义下的个人主义和自由主义等思潮在中国仍有影响，有时甚至还很显著，但它们往往是经济、文化等领域的因素造成的。对这些领域存在的问题的讨论当然重要，但不属于本文范围。

另一种片面性是将现代西方哲学本来很是复杂的社会基础简单化。这突出地表现在仅仅由于这些哲学出现于西方资产阶级成了统治阶级以后，而将它们笼统地归结为代表腐朽没落阶级利益的哲学，或者说帝国主义反动哲学。这种片面性往往以维护马克思主义的名义出现，因而能在马克思主义队伍中长期产生影响。

改革开放以后，随着哲学界对现代西方哲学得以重新研究，大多数人越来越发觉将这些哲学简单归结为腐朽没落的反动哲学不符合它们发展的实际状况，越来越克服了这种片面性。但是，也有一些对现代西方哲学没有做过具体研究、对马克思主义哲学也未能持发展眼光看待的人，在不同程度上仍坚持原有评价标准，似乎这种标准具有历史和理论的根据。究竟应当怎样看待现代西方哲学的社会基础呢？这就需要进一步从

历史和理论上对之加以探讨。

从历史发展过程说，现代西方哲学形成于西方各国资产阶级在不同程度上取得政权而成了统治阶级的时代。这时无产阶级已开始觉醒，从资产阶级反封建的同盟军发展成为独立的阶级力量，走上了准备和进行推翻资本主义革命的道路。资产阶级由反封建的革命阶级转化成了作为无产阶级进行革命的对象。资产阶级阶级地位的这种转化，使得作为他们意识形态的西方哲学在发展方向上必然发生相应的变化，即从反封建的意识形态转化成了维护现成资本主义制度的意识形态。从这种意义上说，西方哲学由近代到现代的转化，的确是从资产阶级革命的意识形态变成了反对无产阶级革命的意识形态。但是应当同时注意到：资产阶级地位的这种转化及相应的意识形态的转化都是一个较长的历史过程，资产阶级不是立即成了一个腐朽没落的反动阶级，他们的意识形态也不是立即成了腐朽没落的意识形态。

从理论上说，马克思和恩格斯对资产阶级在成为统治阶级以后在意识形态发展方向上的这种转化做过明确的揭示，但是他们同时又明确地限定这种转化只有在资产阶级和无产阶级处于直接对抗的时期才会发生。马克思在《资本论》第一卷第二版《跋》中下面的话经常被人引证："1830年，最终决定一切的危机发生了。资产阶级在法国和英国夺得了政权。从那时起，阶级斗争在实践方面和理论方面采取了日益鲜明的和带有威胁性的形式。它敲响了科学的资产阶级经济学的丧钟。现在问题不再是这个或那个原理是否正确，而是它对资本有利还是有害，方便还是不方便，违反警方规定还是不违。无私的研究让位于豢养的文丐的争斗，不偏不倚的科学探讨让位于辩护士的坏心恶意。"[①]马克思的这段话讲的是资产阶级的经济学的变化。从哲学和经济学同为资产阶级的意识形态来说，在一定程度上也适用于哲学（但也只是在一定程度上，因为哲学作为远离经济基础的意识形态有别于经济学这类意识形态）。恩格斯在《路德维希·费尔巴哈和德国古典哲学的终结》中有一段话则直接针对1848年以后德国资产阶级哲学的没落状况。他说："在包括哲学在内

---

① 《马克思恩格斯选集》第2卷，人民出版社，2012年，第89页。

的历史科学的领域内，那种旧有的在理论上毫无顾忌的精神已随着古典哲学完全消失了；取而代之的是没有头脑的折中主义，是对职位和收入的担忧，直到极其卑劣的向上爬思想。这种科学的官方代表都变成毫无掩饰的资产阶级的和现存国家的思想家，但这已经是在资产阶级和现存国家同工人阶级公开对抗的时代了。"① 恩格斯最后一句话对他前面说的做了明确限定，这说明他并没有笼统地否定 1848 年以后的全部德国哲学。

资本主义制度是一种维护资产阶级对无产阶级的剥削和压迫的制度，在资本主义制度下，资产阶级与无产阶级必然处于对立地位，无产阶级为了求得本阶级及全体劳动者的解放必须进行反对资本主义的斗争；资本主义由于内在矛盾的激化而必然陷入危机，以致最后灭亡，社会主义和共产主义必然胜利。与此相适应，维护资本主义的意识形态最终必然没落，体现社会主义和共产主义要求的意识形态最终必然胜利。这些为马克思和恩格斯从《共产党宣言》以来一再从理论上明确论证过的马克思主义的基本原理在任何情况下都必须坚持，否则就会背离马克思主义。

但是，我们不能用僵化和教条化的观点来看待这些原理。无产阶级和资产阶级的阶级对立并不意味着他们在任何时候都"处于公开敌对地位"，在某些情况下他们的矛盾可能处于潜在状态或者说未被激化。在这种情况下，他们的意识形态完全可能存在合理因素。马克思在《跋》中明确地把他对资产阶级政治经济学的否定限定在 19 世纪 30 年代经济危机爆发以后，即"阶级斗争在实践方面和理论方面采取了日益鲜明的和带有威胁性的形式"的时期。对在此之前的资产阶级政治经济学，他分别不同情况做了不同程度的肯定。例如《跋》中分析了 1820—1830 年间无产阶级和资产阶级的阶级斗争尚未激化的时期，英国资产阶级政治经济学的活跃发展情况以及它们在某种程度上的"公正无私的性质"。这时英国和法国的资产阶级革命都早已发生，但由于政治、经济等多方面的原因，资产阶级和无产阶级的阶级斗争还处于潜在状态。只有到了 19 世纪 30 年代经济危机爆发、资本主义内在矛盾被激化，资产阶级和无产阶级处于公开敌对地位的时代，资产阶级经济学才出现没落的情况。至于

---

① 《马克思恩格斯选集》第 4 卷，人民出版社，1972 年，第 254 页。

在此之后资本主义是否能出现相对稳定的发展时期，资产阶级和无产阶级的敌对是否一直处于公开的、激化的状态，《跋》中没有做具体论述，也没有否定这种可能性。从西方资本主义后来的实际发展看，19 世纪 70 年代以后出现了相对"和平发展"的时期，马克思和恩格斯后来也对此做过肯定。因此，马克思在《跋》中的上述否定并不是他对资产阶级经济学的普遍否定，更不能将其扩大作为评价现代西方哲学的普遍根据。

资本主义当然必然灭亡，但并不意味着在特定的期限内立即灭亡，而可能需要一个漫长的历史过程，在这个过程中，资本主义在一定范围内还可能获得一定的发展，显示出一定的活力。马克思和恩格斯对此同样有过明确的指示。恩格斯在《卡·马克思〈1848 年至 1850 年的法兰西阶级斗争〉一书导言》(以下简称《导言》)中的说明更是非常具体。恩格斯在谈到 19 世纪 40 年代德、法等国的情况时指出："历史清楚地表明，当时欧洲大陆经济发展的状况还远没有成熟到可以铲除资本主义生产的程度；历史用经济革命证明了这一点，从 1848 年起经济革命席卷了整个欧洲大陆，在法国、奥地利、匈牙利、波兰以及最近在俄国刚刚真正确立了大工业，并且使德国简直就成了一个头等工业国——这一切都是以资本主义为基础的，可见这个基础在 1848 年还具有很大的扩展能力。"[1]

从资产阶级革命以后资本主义的发展来说，1871 年德国的统一和巴黎公社的革命是一个重要的转折点。自此以后，产业革命不仅在先进的英国和法国，也在后起的德国全面展开，资本主义的生产力获得了新的、更为快速的发展。资本主义内在矛盾的暴露，特别是工人起义对资本主义秩序的冲击促使资产阶级越来越多地采取改良主义政策，这种政策没有触动，而是维护了资产阶级的利益，却又起了分化和削弱工人运动的作用，使工人运动在西方先进国家走入低潮，而资本主义则进入了所谓"和平发展"时期。资本主义往后爆发了新的、更大的危机，俄国十月革命更是在资本主义薄弱的一环推翻了资产阶级的统治，建立了第一个社会主义国家。但西方主要资本主义国家通过实行各种形式的改革仍然保留了下来并得到了较大发展。一百多年来西方资本主义仍在继续发展的

---

[1] 《马克思恩格斯选集》第 4 卷，第 385 页。

事实，最为有力地证明了恩格斯在《导言》中的论证是多么深刻和准确。

既然资本主义一百多年来仍然具有一定的活力，现代西方哲学等西方资产阶级的意识形态也同样具有一定的发展余地。从总的发展趋势说，西方哲学等资本主义意识形态无疑必然走向没落，但从局部范围或一定时期来说，它们仍然可能发展。一百多年来西方哲学、社会学、经济学等各门人文社会科学都得到了长足的发展，谁否认这一点，那是闭眼不看明显的事实，背离了历史唯物主义的基本立场。如果把马克思恩格斯当年在特定条件下对经济学、哲学等资产阶级意识形态的否定当作马克思主义评价它们的普遍原则，那必然造成对此后一百多年西方经济学、哲学以及一切人文社会学科的全盘否定。这既不符合这些学科发展的实际状况，也不符合马克思主义者通过研究这些西方学科来从其成败得失中吸取经验教训，以达到丰富和发展马克思主义的目的。

总之，以现代西方资本主义为社会基础的现代西方哲学已不是代表先进阶级的哲学，但这个社会基础在一定范围内还有发展的余地，与之相应的哲学在一定程度上也仍然可能具有向前发展的活力。如果考虑到这些哲学在一定程度上还能适应当代科学技术发展的要求，那就更不宜对之简单否定。事实上，在现代西方哲学的科学技术哲学思潮中存在许多体现科学技术进步的因素，值得我们很好地总结和学习。一些非理性主义哲学思潮大都也只是要求超越实证科学的界限，而不是笼统地否定科学，有的非理性主义哲学家甚至是杰出的科学家。

三、重新认识现代西方哲学与马克思主义哲学的关系

正确看待和处理现代西方哲学与马克思主义哲学的关系，是我国现代西方哲学研究能否沿着正确的道路发展的另一个关键问题。这个问题主要有两个方面。第一，必须确认马克思主义哲学的优越性及其指导地位，划清马克思主义哲学与现代西方哲学的原则界限。第二，现代西方哲学与马克思主义哲学是同时代的哲学，各以自己特殊的方式体现这个时代。这两种哲学在阶级基础和理论形态上都有原则区别，但在超越近代哲学上有着密切联系，甚至可能存在重要的共同之处。拥护马克思主

义的人都会肯定第一方面，但他们如果不能用发展着的马克思主义来如实地看待现代西方哲学及其与马克思主义哲学的关系，很可能会怀疑第二方面。现代西方哲学过去在我国长期被归结为唯心主义和形而上学，原因也正在于此。改革开放三十年来，随着"左"的教条主义倾向得到克服，现代西方哲学研究得以恢复，学界对它们的具体内容的了解日益加深，越来越发现在理论上将现代西方哲学简单否定既不符合马克思主义的求实态度，也不符合西方哲学的实际状况。

马克思主义哲学作为无产阶级世界观的理论形态，与现代西方哲学作为同时代资产阶级的意识形态归根到底必然处于对立地位。但是，我们应当具体地而不是抽象地看待这种对立；要把这种对立放在具体的社会历史和思想文化（包括自然科学）发展的背景下来看待。马克思在哲学上的革命变更和西方哲学从近代到现代的转型、马克思主义哲学的发展和西方现代哲学的演变大体上出现于同一历史时代，具有共同的社会历史和思想文化背景，因此，二者之间在理论上必然存在密切的联系。

马克思在哲学上的革命变更是在 19 世纪中期具体的社会历史和思想文化背景下实现的。这时所谓具有永恒意义的资本主义理性社会已陷入深刻的矛盾和危机，为这种社会辩护的近代理性主义哲学体系因脱离现实而遭到了破产。当时自然科学一系列革命性的发现，也动摇了以往形而上学关于事物和社会永恒不变的结论。现存社会和自然科学发展的辩证法的性质都从根本上动摇了以往哲学的思辨形而上学性质。更为重要的是，革命无产阶级彻底打破资本主义制度的要求，使他们必然要打破和超越为这种制度辩护的以绝对理性主义和思辨形而上学为主要特征的近代哲学。马克思主义哲学无疑属于唯物主义，但马克思建立这种哲学的目的是为无产阶级提供批判的武器，这决定了这种唯物主义不是"对事物、现实、感性，只是从客体的或者直观的形式去理解"的唯物主义，而是"把它们当作人的感性活动，当作实践去理解"○的唯物主义。这意味着现实生活和实践的观点是马克思哲学的根本观点。

西方哲学从近代到现代的转型在性质上不同于马克思在哲学上的革

---

① 《马克思恩格斯全集》第 3 卷，人民出版社，1960 年，第 3 页。

命变更，但同样要受到 19 世纪中期社会历史和思想文化背景的制约，同样必然以自己特有的方式反对和超越已经遭到破产的以绝对理性主义和思辨形而上学为主要特征的近代哲学，同样必然肯定自然和社会的变动性和相对性，并以它们特有的方式（往往存在种种歪曲）在一定程度上肯定现实生活和实践。如果说马克思通过革命变更建立起新的哲学，标志着彻底超越了旧的哲学思维方式，建立起了科学地体现时代精神的现代哲学思维方式，那么同一时期的西方哲学也必然通过曲折的道路，以不彻底的形式改变原有的哲学思维方式，建立起与新的条件下的资本主义社会以及自然科学的新发展相适应的哲学，即在一定范围内在哲学上实现从近代到现代的转型。革命变更和现代转型具有原则区别，但在超越旧的哲学思维方式、建立现代哲学思维方式上必然有一致之处。时代的变更决定了哲学发展的方向，不同性质的哲学实现这种变更有不同的道路和彻底性。

哲学界对马克思在哲学上的革命变更的解释有着种种区别，在肯定马克思主义哲学超越近代哲学，建立起将唯物主义和辩证法有机统一起来的崭新的现代哲学这个大方向上则大体一致。但是，对于西方哲学从近代到现代转化的性质，学界仍有较大分歧。大多数人都已肯定，现代西方思想家们不得不适应时代的变更，而在哲学理论上突破抽象的二元对立的思维方式，由此转向对现实生活和实践的关注；但少数人仍然像以往那样把现代西方哲学简单地归结为唯心主义和形而上学。究竟谁是谁非呢？只要根据唯物史观的基本原理来具体考察德、法、英、美等国这一时期的实际的哲学变更，就不难辨识。

按照以往流行的观点，从马克思主义哲学产生之日起，只有马克思主义哲学才能坚持唯物主义和辩证法，才能体现西方哲学发展的前进方向，现代西方哲学只能是唯心主义和形而上学，必然走向没落。从作为马克思主义哲学的社会基础的社会主义和共产主义最终必将全面胜利，作为现代西方哲学的社会基础的资本主义必将灭亡的客观规律性来说，这种结论不无根据。问题是：共产主义的最终胜利和资本主义的最终灭亡都是一个漫长的历史过程。在这个过程行将终结以前，除了马克思主义哲学最能体现客观真理外，同一时期的某些西方哲学是否在任何情况下都只能是唯心主义和形而上学，不具有任何真理性？如果我们能对这一时期的西方哲学做求实的分析，就会发现情况并非如此。

在现代西方哲学中，的确存在众多唯心主义哲学流派，特别是公开的宗教哲学流派。但从黑格尔的绝对唯心主义解体时起，西方各国的哲学思维方式就已开始转换，哲学家们纷纷通过转向经验、语言、生命、生活、生存等不同的方式，将他们的哲学探索由传统的实体性的物质或精神本源转向生活和实践的现实过程。关于世界的物质或精神本源的问题当然没有取消，唯物主义和唯心主义的对立并未消失，但它们往往不再是哲学家们关注的核心问题，以传统哲学中的思辨形而上学为典型形态的那种实体性唯心主义不再是哲学中的主流。

例如，在现代英国哲学中，以密尔和斯宾塞为主要代表的实证主义思潮的突出特征，就是在反对形而上学的名义下，要求搁置对于世界的物质或精神本源问题的研究，认为哲学和科学研究的对象只能是人的经验所及的世界或者说现象世界，是由人的经验所发现或建构出来的，他们的哲学由此具有现象主义和相对主义倾向。但不宜简单将其归结为主观唯心主义，因为，他们并不认为现象世界是主观自生的，而只是认为它们是人化的。他们大都是进化论的拥护者，肯定自然界本身的存在，甚至也肯定人的存在出于自然事物的进化。与英国实证主义相关的德、法、美等国的一些流派（例如马赫主义和彭加勒等人的科学哲学、杜威等人的实用主义）大体上也是如此。我们只有从他们不把自然事物本身（自在世界）作为哲学研究的对象，从而容易脱离实际的意义上才能说他们归根到底会倒向唯心主义。在19—20世纪之交，英国和美国都出现过唯心主义的复辟。以布拉德雷和鲍桑葵为代表的英国绝对唯心主义更曾盛极一时，但他们的绝对也由理性的精神实体转向了经验和生活的过程。20世纪初，当罗素、摩尔等人以更具有现代哲学精神的语言分析哲学来对之批判并揭露绝对唯心主义的内在矛盾时，后者很快就衰落了，不再是英国哲学的主流。美国的绝对唯心主义也从未成为美国哲学的主流。

又如，法、德等国的非理性主义思潮具有较明显的唯心主义性质。但非理性主义哲学家大都不是实体性唯心主义者。他们所谓的非理性存在（意志、生命力等）当然具有存在论意义，但不是实体性的存在，而是寓于世界万物之中的活动、过程。例如，柏格森的生命意志就不是指精神实体，而是指寓于一切事物之中，并推动事物不断向前进化和发展的生命冲动。生命冲动的核心就是生命力永无止息的运动变化。柏格森没有把运动看作是物质的本质属性，而是把物质的运动归结为神秘的生命力的推动，因而与马克思主义的唯物辩证法有着本质区别。但他之通过肯定生命冲动寓于一切事物之中，来肯定整个世界永恒的运动变化，仍然是对近代思辨形而上学的一种冲击。因此不宜简单将其归结为近代哲学思维方式下的唯心主义和形而上学。

我说上面这些话的意思，一点也不否定在现代西方哲学中存在着各种形式的唯心主义，更不是为唯心主义辩护，而只是说明不能用近代哲学的眼光来看待现代哲学。大多数西方现代哲学都有超越近代哲学中的绝对理性主义等独断论和思辨形而上学、主客二元分裂、脱离人的牵涉的纯粹自然主义等倾向。它们的这些超越都有很大局限性和片面性，在某些方面的确陷入唯心主义和相对主义。但西方现代哲学对近代哲学的超越包含着西方哲学发展中的某些进步，特别是包含着现代哲学所强调的对现实生活和实践的关注。现代西方哲学与马克思主义哲学有着原则区别，不能将二者相提并论。但也不能因马克思主义哲学是彻底的唯物主义和辩证法，而把现代西方哲学简单地斥之为纯粹的唯心主义和形而上学。

上面这些话的意思，也不是否定马克思主义哲学在现代哲学中的主导地位，而是试图更好地说明其主导地位。肯定与马克思主义哲学同时代的西方哲学思潮通过曲折的道路，以不彻底的形式超越近代哲学而向现代哲学转化，只是说明西方哲学从近代到现代的转化，是西方的社会历史和思想文化发展所决定的哲学发展的客观趋势。只有马克思在哲学上的革命变更才是自觉地、彻底地和科学地顺应了这种趋势。马克思的哲学变革在整体上既超越了西方近代哲学，又超越了西方现代哲学。关于这方面的问题，我早已在《马克思在哲学上的革命变更对西方现当代哲学的超越》①一文中做了较多论证，这里就不多说了。

---

① 刘放桐：《马克思在哲学上的革命变更对西方现当代哲学的超越》，《哲学研究》2001 年第8 期。

四、现代西方哲学研究与现代中国社会的变更

现代西方哲学是在现代西方的社会历史和思想文化环境下产生和发展的，适应着这种环境的需要。现代中国的社会历史和思想文化环境与西方大不相同。当西方思潮传入中国后，必然与这种环境发生碰撞。这种碰撞既有西方思潮的先进方面对中国传统思想的落后方面的冲击，也有西方思潮的没落方面对同样来自西方的先进思想（如马克思主义）以及中国传统思想的优秀方面的冲击。前者积极，后者消极。因此，中国学者对现代西方哲学的研究，除了深刻和具体地理解现代西方哲学本身之外，还必须了解马克思主义，特别是必须深刻和具体地理解中国社会政治和思想文化等方面的现实环境，以使自己的研究适应中国现实环境的需要，促进中国社会的变革，也就是发挥西方思潮的积极方面，防止其消极影响。由于中国的现实环境各个时期都有变化，中国学者对现代西方哲学的研究也必须适应中国现实环境的变化。如果能够做到这样，现代西方哲学研究在中国就能起到积极作用并由此而受到欢迎。否则他们的研究在中国很难起到积极作用，甚至还可能因起消极作用而受到制约。近百年来和改革开放以来的情况都是这样。

西方哲学思潮传入中国有着悠久的历史。如果从严复一系列关于西方哲学和社会学说的译著在 19 世纪末和 20 世纪初陆续出版算起，西方哲学正式传入中国已超过一个世纪，"五四"时期曾达到高潮。笔者在其他论著中对此已做过较为详细的阐释。[①] 这里想补充说明的是：当时输入的西方思潮尽管各不相同，它们在西方国家可能相互对立，但它们大都各以自己的特殊方式在不同程度上体现了西方资本主义社会所倡导的科学和民主精神。中国学者在输入这些哲学思潮时，主要也着眼于这种精神，因为它们正好与当时中国社会发展的要求一致，新文化运动的基本口号就是反对封建迷信，倡导民主和科学。因此这些思潮虽各有其消极方面，对当时中国的新文化运动却往往能起促进作用。也正因为如此，

---

① 刘放桐《西学的传入与"五四"前后中西文化和哲学的碰撞——西方哲学研究百年反思之一》，《东南学刊》2001 年第 2 期。

当时宣扬这些思潮的学者能与中国的马克思主义者在推动新文化运动上结成统一战线。

"五四"以后，中国的政治形势发生了巨大变化，国共合作破裂，共产党受到围剿，马克思主义也受到压制。国际共产主义运动中意识形态方面的冲突这时明显加剧，并对中国产生明显影响。国内外局势的这些变化，使中国马克思主义者对待西方思潮的态度发生了重要转折。"五四"时期马克思主义与西方思潮建成的新文化运动统一战线这时完全破裂，以致成了彼此势不两立的敌对方面。在这种情况下，中国的马克思主义者当然也谈不上如何通过研究现代西方哲学思潮来促进中国社会变更，特别是中国的思想文化进步的问题。新中国成立后这种状况并未迅速改变。从20世纪50年代起，为了配合清算资产阶级学术思想长期以来在中国的影响，确立马克思主义在政治和思想文化领域的主导地位，国内多次开展过对实用主义等西方思潮的批判运动，很少有人想到现代西方哲学研究对中国社会的变更可能有积极作用。

从马克思主义立场开展对现代西方哲学思潮的批判本来无可厚非，20世纪50年代以来开展的那些批判运动有的在一定程度上也达到了预期的政治目的。它们的缺陷在于有时往往背离了马克思主义的求实原则，甚至由此形成了一种以"左"的政治标准代替学术标准，以抽象的主观武断代替具体的客观分析的对西方思潮的批判模式。这样就可能走向马克思主义的反面。

总的说来，在对待西方哲学，特别是西方现代哲学的态度上，中国马克思主义者一直力图坚持马克思主义根本原则，但在具体运作上时有偏离。他们走的是一条前进却又曲折的道路。主要问题就在于"左"的政治和意识形态的制约妨碍了人们对西方哲学的全面认识。使西方哲学研究服从自己的政治目标，这本来是中国马克思主义者最突出的优点；然而简单地把政治标准当作评价西方哲学的标准，使他们难于对这些哲学的实际所是做出深入具体的研究，不会区分其中的消极方面和可能具有的积极方面，对前者可能不否定，对后者倒反而否定，这就成了他们的突出的缺点了。其消极后果之一，是使马克思主义哲学及以其为指导思想的文化领域长期处于封闭状态，与当代世界的发展脱节，而这势必不利于它们的丰富和发展。"左"的路线之所以长期在我国占据支配地位，改革开放政策之未能更早实行以及实行中遇到的种种障碍，原因当然很多，哲学和思想文化领域的这种封闭状况未尝不是重要原因之一。

改革开放以来，我国进入了建设中国特色社会主义的新时期。关于这一时期我国现代西方哲学研究如何适应着我国社会的变更而得到恢复和发展的情况，上面已做过说明。这里再就现代西方哲学研究怎样更好地适应建设中国特色社会主义的现实环境等问题提出三点看法。

第一，正确认识我国现代西方哲学研究的现实环境。

"五四"以来，特别是改革开放三十年来现代西方哲学研究的经验教训，使我们认识到，这门学科的研究能否对中国社会的发展，特别是对思想文化建设起到积极作用，甚至其本身能否顺利开展，都取决于它们能否适应中国的国情或者说现实环境。当代中国的国情的核心就是在发展着的马克思主义指导下建设中国特色社会主义。胡锦涛同志在党的十七大报告中明确地指出："这次大会的主题是：高举中国特色社会主义伟大旗帜，以邓小平理论和'三个代表'重要思想为指导，深入贯彻落实科学发展观，继续解放思想，坚持改革开放，推动科学发展，促进社会和谐，为夺取全面建设小康社会新胜利而奋斗。"党的十七大的这个主题所针对的正是以发展着的马克思主义为指导建设中国特色社会主义。在当代中国，发展着的马克思主义就是中国特色社会主义理论体系。胡锦涛同志还明确指出："中国特色社会主义理论体系，就是包括邓小平理论、'三个代表'重要思想以及科学发展观等重大战略思想在内的科学理论体系。"[①] 因此，用发展着的马克思主义指导现代西方哲学研究，使这种研究为丰富和发展马克思主义哲学服务，实质上就是以中国特色社会主义理论体系为指导，为丰富和发展中国特色社会主义理论体系服务。

第二，准确理解马克思主义哲学的根本特征。

为了做到用发展着的马克思主义来指导现代西方哲学研究，首先要对马克思主义哲学作为一种发展着的学说有较为准确的理解。坚持用马

---

① 胡锦涛：《高举中国特色社会主义伟大旗帜　为夺取全面建设小康社会新胜利而奋斗》，《人民日报》2007 年 10 月 25 日。

克思主义哲学指导现代西方哲学研究可以说已是哲学界多数人的共识，但究竟怎样运用马克思主义哲学来指导一直存在较大分歧。关键问题正在于大家对马克思主义哲学本身的内涵的理解不同。有些人的理解仍然局限于按照以往马克思主义哲学教科书的框架，没有充分认识到只有肯定社会实践在整个马克思主义哲学中的决定作用，才能把马克思主义哲学看作是一种不断发展着的学说。用马克思主义哲学指导现代西方哲学研究，往往被他们仅仅归结为揭示现代西方哲学的唯心主义和形而上学；至于马克思主义哲学和现代西方哲学在现当代社会现实生活和实践中的发展以及二者在新的社会历史条件下的关系，则往往处于他们的视野之外。例如，他们往往仅仅从认识论的环节来理解马克思的实践学说，而没有看到这一学说的存在论意义。至于现代西方哲学的各个流派各以某种片面和扭曲的方式对现实生活和实践的强调，则往往被他们仅仅归结为相对主义和主观主义而简单否定。这样他们当然既无法揭示现代西方哲学这方面的学说的积极方面，更无法全面理解马克思在这方面的学说的革命意义以及对西方近现代哲学的超越。看不到社会实践在马克思主义哲学中的决定作用，不把马克思主义哲学看作是发展着的理论，势必混淆马克思主义的唯物主义与旧唯物主义的界限。马克思在《1844 年经济学哲学手稿》《关于费尔巴哈的提纲》等论著中就已非常明确地指出，他的唯物主义不是离开人的活动的抽象的自然主义的唯物主义（他把这种唯物主义当作唯灵主义），而是以人的社会实践为前提的唯物主义。对此哲学界有过广泛的讨论，笔者也多次发表过文章。这里要补充提及的是，作为中国特色社会主义理论体系科学内涵的邓小平理论、"三个代表"重要思想和科学发展观都把对现实问题的关注放在第一位。其实，从马克思主义的产生和它在各个阶段的发展看，社会实践（或者说现实生活和实践）都起着决定性的作用。不是把理论当作教条，而是把理论当作来源于现实生活和实践，又运用于现实生活和实践并在现实生活和实践中得到发展，这是马克思主义哲学产生和发展的根本特征。

第三，尽可能全面地认识西方现当代哲学发展的方向。

除了极少数对我国现代西方哲学研究和马克思主义哲学研究的新进展都未能关注的人以外，我国学界绝大多数人都已改变了以往那种对现代西方哲学的简单否定态度。但是，如何看待西方现代哲学的演化，还是一个有待进一步探讨的复杂问题。

现代西方哲学的发展方向当然是由现当代西方社会的发展方向所决定的。现当代西方社会的发展方向究竟怎样？这是难以作出确定回答的问题。资本主义必然灭亡，社会主义和共产主义必然胜利，这是马克思所发现的社会历史发展的客观规律。但是，资本主义究竟怎样和全面灭亡？社会主义和共产主义怎样和何时取得全面最终胜利？经典作家并未给出、也不可能给出确定答案。从 19 世纪中后期至今的一个多世纪的进程看，资本主义的确经历过深刻和严重的危机，但后来都因实行某些改革而保留下来，甚至还能显示出较大活力。历史和现实都表明，社会主义和资本主义尽管存在原则区别，但在相当长的历史时期内，二者在各个方面都存在和平共处的可能性。社会主义国家也必须加入原来由资本主义世界签订的某些国际协议和条约（例如 WTO），也说明二者可以而且必须共处。资本主义在某些方面的发展不仅不与社会主义相冲突，甚至还可能为过渡到社会主义创造更好的条件。

现代西方哲学与马克思主义哲学的关系也是这样。马克思主义哲学优越于现代西方哲学，与现代西方哲学相对立。但二者作为同时代的哲学在许多方面必然存在共同之处。正像现代资本主义还有发展的活力一样，现代西方哲学不仅不能归结为腐朽没落，而且同样存在着发展的广阔余地。在现代西方哲学的发展中必然存在许多消极方面（包括腐朽没落的内容），但也必然存在体现现实社会和现代科学文化发展的积极方面的成果。现代西方哲学与马克思主义哲学当然具有原则区别，但它们同时又为马克思主义哲学的发展提供了重要的思想材料。当马克思主义由于受到"左"的扭曲而对某些有关现代社会和现代科学等的发展未能做出应有的研究时，许多杰出的现代西方哲学家对这些方面的问题的研究却取得了重要成果。这些都值得马克思主义者虚心学习和借鉴。因此，对于现代西方哲学发展的方向应当看到其否定方面，但同时也应当看到其积极方面。

原载《天津社会科学》2008 年第 3 期

西方哲学研究的几个问题

张汝伦 *

最近四十年，我国的西方哲学研究有了空前的繁荣与发展，其规模、速度、深度与成就都是空前的。西方哲学从晚明开始随传教士进入中国，但只是吉光片羽，作为西方神学文献的附庸，并未得到多少人的重视。直到晚清，为了应对民族危亡，国人开始大规模、全方位地了解西方文化时，西方哲学才得到人们的重视，国人开始有意识地了解和学习西方哲学。而有识之士已经看到哲学对于西方文明的根本重要性："光英吉利之历史者，非威灵吞、纳尔孙，而培根、洛克也。大德意志之名誉者，非俾思麦、毛奇，而汗德、叔本华也。"① 基于此种认识，王国维在其设计的文科大学（他称为"文学科大学"）课程体系中，共有经学、理学、史学、中国文学、外国文学五科，除史学科外，其他四科的课程中都安排了西洋哲学史的课程。②

但是，一开始中国人对西方哲学的学习都是浮光掠影式的，无论对于西方哲学整体还是对个别的西方哲学家，都谈不上系统深入的认识，遑论研究；充其量只是介绍，而且很靠不住，往往是从日本学者那里稗贩而来。当时介绍西方哲学的中国人，"多数不总结'哲学'中的种种情况，更少研究和评论纯'哲学'本身的问题。日本学者则不然，不管他们个人能力水平如何，往往会写点总结意见，进而对'哲学'本身批评

* 张汝伦，1953— ，男，复旦大学哲学学院教授。

① 王国维：《奏定经学科大学文学科大学章程书后》，载《王国维集》第四册，中国社会科学出版社，2008年，第12页。
② 同上书，第12页。

之"①。而且，当时介绍西方哲学者，往往本身并不是哲学家，如王国维、梁启超、严复、蔡元培、马相伯等人，既未专门学过哲学，也从未以哲学为业。因此，中国西方哲学研究的起点和基础是成问题的。

民国肇始，随着在西方国家和日本学习哲学的人陆续归国，中国的西方哲学研究也进入了一个新的阶段，规模、深度、专业性都与晚清不可同日而语。其标志首先是中国人不再从日译转手，而是直接翻译了一批西方哲学的原著，包括柏拉图、亚里士多德、培根、笛卡儿、贝克莱、穆勒、斯宾塞、康德、黑格尔、叔本华、尼采、柏格森、詹姆斯、杜威、罗素等人的著作，以及西方学者研究西方哲学的二手著作。从20世纪三四十年代开始，"我们对于西洋哲学，才有严格认真、有系统、有计划的译述和介绍"②。其次是出现了中国人自己写的西方哲学史著作。再次是出现了一些中国学者自己撰写的真正研究意义上的颇具水准的研究西方哲学的专著。但由于民国时期国势贫弱，兵连祸结，内忧外患频仍，民不聊生，遑论学术研究。尽管前辈学者在此艰难的处境中仍能弦歌不辍，坚持研究，但终究受到很大的影响和限制。

从1949年到1979年这三十年，由于各种外在因素的干扰，主要是教条主义的干扰，我国的西方哲学研究基本上处于停滞的状态。除了德国古典哲学作为马克思主义的三个来源之一还受到某些肯定外，西方哲学基本上是作为批判的对象来被人研究的。批判为主，研究为批判服务，这使得那个时代的西方哲学研究不但数量少，而且质量也有问题，很少能够经得起时间的考验。但是，在当时特定条件下，翻译西方哲学的经典还是一条了解和学习西方哲学比较安全的道路，那个时代西方哲学经典著作的翻译虽然规模不算大，但一般来说，质量还是比较高，尤其是对德国古典哲学著作的翻译。

从1979年开始，我国的西方哲学研究进入了快车道，其发展势头之快、之猛是历史上从未有过的。西方哲学研究不但成为哲学研究中的显学，对其他哲学领域的研究产生了根本性的影响，中国哲学界对于"汉

---

① 钟少华：《中文概念史论》，中国国际广播出版社，2012年，第86页。
② 贺麟：《康德、黑格尔哲学在中国的传播：兼论我对介绍康德、黑格尔哲学的回顾》，《五十年来的中国哲学》，商务印书馆，2002年，第97页。

话胡说"的焦虑和对中国哲学合法性的讨论，就是西方哲学对其他哲学研究领域产生的巨大影响的一个明证；而且对我国的人文社会科学产生了广泛的辐射效应，研究社会科学的不必说了，即便是研究古典文论或思想史的，也经常会有西方哲学的概念出现在他们的研究成果中。最近四十年的西方哲学研究，与以往相比，有如下一些显著的特点：

其一，研究队伍空前庞大。随着我国学位制度的完善和各高校哲学院系的建设，每年有大批研究西方哲学的研究生毕业从事西方哲学的教学研究；在国外学习哲学的人近年来也大批回国，使得我国的西方哲学研究人员日益增加。各高校和研究机构还成立了各种西方哲学的研究机构，培养了一批人才。

其二，西方哲学研究范围迅速扩大。在1979年以前，我国的西方哲学研究的范围基本上只到19世纪，对现当代西方哲学缺乏研究。1979年以后，对现当代西方哲学的了解和研究有了长足的发展，在了解和研究的广度和深度上，都是前所未有的。不但对于现代西方哲学的主流和主要人物有大量的研究，而且对西方哲学的最新发展都有同步的跟踪。甚至一些不甚出名和不甚重要的人物与著作，也有人介绍和研究。对于其他时期西方哲学的研究，也有很大的拓展。如中世纪哲学，以前几乎很少有人提起，但现在也得到研究者一定的关注。对德国古典哲学的研究，也从康德、黑格尔扩展到费希特、谢林、施莱尔马赫等人。

其三，对西方哲学研究的专业化水平大大加强。我国西方哲学研究在相当长的一段时间里专业化程度不够，具体表现为研究往往大而化之，缺乏原始材料支撑的印象性论断多于建立在扎实的材料基础上的审慎论断；介绍多于研究，甚至代替研究；从二手著作和译本出发，而非主要依据原文原著；对于国际学术界的研究成果严重忽视，往往自以为是，自说自话；以意识形态套路来得出结论。1979年之后，上述情况渐渐有了改变。首先是专业性意识有了提高，对原著的研读和引用日益自觉，材料越来越得到研究者的重视，从而大而化之的外行话越来越少。出现了一大批研究西方哲学重要人物的研究专著，国际学术界的研究成果也越来越得到人们的重视。意识形态式的研究虽未完全绝迹，但已经少得多了。

其四，出现了一批有深度的西方哲学研究的专著，既有对某些重要西方哲学家的专门研究，也有对西方哲学某个思潮的研究；既有对西方哲学某部经典著作的深入研究，也有对某个西方哲学概念的讨论研究。这些西方哲学研究专著的一个共同特点是立足于原著，广泛吸纳国际同行的研究成果，有自己的观点与方法。

其五，对西方哲学著作的大量翻译。我国的改革开放导致西方哲学思想和西方哲学工作者以前所未有的规模进入我国，大规模地翻译西方哲学著作成为过去四十年中国西方哲学研究的一个引人注目的现象。由于我国研究者的外语水平参差不一，许多人还需要借助翻译来研究；另一方面，并非每个人都容易搞到西方哲学的原文原著，所以翻译著作就有其需要。不但西方哲学家的许多重要的经典著作被翻译成中文，而且有些重要西方哲学家的全集都被翻译出来。一般的西方哲学家及其研究成果，也被大量翻译成中文。

综上观之，四十年来我国西方哲学取得了不俗的成就，它大大促进了我们对西方思想乃至西方文化的了解。西方哲学的研究，使我们对西方博大精深的哲学传统和哲学思维方法有了具体入微的了解，促进了我国哲学研究的发展，提高了我国哲学研究的水平和一般理论思维的水平。由于西方学术之根和核心在哲学，对西方哲学的研究，也大大加深了我们对西方学术思想和西方文明的理解。就此而言，西方哲学研究构成了我国当代文化建设事业一个不可或缺的组成部分。

在总结我国西方哲学研究最近几十年所取得的成绩的同时，我们也必须看到，从建设强大的中国现代哲学和现代文化要求看，我国的西方哲学研究还存在着一些不能不注意的问题。如果这些问题得不到根本解决的话，我国的西方哲学研究不可避免地会走上再而衰、三而竭的下坡路。

首先，西方哲学研究在我国已有一个世纪的历史，然而，直至今日，我们对西方哲学的了解仍然缺乏完整性、系统性，还有不少空白点，更不用说融会贯通了。西方哲学是一个博大精深的思想传统，无论在深度与广度以及发展历史的长度上，都罕见其匹。要对这样一个伟大的传统登堂入室，豁然贯通，的确不易。然而，真要开展对西方哲学的深入研究，这又是一个必须达到的目标。怀特海说两千多年的西方哲学只是柏拉图的注脚，就说明西方哲学作为一个独立的传统，不管怎么变化，有其一贯性，其基本问题从来没有消失过，只是以不同的方式与面貌，在不同的时代，以不同的话语出现。就像我们不了解孔孟就不能真正理解程朱一样，不懂古希腊哲学，就不可能真正懂后来的西方哲学，包括当代西方哲学。这当然绝不是说哲学没有发展，而是说哲学的基本问题是不可能完全从历史上消失的，因为它们都是人类的基本问题。

再者，伟大的哲学家都是从传统和历史留给他们的问题开始进行自己的创造性思考的，对于他们的思想背景和所依靠的思想资源一无所知，显然是不可能真正理解他们哲学的革命性和创造性的；更不可能由此理解西方哲学通过他们得到的丰富、发展和超越。另外，只有对西方哲学贯通性的理解，我们才能更好地理解某一个西方哲学家或哲学流派的思想。例如，如果我们没有对西方哲学的一些基本问题的认识和理解，我们就无法真正理解尼采或当代解构派哲学，最多是表面的复述而不可能看出他们真正的问题之所在。

在 1979 年之前，一方面是历史的种种原因影响了我们对西方哲学的研究；另一方面，对于规模庞大、内容丰富、历史悠久又不断发展的西方哲学的全面掌握，也需要有一定的时间。可以说，在 1979 年之前主要是客观的原因使得我们无法对西方哲学有贯通式的了解。但 1979 年之后，却是研究者自己在西方学术工业流行做法的影响下，画地为牢，占山为王，甘心成为某个西方哲学家或流派的研究专家，因而也就对西方哲学只能窥一斑而无法见全豹。其实，很多中西哲学家大都对自己的研究领域有整体性的了解，我们古人向来追求成为通人而不是专家。西方哲学家也是这样，一直到 19 世纪为止，很少有以只研究某一问题或某一人物自居的"专家"。但现代学术工业的专业化却要求研究者只见树木不见森林，这使得研究者越来越以成为某一领域的专家为傲，而不复追求融会贯通的境界。

个人以此为限当然无伤大雅，但对于我国西方哲学研究的整体事业和长远发展却是不利的。其实，根据释义学整体与部分关系的辩证法或者说释义学循环，通与专，博与精，不是两件事，而是一件事的两个方面。只通不专，不是真通；只精不博，不是真精。但古人说由博返约（精要），说明博与约之间有先后关系，博是约的条件，只约不博，约便失去意义。某个哲学观点离开了哲学问题的整体，几无意义。现代学术工业的很多产品之所以言不及义，甚至无聊到了荒谬的地步，即源于此。我们的西方哲学研究也越来越成为专业人士的谋生手段，而无关人们真实的存在，也是因此。

我国的西方哲学研究之所以愈益窄化，各自成立各种专业委员会，而很少在一起讨论西方哲学的一般问题或作为整体的西方哲学，也就是因为上述专业化的原因；可对于西方哲学的总体性理解并未超越前人。然而，既然以西方学术工业的流行做法为时尚，又是研究西方哲学，自然会觉得西方人要比我们内行得多，我们再怎么说也只是模仿者和追随者。一些人把西方学者奉若神明，拾人牙慧，人云亦云，却忽视了对经典文本的深入研读和自主理解。这样，离陈康先生当年的理想——中国的西方哲学研究要让西方人以不通中文为恨，是越来越远了。贺麟20世纪40年代曾批评国人"对于西人精神深处的宝藏，我们缺乏领略掘发的能力。我们在文化方面，缺乏直捣黄龙的气概"[1]。我国西方哲学研究的现状，似乎表明贺麟的批评还未过时。

其次，由于上述为专业化而专业化，只见树木不见森林的倾向，结果使得中国的西方哲学研究越来越失去对哲学问题本身的关注。如果西方哲学家研究的哲学问题不仅仅是西方人特有的问题，而是人类社会普遍的问题，例如如何理解世界的问题，那么为什么就不能回到事情本身，而只是停留在操练半生不熟的学术行话（jargon）上？我们的西方哲学研究越来越成为纯粹哲学历史的研究，而不是哲学史的研究。这两种研究的区别在于：前一种研究在意的是对哲学的史实的研究，是一种实证性的客观知识的研究；后一种研究是哲学的研究，即通过研究哲学的历史发展来研究哲学问题本身。前者实际上是学术史和思想史的研究，后者是哲学研究。前者只要知其然，后者却必须知其所以然。由于我们的西方哲学研究基本上是前一种类型研究，总的来说还没有脱离介绍复述的

---

[1]　贺麟：《五十年来的中国哲学》，第 24 页。

范畴。辩难攻错之作偶尔也有，但绝大多数还是述评之类的东西。即便是述评，也往往对述评对象所涉及的重大哲学问题缺乏认识。

其实，只追求知其然而不去知其所以然，必然会使得我们对西方哲学家所处理的重大哲学问题本身缺乏深入的思考与把握。例如，我们对康德先验哲学的研究如果只注意他的"先验"概念是什么意思，而不去追问他为何要区分经验与先验，不去追求世界究竟是一元还是二元，更不去追求一与多、现象与本体这些区分的必要性及其有效性范围，不去思考面对康德对世界的解释模式，我们如何理解世界等这些作为学者都应该思考的问题，那么我们实际上并不是在从事哲学研究，更没有在进行哲学的思考，充其量只是在弄清哲学史的某些知识。除了搬弄一些哲学术语外，我们的哲学思维水平不会有明显的提高。

再次，我国研究西方哲学的前辈从一开始就不是为了当个纯粹被动的西方哲学接受者，而是为了中国文化和中国哲学自身的发展。传统中国哲学固然有优点，但也有明显的不足："大率繁散而无纪，残缺而不完，虽有真理，不易寻绎。"① 因此，我国研究西方哲学的先驱之一王国维就提出："且欲通中国哲学，有非通西洋之哲学不易明也。"② 比王国维晚一辈的贺麟、张东荪等人，则一直致力于西方哲学研究的"中国化"。但这种"中国化"的目的是从中国人的视域探索哲学的普遍问题，而不是依样画葫芦，"原汁原味"地照搬西方哲学。他们始终致力于出入中西哲学、打通中西哲学，因为只有这样才会有真正独创的哲学。蔡元培 1922年写《五十年来中国之哲学》，总结引进西方哲学五十年来中国哲学的现状，遗憾地承认，那时"还没有独创的哲学"，因为"中国人与哲学的关系，可分为西洋哲学的介绍与古代哲学的整理两方面"。③ 而在蔡元培看来，仅此两方面（介绍西方哲学和整理古代哲学）还根本没有资格谈"中国之哲学"。

老一辈研究西方哲学的大家有许多致力于打通中西哲学，而不是牵

---

① 王国维：《哲学辨惑》，载周锡山编校《王国维集》第 1 册，中国社会科学出版社，2008年，第 257 页。
② 同上。
③ 蔡元培：《五十年来中国之哲学》，载《蔡元培全集》第 4 卷，中华书局，1984 年，第351 页。

强附会地用西方哲学的话语来表述"中国哲学"。贺麟、金岳霖、张东荪、冯契乃是其中著名者。但是，最近四十年来我国研究西方哲学的学者中，这样的人就不多见了，充其量用一些西方哲学的术语来反向格义式地谈论中国传统哲学。真正在打通中西哲学的基础上产生"独创的哲学"者，似乎还没有。

不得已则求其次，即使不能产生独创的哲学，有明确的中国问题意识，通过研究西方哲学来促进我们对中国传统哲学的研究、理解和批判，提高整体的哲学思维水平，那也就达到了西哲研究的前辈所要追求的一个主要目的。但是，由于我们西方哲学的研究总体上还不脱"西洋哲学的介绍"，真正批判地研究和吸纳的还不多，因此这个目的也没有完全达到。西方哲学研究对于整体促进中国哲学发展的作用，还不十分明显。我们对西方哲学优秀成果的吸纳还十分有限，西方哲学的智慧还未被我们吸收，我们知道的只是有关西方哲学的知识。

然而，中国哲学自身的发展，不能不要求中国的西方哲学研究是中国的：有中国人特有的视域、立场和见解；并且，能化西为中，将西方哲学的优秀成果真正融合改造为现代中国哲学的有机组成部分。我们研究西方哲学，不应该是为了加入西方的学术工业，而应该是为了促进中国哲学的新生。这应该是未来我国西方哲学研究努力的方向。

原载《天津社会科学》2017 年第 6 期

四十年来西方哲学问题争论发凡

赵敦华 *

1978—2018 年的四十年，西方哲学在中国的进展不仅仅是翻译西方名著，也不仅是介绍和复述西方人的观点，还有中国语境的问题意识，围绕中国人关心的问题开展的学术争鸣。由于"论题众多"，本文难免用中国人"以十为全"的观念，选择自己认为有代表性的十个问题加以讨论，实际上值得讨论的重要问题不止十个。毋庸讳言，笔者这十个问题的选择和概述做不到客观中立。贺麟在《当代中国哲学》"序言"中批评"对于同时代人的思想学术不愿有所批评称述"的"错误而不健全的态度"，他认为"率直无忌公开批评"与"合理的持中平正"不相抵触。[①]笔者深以为然。笔者不敢说自己的批评是确定的公论，但为学术氛围的活跃和发展计，发表出来以求教于专家学者。

一、西方哲学研究方法论问题

西方哲学史属于历史科学，现代西方哲学是对过去和当前流派的回顾和追踪。中国传统中经史关系的见解不可避免地嵌入西方哲学研究中。一方面，"哲学就是哲学史"或"哲学是认识史"等主张，犹如古人说"六经皆史"或"我注六经"；另一方面，"哲学史家不是哲学家""思想家胜于学问家"等主张，犹如古人说"先立乎其大""六经皆我注脚"。

---

* 赵敦华，1949—，男，北京大学哲学系教授。
① 参见贺麟《五十年来的中国哲学》，上海人民出版社，2012 年，第 8—9 页。

四十年来，在西方哲学方法论的史与论、述与评关系的讨论中，绝大多数人持史论结合、评述搭配的中允之论，似乎面面俱到，不走极端。其实这种主张是对前一阶段大批判专断的极端否定，以及对戴帽穿鞋式评论的点缀的不满。真正的问题在于，马克思主义一般原理固然不能取代哲学史研究，但用黑格尔辩证法带动哲学史，或把西方哲学史当作柏拉图著作的脚注等方法，也只是西方哲学一家一派的做法。如果试图避免这些"极端"，西学东渐带来的以论代史或以论带史的方法已形成一种惯性，人们不知道中国处境中史论结合的具体途径，依然模仿西方某一流行解释，比如，海德格尔的哲学史观不知不觉成为哲学研究的一种"集体下意识"。另一种倾向是据史论史，以史料的堆砌或编撰为翔实，或把编译和转述当创见。

史论结合的创新方法在于论从史出，把社会和思想的"外史"和哲学史自身发展的"内史"相结合，把某一学说的主题和逻辑线索与有选择的文本材料融为一体，用哲学历时性的纵切面表现或证明学说的共时性横切面；论从史出需要以更细致的文本分析和更丰富的史料为资源，这样才能开出新论。论从史出需要长期的训练、积累和传承。在尚未具备这些条件的情况下，据史论史、以论带史和论从史出的各种尝试和互动是必要的、有益的，不宜急切否定。

二、西方哲学术语的中译问题

西方哲学的中译术语大多是 20 世纪初从日本引进的，不过日本人在翻译时借用了不少中国古代已有的词汇，如"形而上学""本体""宇宙"；或把中国单音词合成为多音词，如"哲学""存有"。这些"出口转内销"的借词是东西交流的产物，对西方哲学处境化的历史贡献怎么评价也不为过。

在翻译《马克思恩格斯全集》中文一版和黑格尔著作的过程中，西方哲学的学者对已经流行的西方哲学术语精雕细琢，体味其在不同语境中的含义。随着马克思主义哲学中国化的推行，原本源自西方哲学的概念成为中国哲学界的"普通话"。

在深入理解的基础上，中国学者对西方哲学概念进行重译。如"存在"抑或"是"，"先验"还是"超验""超绝"，"唯心论"还是"观念论"，唯物论还是物质论、质料论，等等。在不同语境中，西方哲学概念意义有所不同，中译术语随之改变无可厚非。有争议的问题是：具体文本具体对待，还是术语一律意义统一？不过，中译术语只要标注外文原文，只要在上下文中自圆其说，使用不同术语无碍大局。关于中译术语问题的持续争议，可以深化对西方哲学概念的理解，乃至把翻译问题提升为"汉语哲学"。

三、中世纪哲学性质问题

哲学和宗教关系是哲学和宗教学共同研究的问题，围绕中世纪哲学性质和地位问题的讨论，代表了宗教哲学研究的不同视角和观点。比如，中世纪哲学只是西方哲学史中的一个断代史，还是宗教哲学的典范？如果强调前者，则中世纪哲学的主要问题是逻辑与语言、唯名论与唯实论、存在与本质、意志与理智等西方哲学史一直讨论的共同问题；如果强调后者，则中世纪哲学的主要问题是信仰与理性、神学与哲学的关系问题，哲学问题、范畴和方法在信仰和神学的框架中获得特殊意义。再如，中世纪哲学的性质是基督教哲学，还是一般意义上的宗教哲学？如果是前者，则突出了基督教在西方文明中整合希腊哲学、希伯来宗教和罗马法制的作用；如果是后者，则突出了基督教、伊斯兰教和犹太教的宗教哲学的平等对待，强调中世纪哲学的多元性。再如，中世纪哲学的起始如何划分？是按世界史划分的公元 5—14 世纪的哲学，还是按照思想史划分的从早期教父到 15—16 世纪的哲学？较短的中世纪哲学基本上是天主教哲学，与近代哲学有断裂；而较长的中世纪哲学包括新教继承的使徒统绪和社会思想，可与近代哲学相衔接。显然，这些问题的讨论对西方哲学的研究具有全局性意义。

四、康德与黑格尔的重要性和相互关系问题

作为马克思主义的重要来源，黑格尔曾在中国的西方哲学研究中独

领风骚。1981 年有人提出要康德还是要黑格尔的问题。现在看来，主张康德比黑格尔更重要的理由不能成立，但正如现代解释学所说，偏见和误解是思想的传播和接受的常态，回到康德的呼声再次唤醒了"五四"时期对康德的兴趣，对康德哲学的翻译和研究成为显学。与此同时，由于增加了来自西方马克思主义和现代西方哲学译介研究的助力，黑格尔哲学研究势头不减。哲学界普遍认为康德和黑格尔同等重要，但更重要的问题是如何更全面地理解两者的关系。黑格尔对康德的批评，或者马克思主义哲学与黑格尔相接近的程度，未必是看待康德与黑格尔关系的标准或最佳视角。在更宽阔的视野中，看待康德开启的现代性哲学变革和黑格尔按照理性思辨的辩证思维的拓展推进，以及他们在包括马克思主义哲学在内的现代哲学中的各自影响，对中国哲学、西方哲学以及马克思主义哲学具有重要意义。

五、中西哲学会通问题

黑格尔关于中国古代有宗教而无哲学的论断，在 20 世纪中国哲学史成为世界性学科的情况下，似乎已经难以成立了。但是，2002 年，德里达访华时褒奖"中国古代无哲学而有思想"的一句话，却引起了"中国哲学合法性"的讨论。德里达的话之所以有如此影响，在于迎合了复古思潮。当今复古派不是"五四"时期的保守派，当时的保守派和自由派从不同的方向推进中西会通，而当今复古派则釜底抽薪，如果中国古代没有哲学，中西哲学会通岂不是根本就不存在；而如果"中国思想"与哲学在本质上完全不同，也就否定了中西思想会通的可能，如果把现代汉语的中国哲学表达当作"汉话胡说"，认为"古语体系"才是中国思想的正道，这样的"中国思想"岂不是自我孤立于世界文明之林之外？

不那么极端的复古派和保守派可以承认中国哲学的存在，主要通过"比较哲学"表明立场。比较哲学现在不是成熟的学问，没有明确的界定和方法。抱有明确原则和立场的人大多强调中西哲学的差异，但他们的价值判断可以相反。复古派从中西差异中看到中国优于西方，而自由派则相反。两者似乎重演"五四"时期"向东走"还是"向西走"，"以俄为师"还是"照搬欧美"的争论。跨文化比较的目的应是以对方为镜子照看自己的缺点，本应保持"多讲自己的缺点"和"自己的优点留给对方讲"的"伟大谦虚"。比较哲学如果靠贬低对方来抬高自己，难免背离比较的初衷而陷入"那喀索斯式自恋"。

六、西方哲学与西方马克思主义哲学关系问题

马克思主义哲学的来源是西方哲学史，现代西方哲学的流派各有自己的马克思主义解释。由于马克思主义哲学和西方哲学分属不同的"二级学科"，不少西方哲学专家对马克思主义哲学退避三舍，而马克思主义哲学专家对西方马克思主义的研究往往被同行讥为"西马非马""以西解马"，对马克思主义哲学与黑格尔、康德联系的研究被当作"以黑解马""以康解马"。在西方，马克思主义哲学与西方哲学同根同源，不可分割；在中国处境中，西方哲学与马克思主义哲学相辅相成、难解难分。这个道理好懂，但实行起来就不那么容易了，这里用得上"知易行难"这句话。现在迫切需要在马克思主义哲学与西方哲学专家之间开展专题性的讨论争鸣，从而推动马克思主义哲学中国化与西方哲学处境化共同发展。

七、启蒙与现代性的是非功过

从笛卡儿、培根、洛克、卢梭到康德、黑格尔的哲学用不同的理论形式表现科学、平等、自由、共和的启蒙时代精神，这是西方哲学史上罕有的社会影响如此巨大的时期。马克思主义哲学对其资产阶级革命的局限性的分析批判，也充分评估其积极作用。在中国境遇中，这些哲学家因启蒙精神而受到重视和积极评价。近来随着民族复古主义和文化保守主义勃起盛行，反对启蒙声浪高涨，新文化运动和"五四"时期被当作"全盘西化""割裂传统"的祸端，甚至与"文化大革命"捆绑在一起批判。从方法论的角度看，即使采用据史论史的文本研究，也不能支持启蒙与传统对立、民族性与时代性割裂的学理。反启蒙的学术只能以古

学为标准，重估现代性，颠倒进步和倒退的价值。通过古经解读和近现代文本批判，恢复人心和社会正道，挽救现代衰落的危机，纠正文化变动的偏差；这也可算"论从史出"，只是断章取义，裁剪历史，失去了应有的"大历史"的见识。严肃的西方哲学研究以此为戒，继续发力，深入研究近代和德国古典哲学文本，在启蒙时代的背景和视野中，做出史论结合的新解释和推陈出新、实事求是的评价。

八、后现代主义的哲学评价问题

西方反现代性、批判启蒙的生力军是后现代主义。启蒙思想中科学、平等与自由的张力已经包含现代性与后现代分歧的萌芽，尼采以自由否定平等，用意欲取代理性，以艺术的浪漫反对制度的规范，成为后现代的祖师爷。尼采以个性解放的启蒙形象在中国流行。即使在"五四"时期，个性自由与民主科学的追求也有张力，20 世纪 80 年代，个人诗化创造与社会改革实践在价值观上有不同取向，只不过当时启蒙的氛围掩盖了这种分歧。后现代主义被引入中国以后，具有多重面相，既迎合了反科学实用、推崇艺术和美文的浪漫文人习气，又迎合了热衷于激进左翼知识分子的无政府主义思潮，还与反对权利平等的高贵精英的复古保守心态相呼应。由此不难理解，它在中国被当作时髦新潮受到热捧，甚至在西方哲学领域也受到礼遇，被当作纠正理性主义弊病的划时代转折。后现代主义在哲学上没有超越时代，非但不能纠现代性之偏，相反，它执现代性内部张力之偏，从一个极端走向另一个极端，偏执于艺术和审美的个性，否定科学的普遍有效性和公共道德。"后学"的解构不过是对无本质、无结构、无真相的否定，建构性的"后学"在实践上是无能的。在政治上，"后学"对资本主义激进的文化批判和心理批判，不伤及经济制度和政治体制的皮毛，不触及社会不公正、不合理的实质，只是通过无政府主义的宣泄不满来安慰民众，换取对不正义现实的承认和接受。正如哈贝马斯批判的那样，他们貌似激进，实际上是新生的保守派。

九、政治哲学中"左""右"之争

中国哲学界历来有借外国学说为己张目的传统。"五四"时期自由派借英美自由主义，保守派借欧陆保守主义，抗战时期爱国主义借助德意志民族主义，1949 年后照搬苏联的马克思主义。近四十年，政治哲学的译介研究繁荣，但研究者仍没有摆脱挟洋自重的心态，借助西方左派与右派的名声造势。

然而，中国处境中的"左"和"右"与西方的价值观大不相同，甚至相反，因此要打引号。比如，西方的文化保守主义和政治自由主义都守护自由主义基本价值，两者没有泾渭分明的界限。而在中国境遇中，两者被引申为保守传统的"左派"与鼓吹西方价值的"右派"的怒怼。再如，当代自由主义与经济利益、公共政策直接挂钩；主张国家调节、福利社会属于自由主义左派，主张自由竞争的不干预主义属于自由主义右派，而兼顾左右的主张属于中间派或温和派；而在国际事务中，左派和中间派倾向于"人权高于主权"的人道主义干预，而右派则倾向于国家利益第一的孤立主义；西方的左、中、右的区分只是相对的、暂时的，因时事和局势变化随时转化。比如，利奥·施特劳斯和卡尔·施密特的政治哲学在美国被用于强化传统宗教价值和国家权威，属于右派，但转口中国后，与批判现代性和反对启蒙主张相结合，成为"新左派"重要的西学资源。"左""右"对立有其敏感性，一些学者避谈、忌谈这个问题，因此缺乏公议辩理的学术争论。不过，学界人士心知肚明，即使一些看似纯学术问题的讨论，也有同声相应、同气相求的不同原则和立场。只有了解中国国情，才能悟得其中三味，而西方"新左派"把中国打着同样旗号的人引以为同道，岂不滑天下之大稽吗？

十、海德格尔与纳粹关系问题

在此问题上，西方舆论界和学术界多次兴起轩然大波。海德格尔这个 20 世纪最有影响力的哲学家之一与纳粹这个人类历史上臭名昭著的罪恶有瓜葛牵连，在西方是一个爆炸性新闻，从 1945 年至今一直是政治与学术关系的典型案例，材料越挖越多，看法趋于一致。中国学者与舆论对这个问题比较淡定，看法比较平和。大多数专家认为这样或那样的牵连无损于海德格尔哲学极为深奥的原创性和划时代的影响，学者只在牵连的程度与性质问题上有所分歧。有的认为海德格尔与纳粹只是偶然邂逅，并无过错；有的认为海德格尔只是短暂介入纳粹运动，没有罪责；有的认为海德格尔只是犯了普通德国人当时都犯的过错，无须专门道歉；有的认为海德格尔过错严重，哲学家比普通人负有更大社会责任。但这些都是政治问题，应与哲学分开。

"政治正确性"的中西标准不同。在西方，只要触犯了反犹主义的底线，就要受到道德和政治上的审判，如果有学者身份，更要深挖思想根源。在中国境遇中，德语哲学专家多少有些德意志情结，一些人对纳粹和反犹主义无切肤之痛。海德格尔对现代技术的彻底否定，对现代性的全面批判，对诗化语言的偏好，引起众多文学、艺术和哲学爱好者的共鸣和青睐；而他在现象学运动中的显赫名声和地位，似乎是难以挑战的哲学权威。即使在透露海德格尔反犹思想的"黑皮书"公开出版之后，海德格尔在中国热度不减，取代德国，成为世界"海学"中心。

原载《学术交流》2019 年第 3 期

中国西方哲学研究 70 年

韩 震[*]

伴随着中国特色社会主义进入新时代，学术界目前正在努力加快推进新时代中国特色知识体系的构建，这其中包括当代中国特色哲学基本理论的思考与构建。"哲学"是个外来词，由日本人用汉字翻译自西方语言。哲学最初来自希腊语 φιλοσοφια（φιλοσοφια 是希腊文的"爱"φιλos 和"智慧"σοφια 合成的，英文为 Philosophy）。作为外来词和参照西学学科体系构建的学科，中国哲学的知识体系显然深深地受到西方的影响。既是如此，中国哲学学科体系、学术体系、话语体系的建构就离不开对西方哲学的参照系。但是，鉴于中国是一个有着深厚思想文化积累的国家，哲学在中国的研究和发展具有明显的中国特色。

一、以排斥态度审视西方哲学的阶段（1949—1977 年）

1949 年之前，在与西方文化的接触中，中国已经逐渐了解了西方的哲学体系和思想取向，而且也有许多研究成果出现。最初，是西方传教士到中国传教，带来了某些与基督教关系密切的西方哲学思想。当时的西方学术研究已经走上了近代科学探索之路，与最初的科学研究关联在一起的思想也对中国的有识之士产生了积极的影响。譬如，400 多年前的徐光启，能够以传统士大夫身份，在与传教士交流过程中，敢于正视西方文化的精华，接受域外比较先进的思想和技术，面向中国社会未来发

* 韩震，1958— ，男，北京师范大学哲学学院教授。

展思考问题，堪称"抬头看世界的第一人"。在这个时候，中国虽然看似强大，但因为封建统治者的无知，缺乏变革的勇气，导致社会思想落后，科学技术上缺乏理论突破，已经在实际历史进程中表露出落后于欧洲的端倪。只不过作为老大帝国和古老文明的中国，当时仍然可以发出慑人的光辉，因而这期间的中西思想交流仍然是平等的和相互的。当传教士在向中国传播所谓基督教"福音"的时候，也把中国文化优雅、宽容、理智的特性介绍给欧洲，中国成为欧洲某些知识分子"想象"中的"理想他者"，成为欧洲启蒙运动发展的思想动力之一。但后来，在交流之中，西方人越来越认识到中国统治者的无知和中国文化停滞不前的状态，孟德斯鸠开始从负面的角度审视中华文化，而黑格尔更是通过其历史哲学的话语进一步把中华文明降低在"永恒起点"的位置上。鸦片战争之后，欧美哲学家及学者与中国思想文化界的交流已经变得极为不平等了。在欧美人的眼中和话语里，中国已经从原来"优雅""理智""宽容""进取"的文明国度，变成一个"愚昧""迷信""狭隘""保守"的落后国家。与此同时，中国学者面对欧美先进的科学技术和强大的武力压力，也很难再像过去那样保持自豪的心态了。由于中国人民在击败日本帝国主义的过程中发挥的作用为第二次世界大战世界反法西斯联盟的胜利做出了积极的贡献，以及中华人民共和国的成立，世界对中国的看法开始有所改变。但是，因为"冷战"和西方世界对社会主义采取敌视态度的原因，中国哲学思想及文化观念在西方学者的眼中和话语体系中并没有获得它应有的地位。强势西方文化的压力以及现代学科体系首先在西方文化背景下形成，中国在追赶世界发展潮流的时候，必须向欧美发达国家学习，这种总体追赶和学习的态势也影响了中西哲学思想交流的基本状态，即中国如饥似渴地了解和吸收西方的哲学和文化思想，以致到了"言必称希腊""言必称欧美"的地步；而西方只是以多样性之中的特殊样例之一来对待中国哲学和文化思想，在西方学术界的眼中，中国的哲学只是作为一个有特点且与自己的体系不同的思想样态而已。

1949 年 10 月 1 日之后，中国发生了翻天覆地的历史巨变。面对战乱造成的满目疮痍，新中国首先考虑的重点是修复战争造成的创伤、巩固新生的人民政权，尤其面对资本主义国家企图扼杀社会主义的"冷战"，特别是朝鲜战争以及美国等国家对中国禁运造成的安全威胁，中国的政治逻辑显然是对包括西方哲学在内的西方思想文化的怀疑和不信任。特别是在 1957 年之后，由于匈牙利事件和国内"反右"运动的展开，中国的西方哲学研究基本上处于停顿状态。这一状态是政治逻辑的必然结果。苏联是世界上第一个社会主义国家，新生的中华人民共和国要站稳脚跟，离不开苏联及东欧社会主义阵营的支持，我们政治上采取"一边倒"的做法，是一个历史的必然选择。既然与苏联及社会主义阵营站在一起，思想文化上就必然受其影响，尤其是在当时中国就如何建设社会主义的问题上还没有经验，开展社会主义经济、政治和思想文化建设，必然历史地向已经有过社会主义建设经验的苏联学习，而这种学习在当时既是必要的，在一定的意义上也是富有成效的。特别是 1938 年由斯大林主持下编写的《联共（布）党史简明教程》（其中第四章第二节为"论辩证唯物主义和历史唯物主义"，这本书对马克思主义哲学基本原理做了通俗、简明、系统的阐明，但是对马克思主义进行了许多简单化的处理，表现出一定的教条主义倾向）出版，成为新中国对干部群众进行马克思主义哲学启蒙教育的基本依据。尤其是 1947 年，苏联共产党负责意识形态工作的日丹诺夫《在关于亚历山大诺夫著〈西欧哲学〉一书讨论会上的发言》中，将哲学发展史定义为唯物主义和唯心主义、辩证法和形而上学的对立斗争史，其中唯物主义代表历史进步，唯心主义代表反动落后；辩证法代表先进合理，形而上学代表落后荒谬。这就成为当时中国开展哲学研究和哲学教育的圭臬和标准。

　　既然哲学史上的两条路线已经划分清楚，那么当时的中国哲学界面临的任务则表现为：一是要对唯心主义和形而上学哲学采取彻底否定的态度，将其视为在历史上起反动落后作用的思想心态；二是要把所有西方哲学理论从实质上定性为反动落后的唯心主义和形而上学哲学；三是要对反动落后的西方或欧美哲学采取彻底批判和全盘否定的态度。这种二元对立和对抗的态度是新生政权对国际政治两大阵营对垒的思想反映，同时也在思想上强化了国际对立的认识。既然将西方哲学归结为唯心主义与形而上学，那么我们就应该以唯物主义和辩证法的立场对其进行批判。这种二元对立的思维方式，直接影响了中国对哲学的看法和哲学研究的态度，也必然影响到中国哲学界研究、吸收和借鉴世界范围内哲学思想和思维方法的进程，必然影响到当代中国哲学研究的深入和本土哲学思想的发展。

将哲学发展史视为唯物主义和唯心主义、辩证法和形而上学两军对垒的思维方式与现实政治斗争简单化的做法相互作用，使当时中国的政治生活和思想文化都出现了简单化和极端化的趋势。中国出现"左"的错误，以致于发生了后来所谓的"文化大革命"灾难，可以说，哲学理论的思维方式既是这一社会进程的结果，也是促进这个极端化进程的重要原因之一。整体而言，1949 年之后，中国学术界对西方哲学的研究基本上处于停滞或半停滞状态，只有作为马克思主义哲学直接理论来源的德国古典哲学，尤其是黑格尔哲学和费尔巴哈哲学依然作为哲学研究者关注的对象。另外，法国唯物主义作为马克思主义之前比较坚定的无神论和唯物主义派别，也因为列宁对法国唯物主义的推崇而时常被提到。但是，总体上说，这种研究仍然不是对德国古典哲学和法国唯物主义理论体系的本体性研究，而是从其对马克思主义产生的积极作用出发的。

1949 年之后的最初几年，尽管西方哲学研究不属于重点研究和热点研究的领域，但对西方哲学的研究也没有完全中断。譬如，1951 年，中共中央宣传部创办的刊发译文的杂志《学习译丛》，主要任务是发表关于苏联马克思主义的研究成果，其中许多是当时苏联研究辩证唯物主义和历史唯物主义的成果。同时，也发表某些苏联和东欧国家批判西方哲学流派的著作。数量不多的西方哲学的研究，也在很大程度上受政治意识形态的影响，无论是翻译还是研究和教学，都是从当时我们所理解的马克思主义的立场观点和方法出发的。

随着经济的恢复和发展，特别是 1953 年 7 月朝鲜停战协定的签订和抗美援朝战争结束，新中国学术研究活动逐步恢复和活跃起来。其中，有关西方哲学研究的专业机构和期刊也得以创办。譬如，1955 年，在中国科学院哲学社会科学部之下，成立了以贺麟先生为组长的西方哲学史研究组，并且创办了《哲学译丛》，这个专业期刊着重发表有关研究马克思主义哲学原理的译文，同时也发表某些有关西方哲学研究和评论的译文。更加重要的是，在广泛征求学术界意见和吸纳研究人员建议的基础上，1963 年商务印书馆拟订和公布了《翻译和出版外国哲学社会科学重要著作十年规划（1963—1972）》。当时，也是从马克思主义哲学研究的角度，把 16—19 世纪上半叶欧洲国家的学术著作，特别是作为马克思主义理论来源的德国古典哲学、英国政治经济学和法国空想社会主义三个方面的著作定为翻译和出版规划的重点，力争按时保质地译好、出齐。现在回溯看，我们有理由认为，从 1956 年到 1966 年的十年间是哲学界认认真真、踏踏实实进行西方哲学经典著作翻译的十年，尽管这期间也受到种种政治运动的冲击，但在学者和出版社的共同努力下，原来的规划基本上得以实施。据学者统计，对西方哲学著作的翻译达 129 种之多，成果显著。① 与此同时，为了满足大学哲学专业教学的需要，20 世纪 60 年代初，教育部委托北京大学等单位编写了全国高校统编教材。商务印书馆还出版了中国科学院哲学研究所西方哲学史研究组编译的《现代外国资产阶级哲学资料选辑》、北京大学哲学系外国哲学史教研室编译的《西方古典哲学原著选辑》。在相当长一段时间里，这两本选辑成为中国学者了解西方哲学的重要资料来源，为学者开展西方哲学研究、学生和读者了解西方哲学提供了基本的文本资料。

总而言之，从反思的角度看，在 1978 年之前我们对西方哲学，尽管也进行了一系列有效的翻译和研究工作，取得了某些成绩，但总体上显然犯了简单化和绝对化的错误。这主要表现为：一是把唯物主义与唯心主义、辩证法与形而上学简单地对立起来，认为二者水火不容；二是把唯物主义、辩证法与社会进步力量简单对应，把唯心主义、形而上学与落后和反动势力简单对应，不能理解社会现实与意识形态特别是哲学思想之间的复杂联系；三是把马克思主义的辩证唯物主义、历史唯物主义与历史上的哲学简单地对立起来；四是把哲学思想上的差异和对立与社会历史上的政治斗争简单地联系起来，因而对历史上的哲学特别是西方哲学采取了过度否定的态度。这种文化态度与我们政治上"左"的倾向相互促进，显然成为中国在社会主义探索中走了弯路甚至出现"文

---

① 这一时期的翻译成果，具体参见李俊文《百年来西方哲学在中国的发展》，《江西社会科学》2014 年第 10 期。

化大革命"悲剧的原因之一。面对这种情况,有些学者是"非常不满意的"。就如谢地坤指出的,"早在 1956 年召开的'贯彻双百方针'会议上,贺麟、陈修斋等已经对此提出批评意见"①。从这个沉痛的教训,我们就能够更加深切地理解列宁所指出的真理:"无产阶级文化并不是从天上掉下来的,也不是那些自命为无产阶级文化专家的人杜撰出来的。如果硬说是这样,那完全是一派胡言。无产阶级文化应当是人类在资本主义社会、地主社会和官僚社会压迫下创造出来的全部知识合乎规律的发展。"②

从纵向看,我们不能历史主义地看待历史上的西方哲学;横向来看,我们更加无法理性地审视当代西方哲学的思想。我们对马克思主义之前的西方哲学不能辩证地历史地加以对待,而对于马克思主义产生以后的现代西方哲学,特别是与我们同时代的当代西方哲学就更加难以正确地对待了,因为从"资产阶级进步性已经终结"的观点出发,现当代西方哲学都被简单归结为代表垄断资本主义利益、与马克思主义哲学根本对立的反动哲学,对它们进行合理的学术研究就更加困难了,许多学者都像躲避瘟疫一样躲避这个是非之地。1964 年设立的北京大学外国哲学研究所,在那个时期留给后人的成果仅仅有洪谦先生主编的《西方现代资产阶级哲学论著选辑》。当时,在全国各高校的哲学系中都没有开展现代西方哲学的研究或设置课程,只有复旦大学还算比较系统地开设了这门课程,但也需要用"现代外国资产阶级哲学批判"的名义开设,而且在实际中也必须把批判作为首要的目的,否则就无法让当时的学者接触现当代西方哲学的内容。正如刘放桐先生在《新编现代西方哲学》序言中指出的,"从 50 年代初起的 20 多年内,由于'左'的意识形态的干扰,现代西方哲学被当作腐朽没落的资产阶级反动哲学,极少有人再愿意涉足,原有人员也大多数被迫转向哲学史等其他领域。除了因政治需要发表的批判文章及为批判的目的而出版的少量西方哲学家的论著外,极少有深入系统的研究之作;各大学哲学系均不系统开设本学

---

① 谢地坤:《西方哲学研究 30 年(1978—2008)的反思》,《安徽师范大学学报》(人文社会科学版)2008 年第 4 期。
② 《列宁专题文集:论社会主义》,人民出版社,2009 年,第 394—395 页。

科课程"①。

　　在"文化大革命"之前，还能够逐渐翻译一部分西方哲学家的著作。当"文化大革命"爆发之后，一切关于西方哲学的研究和翻译活动都几乎完全停顿下来。在这个时期，只有在为研究马克思主义的理论来源而出版的论著，或马克思主义经典作家的作品中（特别是他们在其中对某些西方哲学家进行批判），偶尔会提到黑格尔、费尔巴哈、贝克莱、马赫、杜林等人，中国哲学界基本上对西方哲学界的发展情况毫无了解，当代西方哲学思潮所涉及的流派、著作、人物、命题都在我们的视野之外。不仅对西方哲学的研究基本上处于停顿的状态，实际上整个的哲学研究都处于停顿状态，我们的社会也处于难以进行理智对话和独立思考的历史时期。当人们都被裹挟着进行表面却严酷的现实斗争时，哲学的反思就不可避免地被搁置了。

二、以学习态度研究西方哲学的阶段（1978—2012 年）

　　改革开放之后，中国的国门再次打开，人们无不愕然地发现：不仅我们的经济发展水平依然远远落后于欧美国家，我们在思想文化和科学技术等方面也大大落后于世界，哲学研究的学术视野当然也已经非常狭窄，哲学思想和理论思考处于极为贫瘠的状态，而哲学研究的方法也跟不上时代前进的步伐了。历史告诉我们，马克思主义是在同形形色色的非马克思主义的对话和斗争中产生的，也只能在同形形色色的非马克思主义的对话和斗争中得到发展。可是，由于在"左"的思想影响下思想上的自我封闭，我们不是简单回避西方哲学，就是粗暴对待西方理论，因而对马克思主义的理解也出现了偏差。我们的哲学理论不仅变得越来越教条主义，而且变得越来越缺乏包容性发展和创造性拓展。改革开放初期发生的真理标准大讨论，可以说是中国共产党人重新系统地全面看待马克思主义，重新回到实事求是思想路线进程的新起点。

　　当然，对于西方哲学，包括西方哲学史和现当代西方哲学，我们应

---

① 刘放桐等编著：《新编现代西方哲学》，人民出版社，2000 年，第 5 页。

该坚持以马克思主义为指导，进行实事求是的科学分析和研究。一方面，我们要看到西方各种哲学理论与马克思主义哲学之间的本质区别，尤其要批判其为资本主义特别是西方发达国家殖民主义和霸权辩护的狭隘立场和话语体系；另一方面，我们也应该看到西方哲学在长期的研究过程中对哲学的基本问题、基本范畴和基本方法形成了一系列有价值、可借鉴的成果，其中也有对时代性问题富有成果的思考，对于这些有益成果应该在分析批判的基础上加以汲取，通过融通、转换和改造吸纳到中国哲学的时代性发展进程之中，扩大中国哲学研究的理论视野，推动中国哲学思维水平跃上新的高度、扩展到新的广度。社会主义脱胎于资本主义社会，社会主义国家和资本主义国家同时存在于这个时代，二者之间有着内在的历史性联系，二者之间也有必须共同面对的时代性问题。对西方资本主义国家的哲学，不应该采取回避的态度，而是应该给予正确的分析和恰当的回应。只有理解了西方哲学，才能帮助我们理解当代资本主义社会经济、文化发展的历史逻辑和本质。

在中国哲学界开展西方哲学研究的进程中，"芜湖会议"和"太原会议"发挥了重要的作用。如果说"芜湖会议"是改革开放新时期西方哲学学术研究的标志性起点，那么"太原会议"就是现代西方哲学研究的类似起点。

在真理标准大讨论的推动下，哲学界的思想开始活跃起来。1978年10月，中国社会科学院哲学研究所、安徽劳动大学、北京大学、人民出版社和商务印书馆等单位，在安徽芜湖联合主办了"全国西方哲学讨论会"。这是"文革"后外国哲学研究领域的第一次全国会议，也是新中国成立近30年召开的第一次关于西方哲学的全国大会。冯定、贺麟、严群、熊伟、齐良骥等老专家和许多中青年学者100多人参加了会议。在会议上，学者们基于学术研究的愿望形成了思想解放的共鸣，对于外国哲学研究界顺应时代改革、大力解放思想和以极大的热情投身学术研究起到了十分突出的引导作用，具有重要的历史性意义，史称"芜湖会议"。可以说，这次会议既是西方哲学研究者思想解放的一个转折点，也是中国学者认真对待西方哲学、学术地研究西方哲学的新起点。

翌年，即 1979 年 11 月 17 日至 24 日，由中国社会科学院哲学研究所、北京大学、四川大学、山西大学以及商务印书馆和人民出版社联合发起并组织的"全国现代外国哲学讨论会"在山西太原举行。来自全国 28 个省市自治区 85 家单位的 170 余名代表参加了会议。相对以往的冷清，这是新中国成立以来讨论现代外国哲学的第一次全国规模的学术会议，史称"太原会议"。尤其是在这次会议上还成立了"中国现代外国哲学研究会"，后更名为"中国现代外国哲学学会"。这次会议对中国的现代西方哲学研究起到了显著的推动作用。

改革开放之后，中国对西方哲学的研究也经历了几个不同的阶段，这种阶段的划分很难有严格的界限，其中不同阶段的特征也许是相互交叉的，但是从不同阶段的学术倾向仍然可以体会到其中的差异。

1. 第一个阶段是 1978—1990 年

这一时期西方哲学研究的第一个特点是"人的哲学"研究的兴起，与西方哲学学术界的接触让我们感受到与西方之间的差距，这是一个刚刚见到西方哲学之后导致了思想震惊或思想震荡的时期。一方面是广大学者由于习惯了哲学思想领域里的沉默状态，当面对众多的西方哲学思想流派时，人们既不知所措、无从把握，又如饥似渴地要了解西方哲学思想。与此同时，也有某些思想僵化和既有认识模式成为认知惯性的人，对西方哲学思想潮水般涌入表现出种种的抗拒，这种抗拒往往采取过去将其与政治挂钩的方式即"扣帽子"的方法，对某些新开展的研究不时有多种指责。但是，从趋势上说，对西方哲学的研究是不断地扩展和深入的。

正像改革开放是对以往特别是"文化大革命""左"的一套的反拨，改革开放之初对西方哲学的研究很快就凸显了对其中人道主义（或人本主义）主题的关注。当有人说出了"宁要康德，不要黑格尔"时，大家不难理解其背后的意义，其实质就是用康德"人是目的"的原则，去抗衡"左"的风气流行时社会整体性对个人个体性的抑制。对"异化"概念和"人道"问题异常激烈的讨论，反映了学术界对过去"左"的做法的理论控诉。随后，对西方哲学研究的人学转向逐渐升温，渐次扩展到存在主义、意志主义、尼采哲学、生命哲学，还有匈牙利的卢卡奇、波兰的沙夫这样的人道主义的马克思主义哲学表达。对人的哲学的研究热潮，显然来自对过去忽视人、人的自主意识以及人的权利现象的反应，也是对这种现象的批判与超越。可以说，20世纪八九十年代，学术界整体上被人学（或称"人的哲学"）、人的主体性哲学和价值哲学所主导。实际上，中国的哲学脉动在当时是与西方哲学讨论和演进的节奏错位的。在那个时期，欧美世界已经开始反思哲学人本主义的问题和局限性了，以结构主义为代表的哲学思潮使西方哲学进入方法论上的反人本主义的阶段，导致流行的学术词语是所谓"主体性的黄昏"，甚至有人模仿尼采的"上帝死了"说什么"人死了"。可是，与此同时，人本主义、主体性、人的价值却在中国大地成为最为哲学家们关注的问题和话语。由此，我们就可以更加深切地理解马克思所说的，真正的哲学应该是时代精神的精华。哲学不是少数人手中的"雅玩"，而是特定时代人民的追求和思考。当时的神州大地必然是高扬人的力量和恢复人的尊严的时代，人们一方面要从"左"的思想桎梏下走出来，另一方面也要表达一种前所未有的主体性力量的解放感。

这一时期的第二个特点是西方哲学教材和学科建设的完善。青年学生了解西方哲学的热情很高，由此有关西方哲学的课程及教材建设就成为首当其冲的任务。最初，有北京大学朱德生等人编写的《简明欧洲哲学史》，到了20世纪80年代中期，西方哲学的教材编写以及教学和研究逐步进入正轨。1983年，复旦大学全增嘏先生出版了《西方哲学史》，武汉大学的陈修斋和杨祖陶先生出版了《欧洲哲学史稿》；1985年，南开大学冒从虎等人的《欧洲哲学通史》问世；1989年，北京师范大学于凤梧等编写的《欧洲哲学史教程》出版。这四部教材都曾先后被教育部评为优秀教材。在现代西方哲学领域，1985年，南京大学夏基松的《现代西方哲学教程》出版，与刘放桐的《现代西方哲学》一并获得教育部优秀教材一等奖。

这个时期的另外一个成果是，对西方哲学学习研究的热度推动了学科点的建设，不仅中国社会科学院哲学所、北京大学、中国人民大学、复旦大学、武汉大学、南京大学等学校凭借历史传统在培养西方哲学学科的硕士、博士，后来许多学校也逐渐建设了西方哲学的硕士点、博士点，如吉林大学、山东大学、辽宁大学、北京师范大学、华东师范大学、杭州大学、兰州大学等学校。

　　随着西方哲学潮水般地涌入，对西方各哲学流派加以介绍的读物和西方哲学原著被不断翻译出版。最开始，比较敏感的书是出内部版。记得当时人民出版社就出版过一些内部发行的书籍，而这种书籍非常吸引学者和年轻人，书一出版往往都希望托人买到手，先睹为快。西方思想给曾经单调的中国学术界带来新鲜感，青年们如饥似渴地寻找和阅读西方哲学，如果在言谈中不带点西方哲学的概念，都觉得自己落伍了。不仅哲学专业的人读西方哲学，其他专业的人也对西方哲学特别感兴趣。当然，西方的各种哲学理论与思想体系与我们习惯了的思维方式产生了越来越大的矛盾，而且西方哲学内在的消极影响和对中国既有秩序的解构作用也逐渐显现。再加上某些人把各种各样的西方哲学思想或理论当成解释和解决中国问题的"洋教条"，不仅无法推动中国问题的解决，反而给这个进程增加了复杂性。改革开放以来的成绩是从"左"的教条中解放出来，许多人却又陷入"洋教条"之中。因此，官方和一些比较传统的学者对西方哲学采取了一些批评和抑制的行为，不时也开展一些程度不同的批判性活动。即使在这种情况下，对西方哲学研究的热情也无法扑灭，但研究的范围和深入程度呈现一个逐渐放开的过程。尽管对西方哲学思潮存在一定防备心理，但随着改革开放的深入，人们对西方哲学思潮的了解也越来越多，在对人道主义进行批判之后，学界却掀起了一波又一波介绍和阅读西方哲学著作的热潮，如就流派而言，有"存在主义热""生命哲学热""心理分析理论热""现象学热""解释哲学热""科学哲学热""分析哲学热""结构主义热""语言哲学热""法兰克福学派热""后现代主义热"……就哲学家而言，有"萨特热""尼采热""弗洛伊德热""伽达默尔热""罗尔斯热""哈贝马斯热""罗蒂热""福柯热"，如此等等，不一而足。这种"热度"已经远远超出了纯哲学的学术范围，广泛地波及社会政治思想、文学理论、艺术讨论，甚至渗入社会生活的各个角落。

　　对西方哲学的关注，显然不仅是对我们自身哲学理论贫瘠和理论思考不足的反映，而且也来自对我们本身面临的社会问题的思考。在当时许多年轻人思想意识里所思所想的，无非是欧美社会为什么经济社会发达？那可能就是因为它们有先进的科学技术，而科学技术的发展是有其社会制度的原因，社会制度背后则是有文化和思想基础根源的，而支撑整个发展进程的思想性、本源性基础，就应该是来自西方哲学形而上学的探讨传统。因此，要学习和借鉴西方的先进科学技术和管理经验，就必须深入了解欧美的哲学思考和理论发展的进程。如果不理解西方形而上学层次上的思想内容和思维方式，就不可能掌握西方发达社会的理论思考和管理思想，也不可能真正激发科学技术创新的思想源泉。我记得当时作为青年教师在全校开设面向所有专业的西方哲学课程时，报名人数太多，不得不采取限制名额的措施。当时，中国社会科学院哲学所组织全国学者编写的《西方著名哲学家评传》，由山东人民出版社1983—1987年间陆续出版，共10卷（包括续编上、下两卷），就曾经成为许多人理解艰深晦涩的西方哲学的帮手。尽管是精装本，但仍然销量很大。笔者当时作为大学年轻讲师，在讲授"西方哲学史"时，往往从这本评传中找一些新鲜材料和能够让青年学生容易理解的表达方式。为了备课的方便，笔者就购置了一整套，每出一本马上就买一本。

2. 第二个阶段大概从1991年到2000年前后

这一阶段西方哲学研究的第一个特点是研究呈现专门化、细致化。伴随着西方哲学学科的硕士、博士学位点的增加，西方哲学的研究队伍逐渐扩大，中国学者对西方哲学的研究逐渐自然地形成分工态势。古希腊哲学、中世纪哲学、近代哲学、德国古代哲学都有了专门的研究专家，许多研究者甚至将自己的一生投身一个心仪的哲学家，如张世英先生对德国古典哲学特别是黑格尔的研究，叶秀山先生等人对古希腊哲学的研究，洪汉鼎对伽达默尔哲学阐释学的研究，北京师范大学杨寿堪主要研究黑格尔，以及后来年轻一代靳希平和倪梁康等人对现象学的研究，周晓亮对休谟的研究，尚杰对法国哲学的研究，姚大志对西方政治哲学的研究，江怡和陈波对分析哲学的研究。在对西方哲学的专题性研究中，涌现了许多有中国学者视角的研究著作，如人民出版社出版的汪子嵩先生等人的多卷本《希腊哲学史》。对现代西方哲学的研究也逐渐分化，不再停留在整体性的教科书的介绍上，有些学者专治存在主义，有些则致力于结构主义研究，还有些人投身于现象学的翻译与介绍，有人则投身于哲学阐释学研究，西方的分析哲学也开始纳入国人的视野。另外，许多西方哲学的分支学科如科学哲学、语言哲学、心灵哲学、价值哲学、历史哲学、政治哲学、文化哲学、管理哲学也都有各自的关注和研究者，笔者的第一部学术著作就是 1992 年由山东人民出版社出版的《西方历史哲学导论》。与此同时，对西方哲学的研究也逐渐从英、美、德、法逐渐向奥地利、荷兰、意大利、西班牙、加拿大等其他国家扩展。但是，总体而言，中国哲学界对西方哲学的研究主要集中在英美分析哲学和德法大陆哲学上。

此外，这个时期对西方哲学的研究逐渐摆脱了政治方面的干扰，学者们开始更多地从学术的角度去看待西方哲学。正像刘放桐先生在其《新编现代西方哲学》序言中指出的，"'左'的意识形态的干预已越来越少，自由探讨的宽松局面已开始形成。在哲学研究中因提出不同见解而在政治上遇到麻烦的情况已未再有所闻。我国哲学研究的各个领域由此取得了重要进步"①。就中国西方哲学的研究而言，"尽管不再有 80 年代那种泡沫性的热潮，但深入具体的研究之作比那时要多得多"②。

这一时期西方哲学研究的第二个特点是西方哲学各研究方向以及西方哲学与其他学科研究的交互性。对西方哲学的研究，大大扩展了中国人民的思想眼界和理论视野。伴随着改革开放的步伐，中国哲学研究者以极大的热情了解曾经陌生的西方哲学学术思想资源，翻译、出版和介绍西方哲学思潮成为学术发展最直接的驱动力。在成批成套地翻译西方哲学著作方面，甘阳等人的组织工作发挥了很大的作用。在某种意义上，一段时期内中国青年学生对西方哲学的了解要多于对中国传统哲学的了解。西方新出现的思潮，很快就会在中国学术界引起反应。譬如，西方的后现代主义哲学、社群主义哲学、认同问题的理论，都几乎是同步得到中国哲学界的注意、研究和介绍。欧美哲学界学术研究的论题，都被中国学者们给予有中国视角的研究，有些西方命题通过我们新的解释转

---

① 刘放桐等编著：《新编现代西方哲学》，第 5 页。
② 同上。

换成为中国当代哲学的重要组成部分，许多其他哲学二级学科的学者也结合自己的研究主题广泛涉猎西方哲学的学术资源，实际上当时许多杂志中发表的西方哲学的文章来自其他二级学科的学者，甚至马克思主义哲学教科书都在不断地从西方哲学的学术资源中汲取时代性的营养。例如，"价值"概念就是在改革开放之后才纳入哲学思考的视野之中的，开始是在批判实用主义哲学中提到，后来发现价值认识在哲学中具有极为重要的功能，价值视角对我们观察社会和理解他人具有特殊且不能忽视的作用。当时，"价值哲学"在我国是一个新词，最初的争论竟然是："价值"是否仅仅是一个"唯心主义"或"实用主义"的理论陷阱，经过改造能否纳入马克思主义哲学体系之中？毋庸置疑的是，在与西方哲学界的交流互动中，中国的哲学思辨力和理解力都有了显著的提升。实际上，我们对西方哲学的研究不仅丰富着中国的哲学思考，而且也推动了其他学科的研究。每一种西方哲学思潮，往往在中国的文学、历史学、社会学、教育学等领域都会引起阵阵涟漪，都可能引出许多新的讨论话题和方法的变革。记得当时笔者经常被邀请去参加其他学科的博士生、硕士生的论文答辩，原因是这些学生是基于西方哲学某种流派来研究本学科的问题的。

对西方哲学的研究，还包括对西方马克思主义哲学的研究。改革开放之前，我们对马克思主义哲学的研究只限于经由苏联而来的马克思主义哲学，除了对马克思、恩格斯、列宁等经典作家的研究之外，也部分地研究"梅林—普列汉诺夫正统"马克思主义学术阐释路线。随着改革开放的推进，中国哲学界才开始接触到以匈牙利的卢卡奇、德国的柯尔施、意大利的葛兰西为代表的西方马克思主义哲学思想。卢卡奇的《历史与阶级意识》、柯尔施的《马克思主义和哲学》、葛兰西的《狱中札记》都被翻译并且公开出版了。这对突破日丹诺夫对哲学的教条主义定义，扩大中国哲学界对马克思主义哲学理解视野起到了重要的推动作用。随后，中国哲学界也渐次把"法兰克福学派""弗洛伊德心理分析理论的马克思主义""存在主义的马克思主义""结构主义的马克思主义""新实证主义的马克思主义""分析的马克思主义"以及基于西方现代性危机而兴起的"后现代主义的马克思主义""女权主义的马克思主义""生态马克思主义"等哲学思潮纳入研究视域。中国哲学界既从这些思想流派中觅寻到许多理论发展的新问题，同时也按照马克思主义哲学基本原理对它们进行了分析批判，并且在这个研究进程中注入了中华民族的和时代的视角。

3. 第三个阶段大概从 2001 年到 2011 年

这一阶段西方哲学研究呈现整体性、多元性、同步性特点。在这个时期，学科建设步伐明显加快，由于一级哲学博士点的扩大，可以培养西方哲学博士的学科点也大为增加。中国对西方哲学的研究不仅有了人力资源的广泛性，而且研究水平也得到明显的提升，基本上可以对西方哲学的发展给予同步的反应。到欧美访问、进修的学者和攻读学位的留学生越来越多，中国与欧美哲学界的学术交流不断加强，中国对西方哲学的陌生感、新鲜感已经让位于作为学术本身研究各自特点的反思。一方面，中国对西方哲学的翻译开始进行系统化整合；另一方面，对西方哲学的研究从过去的社会性热捧逐渐转变为一种学术体系建设过程中自身的学科性存在要求。

中国学界对西方哲学的研究，从一开始就是在比较系统性的设想下展开的。这不仅表现在老一辈学者如贺麟、王玖兴、王太庆、苗力田、梁存秀等人对西方哲学的系统翻译，而且也表现在学界试图对西方哲学发展史给予整体性把握的尝试上。譬如，早在 1979 年 4 月全国社会科学规划会议上，就把《西方哲学史》（多卷本）列为重点工程。但是，限于当时的条件，推进工作比较困难，这不仅是由于队伍青黄不接的问题，而且也有一个思想准备的过程。因此，真正多卷本的《西方哲学史》是在 21 世纪才得以问世。目前，有两个多卷本值得关注：一是中国社会科学院哲学所的《西方哲学史》（多卷本），该书是中国社会科学院 1998 年立项的重点课题，由哲学所著名哲学家叶秀山、王树人主持，各分卷主编和主要撰稿人都是中国社会科学院哲学所"西方哲学史"学科的学者，院外部分学者也参加了写作。该书共 8 卷 11 册。第 1 卷：总论；第 2 卷：古代希腊与罗马哲学；第 3 卷：中世纪哲学；第 4 卷：近代：理性主义和经验主义，英国哲学；第 5 卷：启蒙时代的法国哲学；第 6 卷：德国古典哲学；第 7 卷：现代欧洲大陆哲学；第 8 卷：现代英美分析哲学。全书近 600 万字，由凤凰出版传媒集团、江苏人民出版社出版。该书出版时举办了一个首发式座谈会，大家认为这套多卷本《西方哲学史》基本上反映了几十年来我国在西方哲学史研究领域的优秀学术成果。另外一套多卷本是复旦大学哲学系的力作，即复旦大学刘放桐、俞吾金主编的 10 卷本《西方哲学通史》（近 600 万字），这是基于国家社会科学基金和教育部重点课题组织编写的，其中加大了现代部分，并且将其与马克思主义哲学的发展结合起来。另外，这套书在形式上每一部似乎又是可以作为单一主题而存在，有其明显的特点。无论如何，中国对西方哲学的研究进入了系统化研究的阶段，这也意味着中国哲学研究水平的整体性提升。正如叶秀山先生所说的，中国学者研究西方哲学，固然有许多短处，但似乎也有一些长处。就叶先生的理解，中国学者的短处是语言，是那种沉浸于其中的文化存在；但是，我们也有长处，那就是跳出其文化存在看其文化的实质。哲学史不仅仅是历史的，而且首先是哲学的，我们审视一种哲学的发展史，也应该有一和既能够认识其存在又能够跳出其存在的思想高度。中国人研究西方哲学的长处是：一方面中国人有五千年文明积累的历史视野，另一方面是多年来对我们关于马克思主义的学习与思考的积累。

中国对西方哲学研究的系统性展开，也反映在对西方哲学著作的翻译方面。在 20 世纪，翻译西方哲学著作的热度就很高，但都有着随社会的关注和个人的兴趣而铺开的特点，同时也受出版社编辑力量和出版资金实力的限制。进入 21 世纪之后，对西方大哲学家如柏拉图、亚里士多德、康德、黑格尔、费希特、胡塞尔、海德格尔、杜威等人著作的系统性翻译出版逐渐纳入国家社会科学基金的支持范围，如梁存秀对费希特著作的翻译，王晓朝对柏拉图的翻译，孙周兴对海德格尔著作的翻译，李秋零和邓晓芒各自对康德著作的翻译，刘放桐主持对杜威全集的翻译等。

与此同时，教材建设也越来越富有成效。20 世纪 90 年代后期，北京大学赵敦华的《西方哲学简史》和《现代西方哲学新编》就被国内许多大学广为采用。张志伟的《西方哲学智慧》传播很广，赵林等人也编有颇有影响的教材。韩震主编的《西方哲学概论》内容涵盖从希腊哲学到现当代欧美哲学（2006 年出版），是普通高等教育"十一五"国家级规划教材，被评为教育部 2007 年度普通高等教育精品教材。北京师范大学由韩震牵头还编了《现代西方哲学经典著作选读（英文版）》《西方经典哲学原著选读（英文版）》。其他学校也编写了许多类似的教材，这些教材应该说都有自己的特色，但从马克思主义的立场观点和方法的整合而言，就难免出现断裂的问题。另外，教材质量也存在良莠不齐的现象。因此，根据中央有关单位安排，由赵敦华和韩震主持编写了马克思主义理论研究和建设工程重点教材《西方哲学史》，该教材组织全国有关知名学者协同编写，并且经过多方面的反复审核讨论，2011 年由高等教育出版社和人民出版社正式出版。

此外，这一时期，西方哲学研究越来越呈现同步性、自信化，形成了自己的研究特点。尽管由于学术传统的差异，中国人对西方哲学的理解仍然是有我们自己视角和特色的，但是我们对西方哲学的研究，无论从广度还是深度，都越来越体现出与西方哲学界的同步性。不仅大量中国青年学生到国外学习并且获得哲学博士学位，而且国内许多哲学院系都长年聘任西方学者任教，西方哲学成为中国哲学界的特殊研究领域，不再像改革开放初期那样显得神秘且被神化。反观西方对中国哲学的了解，从广度和深度上都无法与中国对西方哲学的了解相比。这种不对等越来越显得有些奇怪。中国人的精神世界已经发生了重大的变化，中国在哲学层面或者形而上学的"道"的层面越来越自信了。对于当代中国哲学工作者而言，西方哲学不仅是可以理解的，也是具有自身的特殊性和局限性的，因而它不是我们思维发展的圭臬，而是我们思维有益的参考或参照。我们仍然会关注西方哲学的发展，不像西方人那样忽视东方文明的智慧。只有善于向他者学习的文化，才是有活力的文化；只有乐于借鉴他者的文明，才是有创造力的文明。文化自觉、文化自信、文化自强的意识已经越来越成为中国人的共同的精神样态。

伴随着中国哲学界对西方哲学了解的加深，中国学界西方哲学的研究也出现了新的趋势：一是越来越多的哲学工作者逐渐从对西方哲学的解读转向学术性的分析和批判性研究；二是越来越多的西方哲学研究者开始从纯粹西方哲学研究转向结合中国哲学问题进行融通性的研究；三是越来越多的西方哲学研究者开始从纯粹西方哲学理论研究转向利用西方哲学的方法进行结合中国社会问题的研究。例如，研究西方哲学的张世英先生近年对一般哲学的体系性思考，王树人先生对象思维的原创性研究，张祥龙等对中国与西方哲学的融合性思考；有西方哲学学科训练背景的俞吾金、赵敦华等人对马克思主义哲学也展开自己独特的探索；而冯俊则结合中国社会经济政治问题，写了许多有分量的文章，近年来笔者大概也属于这个类型。

三、以自信的态度与西方哲学对话的阶段（2012 年至今）

中国特色社会主义已经进入新时代，中国经济社会发展进入了新阶段。在短短几十年的时间内，经过全国人民的艰苦努力，中国已经从一个相对落后的国家成长为第一大制造业国和第一大货物贸易国。与此同时，中国的科学技术和学术研究也进入了一个崭新的阶段。伴随着综合国力的提升，中国的文化软实力和国际影响力也在与日俱增。过去，中国出版界主要是进口国外特别是欧美的著作版权，但是，到今天，我们除了继续系统翻译出版国外的著作，有关中国的哲学思想、历史社会、文化艺术的著作版权也推向国外。中文译为外文的著作数量不断攀升。在这个过程中，中华外译项目的支持也发挥了重要的助推作用。中国的这一发展进程，变化有些太快了，以至于我们自己和国外都面临着如何适应这个变化的问题。

中国的时代性变化引起了许多新的效应。一方面，中国哲学界越来越从仰视西方的心态转变为比较理性的平视性态度；另一方面，包括欧美在内的世界学术界开始比以往任何时期都关注中国，也有某些人基于狭隘的民族主义立场，开始对中国的崛起感到焦虑，展开对中国文化思想的歪曲式理解。早在 1993 年，哈佛大学教授塞缪尔·亨廷顿在《外交》杂志夏季号上发表《文明的冲突》，这篇文章是对"苏东剧变"之后，美欧对失去与苏联集团的意识形态斗争之后寻找"新的敌人"的适应性反应，当时亨廷顿就提到西方文明与儒家文明、伊斯兰文明的冲突问题。不过，这一说法的提出，一方面是因为当时的欧美与中国相比仍然有很大的优势，另一方面是因为那个时候的欧美还是对自己所谓"自由""民主""理性""法治""市场经济"等核心价值观感到骄傲，要与非西方的文明展开较量，以维护西方文明。但是，随着中国综合国力的迅猛提升，现在的西方似乎对"他者"超越自己越来越焦虑。西方社会似乎在放弃自己过去所宣扬的价值观，而走向反理性、反文明的立场。譬如，美国国务院内部的政策规划处正策划将中美之间的冲突从"战略竞争对手""修正主义强权""意识形态敌人"，进一步发展成"不同文明、种族之间的冲突"。自身作为非洲裔的美国国务院政策规划主任基伦·斯金纳，在参加华盛顿一个智库活动的讲话中，把中美之间的大国竞争形容为中西文明和意识形态的争斗，她竟然还罔顾历史事实把中国称为美国历史上面对的第一个所谓"非白人"的战略竞争对手。在她看来，美苏竞争在一定程度上属于"西方大家庭内部的争夺"，而"当前中国的制度不是西方哲学和历史的产物"，因而对美国构成了独特的挑战。[①] 这种按照种族来划分你—我的观念，已经与纳粹主义思想相去不远了，是非常危险的信号。显然，西方的多元主义和所谓"开放社会"的神话已经破灭，这是欧美内部民粹主义甚嚣尘上所导致的"白人至上"种族主义沉渣泛起的结果。特朗普等人抛弃了理性思维，也就抛弃了西方哲学的传统，这必然侵蚀欧美的软实力。特朗普及其背后某些利益集团和敌视中国的势力的所作所为，也猛然警醒了那些被西方哲学体系和价值体系所迷惑的人。西方哲学的原则并不完全是西方人的行为原则，当这些哲学原则可以被用来攫取利益和权力时，他们就冠冕堂皇地拿来宣扬或教训发展中国家，当这些哲学原则妨碍到他们攫取利益和权力时，他们马上就弃之如敝屣，露出自身"利益至上"的马脚。

然而，不能因为西方某些势力对我们的围堵，我们就放弃对西方哲学和思想文化的研究。我们应该把西方某些势力的言论与西方哲学的学术理论分开。在西方哲学理论的发展中，仍然有许多具有启发性意义的时代性智慧。我们应该以海纳百川的宽广胸怀，与包括欧美国家的人民

[①] 参见温燕等《美挑动与中国"文明较量"》，《环球时报》2019 年 5 月 6 日；张锐《"对华文明冲突论"是一种以己度人的危险逻辑》，《光明日报》2019 年 6 月 19 日第 2 版。

一起努力，打破文化交往和思想交流中或明或暗的壁垒，以兼收并蓄的态度汲取其他文明的养分，促进世界文明和思想精华在思想碰撞磨砺和交流互鉴中共同前进；以中国当代哲学知识视野的宽度和理论观念的深度，"立时代潮头，发思想先声"，以伴随中华民族的伟大复兴。中国研究西方哲学，从开始就是为了通过了解"他者"而提升自我，但是最初我们多是从与他者的差距去考虑的；经过这么多年的学习、理解与思考，我们越来越意识到不同文化思维方式的相互补充的一面，我们越来越自信地对待自己与他者。

进入新时代，中国学者无论从视野还是方法上都已经更加自信，中国的西方哲学研究也就展现出了某些新的特征和趋势。

第一，中国对西方哲学的研究已经变成更加冷静的学术性审视，与西方哲学家之间的对话越来越具有相互平视的特点。我们不再把西方哲学视为圭臬或"洋教条"，而是成为我们哲学研究的必要参考性资源。我们希望在与西方哲学的对话中发展当代中国的哲学理论。例如，报纸、杂志有越来越多中西哲学家之间的对话发表出来，英文版的《中国哲学前沿》(*Frontiers of Philosophy in China*) 杂志，从 2006 年创刊到今天，在国际范围内已经出版发行了 14 年，该刊物既发表中国哲学研究者的英文论文，也发表西方哲学研究者的论文，表现了中西哲学家们双向的交流互动，已经成为一个颇有影响的中外哲学家讨论学术问题的平台。当然，中国学者仍然且应当对西方哲学保持强烈的研究兴趣，继续进行必要的系统性翻译和研究工作，许多重要的西方哲学家的主要著作已经基本出版了，今后可能就是要完成哲学家著作全集的整合和一些相对次要的哲学家著作的翻译和系统化的任务。除了《剑桥哲学史》的翻译出版，值得一提的还有冯俊主持的多卷本《劳特利奇哲学史》的翻译。《劳特利奇哲学史》是西方世界在走向 21 世纪时出版的一部代表当今世界西方哲学史研究领域最高学术水平的著作，它对从公元前 6 世纪开始直到现在的西方哲学史提供了一种编年式的考察。此书出版不久，就被翻译成中文，体现了中国哲学界与西方哲学的研究已经同频共振。实际上，现在许多西方学界的著作可以中文版与西方语言的版本同时出版，不再像过去那样慢半拍了。

第二，中国学者对西方的研究越来越具有同步追踪的特点，欧美哲学思潮的变化很快就会在中国学术界得到回声。例如，许多西方刚刚出版的著作很快就有中文版，如万俊人等人对西方政治哲学的研究。另外，桑德尔等人的网络课程也在中国被追捧，西方很多热门的讨论很快就会进入中国学界。例如，复旦大学哲学系连续几年出版《国外马克思主义》的报告；由韩震主持，北京师范大学哲学系和中国社会科学院哲学所学者编写的《国外哲学发展年度报告（2007—2009）》《国外哲学发展年度报告（2010）》分别在 2011 年和 2012 年出版。与此同时，中国对西方哲学的研究也得到了西方同行的认可。就现象学的研究而言，如丁耘指出的，"现在德国人很羡慕中国现象学的发展，他们说'德国哲学在中国'，'现象学在中国'，我不敢说中国现象学的研究已经超越了德国，但是中国现在对现象学感兴趣的人数肯定超过德国"①。就分析哲学而言，如江怡所说的，"经过 40 年的工作，我国的分析哲学研究已经取得了举世瞩目的成果，无论是在国内哲学研究领域还是在国际哲学界都得到了很高的关注和评价"②。

第三，中国西方哲学的研究队伍和机构已经非常壮大。一是年轻一代已经成长起来，他们多有欧美留学的经历，许多人拥有欧美大学的博士学位。二是在中国的大学和研究机构已经逐渐形成了一些有自己特色的研究中心，如北京大学对西方中世纪宗教哲学的研究、中国人民大学对西方政治哲学的研究、北京师范大学对西方历史哲学和分析哲学的研究、清华大学的西方伦理学研究、南京大学和复旦大学对西方马克思主义哲学和杜威哲学的研究、同济大学对当代德国哲学的研究、山西大学对西方科学哲学的研究、中山大学对现象学和逻辑学的研究……

第四，许多西方哲学的研究者，对马克思主义哲学的中国化，对提升中国化的马克思主义研究做出了独特的贡献，在融通马克思主义哲学、中国哲学和国外哲学的学术资源方面发挥了重要作用。老一辈学者如汝信、邢贲思先生都是既研究西方哲学，也思考马克思主义哲学的发展问

---

① 丁耘：《论西方哲学中国化的三个阶段》，《天津社会科学》2017 年第 5 期。
② 江怡：《40 年来的中国分析哲学研究：问题与挑战》，《北京师范大学学报》2018 年第 5 期。

题。俞吾金、张一兵等人对西方马克思主义哲学研究、对中国马克思主义哲学研究都做出了贡献。赵敦华 2018 年在江苏人民出版社出版的《马克思哲学要义》，成为学界的一个佳话。而笔者也是因为工作关系，经常在西方哲学和马克思主义哲学两个二级学科中穿插，一方面从马克思主义的角度去审视西方哲学，另一方面也用西方哲学的视域和方法丰富马克思主义哲学讨论的问题。显然，中国学者在让西方哲学讲汉语的过程中，也在同时构建自己对哲学的时代性理解。

但是，西方哲学毕竟是另外一种文化时空中的思维方式的产物，因而与中国人的思想方式从根基上或元层次上就有差异，即使我们研究它，也必定有我们理解结构的限制，这也许就是张汝伦所说的，"我们对西方哲学不能融会贯通，不仅表现在对西方哲学缺乏整体把握，也表现在我们对于研究对象的思想不能真正吃透，不能用自己的语言加以阐释与表述。近 40 年西方哲学研究的普遍现象是翻译体盛行，各种译名满天飞，却不知道它们真正在说什么"①。我们应该跳出某些藩篱，按照更高的、更普遍的因而也更加包容的哲学思维研究西方哲学，这样才能让西方哲学讲汉语，并且成为我们思考的学术资源。

另外，目前中国西方哲学研究也出现某种消退的趋向。这表现在西方哲学研究的热度下降，譬如，国家哲学社会科学基金项目的申请量已经好多年落后于中国哲学、马克思主义哲学、伦理学，仅仅排在第四位。相对于改革开放初期对西方哲学的"狂热"，这也许是学术研究应该有的理智状态，西方哲学研究到了它在中国应该有的热度正常值。不过，无论如何，我们都应该对西方哲学的资源进行持续的研究，这不仅因为哲学作为一种学科机制产生于西方，而且还在于欧美国家仍然是当今世界最具经济文化影响力的力量。乌克兰汉学家维克多·基克坚科指出："毫不夸张地说，中国是非西方国家中研究西方哲学的佼佼者。近几十年来，大量西方哲学的名著被翻译成中文。如今，中国正在认真学习，吸取西方世界，包括西方哲学的精华。但这一切仍然发生在马克思主义哲学占

① 张汝伦：《旧学商量加邃密　新知培养转深沉——四十年来西方哲学研究的反思与前瞻》，《哲学动态》2018 年第 9 期。

主导地位的条件下。"① 这就是说，中国仍然在研究西方哲学，但是却仍然自主地构建中国化的马克思主义哲学。在中华民族伟大复兴中国梦即将实现的时刻，中国的学术创新必须融通好马克思主义哲学、中国传统哲学以及外国特别是具有深厚历史积淀和传统的西方哲学学术资源，构建有中国特色的哲学理论体系。

原载《社会科学战线》2019 年第 9 期

---

① 乌克兰通讯社网站 5—13 日报道《中国正在完善与世界合作的方式》，《参考消息》2019 年 5 月 24 日第 11 版。

现代西方哲学研究要有中国特色

罗克汀 *

一

由美国"国际现象学协会"主编的刊物《现象学探究》，刊载了海外学者金坚先生的专文：《关于胡塞尔现象学在中国的研究与展望》（见第10卷，1986 年 10 月)，其中介绍评论了我从 1980 年至 1983 年的 5 篇拙作。我认为这种属于正常的学术交流，是有益的。金坚先生对我的拙作做了一些肯定和鼓励。但他认为，对拙作所主张的现象学的根本观点是"把哲学与自然科学从根本上对立起来"，"因而是唯物主义和自然科学的敌人，是对十九世纪末、二十世纪初自然科学的反动"观点"不敢苟同"。我认为金坚先生不同意我对现象学的根本看法，是可理解的。因为，我同金坚先生以至一般西方的现代哲学研究家，在研究现代西方哲学（包括现象学在内）的指导思想上，在立场、观点、方法上，是根本不同的。我一向认为，中国的现代西方哲学研究应当具有中国特色，应当从根本上不同于一般西方现代哲学研究家的研究。那么，所谓中国特色，最主要、最根本的是什么呢？这就是我们一贯理直气壮地、公开地主张研究现代西方哲学要以马克思列宁主义、毛泽东思想为指导，贯彻这样的立场、观点、方法，科学地即实事求是地分析现代西方哲学的各种思潮、流派、代表人物的哲学思想，当然其中也包括胡塞尔现象学。

---

* 罗克汀，1921—1996，男，中山大学哲学系教授。

现代一般西方学者研究现代哲学，当然也有指导思想，也有一定的立场、观点、方法。因为没有指导思想的所谓"纯客观"研究实际上是不存在的，而且也是不可能存在的。不过，他们只是从非马克思主义的立场、观点、方法来研究现代哲学而已。

正因为研究现代西方哲学，在指导思想上，在立场、观点、方法上，我国的现代西方哲学研究从根本上不同于西方一般学者的现代西方哲学研究。因此，就指导思想，就立场、观点、方法上说，我国的现代西方哲学研究是（而且也应当是或必然是）与西方一般学者的研究根本不同的。这就是说，列宁关于哲学党性原则的观点和论述并没有过时。不仅如此，而且列宁关于哲学党性原则的论述，在当代仍然适用于用来分析现代西方哲学的根本性质。我们并不否认现代西方哲学由于同人类认识历史，特别是自然科学史有一定的联系，因而也有一定的合理因素。但从总的来说，现代西方哲学仍然是马克思主义哲学的对立面，它的实质仍然是唯心主义的。唯物主义与唯心主义这两条哲学路线的斗争，仍然是贯穿着现代西方哲学史的一条主线。

有的人认为，哲学党性原则不适用于现代西方哲学，把唯心主义哲学看作"敌对流派"，不过是唯物主义者的一种臆造。我认为，实事求是地分析现代西方哲学流派（当然其中也包括胡塞尔现象学），将会证明现代西方哲学各流派，不但都在不同程度上宣扬唯心主义和形而上学；而且在现代西方哲学许多流派中都直率地、坦白地攻击马克思主义哲学，把马克思主义哲学看成根本不是哲学，或者把它说成是假哲学、伪哲学。

现代西方哲学虽然流派众多，但主要是两大基本思潮：唯科学主义思潮与人本主义思潮。唯科学主义思潮的主要特征是撇开人来讲科学；人本主义思潮的主要特征是撇开科学来讲人。两者的共同特点是都把人与科学形而上学地割裂开来。唯科学主义思潮的典型代表流派是逻辑实证主义。逻辑实证主义者否定哲学基本问题，因而也否定哲学的党性原则。按照他们的观点，只有分析命题（逻辑和数学就属于这类命题）和综合命题（经验科学中可证实的命题就属于这类命题）才是有意义的，而真正的哲学问题就是逻辑问题、语言问题。从这种观点出发，他们认为唯物主义哲学（包括马克思主义哲学的辩证唯物主义哲学在内）的基本原理、规律、范畴都是毫无意义的假命题。他们又认为唯物主义哲学并不是综合命题，因为它不是经验科学；而唯物主义哲学又不是逻辑问题，因此，在逻辑实证主义者看来，唯物主义哲学，特别是马克思主义哲学的辩证唯物主义只不过是一种毫无意义的、抒发个人感情的假哲学，即他们说的所谓"形而上学"。从上述情况可知：逻辑实证主义者研究哲学的指导思想、立场、观点、方法，显然是同我们研究现代西方哲学的指导思想、立场、观点、方法根本不同的，甚至是根本相反的。哲学的党性原则，唯物主义和唯心主义两条哲学路线的斗争并没有过时，只不过是改变了理论形式而已。

人本主义思潮典型的代表流派就是胡塞尔现象学。胡塞尔现象学的根本观点就是严密科学或本质科学（以现象学为典型代表）与非严密科学或经验科学（如自然科学、社会科学等）的根本对立。胡塞尔把现象学成立之前的哲学史看作严密科学与非严密科学对立、斗争的历史，看作严密科学确立的前史。胡塞尔认为，哲学从最早的时候开始，便要求成为严密科学，但在哲学史上，在现象学成立之前从来没有一种哲学能够达到成为严密科学这种境地。因此，在胡塞尔看来，在现象学之前根本就没有作为严密科学的哲学，即没有真正的哲学。这样，在现象学成立之前也就根本没有真正的作为严密科学的哲学史。只有从现象学成立之日开始，才有一门作为严密科学的哲学；也就是说，从胡塞尔现象学开始，才有真正的哲学，只有现象学才是真正的哲学。这样，作为在现象学成立以前的哲学史上传统唯心主义哲学和唯物主义哲学的斗争就被取消了。哲学史上唯物主义和唯心主义的对立统一和斗争的历史便被篡改为所谓严密科学的哲学与非严密科学之间的对立、斗争的历史。而唯物主义哲学，包括马克思主义哲学的唯物主义哲学在内都变成严密科学的哲学即真正哲学的对立面。也就是说，同逻辑实证主义者一样，现象学者也把唯物主义，特别是马克思主义哲学的辩证唯物主义看作一种假哲学、伪哲学。这正好说明了作为现代西方哲学人本主义思潮典型代表的现象学具有明显的党派性，表明唯心主义和唯物主义的斗争在现代西方哲学中毕竟是客观事实，而并非唯物主义者的杜撰；同时也说明了现象学从总的来说正是马克思主义哲学的对立面，列宁关于哲学的党性原则的观点和论述，并没有过时。

理解上面的分析，我们便可以明白：我们主张加强学术交流和信息交流，但这并不能妨碍我们理直气壮地公开坚持以马克思列宁主义、毛泽东思想作为我国现代西方哲学研究这一学科的指导思想，旗帜鲜明地走我们自己的具有中国特色的道路。

二

但是，我们以马克思列宁主义、毛泽东思想为指导思想，会不会像金坚先生所说的那样："从批判的硝烟中了解现象学就犹如隔雾看花呢？"其实，金先生不必有此担心。我们的现代西方哲学研究是在力图贯彻马克思列宁主义、毛泽东思想的指导下，把科学性与教育性、研究性与批判性结合起来的。我这里说的科学性也就是要求对现代西方哲学各流派做实事求是的具体分析。

第一，工人阶级的党性和彻底的科学性是统一的。因此，坚持哲学的党性原则，也就是意味着要对现代西方哲学流派做实事求是的具体分析。而把党性原则与实事求是的具体分析有机地结合起来，这样做就不但坚持了哲学的党性原则，而且可以使哲学的党性原则得到丰富和发展。这样做就必须反对用简单化的粗暴态度来对待现代西方哲学。全盘肯定、"全盘西化"或全盘否定都是一种"一刀切"的简单化粗暴做法。不仅如此，把哲学的党性原则仅仅限于对现代西方哲学流派做出唯心主义性质的揭露还是不够的，因为这还没有贯彻全面的实事求是的具体分析。现代西方哲学流派的产生和发展，不仅同阶级基础有密切联系，终归体现和反映了阶级斗争的实际；而且同人类认识史，特别是同自然科学史也有密切联系（虽然往往是受到唯心主义的歪曲的）。因此，现代西方哲学虽然从总体的方面来说是唯心主义的，是马克思主义哲学的对立面，但由于它或多或少地体现了人类认识史、自然科学史的一些成果（尽管是经过唯心主义的曲解），因而也具有一些合理因素。这些因素可以经过消化、融会贯通之后，加以批判吸收，成为马克思主义哲学中的有机成分。此外，现代西方哲学流派中还有一些对于发展马克思主义哲学有所启发、可以借鉴的因素，我们也必须加以实事求是地肯定。这样我们就可以使马克思主义哲学的基本原理、哲学的党性原则得到丰富和发展。例如，逻辑实证主义重视哲学与自然科学的联系，重视现代逻辑对于哲学的意义和作用，这从丰富和发展马克思主义哲学的角度来看，无疑是有合理的因素且可以批判吸收的，是具有启发和借鉴的作用与意义的。又如现象学和从现象学演变而来的存在主义，虽然从总体来看是马克思主义哲学的对立面，但现象学和存在主义强调哲学为了人，哲学必须研究人，这一点对于我们丰富和发展马克思主义哲学无疑也是有启发和借鉴的作用与意义的。

第二，实事求是地全面对现代西方哲学流派做具体分析还意味着正确处理"横向"研究与"纵向"研究的关系问题。就现象学来说，所谓"横向"方面的研究即对整个现象学体系、结构做详细的、周密的、细致的研究。胡塞尔从 1900 年至 1901 年出版《逻辑研究》两卷本开始初步建立了先验现象学体系的理论基础，到现在已经有八十多年的历史。如果现象学没有一个比较完整的理论体系，是不可能有那么强的生命力，能够流传达八十多年之久，并且在西方直到现在仍然有较大影响，仍然是现代西方哲学中的一个重要流派。对整个现象学理论体系做全面而深入的剖析，不但可以防止"贴标签"、"片面性"、"简单化"和"粗暴化"等"左"的干扰，而且也有助于揭露现象学理论体系的内部矛盾，弄清楚贯穿于现象学理论体系之中的唯心主义和形而上学线索，从而明确现象学确实是马克思主义哲学的对立面。

不仅如此，我们还必须把"横向"研究引向深入。既然现象学有一个比较完整的理论体系，那么是不是说这个理论体系中的一切基本观点、具体观点都具有同等重要性，在体系结构中都具有同等地位和作用呢？不是的。在胡塞尔现象学理论体系中有不少基本观点、具体观点，如哲学与科学即作为严密科学的现象学与经验科学的基本对立和割裂，绝对真理与相对真理的根本对立和割裂，事实与本质、经验与形相之间的根本对立，个体直观与本质洞观的对立，意识作用与意识对象，现象学还原方法，意向性作用，欧洲人危机论，欧洲科学危机论，人的意味及人道主义等。所有这些基本观点、具体观点在胡塞尔现象学的理论体系中都是相互联系的。因此，必须客观地、全面地掌握这些论点以及它们之间的内在联系，以避免对现象学进行研究与批判时，流于片面性、简单化和粗暴化，不能实事求是地进行具体的分析批判。

但是我们如果只是停留在这样的地步是不够的，"横向"研究还应当更进一步深入。从现象学的理论结构来看，并不是上述所有的基本观点、具体观点都具有同等重要性，在结构之中都具有同等地位和作用。相反地，现象学具有一个比较完整的理论体系，这就意味着，在它的内部，既有贯穿于整个理论体系之中的根本观点、本质观点，又有从这一根本的本质观点引申出来的或与这一根本的本质观点相联系的各个基本观点、具体观点。只有在对现象学的根本的本质观点同其他各个基本观点、具体观点的内在联系中，才能揭露出它们的关联性和内在矛盾，从而指出这种内在矛盾在现象学这个唯心主义和形而上学的理论体系框架之内是不可克服的；并且进一步抓住现象学理论体系中哲学（现象学）与经验科学这个根本的本质矛盾，进一步揭露出先验现象学的唯心主义哲学路线的反动本质。如果不抓住现象学这一根本的本质观点，那么，其他的各个观点便没有一个头绪、线索，有如散沙，这样也就很难揭露出现象学的唯心主义哲学路线的实质。

但是，我们也应当指出，要对现代西方哲学做实事求是的分析，只有作为现象学理论体系的"横向"分析研究是不够的，因为如果仅仅这样做，也还只是孤立静止的分析研究。因此，在对现象学做"横向"的理论体系的分析研究的同时，又必须做"纵向"的历史的研究与分析，即从产生现象学的各种历史条件（包括社会、阶级斗争的历史条件和人类认识史、自然科学史的历史条件）的相互联系来研究现象学的产生、发展和演变，从而揭露出现象学这个现代西方哲学流派作为一种意识形态的历史现象的规律性。现象学的产生、发展及其演变为存在主义，这并不是偶然的，而是具有产生它的历史条件、土壤和规律性。因此，实事求是地对现象学进行研究和批判就必须把"横向"的研究与"纵向"的研究结合起来。

第三，金坚先生害怕以马克思主义哲学为指导来研究现象学会流于"单调"，害怕中国的现象学研究家由于忽略原著的资料而致流于"急忙的批评未免会隔靴搔痒"。我认为金坚先生不必有此顾虑。因为，用马克思列宁主义、毛泽东思想为指导，以辩证唯物主义的立场、观点、方法来实事求是地对现代西方哲学（包括现象学在内）进行研究与批判，就必须重视原著的第一手资料。而且，我们的研究证明长期全面地、深入地积累资料，特别是积累第一手资料，对于现代西方哲学研究工作来说是非常重要的。如果不掌握大量的、丰富的胡塞尔原著的资料，那么，当然也就无法从"横向"上掌握胡塞尔现象学的整个理论体系，更谈不上掌握胡塞尔现象学理论体系中根本的本质观点与其他各个基本观点、具体观点之间的联系，当然就更不可能暴露胡塞尔现象学理论体系中的内在矛盾及其困境。同样，如果我们对胡塞尔现象学的原著资料掌握不足，也同样谈不上从"横向"研究上来掌握胡塞尔现象学产生、发展及其演变为存在主义哲学的规律性。金坚先生也不能不承认，中国的学者以马克思主义哲学为指导思想来研究现象学，"无疑是一个历史性的开端"，中国"学者为此所做的工作的意义是不容忽视的"。金坚先生又认为拙作"对胡塞尔思想的人道主义性质和胡塞尔与萨特之间本体论的继承关系做了一些分析"，因而在"研究的范围和进程上比他的同行们先走一步"。我衷心感谢金坚先生对中国现象学学者的鼓励，但我想中国学者所取得的点滴研究成果都是与积累和研究了大量胡塞尔原著资料分不开的。我想任何哪怕是很微小的研究成果如果不是建立在对原著资料的掌握上，都是决不可能的。

不过，不管掌握大量的、丰富的第一手原著材料如何重要，但我从来都不赞成离开马克思列宁主义、毛泽东思想的指导，离开辩证唯物主义的立场、观点、方法去孤立搞资料，为资料而搞资料。这样的研究常常是非常狭隘的，很难得出用马列主义的立场、观点、方法来对原著资料做出深刻分析，从而获得具有独创性的研究成果。同时，如果把孤立搞资料作为一个主要方向，那就谈不上建立和发展具有中国特色的现代西方哲学研究学科。

其实，马列主义立场、观点、方法同资料的关系是互相促进的，而不是冲突的，更不是互不相容的。只有重视资料（尤其是第一手资料），才能有真正的从实际出发、实事求是、具体分析；而只有用马列主义立场、观点、方法对资料做实事求是的、全面的、具体的分析，才能真正理解和掌握资料，并做出科学的结论。只有这样一条道路才是建立和发展具有中国特色的现代西方哲学研究学科的康庄大道。

原载《现代哲学》1988 年第 1 期

诠释学的中国化研究述评

潘德荣 *

诠释学经过了近两个世纪的发展，已成为一股令人瞩目的世界性哲学思潮。如今，这股思潮再次突破了语言的界限，向着传统的中国哲学领域蔓延开来，一批海外华裔学者首先对此做出了反应。他们或是发掘中国哲学传统的诠释学特征，或是在这个传统的基础上重建诠释学，成绩斐然。近来，一些国内学者也开始探索如何构建马克思主义诠释学的问题。凡此种种，拉开了诠释学的中国化研究之序幕。

一、中国思维传统中的诠释特征

美国天普大学教授傅伟勋先生认为，中国的经学注疏有类似于西方哲学诠释学的特征。他指出，"以儒道佛三家为主的中国思想史乃是一部我所云创造的解释学史（a history of creative hermeneutics），譬如儒家与大乘佛教的思想发展，可以说是分别对于早期儒家的原先观念（如仁义礼智、天命天道）与原始佛教的根本理法（如法印、四谛、缘起等）所作'解释再解释，建构再建构'的思维理论发展史"[1]。他通过对老庄、郭象与禅宗的比较研究，凸显了中国禅道哲理中隐含的诠释传统。[2]

---

* 潘德荣，1951—　，男，华东师范大学哲学系教授。

[1] 傅伟勋：《中国大陆讲学三周后记》，载《知识分子》1987 年冬季号。

[2] 傅伟勋：《从西方哲学到禅佛教》，生活·读书·新知三联书店，1989 年，第 384—385、395、403 页。

出于对中国哲学的独特体认，傅先生创立了"创造的解释学"。创造的解释学共分五个步骤：（1）"原作者（或原思想家）实际上说了什么？"（2）"原作者真正意味什么？"（3）"原作者可能说什么？"（4）"原作者本来应该说什么？"（5）"作为创造的解释家，我应当说什么？"①

严捷考察了儒家道统，揭示了它的诠释学特征。他区别了中国传统意义上的注释学（interpretation）和西方诠释学，指出，注释学只涉及对经典文献注释的技巧、规则和理论，诠释学更看重对原典理解理论的再理解，回答"理解为什么可能"的问题；注释学将原典中的意义看作一个封闭不变的常项，注释者只须站在原典之外，发掘原典的固有意义，而诠释学则将原典的意义视为开放的过程，在诠释者的理解中不断生成着意义。严捷把这两种相互抵牾的诠释方法概括为"六经注我"和"我注六经"之争。他依据不同的学问侧重面，将先儒分为"专儒"、"博儒"、"通儒"、"鸿儒"和"新儒"五种，分别对应于"实谓"、"意味"、"蕴谓"、"当谓"及"必谓"五个释义层次。② 这五个释义层次与傅伟勋"创造的解释学"的五个步骤一一对应，可视为"创造的解释学"的具体化和展开。需要注意的是，此种五儒之分只是意味着思维的逻辑，其区别不具有时间先后的意义，所以孟子、程朱陆王等，均可以"新儒"名之。

毋庸置疑，傅、严两人在诠释学的中国化之探索中，尤其是在构建中国化的诠释方面，提出了自己独到的见解，其意义不仅在于他们所制定的方法或"步骤"，而且还为我们提供了"新理路"。然而，他们的诠释思想，严格意义上说，只是诠释方法的探索，虽然严捷强调说"……一进入'必谓'层次，方法论的释义学竟露出了本体论释义学的底蕴"③，但其根据不是很充足的。"新儒"所达到的"必谓"层次，似可与海德格尔、伽达默尔关于"理解生成意义"的旨趣相通，但却缺少他们"理解本体论"（海德格尔）和"语言本体论"（伽达默尔）的本体论基础。在成中英的"本体诠释学"那里，才实现了诠释学的本体论突破。

---

① 傅伟勋：《从西方哲学到禅佛教》，第51—52页。
② 严捷：《论儒家道统的释义学特征及逻辑》，《复旦学报》（社会科学版）1988年第3期。
③ 同上。

二、中国本体观念与西方方法论的融合——本体诠释学

"本体诠释学"是由美国夏威夷大学哲学教授成中英先生创立的。然本体诠释学并非完全中国化的，它乃是中国传统的本体观念和西方的诠释方法之融合。真正意义上的诠释学之本体论突破，完成于成中英。这一突破有两重意义：第一，它使诠释学第一次真正成为"本体"的；第二，这种"本体"是建立在中国传统的"世界观念"基础之上的。

成中英认为，与西方的方法论、知识论传统不同，中国的思维传统具有本体论的特征。此一本体论观念源于中国先民们独特的原始体验，它以浓缩的方式反映在《易经》哲学之中。现在，我们通过对《易经》的反思再现了这种原始体验的宇宙图景。《易经》的特征之一就是现象是作为本体而存在的。抽象符号所反映的整体世界，乃直接取法于自然现象，但每一"自然现象"都被赋予与人们的生活和生命直接相关的特殊意义，因此，现象的东西与本体是同一的；其二，这一符号系统不是一个静止的系统，它乃是"易"，是变化、运动；第三个特征就是把天、地、人当作一个和谐统一的整体，自然不是外在于人并与人对立的东西，而是与人的生活息息相关，作为人所体验到的世界总体的构成部分而存在的，就思维方式而言，它体现了一种"和谐的辩证观"。据此，成中英指出，"《易经》哲学是一种明显的'本体诠释学'。从结构上看，即从空间上来说，它表现的是整体的宇宙图像；从动态过程来说，即从时间上来说，它表现的是一种动态思维方式。《易经》是宇宙的发展过程在人的心灵层次上所显现出的图像和意义的集合"，他所创立的"本体诠释学"，就是植根于上述的"中国哲学的观念之中，尤其是植根于强调整体作用的《易经》哲学之中"。① 本体诠释学的"本体"概念，正是这样一种天、地、人和谐统一、相互作用、运动发展的世界观念。②

如果说，中国传统思维长于本体论的思考的话，那么，它所缺乏的正是严密的方法论体系。本体诠释学的主要特点之一，就是充分汲取了

---

① 成中英：《世纪之交的抉择》，知识出版社，1991年，第83页。
② 成中英：《文化·伦理与管理》，贵州人民出版社，1991年，第15页。

西方传统的方法论营养，以发展、完善自己的方法理论和原则。为了确定本体，成中英借鉴西方诠释学史，拟定了四个标准，这四个标准同时也标明了本体的不同层次。第一个标准是逻辑语言的量化，以此来确定我们所言及的本体或对象是什么。第二是意义来源标准。意义实质上是一套内在的概念关系，我们不仅要从表面的符号联系，还要从其内在的概念关系中确立意义和本体。第三是范畴论（终极概念建构）的标准。从语言的概念中提炼出一套范畴，即终极概念，以确定本体。第四是此在（Being）经验之揭露，以一种反省、批评和辩证的方法来揭示本体本身的意义。基于此种本体论的思考，成中英在西方诠释学家 E. 贝蒂的诠释四原则基础上，又提出六项原则作为补充：（1）本体的先识原则。即对本体要先有所认识，并厘清其所假设的概念。（2）意义范畴终极化原则。把终极概念归纳出来，将知识做一定处理。以上两原则是认识本体的一个基点。（3）逻辑结构的秩序化原则。（4）语言指涉定值原则。这两者是要确定形式的结构和对象的层次，规定语言所指的事物，并表明整个架构所假设的宇宙。（5）历史发生原则。这是对事件发生的历史条件所做的肯定。（6）效果影响原则。综合考虑各种思想的相互作用和意义本身的演变等诸因素。将贝蒂的四原则和补充的六原则结合在一起，便是完整的本体诠释学之运作原则。①

　　毋庸讳言，成中英的本体诠释学还存在着许多尚待进一步深化和完善的问题，尤其是它的方法论原则，基本上取自现代西方哲学某些流派的方法论思想，现在的问题是，我们如何对待中国思维传统中的逻辑思想？比如说"墨辩"，尽管它不足以与西方方法论体系抗衡，尽管它已几乎从"显学"化为"绝学"，是不是在今天就一无可取之处？如果回答是否定的，那么下一个问题就是：中国传统的方法论思想如何反映在本体诠释学的方法论原则中？不过，这些问题并没有削弱本体诠释学存在的意义，它融合了中国传统的本体论和西方传统的方法论，证明了中西方思维传统相互融合的可能性和现实性，并为之迈出了难能可贵的一步。

---

① 　参见成中英《方法概念与本体诠释学》，《中国论坛》（台湾）第十九卷第一期。

三、关于构建马克思主义诠释学的探索

与海外华裔学者相比，国内学者对诠释学的中国化研究起步较晚，无论从深度还是从广度上说，都还存在着一定的距离。尽管如此，他们以马克思主义为基点，开辟了一个诠释学研究的新视野。

曹可建所剖析的对象主要是伽达默尔一脉的诠释学。伽达默尔认为，诠释学不仅渗透到人类世界的一切方面，而且在科学范围内也有独立的意义，它包含了科学研究的一切领域。曹可建不同意这种看法，指出，在"本文"被极大地扩展了的情况下，"我们将再也无法分清解释客体与认识客体的区别，甚至由于解释学这种无限制地扩张活动领域的企图，一般认识论将会变得无事可做"。他坚持认为，"自然物——非精神的客观实在——是科学活动的对象；科学文献和著作——有意义的精神文化成果——则可以是解释活动的对象"。而自然对象本身，却无法说是能够"解释与理解"的，因为它不含有可以解释的意义。关于解释的客观性问题，他提出了一个解释"圆圈"：以作者的意图及与之同一的本文含义为圆心，以作者的思想观念向社会生活的映射为半径，即包括政治、经济、文化、宗教等诸种社会因素在内的解释参照物有规则地排列在圆圈的圆周线上，形成了一个完整的解释客观性圆圈。对于诠释学的归属，他认为"从理论领域上看，解释与认识、解释学与认识论应是个别与一般的关系。就是说，解释学相对于认识论，只具有部门学科的性质……解释学本身并不是哲学，不能用它来代替认识论"[1]。

无疑，曹可建的研究表明，国内学者已经从对诠释学的纯粹介绍开始转向批判的汲取与改造。然从整体上看，他的立论根据似忽略了以下几点：（1）对于自然科学和人文科学所做的严格划分，并将诠释学限定在人文科学领域的观点，实质上是重复了狄尔泰突破施莱尔马赫一般诠释学时所表达的观点，如果联系到其后海德格尔和伽达默尔对狄尔泰的超越，那么，狄尔泰的突破之利弊，是一个相当复杂的问题，无论

---

[1] 曹可建：《解释学与马克思主义认识论》，《湖南师范大学学报》1990 年第 3 期。

如何，简单地回复到狄尔泰是不够的，辩证唯物主义认识论应提供新的说明。（2）从西方的诠释传统来看，作者的意图和"本文"意义属于不同方面，对作者意图的领悟涉及对作者的心理过程之体验，并通过此种"体验""移情"来再建作者的心理过程，把握其意图，这是一个主观过程，常被指责为通向相对主义的桥梁。而通过本文结构的语法分析所析出的本文"含义"，至少在施莱尔马赫那里起着制约心理活动的主观随意性的作用，作为一种与主观性相对立的"语法"的客体而设定的。因此，事先假定作者意图与本文含义的"同一"，并将它们同时作为解释的"圆心"，是缺乏根据的。换言之，证明这种"同一"，并理解其"同一"的内容，是诠释活动的结果，而不是前提。（3）认为诠释学不是"哲学"，似欠妥当。自海德格尔对诠释学所做的本体论变革，及至伽达默尔建立"语言诠释学"，诠释学已被提升为一种世界观，成中英更是发展出了本体诠释学，恐无理由不将其看成"哲学"，并且，承认诠释学是"哲学"，也绝不意味着它非取代"认识论"不可。

最近，朱士群提出了"合理重建"马克思主义诠释学的观点。他认为，"哲学释义学实际上是一种扩展了的阅读理论，不妨称之为阅读哲学。其公式可以概括为：本文——解释——理解"。释义学（诠释学）的致命缺陷在于，本体论的主观主义导致认识论和价值上的唯理解论、反认识论倾向和相对主义，因而，唯有从"存在即被理解"的唯心论躯壳中挽救出来，才能合理重建。他同意希拉里·普特南的看法，认为马克思主义有自己的理解理论，我们的任务是对它进行进一步发掘、整理，以达到"合理重建"。在他看来，"人化世界是为我之物，相当程度上依赖于它的读者"，这一点，正与马克思的"从主观方面去理解"相吻合。马克思主义重视世界观（在诠释学那里称为"前理解"）的可改造性，这种可改造性是社会实践的产物。而诠释学恰恰是因为不懂实践的意义，也就不理解"实践的向度使理解成为实践中的理解及对实践的理解"。基于此种见解，他认为马克思的《关于费尔巴哈的提纲》也可说是"包含着新的释义学或辩证释义学的天才萌芽"。由此，重建诠释学的关键是要补上"实践这一课"。他主张中国人应"按自己的历史经验、语言文化和民族传统而对马克思主义本文意义做出新的理解"，中国特色的社会主义道路已证明了它的可行性和必要性。①

朱士群紧紧抓住了马克思主义的实践概念，试图以此为契机重建马克思主义的理解理论，如果说，"实践"是马克思主义区别于一切旧哲学的分水岭的话，那么，以此为基点建立区别于一切其他诠释学的马克思主义诠释学的构思，不失为一种有价值的设想。然综观他的文章，似对诠释学本身的理解还存在一些尚欠精当之处，比如，在诠释学的形态的划分、诠释循环的理解等问题上，解释不够准确。以笔者之浅见，重建马克思主义诠释学面临着三个艰巨的任务：一是继续深入对既有诠释理论的研究，吸收其有价值的思想；二是挖掘马克思主义经典著作中有关理解理论的阐述；三是根据我们的时代特点、文化传统和实践，建构有中国特色的马克思主义诠释学。

原载《哲学动态》1993 年第 10 期

---

① 朱士群：《现代释义学原理及其合理重建》，《哲学研究》1992 年第 9 期。

中国学术视野中的西方哲学研究

景　崇 *

多卷本《西方哲学史》(学术版)是中国社会科学院的重点项目,由中国社会科学院哲学研究所及其他单位研究西方哲学的专家、学者承担,叶秀山、王树人任总主编。该项目 1999 年开始在江苏人民出版社的支持、合作下展开研究、写作,历时六载,2004 年 7 月至 2006 年 3 月陆续出齐,完成了这一"系统工程"。《西方哲学史》全书共 8 卷 11 册,500 余万字。8 卷分别为:《总论》(叶秀山、王树人著);《古代希腊与罗马哲学》(上下册,姚介厚著);《中世纪哲学》(黄裕生主编);《近代:理性主义和经验主义,英国哲学》(周晓亮主编);《启蒙时代的法国哲学》(尚杰著);《德国古典哲学》(张慎主编);《现代欧洲大陆哲学》(上下册,谢地坤主编);《现代英美哲学》(上下册,江怡主编)。作为中国学者在深入研究基础上撰写的多卷本西方哲学史,这还是首次问世,是创新的鸿篇巨作,是繁荣我国哲学社会科学事业的一个切实举措。它标志着在进入新世纪后,中国学者努力推进西方哲学史的学科建设,拓展有中国特色与气派的西方哲学研究事业。这套书之所以标出"学术版",就在于它重在"学术性和研究性",有深厚扎实的学术含量,但这并不意味着它只对做学术研究有用,而是有着广泛的学术价值、社会价值,对于深化西方哲学史教学、对于广大读者深入理解西方哲学与文化传统,都颇有实际参考价值。

西方哲学有 2500 余年历史,是西方文化传统的理论核心,奠立了

---

*　景崇,1940—　,男,中国社会科学院哲学研究所研究员。

其科学理性和人文精神之精髓。它历来是在各历史阶段激发西方文化活力的智慧火种，含有丰富多样、异彩纷呈的思想内容。马克思主义经典作家很注重反思、总结西方哲学与文化，他们的论著中有许多对西方哲学的论评与吸取。了解、研究西方哲学，也是深入解读马克思主义经典著作，深化研究马克思主义哲学的重要环节。在我国扩大开放、中西交往日益频繁的情势下，随着我们以开放的视野探究西方文明和文化传统，对深化研究西方哲学的重要意义与价值也在获得新的再认识。

中国自明朝末年利玛窦等传教士带来关于亚里士多德的哲学与科学著述以来，接触西方哲学已有约400年的历史，而清末民初、五四运动到20世纪后半叶以来，西学东渐益盛，中西跨文化的哲学交往日益增进，有着复杂、曲折的历程。合理的跨文化交往应是双向、平等的，应以跨文化的学术视野与"文本"间的相互理解为基础。西方学者撰写的西方哲学史在中国传播诚然必要和有益，但也会见其学术视野的局限性。中国学者研究西方哲学史是一种跨越时空的跨文化文本理解与交往，在尊重西方哲学历史原貌的前提下，以中国学术视野对西方哲学形成新的理解与解释，生成具有中国特色、气派的学术风格，这是合理和必要的，体现了哲学解释学中的合理精神，也是推进西方哲学史学科建设的一个方向。多卷本《西方哲学史》（学术版）的作者大都经受过马克思主义哲学的训练，并受中华文明和中国文化传统的熏陶，致力于在当今中国社会与文化背景中深化西方哲学与文化研究，在研究方法、对西方哲学演进线索的把握、对诸流派和哲学家思想的理解与评价，以及剖示他们在人类文明进化中的历史作用等方面，也都有中国学者的视角与见识，致力于促进具有中国特色与气派的西方哲学学术研究。此书自有不亚于西方学者撰写的同类著作、可立于国际学术之林的新特色，可丰富中国自身的学术文化建设。

这套书以马克思主义思想为指导，全书各卷有各具特色的丰富内容。这里仅从总体上概要评介它的一些可见新意的特色，这些对于深化中国学术视野中的西方哲学研究具有启迪意义或参考价值。

立足于深入、系统的西方哲学断代研究

一部西方哲学通史的坚实基础在于对各断代西方哲学有深化研究和扎实把握，由此才能做到有学术深度、贯通古今，真正将有漫长进程、思想纷繁复杂的西方哲学贯穿起来，成为高水准的学术通史著作，而不流于罗列流派、摆哲学家人头的一般描述。这套书向这个目标努力，开了一个好头。叶秀山在《总论》上篇论析西方哲学观念之变迁，展示各主要断代对"哲学"自身理解亦即"哲学"观念演进的总图景，可谓此书之总纲。这套书的第 2 卷至第 8 卷，分别梳理、论析了西方哲学各断代诸流派的哲学思想，相对独立形成专著，又互相衔接，成为哲学通史之整体。此书各断代研究的内容比较齐整，剖析一个时代哲学的基本特征和诸流派、哲学家思想的缘起、主要内容和历史影响，都比较深入、细致，并且以发生学的视角，论述了一些流派和柏拉图、亚里士多德、黑格尔等大家思想的演进过程，提供了各断代西方哲学的明晰的分层画面。这样，合成的全部西方哲学的总画面也细脉分明、内涵充实、新意崭露。断代研究的学术深度与水准决定了这部西方哲学通史有学术质量的升华。这给人以启迪：断代及相关的流派、哲学家、专史、专题的专门研究，是推进中国学术视野中西方哲学研究的重要途径。

以解读原著为依据，并掌握国外各种研究成果，力求丰富翔实的史料与实事求是而有新意的观点、论证相契合

统观全书各卷，史料丰富翔实，观点与资料结合，言之有据，论从史出，内容厚实，虽是一种关于传统学科的著述，却有新鲜、丰满之感，各卷多有创新之意。从中可见，作者们在研究、撰写诸流派与哲学家的理论时，立足于掌握、钻研丰富的第一手资料，特别是西方哲学家的"经典原著"，同时比较分析国外的有关研究著述。这种解读原著，又

并非教条式地、刻板地搬用，而是努力做"创造性"的解读，在把握原著深层精神实质的前提下，做出有创意的解释，形成独到之新见。比较分析国外既有研究成果，才有深化与超越，才能有深度地形成中国学者研究西方哲学的新视野、新见识。

从各卷的论述内容可见，作者们着眼于全面、准确地解读哲学家的原始"文本"，正本清源，充实所论的思想内涵，并比较分析有关研究成果，从而使自己的论证与新见解扎实可靠，具有科学性。此书论述古代希腊与罗马哲学，立足于解读早期希腊哲学家残篇、柏拉图与亚里士多德的主要哲学著作、国外较新汇编的希腊化时期哲学家的残篇以及罗马哲学家的原著，并比较研究了从策勒、伯奈特、耶格尔到当代格思里、巴恩斯、A.A.朗、阿姆斯特朗等哲学史家的大量研究成果，因而内容丰实、多有新见。中世纪哲学的史料难求、难解读，第三卷在深入研读、分析奥古斯丁的《上帝之城》与《论自由意志》、波埃修的《论自然的区分》、托马斯·阿奎那的《论存在者与本质》以及邓斯·司各脱等人的经典原著的基础上，对中世纪基督教哲学的本质有深刻论述。第5卷研究启蒙时代的法国哲学，主要着眼于研读、运用法文原著，强调还原法国式智慧的本色。就德国古典哲学以往国内有不少研究著作，撰写第6卷的作者通过详解德文本的康德、费希特、谢林、黑格尔的原著，并吸收、反映国际哲坛的最新相关学术成果，包括德国近年来的许多黑格尔研究的新资料，在学术深度上有新的突破。此书现代西方哲学部分更注重通过解读原著和把握国外新成果，向国内学界展示现当代西方哲学流派的新内容、新动向。第7卷的当代意大利哲学和克尔恺郭尔部分，两位作者分别依据意大利语和丹麦语的文本研究，增添不少新内容、新见识，殊属难得。第8卷通过掌握英美哲学的最新成果，追踪研究当代分析哲学发展的新动向，如其指出两点：一是分析哲学自身在"寻根"，在追溯分析哲学同传统哲学特别是休谟、康德以及近代德国哲学的密切的思想联系；二是分析哲学和当代科学发展、科学哲学有互动的密切关系，并且重新重视形而上学的研究，在此背景下兴起的当代心灵哲学成了分析哲学的前沿课题。

以历史主义的视野，将各断代的西方哲学纳入西方各个阶段性文明 与思想文化背景中，考察它们的成因、特征和历史作用

哲学是时代精神的精华，文明的活的灵魂。各断代的西方主流哲学是各阶段性文明中精神文化的最高理论结晶，又渗透、制动着其他各种文化形式。经济与政治结构无疑是各断代西方哲学的最深层的成因，但它们是和精神文化互渗互动、综合在一起对哲学起作用的，精神文化（包括演进中的西方科学与宗教传统）则是直接作用的重要中介环节，使各时代的西方哲学体现该时代的基本文化精神。

此书第二卷论述了古代希腊罗马哲学和希腊古典文明、希腊化文明、罗马文明的历史进程有密切关系，而希腊罗马人的知识与文化不断开阔、深化、系统化与重心转变，对早期希腊自然哲学步步深化、鼎盛期的希腊古典哲学走向体系化和晚期希腊与罗马哲学的嬗变，以及三阶段的中心课题和理论特征，都有历史的因果关系，而希腊罗马哲学作为文化理论核心，又深刻地制导、影响着其他精神文化的演进。此卷还强调希腊罗马文明是在和东方文明（指相对于希腊罗马的近东与中东文明）的交往中发展的，吸取东方文化成果一直是希腊罗马哲学产生与演进的重要因素：早期希腊哲学的形成与希腊古典哲学的发展，得益于西亚（主要是巴比伦）和埃及的科学与宗教思想；希腊化、罗马时代东西方文化大规模的密切交融，深刻影响了晚期希腊与罗马哲学；基督教及其哲学神学是"两希"（希伯来、希腊）文化融汇的结果。

近代西方启蒙运动奠立了西方的现代性，而近代西方哲学也为其提供了理论根据与基本价值。此书论述近代经验主义、理性主义、英国哲学和18世纪法国哲学，都密切联系启蒙时代的社会背景与科学文化进展，探究它们的成因、理论特点与历史作用。此书第6卷更以整整一篇4章的篇幅，详尽、系统地论析了德国启蒙运动及其中的哲学思潮、文学与科学的发展、当时德国大学中的哲学教学，这些都使其所引发的德国古典哲学自有其特征。第7卷论述19世纪中叶以来的现代欧洲大陆哲学呈现出令人犹如雾里看花的复杂哲学图景，学说繁多，派别林立，并且

在互为吸融、批判中表现出深刻的思想文化激荡。此书剖析现代欧陆哲学的转型和纷呈多样的形态，有其深刻的社会背景和文化根源：现代欧陆经历的 150 年，风云激荡、翻天覆地，既有经济快速发展，也有因各国经济发展的不平衡和资本主义本身固有的弊病，导致阶级矛盾、民族矛盾和各种社会矛盾更加激烈；而今的欧陆已非黑格尔眼中的"世界心脏"，而是在突出的文化多样性中交织着分外复杂的社会与文化矛盾。循此思路分析，以理清现代欧陆哲学分外繁多错综的线索。

重视探究西方哲学自身演变的内在逻辑

哲学的演进有其相对独立性与承继性，有其自身发展的思想线索可循。《西方哲学史》不是孤立、静态地罗列哲学流派与哲学家，而是以辩证的、动态的观点将西方哲学史从思想内部打通，揭示西方哲学思想演进的内在逻辑，展示它的发展特征，即连续性与间断性的统一。这集中表现在不同时期哲学的转型、诸流派与哲学家的思想关系和各种哲学范畴含义的演变之中，早先的哲学所包含的理论困难与矛盾，会使后来的哲学在批判、克服它们的过程中有所超越与深化，而后来的哲学往往是吸取、综合了先前的哲学成果而得到了丰富和发展。

从此书论述古代至近代哲学诸卷可见：早期希腊哲学的不同流派围绕"本原"中心范畴步步深入展开而有连续与超越，苏格拉底的哲学是突破早期希腊自然哲学与智者派哲学的变革，柏拉图的理念论体系和亚里士多德的存在论体系中有对先前哲学的批判与综合，晚期希腊罗马哲学融吸、修变希腊古典哲学（包括苏格拉底、柏拉图、亚里士多德的哲学），并将希腊的伦理精神演变为新的形式，这些都表现了希腊罗马哲学有其自身思想运动的内在逻辑，以及它们探讨的中心问题和基本理论特征。此书并不将中世纪哲学只看作一种对基督教信仰进行哲学论证的哲学，而是通过以奥古斯丁为代表的"心学道路"和以托马斯·阿奎那为代表的"证明道路"，以哲学理性"化解"基督教信仰的历史，而后期经院哲学的变异为文艺复兴和近代西方启蒙哲学提供了铺垫。此书论述近代英国经验论和欧陆理性主义的"认识论转向"，是逐渐以笛卡儿和洛克的思想为枢纽而展开的，前者演进为莱布尼茨和斯宾诺莎的哲学，后者经过巴克莱的诘难，通达休谟的怀疑主义，两者都为 18 世纪法国启蒙哲学和康德开启德国古典哲学提供了思想准备。而论述近代休谟之后英国哲学的较多新内容（剑桥柏拉图主义、苏格兰学派的常识哲学、理神论等），更使研究近代英国哲学史系统形成了完整的链条。此书论述启蒙时代的法国哲学，则由蒙田、培尔等先驱的思想先导，进展为伏尔泰、孟德斯鸠、卢梭、"百科全书派"唯物主义者冲破封建政治与思想束缚、步步高扬科学与民主精神的启蒙思想主流，也论述了后期对 19 世纪西方哲学较有影响的布丰、孔多塞的社会哲学与历史哲学，并揭示法国启蒙时代也含有一种浪漫主义精神和 19 世纪西方浪漫主义思潮有连接。此书论述德国古典哲学的产生、演进与终结也有精细缕析思想发展线索的特色：德国启蒙运动中早有哲学的思想解放先声；细致论评费希特和谢林哲学是康德和黑格尔之间的过渡环节；德国古典哲学的终结则由老年和青年黑格尔派围绕宗教问题对黑格尔哲学的批判所引发，最后转向政治实践领域，为马克思主义哲学的产生准备了条件，其中有不少新资料的论证。

现代西方哲学虽历时不长、较为纷繁，而此书揭示、论析其中思想演变的内在逻辑也较清晰和深刻。就英美分析哲学而言，本书理析 19 世纪的实证主义为其思想渊源，弗雷格、罗素、摩尔各具特色的开创，前期维特根斯坦和维也纳学派的逻辑经验主义运动将之推向高潮，中后期维特根斯坦的转变和日常语言哲学的兴起，蒯因（又译奎因）之后当今分析哲学的多元化态势及其和科学哲学演变的思想关系，都较细致明晰，使人们易于把握贯穿 20 世纪的这一大西方主流思潮。

研究方法的综合创新

此书重在运用马克思主义的历史主义研究方法，注重解读、评释原始文本的含义，吃透西方哲学家思想的本来意义。但作者们对近现代以来西方学者的研究方法并不排斥，而是博采众长，综合运用，吸纳合理内容或成果，为我所用，从而形成本书的一个研究特色。具体而言：（1）"六经注我"的研究方法。这是指近现代有些哲学流派的大家非常重视用自己的哲学学说研究与解释以往的哲学，并将这种研究成果纳入自己的哲学学说，形成有机的组成部分。如黑格尔、罗素、海德格尔、伽达默尔、麦金泰尔的著述，包含有特殊意义与价值的见识，此书有所考察与吸收。（2）发生学的方法。德国希腊哲学史家耶格尔创立了这种研究方法，强调希腊哲学家的思想并非凝固不变，而是表现为发生与发展的动态进程。他本人就细致研究了柏拉图、亚里士多德的哲学思想的演进过程，取得了独特的研究成果。我国老一辈著名的希腊哲学史学家陈康教授最早将这种方法引进中国，他自己用这种方法研究希腊哲学，取得了独创性成就。此书第二卷也重视采用这种方法来研究柏拉图、亚里士多德和斯多亚（又译斯多葛，下同）等学派的哲学思想的演进。（3）分析学派的方法。分析哲学强调用语言与逻辑分析的方法细致研究西方哲学范畴的意义，至 20 世纪中叶，这种方法也进入哲学史的研究领域，有一定的价值。此书在需要运用语言与逻辑分析的部分，包括希腊哲学和分析哲学，也借鉴此种方法。（4）解释学的方法。从 19 世纪德国的施莱尔马赫建立古典解释学，狄尔泰发展为精神科学方法论的解释学，至 20 世纪 60 年代伽达默尔等人创立哲学解释学，在西方这种研究人文学科的方法一直在使用，它强调联系语境对文本的意义或意义演变做出理解与说明。不同学派的解释学方法也有所不同，本书有些部分也借鉴了此种研究方法。（5）跨文化的比较研究方法。此书注意某些中西哲学比较研究和历史上中国哲学与文化对西方的影响。如《总论》下篇论述了明末清初、清末民初、五四运动至 20 世纪 40 年代这三个历史阶段中西哲学与文化交往的进程和特征，总结历史的经验与教训，启发我们思考当今如何理解、对待跨文化的中西哲学交往。此书还比较研究了孔子和苏格拉底的伦理思想，论述莱布尼茨和中国哲学与文化，18 世纪法国思想家中关于中国孔孟之道的争论，以及伏尔泰、孟德斯鸠和中国文化的思想关系。

充实、填补国内西方哲学研究的薄弱环节

此书内容较为丰盈、厚实，也因其着力强化、充填了国内西方哲学

研究的一些相对薄弱甚或空缺的部分，使中国读者较全面、完整地理解西方的哲学与文化传统。

晚期希腊与罗马哲学历经希腊化和罗马两大文明历史阶段，长达800余年，由于某些客观条件所限，国内的研究相对薄弱。马克思说"希腊哲学在亚里士多德那里达到极盛之后，接着就衰落了"，他又将这种衰落比喻为同"英雄之死与太阳落山相似"。① 这种日落时分奇异、历久的晚霞，其实也是颇为壮观的，有其特殊内容和重要的历史地位。它对之前的哲学有修变与发展，有长期曲折的思想转型，对后续的中世纪文明与哲学有承前启后的关键作用，并非只是一个没落的尾声。青年马克思曾打算写一部这一断代哲学研究的著作，可见他重视研究此时期哲学的新内涵、新特征。此书第二卷较为细致、深入地论述了晚期希腊与罗马哲学的丰富内涵和理论特色：伊壁鸠鲁学派、斯多亚学派、怀疑论学派、学园派以及新毕达哥拉斯主义等多种样式，它们都延伸、变迁于两个时代，最终汇流于新柏拉图主义，终结于和基督教神学的融合。

欧洲中世纪曾被视为人类的"黑暗时代"，"中世纪哲学"则是"神学的婢女"，思想最为贫瘠而烦琐。它长达千余年，黑格尔在其4卷本的《哲学史讲演录》里声称"穿七里靴尽速跨过这个时期"②，只用少量篇幅就将其草草打发了。国内虽在促进中世纪哲学研究，但限于资料、语言等困难，还是较欠缺、积弱。此书第3卷对此有所加强、填补，以奥古斯丁和托马斯·阿奎那为重点，详论了从教父哲学到经院哲学各种派别、人物的思想演变与论争，并将文艺复兴时期的哲学纳为向西方近代哲学过渡的重要环节予以论述，从史料到论证都较为充实而自有特色。

其他一些卷也有不少处加强了原来研究较弱的内容，或填补了空白。如休谟之后的英国哲学国内鲜有研究，第4卷较详细地研究了英国近代后期的赫伯特哲学、剑桥柏拉图主义、苏格兰学派的常识哲学、理神论、道德哲学等，使近代英国哲学史研究也形成了完整的系统链条，其中并专辟一章研究英国的道德哲学，它对后来的康德哲学、功利主义伦理学、

---

① 《马克思恩格斯全集》第40卷，人民出版社，1982年，第194页。
② 黑格尔：《哲学史讲演录》第3卷，贺麟等译，商务印书馆，1983年，第233页。

直觉主义伦理学等都有不同的思想影响。当今世界在全球化进程中面临诸多挑战性的问题，国际学术界注重研讨有现实意义的康德的社会政治思想，第 6 卷专辟一章论述康德的政治哲学，深入探究他对自由、人类永久和平、世界公民等问题的论述，给人较多启发。此卷又以大量原始资料、德文文献对费希特和谢林哲学做了较全面、完整的评释，对晚期谢林的思想则有肯定性评释，指出其对海德格尔等现代哲学家的影响；同时，对黑格尔的早期思想和《精神现象学》也有较为充分的研究，以揭示黑格尔哲学体系产生的内在原因。此外，第 7 卷专论当代意大利哲学，第 8 卷研究了维特根斯坦中期哲学思想及其中后期哲学思想与欧陆人本主义思潮、后现代主义的关系等，都是充实了新鲜内容。

具体论述西方哲学思潮和诸流派及哲学家的思想，多有新意与创见

此书各卷在深化研究中多处崭露新意与创见，这是作者的研究心得，是在评释原著文本、比较分析国内外研究成果基础上提出的新见解，虽只是一家之言，却可供研讨，以深化中国学术视野中的西方哲学研究。这里只能举些实例。

第二卷将斯多亚学派哲学作为晚期希腊与罗马哲学中最重要的一个哲学流派进行论述，以较多篇幅论析了早期、中期、晚期斯多亚学派哲学的演变及其主要代表人物的哲学思想，多有新意。例如，论述早期斯多亚学派的语言理论和语言哲学思想，它兼有泛神论和理性色彩的神学，它的自然人性论，它的"世界城邦"与"世界公民"学说是在西方哲学史上提出第一种成型的世界主义社会政治理想，适应希腊化王权帝国的现实，这不同于后来康德的关于由世界内在目的决定的"普遍历史"观这种世界主义，更不同于当今在全球化进程中有些西方学者主张的"世界公民"说和立足于"普遍主义"的新世界主义。从中可获启迪，即世界主义从其产生起，都是有特定历史内涵的。此书第 3 卷论述中世纪基督教哲学，贯穿了作者关于哲学与宗教的一个新见识：在哲学与宗教中皆有理性追溯世界本原的内涵，两者既互相对立、排斥，也互相渗透、提升。基督教信仰有内在的三原则：一神教与绝对性原则；原罪信念与

个人自由（自由意志）的原则；复活信念与历史原则。中世纪基督教哲学就展开为哲学理性"化解"基督教信仰的历史，有丰富、错综的内容。

第 4 卷详细论述了近代英国苏格兰学派的常识哲学，认为它是向以康德为代表的德国古典哲学过渡的思想环节，为后者的诞生做了理论取向的准备：一是它通过批判英国经验主义表明，以"心像"概念为特征的心理主义模式不适合说明人类知识的本性，彻底的经验主义必定会导致怀疑主义；二是它强调要真正理解人类知识的本性，必须注重研究人类认识的内在先天结构方面。作者还具体剖析了苏格兰学派常识哲学代表黎德和康德有关思想的异同。第 6 卷论述黑格尔哲学，从有关主题引申出对后世有影响或有启发的问题：黑格尔早期思想批判和改造宗教、注重实践哲学，对马克思早期的具有理性人道主义、强调人的整体性和个体性的思想具有影响；黑格尔在《精神现象学》中理解"历史"已在"神秘"的外衣下注重阐述经济政治要素、劳动、外化、异化等概念，马克思则揭去此类外衣，从生产力和生产关系的变化揭示社会发展动力和社会历史规律；黑格尔的自然哲学中关于哲学与科学的一些具体论述，对当今科学哲学、应用伦理学仍有启发；而他在精神哲学中论述国家和自由实现，对当今世界思考民族国家、地区政治联盟和自由实现问题，仍有借鉴意义。

现代西方哲学分为欧陆人本主义和英美科学主义两大思潮，第 7 卷指出两者的对峙并非绝对的：胡塞尔也探究现代欧洲科学的危机，海德格尔反对人类中心主义，发出了"拯救地球"的呼吁；而现代英美哲学也认识到科学理性有缺陷，从而以整体论观点研究科技发展中的人文要素，并在实践哲学领域探索当今人与社会发展的课题。20 世纪不仅分析哲学中有"语言转向"，语言也成为欧陆人文哲学诸流派的重要课题，但有颇为不同的研究视角和哲学含义，两者也有互相吸融之处。第 8 卷指出现当代分析哲学在美国传播、盛行，一个重要特征是它和美国本土实用主义互渗互动，而实用主义渗透、变革分析哲学也是当今美国新实用主义的表现形式。此卷追踪研究当代牛津哲学的形成与特色，也富有新意。例如 1947 年维特根斯坦辞去教授职务以后，英国日常语言哲学的中心逐渐转向了牛津，牛津哲学家更多受到亚里士多德奠立的分析理性传统的影响，注重精细的语用学研究，又较肯定形而上学的作用；20 世纪 70 年代以后牛津哲学呈现多元化的倾向，接受美国分析哲学的新思想，关注研究哲学逻辑，对日常语言做形式化研究，也注重心灵哲学研究。

此书的出版无疑有助于促进中国学术视野中的西方哲学研究。它是首举问世，一些见解也是作者一家之言，难免会存在有待商榷、充实或订正之处。期望有中国特色与气派的西方哲学研究不断深化与繁荣。

原载《国外社会科学》2006 年第 4 期

现象学在中国与中国现象学

倪梁康　方向红*

　　自胡塞尔的《逻辑研究》1900 年出版以来，现象学运动已经走完了116 年的旅程。在这一个多世纪的时间里，现象学从一个哲学家的构想变成了一个学派的研究纲领，从一个德国地方性的理论变成了一个横跨几代学者的世界性哲学运动。胡塞尔开辟的这片现象学土地孕育出了海德格尔、舍勒、伽达默尔、萨特、梅洛-庞蒂、勒维纳斯、德里达、利科、马里翁等一批哲学大师，如果没有他们，20 世纪的哲学一定会黯然失色。正是由于几代现象学家的努力，现象学在对意识、存在、自我、他人、时间、空间、感知、直观、理性、情感、欲望、价值、自由、身体、世界、历史等重要哲学问题的研究上结出了丰硕的成果；正是由于他们前赴后继的批判，现象学才从意识哲学转向存在哲学，进而完成语言学转向、人类学转向、身体转向、他者转向、神学转向等。现象学的这些成就与现象学对历史传统和现实问题的回应是密不可分的，由此产生出一连串的方法论变革和理论性突破，如现象学还原、存在论还原、本质直观、范畴直观、生存论分析、解释学循环、被给予性理论、解构主义等。这些变革和突破逸出哲学，已经或正在向教育学、社会学、心理学、法学、精神病学、护理学、建筑学、物理学、基因工程、人工智能、艺术等学科领域渗透并对这些学科产生了重要影响，甚至由此催生出新的交叉学科，如教育现象学、社会现象学、存在心理学、艺术现象学，甚至物理现象学等。

＊　倪梁康，1956—　，男，中山大学哲学系教授；方向红，1967—　，男，中山大学哲学系教授。

现象学之所以有如此强大的繁殖力，源于它在创始人胡塞尔那里就已确立起来的几条基本原理：意向性、还原、直观与先天。意向性是意识的根本特征，它表明了意识中存在着一种共属一体的两类要素或两个组成部分：意向活动和意向相关项，用胡塞尔的话来说，意识总是关于某物的意识。对意识的这一结构的发现具有重要的理论意义，它突破了笛卡儿的"我思"的理论模型，宣布了近代哲学以来在主体中寻找基质和原点的理想是一条错误的道路，把莱布尼茨凭其天才对"微知觉"的发现引向深入，将前意识、无意识以及非觉察的意识等概念引入意识，从而彻底变革了我们对意识的看法。

意向性的这个结构须得还原才能展现出来，还原并不是消灭和摧毁，它仅仅意味着一种理性上的自律和节制：对于不是绝对无疑的东西保持存而不论的姿态。对现实中或历史上的一切个体之物或事件的哪怕一丝的怀疑都让我们决心将它们置于括号中，对它们的存在与否不做评论，我们只关心它们所隶属的类或本质，这样便实现了本质还原。如果我们更进一步，悬置个体之物或事件活动于其上的现实世界和历史视域本身，对它们的存在与否和价值高低不做判断，我们便完成了先验还原。胡塞尔及其之后的现象学家发现，无论怎么还原，意向性中的结构总是含有两个要素且共属一体的，不同的是，每次还原之后的具体要素并不一样。本质还原带来的是本质和意向活动及其共属一体的关联；先验还原提供的是纯粹自我和体验流以及它们无法切割的联动；存在论还原告诉我们，存在总是存在者的存在，而存在者总是存在的存在者；身体还原引出身体—自我和身体—世界两个对子；给予性还原挖掘出给予—被给予这个贯穿其他所有关联的关联。

这些关联可以通过与还原相伴而生的直观得到明见性的证明。本质还原带来的是对本质的直观，一切隶属于本质的类、种和属都可以在它借以显示自身的个体对象被置于括号之中后为意识所直观。这里的直观不应被自然态度理解为单纯的一次性看到，而应像胡塞尔所洞察到的那样，被视为两个行为的同时发生，即含义意向得到充实。当某些体验充实了某个含义意向，也就是说，充实了某个类、种或属的时候，我们便说，我们直观到这个类、种或属了。根据这个理解，哲学史上一个意义深远的突破便呼之欲出了：包括"是"在内的所有范畴也是可以为我们直观的。胡塞尔《逻辑研究》之"第六研究"指出，本质在得到体验的充实之后可以作为基础用来充实更高阶的范畴，反过来说，范畴作为含义意向可以为本质所充实——尽管本质本身也需要体验来充实。这一现象完全符合直观的定义：直观就是对含义意向的充实。这个层面的直观就是胡塞尔所谓的范畴直观。对范畴直观的肯定，对于近代哲学而言，打破了康德关于范畴不能直观的禁令；对于胡塞尔来说，开启了先验现象学的合法性；对于海德格尔来说，对此在的生存论分析获得了学理上的保障；对于法国现象学来说，它是现象学的诸种转向不言而喻的前提。

现象学关注生命，强调体验，坚持认为在现象的背后一无所有，但现象学并不因此就雷同于实用主义、现象主义和生命哲学。现象学具有自身的独特性，这就是它对先天的认可，对先天论的构建和证明。尽管在现象的背后一无所有，但诚如海德格尔所言，那应该成为现象的东西却没有显现出来。表象和假象盛行，唯有通过还原，将其置于括号之中，我们才能"回到实事本身"，回到那仅仅来自自身而绝不来自经验的先天之物。这种先天之物，在胡塞尔那里是本质或艾多斯，在海德格尔那里是存在者的存在和存在本身，在萨特那里是存在和虚无，在梅洛-庞蒂那里是身体或肉，在勒维纳斯那里是他者，在德里达那里是不可解构的"过先验论"，在马里翁那里是被给予性。尽管它们是如此不同，但它们有一个共同的特点，即它们不仅不是来自经验的累积和抽象，反而是我们一切经验得以可能的前提。

带着这些禀赋和特质，现象学来到中国。

一、现象学在中国的接受和传播 [①]

西方哲学进入中国人的视野始于近代著名翻译家严复（1854—1921

[①] 限于篇幅和主旨，本节仅仅提及胡塞尔和海德格尔的现象学在中国接受和传播的几个主要节点。一部完整的关于现象学运动诸流派及其代表人物在中国的接受史，目前尚未问世。不过，关于意识哲学、存在哲学和解释学三大流派在中国的接受和传播情况，可参阅张祥龙等《现象学思潮在中国》，首都师范大学出版社，2011 年。

年），他于 1896 年将赫胥黎的《进化论与伦理学》选译为中文并以《天演论》为名出版。在其后的数十年内，一大批现代西方哲学著作，如意志主义、实用主义、实证主义和生命哲学等，都有了自己的汉语译本，并于 20 世纪上半叶在中国产生了巨大的影响。

现象学在中国的接受起步相对较晚且进展相当缓慢。20 世纪 20 年代，一些中国学者如张东荪（1886—1973 年）等在自己的著作中对胡塞尔的一些基本观点已经有所提及，甚至在个别学者那里有一些更为系统的论述，但这些介绍主要基于当时日本的现象学研究而非直接依据德国的现象学运动。

在 20 世纪上半叶，与日本相比，中国研究德国现象学的学者可谓凤毛麟角。屈指数来，排在首位的当推熊伟先生（1911—1994 年），他属于中国第一代留学德国学习现象学的人。他于 20 世纪 30 年代来到德国弗莱堡大学，参加海德格尔的研讨班和讲座并深受其思想方式的影响。回国后，熊先生辗转于多所大学，最后在北京大学任教，成为海德格尔研究的一代宗师。他是国内介绍和翻译海德格尔思想第一人，也培养、影响了一批海德格尔思想的研究者和翻译者，海德格尔作品的汉译绝大部分出自他的学生或追随者之手。

与熊伟同时期在弗莱堡的中国学生还有两位：一位是萧师毅，他在 1946 年与海德格尔一起尝试把老子的《道德经》译成德语，后任教于台北辅仁大学。另一位是沈有鼎，他的论文是芬克代表胡塞尔指导的，他可能拜访过退休后的胡塞尔，回国后先后在清华大学和中国社会科学院工作。

从 20 世纪 30 年代末起，内地的现象学研究几近停滞，只有香港和台湾由于历史原因而成为例外。从大陆移居台湾定居在台北的牟宗三先生（1909—1995 年）是 20 世纪最重要的儒家思想家之一，他于 20 世纪 50 年代开始钻研实存哲学并因此而对现象学有所涉猎。胡塞尔现象学的第一个中文译本选译了《欧洲科学的危机与超越论的现象学》的第一和第二部分，于 1980 年问世，译者为移居台湾的胡秋原（1910—2004年）。

改革开放以后，尤其是 20 世纪 80 年代以来，许多对西方哲学感兴趣的学子远赴欧美学习现象学，这其中也包括熊伟的弟子们。到 90 年代末，在国内或国外受过专业训练的新一代现象学研究者开始崭露头角。1994 年，这些学者组织了中国第一次现象学会议并成立了中国现象学专业委员会，这个团体定期举办年会，定期出版年刊《中国现象学与哲学评论》；1996 年，香港现象学会成立，旨在利用香港特殊的地理位置和学术开放政策为跨文化和跨学科的研究提供平台，2004 年，《现象学与人文科学》杂志在台北出版，成为香港现象学界的核心刊物；在台湾，一些现象学的研究机构和中心先后成立。从此以后，内地、香港和台湾的现象学界逐步展开越来越密切的合作和交流。

二、现象学在中国的研究现状

中华文化圈内现象学研究的进展主要是由第三代和第四代中国现象学者们推动的，他们分布在各主要高校或研究机构，从下面的介绍中我们大致可以看出他们的学术旨趣及其对现象学的贡献。[1] 就中国大陆而言，在北京大学，靳希平主要致力于胡塞尔、海德格尔和古希腊哲学的研究；张祥龙不仅进行现象学的文献梳理，而且将现象学的精神贯彻到中国传统哲学的研究之中；陈嘉映、王庆节对海德格尔《存在与时间》的翻译厥功至伟；杜小真专注于法国现象学的翻译和诠释；吴增定则并行于现象学和政治哲学两条道路。中国人民大学的张志伟专注于从康德到海德格尔的德国思想传统梳理。在复旦大学，张庆熊尝试从现象学出发对马克思主义、分析哲学和宗教经验等多个领域内的主题展开论辩，丁耘在关注现象学的同时开始转向政治哲学的研究。在中山大学，倪梁康一边研究现象学，一边在现象学与中国和印度传统文化之间的关系上投入巨大精力；朱刚和方向红在德法现象学两个领域同时展开研究。在同济大学，孙周兴的海德格尔和尼采的研究与翻译成果斐然，柯小刚已开始尝试将现象学融入传统思想与文化。在华中科技大学，邓晓芒从德国唯心论转向现象学，张廷国专注胡塞尔现象学的翻译和研究。在浙江大学，

---

[1] 这两代研究者为数众多，成果颇丰、贡献甚大者亦不少，但遗憾的是，限于篇幅，中国大陆方面这里只能提及中国现象学专业委员会各位委员的研究方向。

庞学铨大力推介 H. 施密茨的新现象学，杨大春则聚焦于法国现象学。在西安交通大学，张再林将现象学与文化哲学进行嫁接。在兰州大学，陈春文翻译并重新解读海德格尔的现象学。在海南大学，张志扬利用现象学还原反思古希腊开端至今科学主义一以贯之的自然理性的双重遮蔽性。在商务印书馆，陈小文在大力推动现象学出版事业的同时展开海德格尔著作的翻译和研究。

就台湾地区而言，在政治大学，汪文圣集中探究胡塞尔和海德格尔的现象学，蔡铮云将现象学与后现代联系在一起，罗丽君专注于胡塞尔的现象学，英年早逝的张鼎国留下一部简汰精当的现象学解释学研究文集；在中山大学（高雄），游淙淇在现象学、社会理论和文化理论三个领域同时展开研究；在清华大学，黄文宏关注胡塞尔和芬克的现象学及其与西田几多郎哲学的关系，吴俊业的兴趣点则从胡塞尔经过海德格尔一直延伸到梅洛-庞蒂。

就香港地区而言，在香港中文大学，张灿辉和关子尹对德国现象学有专门的研究，刘国英聚焦于法国现象学，王庆节同时在现象学和中国传统文化两个领域着力，姚志华则用功于现象学和佛教。

绝大部分重要的现象学著作都已译成汉语，一些经典现象学家，如胡塞尔、海德格尔、舍勒、萨特和梅洛-庞蒂等，他们有些人的作品生前就已译成中文，他们的全集翻译有的已经列入计划，有的已经开始，这些翻译作品深受学生和学者们的欢迎。

在汉语文化圈，现象学的影响日益增长，这种影响甚至从哲学溢出到其他学科。自 1978 年以来，仅在中国大陆出版的现象学专著就超过 100 部；从 2000 年开始，发表在各级各类期刊上的现象学研究文章和论文每年不下 100 篇，这一领域的硕博论文数量也在持续增长。很多大学开展现象学方面的研究和教学，在过去的五年，有 40 多项现象学研究课题得到了政府资助。目前，跨学科的研究已经扩展到文学、历史、法律、音乐、医学和教育等领域，艺术学和建筑学的专家甚至已经与现象学家们举行过几次联合会议了。

当前的现象学研究主要在三个维度上展开。第一，对现象学文本和文献的考察和探讨。这项工作主要包括对现象学重要的一手和二手文献的梳理和阐释并对现象学的传统问题重新进行反思和审查，除此之外，它还包括对国际现象学界最新发现的现象学文献的关注及其讨论热点的参与。像新出的胡塞尔和海德格尔的手稿、讲座稿或书信集的翻译和解释，对海德格尔"黑皮书"的评价，对 K. 黑尔德、R. 贝奈特、D. 洛马尔、D. 威尔顿、D. 扎哈维，J.-L. 马里翁等人著作或论文的翻译和介绍等都属于这个维度。

第二，现象学与本土传统思想的比较性研究。这种研究主要与中国传统文化资源即儒佛道相关，例如，把胡塞尔现象学与唯识学和儒家心性哲学联结在一起的研究，在海德格尔基础存在论与道家、佛学和儒学之间展开的对话，在伦理学和道德哲学上将舍勒、梅洛-庞蒂与儒家进行比较的尝试，以及将道家与法国现象学进行互证互勘的努力等。

第三，现象学与其他学科之间的合作和交流，尤其是文学艺术和自然科学对现象学方法的应用。在中国，现象学与艺术理论、建筑学以及科学哲学和科学史之间的相互借鉴和启发已渐成风气。不仅如此，现象学方法现在还常常用于心理学、政治学、法学、社会理论、文艺理论和教育学等学科上。

虽然近 30 年以来，中国的现象学研究在广度和深度上已有极大的提升，但仍然存在一些不足之处。首先，经典现象学家全集的完整翻译与出版尚需时日，一些堪称经典的二手文献翻译成汉语的较少，更遑论那些滋养着现象学名著的同时代其他学者的著作了——没有那些周边性的著作，没有那些著作所激发的思考和辩论，这些名著不可能凭空产生。这样的说法也许太抽象，我们这里举几个例子：《胡塞尔全集》目前已出版至 40 卷，译成汉语的不到半数，《胡塞尔全集》"材料卷"已出版 8 辑，"档案卷"也有 4 卷面世，尚没有任何一辑出版了中译本；在现象学界闻名遐迩的"现象学丛书（Phenomenologica）"目前已出版 200 多部，翻译成中文的不超过 10 部；《海德格尔全集》的编排已达 102 卷，德文版已出版 90 多卷，中文版目前只有 20 多卷问世。可喜的是，胡塞尔、海德格尔、梅洛-庞蒂等重要现象学家的文集汉译已被列入国家重大项目，还有一些现象学家如舍勒、勒维纳斯等的文集正计划申请国家重大项目。相信未来这方面的工作会有长足的进步和可观的发展。

其次，现象学与中国哲学的比较研究早已开始并已取得一定的成就，但总体而言，这种比较还是相对外在的，有时候显得有些牵强附会，与真正意义上的中西会通相距甚远。以两辑《中国现象学与哲学评论》为例，除个别文章以外，2003 年出版的第五辑《现象学与中国文化》以及 2015 年出版的第十六辑《现象学与中国思想》中的大多数论文大体上就是这种状况的反映。

最后，以现象学为方法论基础的跨学科交流也出现了类似的情况。我们已经提出了艺术现象学、技术现象学、建筑现象学、教育现象学、历史现象学、科学现象学、法律现象学、现象学社会学等这些交叉学科名称，也已经开展了相当多的研究工作，但由于教育体制的问题，学科之间壁垒森严，研究者的学科视野受到严重限制，掌握现象学理论和方法的人缺乏相关的交叉学科的知识储备，反过来，相关学科的研究者对现象学也知之甚少，这使得现象学的理论成就和方法论创新在向其他学科转移和对接的过程中经常发生错位和误读，这在国内召开的历次艺术现象学和建筑现象学等会议上表现最为明显。

三、中国现象学展望

下面笔者结合中国现象学发展的成就和不足对中国现象学未来的诸种可能走向提出几点自己的浅见。

第一，重读经典，挖掘新意。即使像胡塞尔的《逻辑研究》和海德格尔的《存在与时间》这样已问世多年的汉译名著，其内在的意义和价值并不会因为我们阅读过几遍就完全耗尽。胡塞尔在《逻辑研究》第一卷中对心理主义的批判不禁让人想起当代自然主义和还原主义的横行，胡塞尔的视角和思路是否可以转用于对它们的批判？从《逻辑研究》的"第一研究"中诞生了德里达的解构主义，海德格尔从"第六研究"出发建立起基础存在论和生存论分析的合法性，这两个研究对于我们意味着什么？马里翁重读"第六研究"，竟然将直观改造为"被给予"从而完成了对海德格尔"存在论还原"的还原，这一点启发我们，深度的阅读也许会有意想不到的收获。如何理解其他四个研究？其中关于抽象与代现、整体与部分、独立对象与不独立对象之间的关系在汉语学界没有得到足够的关注。《存在与时间》中的亚里士多德向度、人类学向度、宗教向度、意志哲学和精神分析学向度都已被读出，我们该怎样阅读？难道仍然停留在对于存在与存在者、本真与非本真、历史与历事、畏与怕的津津乐道的区分？其他经典作品也应作如是观。

第二，重视早期现象学运动的研究。早期现象学运动并非胡塞尔、海德格尔和舍勒的三人行，而是由一批才华横溢的学者共同推动的，他们在自己的领域对现象学的一些命题或结论提出了质疑或给出新的解决方案，然而由于他们长期处于胡塞尔和海德格尔的阴影之下，以致他们的思想很少为中国学者关注，其作品在汉语学术圈内也较少出现。一些现象学团体，像哥廷根学派、慕尼黑学派、弗莱堡学派等，他们的学术风格我们还不能准确地描述，一些学者如 A. 普凡德尔、A. 雷纳赫、M. 盖格、A. 柯瓦雷等，他们的创造性工作还不为我们所知，甚至胡塞尔的几个著名的学生或助手，如 E. 施泰因、R. 茵加登、L. 兰德格雷贝、E. 芬克等，国内对他们的研究也才刚刚开始。

第三，引介法国新现象学。"法国新现象学"是已故著名现象学者 L. 腾格尔义（L. Tengelyi）对法国第三代现象学家的统称，这一称号代表着现象学运动在当前阶段的最新进展和最高成就。以萨特和梅洛-庞蒂为代表的法国第一代现象学家完成了对德国现象学的接受、拓展和改造，以德里达、勒维纳斯和利科为旗手的第二代现象学家在此基础上提出了全新的现象学概念，突破了传统现象学的基本命题和方法，极大地扩展了现象学的研究领域和应用范围。到了 20 世纪 80 年代，一批新的现象学家脱颖而出，带着新的话语走入现象学运动这个舞台的中央，如"现象学的神学转向"说（马里翁）、现象学的"精神分析谱系学"（米歇尔·亨利）、"意义的自动构成"论（马克·里奇尔）、"时间的分叉"说（多明尼哥·雅尼考）、"现象学的时序学"（弗朗索瓦兹·达斯图尔）、"现象学的艺术论"（伊莱恩·埃斯科巴）等，这些新的概念和词汇背后是整整一代哲学家的自觉努力：对现象学的边界进行反复勘探，把现象学的基本概念推向极端，重新审视现象学的基本方法，以此为基础，对传统哲学尤其是形而上学进行反思和批判，试图走出一条既不同于传统范式又拒绝后现代方案的道路。

第四，推进现象学与其他学科的深度融合。将正在进行中的学科结合，如艺术现象学、建筑现象学、教育现象学、技术现象学等，变成有机的融合，让现象学真正为相关学科的主题论证和理论创立提供方法论上的指导和认识论上的支持；借鉴海外学者的融合思路和理念，提出并论证现象学与新兴学科乃至社会活动或现象相结合的可行性和实现路径，例如，面对新兴学科或者既有学科的新进展，我们可否提出基因工程现象学、虚拟现实现象学、脑科学现象学、神经科学现象学？面对社会现实中某些特殊的活动或现象，我们可否进行相关的现象学研究，例如，也许我们可以接纳并展开对暴力现象学、残疾现象学、护理现象学、临终关怀现象学、捐赠现象学、现象学治疗等学科的研究。①

现象学与马克思主义的融合具有特殊的意义，实际上，将现象学与马克思主义相结合的思路由来已久。现象学阵营中最有建树者当推萨特、梅洛-庞蒂和德里达，但是，如何利用汉语现象学的资源面对马克思主义在中国的解释学传统并由此建立基于中国经验的现象学马克思主义，这是一个虽然艰难却值得期待的课题，因为在这里极有可能产生激动人心的发现，而这些发现会反过来影响现象学和马克思主义。

第五，促进现象学与中国传统文化的会通。这是最后一点，也是最重要的一点。现象学对于中华文化圈有着广泛的吸引力。就方法论而言，"回到实事本身！"的口号与哲学对原创性思考的基本要求完全一致；作为一门具体的工作哲学，现象学在其哲学研究中提供了一个进行对话和讨论的公共平台；由于现象学的方法把哲学建立在对直接直观的分析之上，它替代了对精致理论和抽象概念的建构；严格的事实描述和分析是现象学独具特色的思想方法，它让人以最简洁的方式切近地关注问题本身。

就主题和内容而言，现象学首先被看作一门意识哲学，这个观点与胡塞尔的原本想法是一致的。胡塞尔的这条进路不仅在欧洲传统哲学与

---

① 上述这些学科名称有的尚未成型，有的在美国、日本等国家，以及在中国台湾地区早已出现并产生了相当成熟的理论和实践。

内在性哲学或心灵哲学之间架起了桥梁，而且使现象学与中国的两个本土思想，即佛教的唯识学和儒家的心性论，有可能建立联系；现象学同时也被看作是一门存在哲学，海德格尔对存在、在世、本有、时间和语言等的思考与中国的道家、佛学和儒学之间有着天然的亲和性；其实，现象学还可被看作是一门伦理学，舍勒的价值哲学与儒家对价值秩序的推崇异曲而同工；最后，现象学也是一门艺术哲学，法国现象学家的艺术理论和空间学说与道家思想虽属不同时代，但仍然给人一种遥相呼应之感。

所有这些都让现象学在中国找到属于它的精神共同体，让它最终有可能在汉语文化中落地生根，开花结果。

心性现象学正是这样一朵正在绽放的花朵。心性现象学曾经度过了一个比较长的孕育期，以耿宁和倪梁康为代表的兼通现象学、唯识学和儒学的学者以论文、专著或会议的形式对三门学问的关联概念之间的联系和区别做过激烈的辩论和深入的探讨，其标志性成果浓缩为作为心性现象学前身的"现象学心学"。[1] 自 2011 年倪梁康发表纲领性论文《心性现象学的研究领域与研究方法》[2] 以来，心性现象学的花蕾开始绽放。2012 年第一届国际心性现象学专题研讨会正式召开，同年，耿宁的心性现象学论文集《心的现象》出版，2014 年耿宁的著作《人生第一等事：王阳明及其后学论"致良知"》问世，关于心性现象学的研究专栏开始出现，一批论文着眼于微观的概念构成方式与细节的思路成型过程对现象学、唯识学与儒学的交融和会通进行深度的梳理、互勘和批判，一些建基于三门学问之上但又无法归入其中任何一门的研究成果和理论创见开始涌现。在不远的将来，心性现象学有可能做出重大的理论创新，我们有理由相信，这朵心性现象学之花终将结出丰硕的果实。

心性现象学的问思路径为现象学与中国传统文化的全面接触提供了成功的范例，沿着这条路径，我们可以创建或重建一系列与传统思想相关联的交叉学科，如中医现象学、易学现象学、天道现象学、诸子现象

---

[1]　这从倪梁康著作的标题中可见一斑。参见倪梁康《心的秩序：一种现象学心学研究的可能性》，江苏人民出版社，2010 年。

[2]　倪梁康：《心性现象学的研究领域与研究方法》，《华东师范大学学报》2011 年第 1 期。

学、书法现象学、诗经现象学、楚辞现象学等。当然，需要说明的是，这些名称之间并没有严格的逻辑关联，有的已经有相关的论文，有的还未见端倪，有的相互重叠，我们这里把它提出来，旨在强调现象学与中国文化方方面面相结合的可能性。

现在的问题是，如何把这里的种种可能性转化为现实性呢？如何让两者的比较不再流于形式而成为彼此外在的排列组合呢？我们还是必须借鉴心性现象学的成功经验，从微观的角度显示概念的构成方式，从细节出发考察思路和论证的成型过程，然后进行深入的比对、互勘和批判，以期直接"面向实事本身"。

也许有人会说，这种方法对一切比较性的研究都适用，关键的问题在于如何达到这一点。我想说，现象学的优势恰恰在于这里。现象学不仅与中国的传统文化有着相近的主题，它还有一套逼近这些主题的基本原则和方案，这就是我们在文章一开始便提及并略加说明的四条基本原理：意向性、还原、直观与先天。借助这一套原则和工具，以心性现象学为楷模，现象学一定会证明自身有能力重新激活中国传统文化的问题意识和思考逻辑，创造性地实现从传统到现代、从历史到当下的过渡。我们相信，现象学终有一天会以自己的方式洗去传统文化覆盖在身上的尘埃、混在肌理中的杂质，重新焕发她本有的容光。

当这一天到来的时候，现象学开始离开中国，返回它的发源地。这时的现象学已不是那带着原初的异禀和特质来到中国的现象学，它在深刻地影响汉语学术和传统的同时也深深地烙上了汉语思维的印记，在中国人对现象学经典的阅读中、在早期现象学运动的研究中、在法国新现象学的引介中、在现象学与其他学科的深度融合中是这样，在现象学与中国传统文化的会通中更是如此。会通，是他者之间相互的照亮。没有意向性之光，传统文化中的形而上学部分也许始终处于黑暗之中；缺乏现象学还原这颗钻头，传统文明中那令人叹为观止的理论和匪夷所思的方法可能永远隐藏在历史沉积层的深处；不懂得现象学直观，将无法激活古人的原初体验；否认先天之物的存在，又会使刚刚激活的原初体验沦为经验论和相对主义的囚徒。然而，传统文明的某些特质却又抵制着现象学的探照和钻探，现象学也许需要改造自身的某些原理才能通达这些特质,现象学的这些改造实际上正是对自身的某些缺陷的克服,而这些缺陷在它的发生地是无法看出来的,因为它所从出的西方文明就包含这些缺陷于自身之中。

也许有一天,来自中国的现象学会在它的出生地得到悦纳,西方哲学乃至西方文明本身因此而得到某种改造和纠偏,因为它的光芒照进了西方文明的幽暗之所。

那时,我们不再展望现象学在中国的未来。那是一个开始书写中国现象学史的时刻。

原载《中国社会科学评价》2016 年第 4 期

西方哲学研究中的中国视角

叶秀山 *

中国人研究西方的哲学已经有很多年的历史了，人们尝谓，在这个领域里，我们所能做的工作，主要是引进、介绍方面的事，要想在研究水平上与西方的学者媲美，是很困难的。应该说，这个看法的确有相当的道理。研究一个异域文化，已属不易，何况哲学又是一门艰深的学问，在这个领域内，中国人自己的想法都不容易弄清楚，遑论异域哲人之超越的遐思和复杂的理论体系。

然而在积累了数代人的经验之后，今又处于世纪之交，世界经济趋于一体化，东西方交流日趋频繁之际，我们对于西方哲学研究的要求，则更当进一步有所提高，提出不仅要有准确的介绍，并要有深入的研究，而为在高层次上做到这两点，则又要在我们的研究中具有中国的特色，以中国的视角来客观而又深入地研究西方哲学，乃是我国西方哲学研究工作的重要任务，容申述如下。

一

就原理上说，哲学思考人生——包括自然与社会——最普遍的问题，既有生命的特殊性，又有理路的普泛性。各个民族的历史当然都有各自的独特性，不能互相代替，反映在哲学问题的思考上，亦各有特色，所以中国人与西方人对于人生深层问题的思考，各有特点，是非常明显的

* 叶秀山，1935—2016，男，中国社会科学院哲学研究所研究员。

事实。然而哲学既为思考深层问题，则在纷繁复杂的"事实"里面必有其核心的问题在。"核心"是"在"里面，故不易一眼看穿，需要用些办法，将其"外壳"剥去，"核心"才能"看见"。哲学的办法不是刀斧，而是"思想"。哲学通过"思"，"看见"那事物的"核心"。

西方人从古代希腊的哲人们起，就对这个"核心"与把握它的"思"，有过深入的研究，所以，严格意义上的"哲学"学科，起源于古希腊。对于这个"核心"，在古希腊有"始基""种子""原子""理念""诸存在之存在"等说法，而对于那个"思（想）"，也有 psyche，nous 以及亚里士多德总结的那一套蕴含式三段论、辩证法等规则。于是，西方哲学里就有一个长期通行的说法，叫作"透过现象看本质"。

"现象"与"本质"的问题，西方人思考了几千年，相当成熟了。在 18 世纪末 19 世纪初，康德出来说，那个"在"事物"现象""里面""后面"的"本质"是不可知的，从亚里士多德以来的形而上学传统要想"认识"那"本质"是白费工夫。在康德思想的启发下，西方哲学对于这个"本质"问题，有了更为深入的思考，这期间已经过了费希特、谢林，特别是黑格尔，这个"本质"丰富起来了，不是一个普泛的"概念"，而是"具体共相"，不是"抽象"的，而恰恰是最"具体"的；然而人们又发现，这个"具体概念"，仍然是"概念"，只是不同于经验科学里的"抽象概念"，而是"理念"（ideas），是思想性的东西，这个东西"在"哪里？我们只能说它"在"思想"里"，于是闹了半天它"不在"。为了让它真正"在"起来，在 20 世纪初就出了一个海德格尔，牢牢抓住这个"在"不放，算是把这个"现象"与"本质"的问题又推进了一步。

我们中国古代有没有对这个"现象"与"本质"问题做出思考的？当然有，不仅在经验层次上有许多深刻的体会，而且也有理论的概括。

我们知道，我国儒家学说的支柱为"仁学"。孔夫子提出"仁"来，可谓对当时的思想有很大的推进作用。孔子在社会政治上主张恢复周礼。因为当时社会秩序紊乱，所谓"礼崩乐坏"，孔子主张用周礼来统一各国的秩序。在他看来，社会之所以乱，是因为各个阶层不得其位不安其位，错了位就会乱。制乱有各种办法，让社会恢复秩序，也有各种方案，孔子提倡周礼，虽有其较为严密的论证，但仍只是"一家言"；孔子的大贡献在于提出了"仁"，作为"（周）礼"的内在意义，从各种"现象"的关键中，揭示了"本质"。

所谓"仁"，就是"核心"。"仁儿"就是"核儿"，就是"心儿"，这是后来一些研究者已经发现了的确切含义。当然，"仁"的含义很多，孔子针对不同的发问者的具体情况，也有不同的解释，但究其根本，与西方的所谓"本质"，意义相通。"仁儿""核儿"有"种子""始基"的意思，更有"理念""存在"的意思。

"仁"，当然关乎思想感情、道德品质，但之所以有这种关切，正在于它是"核心""本质"。"仁"为"是其所是""是其所该（应）是"，故它是"存在论"的，也是"理念论"（道德论）的。世上万物，都"应（该）""是其所是"，"该"是什么就是什么，各就其位，各得其所，则天下万物就会处于和谐的状态，不会天下大乱。为"君"的就该像个为"君"的样子，为"父"的也得像个为"父"的样子，君君臣臣父父子子，都有自己的"理念"，大家都"符合"各自的"理念"，则为"理想国"，秩序井然。

其实柏拉图提出"理念论"和孔子提出"仁学"的历史背景也有许多相似的地方。希腊雅典城邦民主制，到苏格拉底、柏拉图时代，也已"礼崩乐坏"，议会被"蛊惑家"所操纵，朝令夕改，"现象"一片混乱，唯有倡"理念"之说，使人民各守其位，各安其位，公众的事（republic），方可得以治理。

孔子的具体施政方案，恢复周礼，或可斥之为落后、倒退，事实上他老先生一生未曾得志，时代已然变迁，具体之周礼已不可复，然其所倡"仁学"，乃中华哲学文化之精髓所在，比之柏拉图之"理念论"，更有一层实际的意味在内。若究其绍述，西方哲学，固有千百年发展无出柏拉图、亚里士多德所提之问题，则我们中国之传统，更离不开孔子的影响。"仁"为"核心"。"在"事物之"中（心）"，于是乎，"中庸""中和"，甚至"中国"之名，都有了一层"形而上"的哲学意义了。

二

以上的看法，可谓互相参照得来。所谓"互相"，乃是"由彼及此"和"由此及彼"都能相通的。用西方的参考尺度来看中国的传统，有所启发，已有相当之经验，自不待言；而用中国哲学思想作参考尺度来看西方的哲学，则就相当地缺乏经验，可能还有一些思想上的障碍，须得清除。

许多年来，研究中国哲学的人相对而言比较注重参照西方哲学的方法和理路，将中国哲学置于更大的历史参照系中来考虑，取得了相当的成绩，有时能对传统的哲学思想有新的阐发。这方面的工作以"五四"新文化运动以后做得最多，成绩斐然，我们这一代人学中国哲学史，大都是在这个影响下读书的。我们读胡适的书，读冯友兰的书，也读侯外庐、张岱年的书，我们的中国哲学的基础是读这些书打下的，而他们都是结合着对西方哲学的理解来讲解中国哲学的，书中所讨论的问题和所依据的观点，符合当时的思潮，年轻人容易接受。

相比之下，对于西方的哲学则偏于一般介绍，就事论事，融会贯通的力度小得多，这在初创阶段，是难以避免的。所以当时王国维读康德、叔本华，用于解释《红楼梦》小说，而以他如此深厚的国学功力，竟未能对康德、叔本华学说本身多做自己的发挥，是很可惜的。这时候中国学者们的思想可能很谦虚，认为弄懂他人的意思已属不易，而不愿妄加比附，这是一种科学的态度，是无可厚非的。

至 1949 年以后，全民学习马克思主义理论，无论中国（传统）哲学还是西方哲学，都要用马克思主义指导，取其精华，去其糟粕，都要有分析批判的态度。

现在回想起来，这原本是一个很好的机会，将东西方哲学，将中国哲学和西方哲学都归于马克思主义的批判大旗下，作哲学性的统一的思考，而在理论上——并非在实际上，淡化其壁垒森严的界限，以利相互之沟通。但实际的情况却不如人意，在"批判"中常有简单化的做法，常常反倒遏制了理论阐发，甚至成了乱扣帽子、乱打棍子的粗暴作风得以存身、滋长的借口。譬如人们总要在古代中国的哲学中做出符合现在标准的定性的判断，如某某书是唯心论的，某某人是唯物主义者等，更不用说在"文革"中那种将学术问题与政治问题完全混为一谈的极端做法了。

在这一个时期，相比之下，研究西方哲学的处境似乎比较简单一点，因为有些工作马克思、恩格斯、列宁做了，有些被苏联宣布为要不得的哲学家，像尼采、叔本华，只当他们是反面教员，不必认真对待，而20世纪已进入帝国主义腐朽、垂死阶段，其哲学家自然不值得一顾，骂几句就算抬举他了。倒是从康德到黑格尔的德国古典哲学，有经典作家的定评，不可一笔抹杀，允许、有时还是鼓励大家去研究、探讨，这真可谓是万幸了。

于是，中国研究西方哲学的大都以德国古典哲学为基础，上溯古代希腊，往下则横扫一切帝国主义现代哲学。在那个时代，我们对于当代的西方哲学禁忌多多，但对于西方古代哲学，却有一些方便之门；尤其是德国古典哲学，应该说，那个时候做的工作是很有意义的，而且还应该说，也还是有相当的水平的。

但是，当时我们对于中国哲学的领域，一来是有些争论，常常有些背景非外人所能把握，二来也是因为学界本来人数众多而分工甚细，研究西方哲学的强调自身的专业性而不研究中国传统哲学的问题；甚至在我们这一代西方哲学的研究者中，潜藏着一个思想，觉得中国的传统哲学，不够"哲学味"，因为它与体系庞大的、逻辑井然的德国古典哲学比，显得零乱而不成系统。扪心自问，我们大都有这个偏见。这种心态一直到20世纪80年代后期，才逐渐有所改变。

也就是近十几年来，研究西方哲学的才逐渐感觉到，中国哲学自有其思想特点，但所思考的问题同样是可以和西方哲学讨论、沟通的，中西哲学的大门是可以为对方打开的。不但中国哲学需要以西方哲学作参考来研究，而且西方哲学如以中国哲学作参考系来研究，也会有一番新的境界。我曾尝试用《老子》的"功遂身退"思想来作为理解海德格尔"提前进入死的状态"这一说法的参考，虽不可能完全吻合，但对理解这个"状态"还是有帮助的。比较而言，我们的说法很平易近人，所以成了千古名言，但如仅作为一般道德修养格言来理解，就失之肤浅；然而海氏的说法又显得笨拙而过于玄奥，容易引起误解，此时，《老子》的话有匡正之功。其实，在形而上的层次上来看，他们说的都是事物"从有到无"和"从无到有"是"同一过程"这个意思。"生"、"死"，"有"、"无"，是"同一过程"的不同说法，《老子》说是"同出而异名"，这方面，《老子》说得很清楚，以此来理解海德格尔，没有多少抵牾；不过《老子》没有西方近代以来把"人"理解为"自我""existence""Dasein"这样一些环节，所以以海德格尔作为参考系来理解《老子》同样也是有意义的。

三

　　明确中国哲学对西方哲学同样有参考价值这个意思，首先对于中国人研究西方哲学是很有意义的，因为研究西方哲学的人都深深感觉到，我们如果就西方哲学来谈西方哲学是很不容易与西方的学者并驾齐驱的。许多年来，在古代希腊哲学领域里，我们只有陈康先生的水平能跟德国的学者平等讨论专业问题，能够为学者所重视，这当然是我们引以为荣的，但我们的专业队伍中，一来有陈康先生功力的毕竟太少，二来就连陈康对希腊哲学的理解，也有中国的学问在内。陈康将柏拉图的"ideas"译为"相"，就是通过新康德主义等联系到中国传统思想的理解的成果。"相"的译名带有明显的中国特色，尽管这个译名可以商榷，但这种尝试是值得肯定的。

　　以中国思想作为参考系来理解西方哲学，将他们的著作信、达、雅地译成中文，这应是一个基本的功夫。这方面，我们的老师们为我们树立了很好的榜样。

　　在西方哲学汉译工作方面，我们时常怀念我们研究室的创始人贺麟老师。贺先生一直重视西方哲学的汉译工作，特别是 1949 年以后，他集中精力翻译黑格尔的著作，为我们后代留下了宝贵的财富。贺先生常说，翻译要和研究结合起来，你翻译了它，也就理解了它，也就征服了它。这个意思是很深刻的，本身充满了哲理，同时也是贺先生多年从事古典哲学著作汉译工作的切身体会。

大翻译家一定是大学者，中外都是如此。就哲学来说，自然有不做翻译工作的哲学家，但大凡在翻译上有突出贡献的，必定是大学者无疑。譬如亚里士多德的英译者 Rose，他的译本是做亚里士多德研究必读的，即使能够研读希腊原文，Rose 的英译也是必定要参考的。我相信，我们今后在做黑格尔研究时，尽管要研读德文原著，但贺先生的汉译本，也是我们中国的研究者必须研读的。我还相信，如果西方学者懂得中文，他要研究黑格尔，也会把贺先生的汉译找来参考。记得一位曾当过德国一个黑格尔学会主席的德国学者对我们访问者说，他研究黑格尔有时要参考法译本、英译本；而据我所知，黑格尔著作的英译，除《精神现象学》外，都不是很好。

说来惭愧，我在翻译方面毫无经验可言，总想补上这一课而未能如愿；但我也认识到这样一个道理：将他人的思想融会为自己的思想，用自己的语言清楚地说出来，或者，将一部（哲学）著作用另一种语言清楚地复述出来，绝非易事。我相信，如果你将他人的意思用自己的话复述清楚了，你也就理解了他的意思，同时你也就"征服"了它。为什么？因为在你真的清楚了他的意思之后，你自己的意思也就"自然"会出来了。这就是说，不论你"同意"或"不同意"，现在出来的"意思"，都是你"自己的"了。

四

当然，这不是说，我们要用自己的意思强加于人，要用中国传统哲学来硬套在西方哲学头上，使西方哲学"中国化"；我们还是要尊重西方哲学的自身规律，老老实实地掌握人家的材料，在研究工作中要让材料自己来说话，因此，我们还是要加强西方哲学的基本训练，包括语言的训练，是马虎不得的。我们要在学术性上达到应有的水平，这也是很不容易的，但并不是做不到的。

凡真正的学术，都是全世界的财富，是向世界开放的。希腊的古典文化，它的哲学，已经不仅仅是希腊人的学问了，全世界的哲学家都要学希腊哲学，以至于很久以来，英、德、法、美诸国的希腊哲学研究水平，竟处于很高的层次。这固然是欧洲各国交往十分密切的原因，但也可以看出学术之普遍意义。

希腊文化在古代曾统领过欧洲的文化潮流，它在与后来的犹太—基督文化的撞击中丰富、发展了自己，成为欧洲文化整体的不可分割的核心部分。希腊学术是欧洲的共同学问。

中国文化同样也是世界的共同财富。它曾经影响了亚洲许多民族的文化发展。中华文化近许多年来迎接了西方文化的挑战，形成了长期以来中西文化撞击、沟通的局面。在这种文化撞击开始得较早的日本，就学术层面来说，他们对西方文化（哲学）的把握和贯通，也有相当的水平，说明在学术、理论的层次上，东方人可以把握西方的学问，这一点是毫无疑问的。

随着世界经济之一体化，如今东西方文化是交融、沟通的时代。以中华文化为核心的这一部分文化层，与西方文化的交流、沟通已成一大潮流，设想因此种文化差异而冲突，而为文化而战，则近乎病态。

尽管"汉学"在西方的影响尚小，更未及"哲学"层面，但应该承认，西方有水平很高的汉学家。我们当然不当说，德国的《老子》研究超过了中国，但正因为德国学者发挥自身的长处，有着与我们不同的文化背景，因而他们可能从《老子》书中体会出我们不易体会出来的东西，足以启发我们，而他们对道家文献的掌握也有相当的水平，这是完全应该肯定的事实；反过来说，我们对西方哲学的掌握，包括对于基本文献资料的掌握，也都要有自己的自信；如今处在信息时代，资料的获得，不是很困难的事，当然真正把握、消化这些资料，仍须下很大的功夫去做，但并不是不可能把握的事。更何况，哲学是思想性的学问，重在理解、贯通，并非要"湮灭"在资料的汪洋大海之中。

我这个意思是说，即使就西方哲学的资料、文献的把握上，我们中国学者也要有充分的信心，要脚踏实地去做。

五

欧洲的哲学，以希腊的哲学为传统，经过与犹太—基督文化长期撞击、辩论，融会贯通，成为一个有分有合的体系；中国哲学，以儒、道为传统，经过与佛教文化长期撞击、辩论，融会贯通，成为中华传统文化儒、道、佛三教合流的体系。这样看起来，世界上的文化，无论中西，都并非单一的来源，都是有几种源泉汇合起来的；至于希腊文化本身，又是如何从埃及、波斯、巴比伦文化吸取养分，是否只是单一来源，则又是一个有趣的问题。

经过千年以上撞击、融合的过程，至今西方和中国的文化当然都已相当的成熟，看起来严密非常，甚至给人以铜墙铁壁、坚不可摧之感；然而实际上无论多么庄严宏伟、金光灿烂、自成体系的文化殿堂，其深层次的大门永远是可以开启的。这个情形不是我们的想象和猜想，因为任何文化系统，只要它是"活"的，只要是还有"生命力"的，都是"开放"的，都要不断地从"外部"吸收"营养"。

现在中国的文化，正在积极努力地"吞噬"着西方文化中有营养的成分，帮助自身的"吐故纳新"，使自己更充实、更强壮。应该说，在吸取西方文化精华方面，我们中国人在付出了可观的代价之后，已经变得更加成熟，更加有分辨力了。事实上，许多原本是西方的东西，已经成为我们生活的一部分，很难说是"舶来品"了，像原本来源于西洋的服装、发式，以及西洋的某些艺术品种等。以哲学来说，西方的普通哲学用语，不但进入我们的学术界，有的甚至成为了日常的语言，像"透过现象看本质"这类的话，几乎成了中国人的"口头禅"。当然，这跟几十年在非常广泛的范围内提倡学习马克思主义有关。

再来看西方的文化，我想，稍加留意，就会感到它仍然在不断地丰富、发展自己。就从希腊的哲学传统来说，它既然能够成功地——当然经过了艰苦的历程——与基督文明汇合，则也可以相信，它也会成功地与东方—中国的文明沟通、汇合。这一点，我们对具有伟大传统的西方文明有充分的信心。

据我个人很不成熟的印象，西方文明建立在两个大的基石上：一是希腊的科学精神，一是犹太—基督的宗教精神。二者经过许多年的斗争转入兼容汇通，如今已是不可分割。这两种精神，概括起来说，希腊倡导广义的"物理"知识，而犹太—基督文明则强调严格意义上的"神学"信仰。无论"知识"或"信仰"，就"哲学"来看，都要据有"理路"，都是"讲理"的，不是"不讲理"的。粗浅说来，知识的理路讲"必然"，信仰的理路讲"自由"。因为"必然"，所以"可知"；因为"自由"，所以（需要）"信仰"。"知识"是"必然"的事，"信仰"是"自由"的事。

有了"物"，又有了"神"，那么，"人"到哪里去了？为了"寻（找）人"，西方的哲学家很费了一番工夫。于是有启蒙的"文艺复兴"，于是有现代的人文主义和"人文科学"。西方的哲学家发现，原来，无论"物"或"神"，都与"人"密切相关。一方面，"知识"之所以"可能"，不光要有"感觉""印象"，即"物"给予的材料，而且要有"人"之理性的制定法则的"功能（faculty）"，如果理性没有"立法权"，则所给予的感觉材料（sense data）无秩序可言。

动物没有"宗教信仰"，只有有理性的存在者——人，才有宗教问题。"理性"使人"自由"，可以摆脱"感性"之束缚，因而人的所作所为不能以感性之需要来推诿自己的责任。道德由自由而生；然而，如果在感性王国感觉材料要由理性来规范，而在可以摆脱感性需要的自由者王国，如何使其同样保持秩序，则"至高无上"的"神"的悬设，就"应运而生"。如莱布尼茨所说，世界要有一个"预定的和谐"。

于是，西方近代以来，"人"的观念与"自由"的观念不可分。

然而，"神"的观念虽建立在"人"的"自由"的基础之上，无"自由"则无（无须）"神"，但"神"之全知、全能、全善（至善）又是以"限制"人的"自由"为前提的，"神"的观念的出现意味着，"人"最终要"放弃""自由"，而将"自己"的一切"托付"给"神"。

我们看到，西方的"自由"，并不像想象的那样逍遥自在，而是如临深渊似的"负担"，似乎只有将自己寄托于"神"，才有"安身立命"之处，才能"心安理得"；怪不得西方人一度把"无神论者"视为"洪水猛兽"一般。

在这个意义上，我们的确可以说，中国是最富于"人文"传统的。比起希腊来，我们没有如此强烈的"物"（感觉材料）的观念；比起希伯来人来，我们也没有那样严格的"至高无上"的"神"的观念，却有坚定的通天地、阴阳、神鬼的"人"。中国传统的"人"，没有西方那样"自由"，故也不必将辛苦得来的"自由""托付"给"至高无上"的"神"。在这个意义上，中国是世界上体会"什么是人"最真切的民族，虽然因为对于"自由"的传统考虑不像西方近代那样彻底，故而不如西方某些学派那样深入，但也不那样极端。

我们看到，极端了就会有偏，就要来纠偏，所以在提倡了一阵"人文主义""人本主义"之后，西方的哲学家、思想家又要来反对"人类中心论"。海德格尔讲到"人"时一定要说 Dasein，后期讲天地人神，四者合一，也是要遏制"人"的"主体性"之泛滥；中国传统讲天地人三才，而"人"在"天""地"之"中"，之"间"——"人生天地之间"，沟通天、地，度测阴、阳，在某种意义上说，"神"正在"人"身上。所以我们不怕"人类中心论"的批评，因为我们的"人"已经将天地努力合了起来，则"神"就在其"中"。同时，我们也很能理解海德格尔的意思：说到"人"，天地神也都有了，说到其中任何一项，其他几项都蕴含在内了，各项都不是孤立的，"人"当然也不是"孤立""孤独"的。

我这篇文章的意思，是要强调中国的哲学，对于我们研究西方哲学，有重要的参考意义，这种意义的阐明和发扬，首先要从我们中国学者中研究西方哲学的人做起。

原载《中国哲学年鉴 1998》，中国大百科全书出版社，1999 年

论西方哲学中国化的三个阶段

丁　耘*

　　中国的，或者说中文的西方哲学研究是中国哲学本身的一个部分，而不是西方哲学的一个部分。正如法国哲学家弗朗索瓦·朱利安（Francois Jullien，一译弗朗索瓦·于连）等对中国哲学的研究不是中国哲学的一部分，而是法国哲学的一部分那样。[①] 中国的西方哲学研究与其说是"西方哲学在中国"，不如说是"西方哲学之中国化"，属于广义上的"西学中国化"。西方哲学作为一个变化着的历史整体，不可能全部体现在中国的西方哲学研究中，而必有其选择、权衡、解释。其中的取舍、译解、权重，没有中国思想的主体地位是无法完成的，即便中国研究者对此并无自觉。西方哲学中的思潮、学派、人物在欧美学院的盛衰隆替，与在中国多不一致。[②] 故中国思想界眼中的西方哲学必不同于其在西方之状况。造成这一差别的，就是"中国化"。无论如何评价，"西方哲学之中国化"是一个基本的诠释学事实。对之非但不应回避，而且应当给予历史地理解。这种理解或自觉将有助于哲学的创发。

　　西方哲学中国化不仅限于中国的西方哲学研究，更体现在对西方哲学的运用上，体现在中国哲学对其历史与原理的解释上，也体现在中国

---

*　丁耘，1969—　　，男，复旦大学哲学学院教授。

①　参见朱利安《功效：在中国与西方思维之间》，林志明译，北京大学出版社，2013 年；于连《圣人无意——或哲学的他者》，闫素伟译，商务印书馆，2004 年；于连《迂回与进入》，杜小真译，生活·读书·新知三联书店，2003 年。

②　这方面例子很多。例如黑格尔研究在中国曾长期占据重要位置。当前，整个现象学运动在中国仍方兴未艾，在欧美则已变质与衰落。分析传统在欧美哲学界已趋主宰，在中国则远未如此。

哲学当前的最有活力的创发动机上。非但如此，中国传统学术中的某些部分被称为"哲学"，也就是说，"自古就存在着中国哲学"这个基础性判断的成立，本身就是西方哲学中国化的直接后果。依照西学的分科重新整理、命名、解释中国的传统学术，从而奠定现代中国学术的整体格局，这是标志着中华文明融入现代世界的头等大事。在这件事情上，西方哲学的中国化起到了关键的作用。

按照中西文化交通史的内在节奏，可以把西方哲学的中国化乃至整个西学中国化分为三个历史阶段：明清之际（16世纪末至18世纪初）；晚清（19世纪下半叶）至20世纪70年代末；20世纪70年代末迄今。这三个历史阶段之间的中国学术思想和西方哲学本身都发生了巨大的变化。中国学术思想发生的是古今之变、学统之变、学术建制之变、"三千年未有之变"，表现出明显的、巨大的、整体性的断裂。西方哲学发生的是典范之变、思潮之变、风格之变。西学四百年来的变化亦不可谓不巨，唯相对中国古今之变为小。西学之变虽较小，而无西学中国化，即无中国学术之古今巨变。本文就西方哲学中国化三阶段各自之特点、贡献、任务与局限略述其要，以期对哲学本身之推进，尤其是中国哲学之新开展有所助益。

一、格义阶段：明末清初西方哲学之中国化

1583年（明万历十一年），耶稣会传教士利玛窦（Matteo Ricci，1552—1610年）由澳门抵达广东肇庆，入华传教。[①]1610年代中后期之后，随着高一志（Alfonso Vagnone 或 Alphonsus Vagnoni，约1566—1640年）、艾儒略（Giulio Aleni，1582—1649年）等人著述的刊行，西学的整体概况，包括"西学"这个名称，才开始出现、传播。[②]此时西学

[①] 利玛窦并非首位入华的传教士，但可以说是第一位在儒家士大夫中产生重要影响的。参见朱维铮主编《利玛窦中文著译集·导言》，复旦大学出版社，2001年，第6页。

[②] 以欧洲学术为核心的"西学"概念的使用可能源自耶稣会传教士艾儒略与高一志，虽然之前，"西术"、"西法"、"西洋之学"与"天学"已略有使用。参见邹振环《晚明汉文西学经典：编译、诠释、流传与影响》，复旦大学出版社，2011年，第4—5页；黄兴涛《明清之际西学的再认识》，载黄兴涛、王国荣编《明清之际西学文本——50种重要文献汇编》第1册，中华书局，2013年，第4页。

的主要内容，除天文地理、制器技艺外，均可归于包括神学在内的广义的西方哲学。① 这既是当时传教士所传西学整体内较尊贵的部分，也是他们最重视的部分，用以"补儒易佛"、诱导秉持儒家正统学说的儒家士大夫接受天主教义。② 而晚明正是阳明学勃兴的时期，士人或计较朱陆异同，或昌言三教会通。换言之，西方哲学初传于中国，传播方、被传播方、传播目的、传播情境因而传播策略都是高度特定的。或许是这些因素的综合，导致了明清之际西方哲学的中国化有以下几个特点：

首先，这个时期对西方哲学的理解与翻译，带有明显的"格义"色彩。所谓"格义"，原指佛学初传初译，以道家、玄学名相翻译、解释佛教概念的做法。③ 与此类似，晚明传教士们选择以儒学的，尤其是宋明理学的基本概念去对译、解释西方哲学。但这种做法并不是纯然被动的，而是既有诠释学上境域融合之不得已、无意识，也试图在尽量降低陌生感与敌对感的同时注入真正的经院哲学内容。其中最重要的范例当然是以利玛窦为代表的最早一代传教士，将拉丁文的 Deus 顺着宋明理学——确切地说，程朱理学——的传统翻译为"天主"。这既巧妙地诉诸了程朱派理学家一贯坚持"本天""本心"之分，拒绝佛教乃至陆王心学的正统化倾向④，更顺之塞入了天有其"主"（Lord）的真正基督教精髓，可谓出于格义、超越格义。这样的策略也体现在对西学整体的初步翻译上。被称为"西来孔子"的艾儒略所著《西学凡》是一部在明清之际士大夫中产生过广泛影响的西学概论。⑤ 书中将哲学音译为"斐录所费亚"，意译为"理科"，径直解为"理学""义理之大学"；将神学音译为"陡录日亚"，意译为"道科""道学"。且依当时欧洲大学学科格局，又将理科

① 荷兰汉学家许理和的概括，参见邹振环《晚明汉文西学经典：编译、诠释、流传与影响》，第 5 页。
② 自然科学、几何与逻辑属广义哲学。有的自然科学著作也大谈宗教义理。参见黄兴涛、王国荣编《明清之际西学文本——50 种重要文献汇编》第 1 册，第 26 页。
③ 参见汤用彤《魏晋玄学论稿》，上海古籍出版社，2001 年，第 38、39 页。
④ 杨廷筠与许胥臣为艾儒略《西学凡》分别撰写的序言和引言都明确援引了程子儒者本天之说。参见黄兴涛、王国荣编《明清之际西学文本——50 种重要文献汇编》第 1 册，第 231、232 页。
⑤ 参见邹振环《晚明汉文西学经典：编译、诠释、流传与影响》，第 225—226 页。其影响甚至延续到晚清，参见艾儒略《西学凡》，载黄兴涛、王国荣编《明清之际西学文本——50 种重要文献汇编》第 1 册，第 230 页。

划分为逻辑学、物理学或自然学（Physica）、形而上学（Metaphysica）、数学、广义的伦理学（Ethica）五类 ①，且将物理学译解为"察性理之道"，形而上学译解为"察性以上之理"，广义伦理学解释为修身、齐家（Oeconomica）、治平（Politeia）之西学。② 艾氏及其他耶稣会士在他处也将物理学翻译为"性学"，形而上学翻译为"超性学"。③ 这些关键概念直接来自儒家尤其是宋明理学的经典。但亚里士多德哲学和经院哲学在其深处当然不同于宋明理学，格义自然也有其边界。只要涉及各自至深之处，格义即无法持续。晚明西学已有这样的努力：非但坚持关键概念的音译，并且在至深之处明确解释西方哲学传统与理学的不可调和之处。④ 这种工作的意图是划界而非融合，在格义的主基调之下，这样辨别差异的努力是更可贵的。

格义对于准确地理解外来思想是不利的，但好处是在未尝触及中国学术思想传统的主体性的前提下，从另外的视域、他者的眼光丰富了这个传统的可能性。在这个意义上，西方哲学中国化的第一阶段，也可以从另外一方面理解为中国哲学本身的局部延伸或"另类化"。

其次，这个阶段的西学传播主体是高度限定的，具有高度同质化的耶稣会背景。西方哲学的整体格局是介绍过来了，但重点内容则以亚里士多德哲学、托马斯主义的经院哲学以及宗教文献为主。另有少量文艺复兴与宗教改革之后的学问，而科学技术方面的著作则是经过精心选择的。⑤ 这种传播是深谙体用主次之妙的。按中国传统学术的看法，哲学与宗教属于"道体之学"，天文历算、制造技术等属于"器用之学"；道体之学重而旧，器用之学轻而新。虽然耶稣会士译介了不少科学技术作品，

---

① 参见艾儒略《西学凡》，载黄兴涛、王国荣编《明清之际西学文本——50 种重要文献汇编》第 1 册，第 233—238 页。

② 修身西学、齐家西学、治平西学等，参见黄兴涛、王国荣编《明清之际西学文本——50 种重要文献汇编》第 2 册，中华书局，2013 年，第 447 页。

③ 参见艾儒略《性学觕述》，载黄兴涛、王国荣编《明清之际西学文本——50 种重要文献汇编》第 1 册，第 241 页；艾儒略：《超性学要》，载黄兴涛、王国荣编《明清之际西学文本——50 种重要文献汇编》第 2 册，第 777 页。

④ 参见龙华民《灵魂道体说》，载黄兴涛、王国荣编《明清之际西学文本——50 种重要文献汇编》第 1 册，第 439—443 页。

⑤ 邹振环：《晚明汉文西学经典：编译、诠释、流传与影响》，第 5 页。

但其究竟意图是传道体之学。而结果差强人意，倒是那些器用之学被中国学术的主流吸纳，于清代被编入《四库全书》等学术丛书中。[①]

耶稣会士在传播了整体西学概貌的前提下，重点介绍了亚里士多德哲学的基本学说以及经院哲学之要义。这样做的缺点是很明显的，即狭隘片面，且未能真正触动中国学术思想中最根本的部分。但这种做法也有好处，这就是单刀直入，径直抓住了西方哲学传统中最高妙，同时也呈现了与中国哲学最大张力的那些主题：本体论、逻辑学与神学。正如海德格尔指出的那样，这三个主题可以合而为一，以表示西方形而上学最根深蒂固的传统：本体—神—逻各斯（Onto—Theo—Logie）。[②] 可以说，耶稣会士在华传播西方哲学的主要贡献不在于那些具体的学说观点，而是把一种与中国传统学术思想有着根本差异的西方形而上学论题带入了中文语境。

再次，耶稣会士们的"格义"主要是一种策略，他们自己十分清楚西方哲学与中国哲学的差异所在。因此他们反过来，既从自己的欧洲哲学立场努力理解和解释中国学术传统，也通过翻译、通信等向欧洲思想界介绍他们所认识的中国哲学。这些工作确实在十七八世纪的欧洲思想界产生了不可忽视的影响。[③] 虽然其中不无美丽的误会，但耶稣会传教士，尤其是阅读中国材料的欧洲哲学家们确实试图从西方哲学自身的论题出发严肃理解中国传统的学术思想。可以说，与西方哲学的中国化相对应，耶稣会士同样在欧洲引发了一个规模较小而影响较深的中国哲学的西方化运动。他们回译到欧洲的中国著作数量远比传译至中国的西学著作为小，但阅读过有关著作，或在自己的撰述中对中国哲学做出解释、运用和回应的欧洲思想家包括了马勒伯朗士、莱布尼茨、伏尔泰、魁奈、沃

---

① 参见邹振环《晚明汉文西学经典：编译、诠释、流传与影响》，第 15 页。

② 逻辑学的传入不是孤立的、纯工具性的，而是被首先定位为讨论形而上学基本问题的方法，故不仅包括亚里士多德《工具论》的内容，也包括了亚氏《形而上学》中的有关讨论。参见南怀仁《理推之总论》，载南怀仁集述《穷理学存（外一种）》，浙江大学出版社，2016年。同时，形而上学和神学也有密切的内在关联。海德格尔将存在、逻各斯与神的问题合为一个表述，以为代表了西方形而上学最根本的机制：Onto-Theo-Logie（一译"存在—神—逻辑学"）。参见海德格尔《形而上学的存在—神—逻辑学机制》，载孙周兴编《海德格尔选集》，上海三联书店，1996 年，第 820—843 页。

③ 参见朱谦之《中国哲学对欧洲的影响》，上海人民出版社，2006 年，第 187—326 页。

尔夫等知名哲学家 ①，而当时几乎没有同等地位的儒家学者表现出接触过西方哲学 ②。

耶稣会士对中国思想的重要判断有这样几条：首先，中国思想中同样存在着哲学，并且存在着不止一种哲学。其次，必须区分孔子哲学（或曰六经的哲学、古儒真教）与宋明理学。耶稣会士以为孔子的哲学与天主教精神是一致的，六经所谓"上帝""帝"即天主教之天主。"上帝"之中译名遂长行不衰。而理学所主之天理因无位格，故无灵觉意志，故耶稣会士主要代表人物如利玛窦、龙华民等均对理学采取否定态度；虽然这并不妨碍耶稣会士私下对理学的推崇，也不妨碍他们拉拢程朱理学排斥心学与佛教。③ 利玛窦于他所肯定的那种中国哲学（孔子哲学），虽承认非逻辑为其弱点，但更指出这是另一种形态的哲学，即修辞的哲学。④ 而那些阅读耶稣会士所译中文著作的欧洲哲学家们，则反而对宋明理学的基本论述抱以极大的兴趣，非但援引理气之说构建自己的本体论与宇宙论系统 ⑤，且将天理之说、士大夫之治对应于自然法、自然理性、哲人统治的理性王国以反对基督教会 ⑥。耶稣会士与西欧哲学家们各执一端的奇妙局面正表现了儒家哲学内部的张力。耶稣会士们即便再排斥理学，也无法拒绝以理学术语去翻译西方哲学中的基本概念，毕竟"六经"中的名目只适用于宗教经典。而欧洲哲学家们同时也忽视了宋明理学对先秦儒家的自觉接续，其中就包含天理的"主宰"意涵。⑦

---

① 参见朱谦之《中国哲学对欧洲的影响》，第 187—326 页。

② 徐光启本人当然是个例外，但他既皈依天主教，也就不能算"儒家学者"了。值得注意的是刘宗周的回应，参见何俊《西学与晚明思想的裂变》第七章第一节，上海人民出版社，1998 年。

③ 参见邹振环《晚明汉文西学经典：编译、诠释、流传与影响》，第 111—114 页；艾儒略《西学凡》，载黄兴涛、王国荣编《明清之际西学文本——50 种重要文献汇编》第 1 册，第 234 页。

④ 利玛窦认为，西方哲学也自有其修辞哲学，西塞罗、塞涅卡等即为其代表人物。参见梅谦立《理论哲学和修辞哲学的两个不同对话模式》，载景海峰编《拾薪集——"中国哲学"建构的当代反思与未来前瞻》，北京大学出版社，2007 年，第 98—104 页。

⑤ 参见朱谦之《中国哲学对欧洲的影响》，第 240—245 页。

⑥ 参见沃尔夫《中国人实践哲学演讲》，李鹃译，华东师范大学出版社，2016 年。

⑦ "天者理也，神者妙万物而为言者也，帝者以主宰事而名'，参见《二程集》，中华书局，1981 年，第 132 页。又，"【天与上帝】以形体言之谓之天，以主宰言之谓之帝，以功用言之谓之鬼神，以妙用言之谓之神，以性情言之谓之乾。"，《二程集》，第 288 页。

要言之，在西方哲学中国化的第一阶段，中西方哲学之间的"交互格义"以互为镜像为结果：在西方哲学眼中，中国传统学术思想是"另一种哲学"；而在儒家思想眼中，西方哲学是"另一种理学"。这种交互理解固然有其必然的偏差，但确实是在各自思想形态的最高层面展开的。耶稣会士对西方哲学的格义抓住了形而上学与理学道体之间的关系。从中国哲学这方面看，虽然他们对道体的理解在大方向上是错误的[①]，但其以道体为中国哲学至高论题则未失大体。换言之，这个阶段对中国哲学的理解，可谓正确的发问与错误的回答并存。而同时对西方哲学的传播，则是正确的问题与片面的回答并存，因为耶稣会士们虽然展示了西方形而上学的最基本问题，却只提供了亚里士多德传统的解答，而几不涉及文艺复兴之后西欧哲学的贡献。与中国传统学术的西方化相对照，西方哲学的中国化的第一阶段的主干确实同样也是"第一哲学"，但这根主干未结出任何果实。在中国学术传统中得到传承的只是数学、物理学等旁支。

二、反向格义阶段：19 世纪中后期到 20 世纪 70 年代末

西方哲学中国化的第二阶段始自晚清的西学东渐运动。由于历史总体情境的变化，这个阶段与第一阶段是断裂的[②]，可谓横空出世。这导致西方哲学第二阶段的若干特点与上一阶段形成了鲜明的对比。这一历史时期的西学东渐成果巨大，可以说完全更新了中国学术的整体格局

[①] 龙华民撰《灵魂道体说》，一方面以为"太极、大道、佛性皆指道体言也"，一方面则以"太极、大道、太素、太朴、太质、太初、太极、无极"等皆"形容道妙"。而确解道体为"质体"（又作"体质"，即当时"质料"概念之译名），与灵魂等"神明"之体、"灵明之体"有别。这些对"道体"的判断是含混乃至错误的。参见黄兴涛、王国荣编《明清之际西学文本——50 种重要文献汇编》第 1 册，第 439、441—442 页。"道体"当然是宋明理学的基本名相，非但不是"质料"，且蕴含神明、天地之心、上帝、主宰之意。参见朱子编《近思录》第 1 卷"道体"，载陈荣捷《近思录详注集评》，华东师范大学出版社，2007 年，第 1—38 页。

[②] 清代盛期的学者，已只能以追忆前朝旧事的野史笔调记载晚明的西学中国化运动了。"明天启中，西洋人艾儒略作《西学凡》……斐录所费哑者，理科也……陡禄日亚者，道科也……理科如中国之大学……道科则彼法中所谓尽性至命之极也。其致力亦以格物穷理为要，以明体达用为功，与儒学次序略似。"参见纪昀《阅微草堂笔记》卷十二"槐西杂志"，中华书局，2013 年。

和面貌。不言而喻的是，它也是西方哲学中国化的第三阶段的历史前提。在这个意义上，对第二阶段的西方哲学研究的总结和检讨是非常重要的。

清代的西学作品传译固然可以追溯到 19 世纪初期基督教新教传教士们在中国沿海的零星传教活动①，但大规模的西学东渐运动应始于 19 世纪下半叶。尽管从晚清到新文化运动，数目众多的西方哲学家被介绍到中国，并在知识界——而非单纯的哲学界，甚至主要不是哲学界——的研究、争论和开新中扮演越来越重要的角色，但中国的西方哲学研究真正成为一个学术传统，应始自贺麟所说的 20 世纪 20 年代。② 另一方面，与 17 世纪耶稣会士们的译介相对照，西方哲学本身的外延也发生了巨大变化。数学和物理学明显从这个时期的"哲学"中分离了。不过，如果把西方哲学对万有的划分算作西学整体格局的主要根据的话，那么西方哲学中国化第二阶段的最重要成就当然不是中国人开创了自己的西方哲学研究传统，而是中国学术整体建制的西学化。其中最引人注目的是传统学术之王——经学的隐退和"哲学"、文学、"新史学"与诸社会科学门类对传统学术地盘的接管和瓜分。③ 换言之，中国学术整体的现代转型，或所谓从"四部之学"到"七科之学"的转变，其实就是"经学化"到"哲学化"的转变。此后，中国学术成为旧学，西方学术成为新学，中西关系被纳入古今关系之下。尽管思潮兴替，对这两对关系有许多深入的争论，但所谓"古今中西问题"在教育建制（新式教育、新式学堂）和学科建制（现代学科体系）上早已解决。这就是西学为主，为灵魂、原理、方法、框架；中学为宾，为肉身、结论、对象、材料。这个数千年未有之巨变，才是西方哲学中国化第二阶段的首要成就。这个变化远非学科内部的"范式转换"、"思潮转型"或"知识型"更替可比，只有大规模的宗教改宗才差堪比拟。与此相应，西方哲学在中国学术内部赢得

①　参见黄见德《西方哲学东渐史》上册，人民出版社，2006 年，第 113 页。
②　贺麟：《五十年来的中国哲学》，上海人民出版社，2012 年，第 38 页。
③　冯友兰所谓"子学时代"，其实已将诸子"哲学化"了，而他虽天命名子学时代之前的时代，但从他引述章学诚则可推知其当为"六经的时代"。参见冯友兰《中国哲学史》（两卷本），中华书局，1947 年，第 28—29 页；左玉河《从四部之学到七科之学》，上海书店，2004 年，第 423—424 页。

了它在第一阶段从未获得的影响。这个影响远远超越了狭义的哲学界，当然也远远超越了西方哲学研究者自己的估计。如果说学科建制意味着西学重塑了中国的知识图景，那么这个历史时期在中国得到传播、解释和转化的西方哲学内容则塑造了现代中国的整个宇宙图景和历史图景。

当代哲学家冯契曾判断，天道观是中国传统哲学的基本论题，而近现代思想则除此之外，尤以历史观问题为紧要，居于中枢地位。[①] 旨哉斯言！但可以补充说，天道观与历史观是不相割裂的，前者是后者的前提，后者是前者的落实。天道观包含但不止宇宙图景，历史图景则属于历史观。中国古代思想的宇宙图景是化生论而非创生论的。总说为一气，分说为二五（阴阳五行）[②]；历史图景则基本是循环论而非演进论的，具说则谓五德终始。五德配五行，故历史观实出于天道观。第二阶段西来的哲学已不再像第一阶段那样以古代哲学、经院哲学及前牛顿时代的科学技术为主，而是以 19 世纪以及 20 世纪初的哲学为主。[③] 即便把近代科学的传入排除出西方哲学中国化，也无法否认，第二阶段所传的西方哲学是以近代科学为背景甚至为楷模的。换言之，近代哲学仅仅依靠它与近代科学相适应的自然观，就能完全推翻传统中国的阴阳五行学说（天道观）。进化论的一个通俗改写版（严复编译之《天演论》）就能改写传统中国的历史循环论（历史观）。[④] 马克思主义中国化也不外于西方哲学中国化的这种特点。马克思主义的天道观就是辩证唯物主义，历史观就是历史唯物主义。而这两种主义，都是基于 19 世纪的自然科学、18 世纪及 19 世纪的社会科学总成就的。

从学院哲学的视角看，西方哲学中国化第二阶段的基本任务有两个：一是在理解与解释的前提下系统介绍、研究西方哲学；二是以西方哲学为准绳重新区分、整理、解释中国的传统学术思想，写出系统的"中国哲学史"，建构学院化的现代中国哲学系统。从有活力的非学院哲学的视角看，西学中国化的基本任务就是帮助重新解释全部中国历史，帮助解

---

① 参见冯契《中国近代哲学的革命进程》，上海人民出版社，1989 年，第 12 页。
② 参见刘咸炘《推十书》，上海科学技术文献出版社，2009 年，第 722—736 页。
③ 彼时看待 19 世纪哲学，犹如今天看待 20 世纪哲学，唯觉其前沿、鲜活。
④ 康有为则虽然用今文经学的语言赋予"公羊三世说"以激进的解释，但近代进化思想的主要语汇仍然是西学的。

释中国社会的性质，为中国的社会危机和政治危机做出总体的理论描述和实践决断。与这三项任务对应的历史贡献，就是西方哲学研究、中国哲学研究、马克思主义中国化。这三者之间存在着密切的相互关系。西方哲学中国化的成就不局限于西方哲学研究的具体成果，更通过一些基本概念和基源判断对"中国哲学史"的建立、现代中国哲学的系统甚至马克思主义的中国化都产生了巨大的作用，远比人们认识到的更为深远。

诚如贺麟所指出的，在现代中国，学院化的西方哲学研究要到 20 世纪 20 年代才刚刚上路，30 年代之后才略有可观。① 此时及稍后，已有张颐、郑昕、贺麟、陈康、庞景仁、洪谦等一批留学欧美，系统接受西方哲学学术训练、学有专攻的学者回国任教、撰述。但所谓"上路"并不仅仅指这些，而是指这一代学者开创的西方哲学研究之学术传统基本形成。这个传统的建立，标志着西方哲学中国化第二阶段的成熟。概言之，这个阶段有这样几个特点：

其一，对西方哲学之历史整体有自己的判断，既不像晚明那样只传一派，也不像晚清到新文化运动期间那样杂乱无章。贺麟明确指出，西方哲学史之高峰在古希腊哲学和德国唯心论。② 基于这个整体判断，这个时期的西方哲学研究也就有了重心，这就是近代哲学特别是近代德国哲学。③ 这个选择固然和当时西方哲学的主流有关，也同晚清以降中国思想史自身的整体情境有关。

其二，这个历史判断的背后是对哲学最基本问题的理论判断。例如，正是尚不具备马克思主义立场的西方哲学研究者，明确用"近代唯心论"去描述近代德国哲学。④ 唯心主义、唯物主义、实在主义等的基本区分，并不始自马克思主义的哲学史，而是与马克思主义一样源自更早的欧洲哲学尤其是德国古典哲学的遗产。"唯心主义"不仅是一个译名，还意味着或多或少承认，引发唯心主义与唯物主义区别的那个问题，就是第一

---

① 参见贺麟《五十年来的中国哲学》，第 38 页。
② 同上书，第 37 页。
③ 而古希腊哲学研究的热潮一直要到 21 世纪才真正开始。除了治学人数相对稀少之外，对哲学史"演进"的信念也促使学者们对德国唯心论更感兴趣，更不必说民国时期古希腊哲学研究的重镇陈康先生之哲学底蕴，本就与近现代德国哲学息息相关。
④ 参见贺麟《近代唯心论简释》，商务印书馆，2011 年，第 1—7 页。

哲学之所在。近代哲学的主流——即使属于最对立的流派——把一切哲学的基本问题理解为思维与存在之关系问题，而不去沉思在此问题之下的更基本的事情：存在自身之多重含义以及思维与存在之划分之所从出。如果说，晚明西方哲学的解释者对此基本问题——道体问题或本体论问题及其张力——有清楚的意识，而对此问题的回应则不无偏枯、片面的话，那么此时的西方哲学研究者乃至一般意义的哲学研究者则正好相反，执着于对不同回应统绪——唯物主义、唯心主义、实在论等——之简别、衡量与取舍，而从不在问题本身那里逗留。这种做法或不足深责，盖近代西方哲学本身就是这样。① 但这种做法仍须批评，因为中国思想中本来没有对"存在"（"是"或"有"）② 的根深蒂固的逻各斯（Logos）化理解 ③，中国思想的最高问题也不是西方形而上学意义上的"存在论"（"诸是者论"）。这种创生性的差异本应让中国的西方哲学研究者在面对西方哲学的基本问题时比欧洲哲学家保持更多的清醒。他们之所以仍昧于哲学基本问题，一个重要的缘由是，他们已无法像晚明学者那样在中国传统思想里发现别样的东西了。

其三，西方哲学中国化第二阶段的一个极为重要的成就，是以西方哲学为典范叙说、论述中国哲学史，构建现代中国哲学。这种论述方式，借用当代中国哲学史研究者的一个说法，可以说是某种"反向格义"④，指中西哲学之间宾主地位的颠倒。如果说，晚明"格义"阶段的最大表征是：哲学被理解为"另一种理学"，那么晚清以来的"反向格义"阶段的表征则正好相反，"理学"乃至传统中国的一切义理之学，被理解为"另一种哲学"。随着经学为尊时代的消逝 ⑤，"中国哲学"这个学科已根深蒂

---

① 按海德格尔的判摄，整个西方形而上学开端（所谓"第一开端"）时就是这样，虽然在柏拉图本人那里仍存在着其他可能，但柏拉图主义则彻底丧失了通向另一开端的道路。参见海德格尔《哲学论稿》，孙周兴译，商务印书馆，2014 年。另参其文章《哲学的终结与思的任务》《柏拉图的真理学说》等。

② Being 这个西方哲学的基本概念在翻译为中文时之所以有"存在"或"是"的争论，这本身就说明了中国思想对"存在"或"有"的理解不是从逻各斯或陈述出发的，所以无法先天地将之追溯到联系动词。参见宋继杰编《BEING 与西方哲学传统》，河北大学出版社，2002 年。

③ 《柏拉图对话集》，王太庆译，商务印书馆，2004 年，第 264 页。

④ 参见刘笑敢《反向格义与中国哲学方法论反思》，《哲学研究》2006 年第 4 期。

⑤ 参见陈璧生《经学的瓦解》，华东师范大学出版社，2014 年。

固，无法撼动。更重要的是，将传统"义理之学"视为"另一种哲学"，也不无严肃的根据。而这种根据，才是思想创发的大契机所在。

传统义理之学中当然包含着"相应于"哲学，尤其是第一哲学（在西学传统中即为 metaphysics）的部分，这就是上文述及的"天道观"。天道之问，横赅儒道诸派，纵贯周秦汉宋，是中国传统学术最古、最高之议题。《论语·里仁》："吾道一以贯之。"《易传》云："形而上者谓之道，形而下者谓之器。"《老子》首章云："道可道，非常道。"《孟子·滕文公上》云："夫道，一而已矣。"《孟子·尽心上》云："尽其心者，知其性也。知其性则知天矣。"朱子编《近思录》概括北宋理学，开宗明义就是"道体"。故心性理气诸宗旨，都是对道体之不同解说。体用、形器、名辩、格物、致知等论式，都是道体学之不同进路。这些进路、框架既是论说的，也是践履的。迄至明代，"本体"所云，已不异"道体"。故"本体""道体"之学，实可对应于西方哲学第一哲学之最高问题："存在之为存在（to on hei on）""什么是存在（on）……什么是实体（ousia）"。① 但对应并非等同，道体经验与联系动词无关，道体亦非出自 to on 之 ousia。恰恰相反，道与 to on／ousia 之差别才是至深问题之所在。而几乎所有的中国现代哲学都混同两者。这体现在，他们用存在、存有或实体去解说道、天道②，把思维／存在之关系问题视为天道问题的基本内容，从而把源自亚里士多德追问 ousia 的"形式主义"或"理型主义"（通常翻译为"唯心主义"）与"质料主义"（通常翻译为"唯物主义"），当成中国传统思想的基本分野。用"本体"论去翻译 ontology，这一方面遮蔽了中文"本体""道体"之原意，另一方面对 ontology 之渊源与症结所在，亦往往昧而不解。可以说，反向格义是双重误解支配下

---

① 参见亚里士多德《形而上学》，1003a20，1028b3—4。*Aristoteles' Metaphysik*, Neubearbeitung der Uebersetzung von H. Bonitz, Felix Meiner, Hamburg, 1989，希德对照版第一册，第122—123页；第二册，第6—7页。

② 冯契固然认为，中国哲学的基本问题和一般哲学一样，也是思维与存在的关系问题。中国哲学之天道观也是探究世界统一于物质还是精神之原理。参见冯契《中国古代哲学的逻辑发展》，上海人民出版社，1983年，第7—9页。而劳思光这样在哲学和政治上与冯契倾向完全相左的学者，解说"道"之意涵时，也不免论其为"形上之实体，是实有义""泛指规律"等，与冯契领悟相近。参见劳思光《新编中国哲学史》第一册，广西师范大学出版社，2005年，第188页。

的某种创造性解释。由于现代中国哲学的构建基本以 19、20 世纪之交的某些西方哲学流派为楷模 ①，这种"旧瓶装新酒"（冯友兰语）式的体系构建虽然也以"道""理"为其最高议题，但对道、理之预先理解，都是被某种亚里士多德主义或柏拉图主义支配的。金岳霖之道论背后的形式学说与潜能学说、冯友兰新理学背后的共相与殊相学说等都是比较明显的。当然不能说道论、理学与柏拉图—亚里士多德哲学的基本问题（归根结底是理念论问题或形式质料问题）毫无关系，但这种关系是必须反省和检查的，而非先天等同。在最高问题上素朴地、不加反省地加以等同，这才是"反向格义"的症结所在。

然而，正如上文指出的，"反向格义"是被双重误解所引导的，对中国思想之"反向格义"，未必意味着对西方哲学之准确的解释。这个阶段对西方哲学了解的全面和深入固然远非明清之际可比，但在对西方哲学最高议题的理解和解说上，中国学术思想传统仍然顽强地在场。这个时期的中国哲学家，无论学术、文化与政治倾向有多大的差异乃至冲突，普遍地将源自亚里士多德追问 ousia 的"形式主义"或"理型主义"译解为"唯心主义"，"质料主义"译解为"唯物主义"，无非取舍不同。这个甚至一直支配着当代的译解当然是错误的。亚里士多德的基本划分源于四因说中的形式与质料之对立。形式并不是中文的"心"。后者在柏拉图、亚里士多德哲学中可对应于来自阿那克萨哥拉的 nous 概念，而非他们二人的 eidos（理型、相）或 idea（理念）概念。"质料主义"所主张的第一质料（或译"原始质料"）也不是中文的"物"，前者没有确定形态，是逻辑上的主词或底层，是分析的结果，而非直接可经验的。② 而中文的"物"含义丰富，一般与事相通，是具体的、可经验的，在重要的上下文中，几乎可理解为"实事本身"③。即使 idealism 在其流变中与

① 贺麟在叙述中国当代哲学时，非常有见识地将金岳霖、冯友兰体系都放在受西方哲学影响的专章中。参见贺麟《五十年来的中国哲学》第二章"西方哲学的绍述与融会"。
② 参见亚里士多德《形而上学》第 8 卷，第 1、2、4 章。*Aristoteles' Metaphysik*, Neubearbeitung der Uebersetzung von H. Bonitz, Felix Meiner, Hamburg, 1989, 希德对照版第二册，第 274—285、288—295 页。
③ 参见丁耘《心物知意之间——〈大学〉诠释与现象学》，《外国哲学》第 23 辑，商务印书馆，2012 年，第 326—340 页。

精神、思维建立了越来越密切的关系，也从来不意味着理念或观念直接就等同于中文的"心"。中国哲学家们将 idealism 与 materialism 翻译为"唯心主义"和"唯物主义"，不是因为对西方哲学的基本问题不约而同产生了个人误解，而是因为他们的基本问题意识是"心"与"物"，而非"形式"与"质料"。

这个基本问题意识哪里来的呢？心、物问题也不是中国哲学史一以贯之的基本问题。甚至佛学中类似的表达也不是心与物，而是心与法、心与境等。心性天问题、诚体问题、有无问题、道器问题、理气问题都曾在不同时期成为中国哲学的基本问题。而心、物之为问题，其经典依据固然可以追溯到《礼记·大学》，但在中国学术思想史上之成为基本问题，不能不归诸阳明学的强大影响。阳明虽因疑朱而悟"心外无物"之旨①，但在朱子及整个宋代理学那里，基本问题则是理气关系而非心物关系②。心物之为基本问题，固然可追溯到《大学》，此书及其朱注在朱子以后的儒学教育中起到了基础的作用，但心物关系亦非其轴心问题。《大学》全篇的枢纽是修身，工夫落在格物。所谓"自天子以至于庶人，壹是皆以修身为本"。"正心诚意"只是八条目之较次要者，且心物之间，尚有"意""知"之隔，并无直接联系。因之，心物并非在《大学》文本中即如此重要，而是在阳明教法和对《大学》的阐释中，才成为中心问题。更确切地说，阳明最在意的是心与理之间的关系。心、物关系是一个处理心、理关系的更强的方案。③

换言之，正因在西方哲学中国化之第二阶段，中国哲学思想的真正底盘与境域是复兴了的阳明学④，故对全部西方哲学最高问题的解释乃至翻译，皆以心、物问题为旨归。而这种对阳明学的元理解本身又是单向度的，阳明学内部更为复杂的基本问题都被心物问题取代了，遑论整

---

① 参见黄宗羲《明儒学案·姚江学案》，载《黄宗羲全集》第 7 册，浙江古籍出版社，1992 年，第 201 页。

② 参见朱子编《近思录》第一卷《道体》，载陈荣捷《近思录详注集评》。

③ 参见《黄宗羲全集》第 7 册，第 221—223 页。

④ 西方哲学中国化第二阶段中，译介、研究西方哲学最力的哲学家贺麟，同时也是弘扬陆王心学的干将。参见贺麟《知行合一新论》《宋儒的思想方法》等文，载贺麟《近代唯心论简释》，第 49—105 页。

个宋明理学之基本问题。这种简单化的理解表现在，这个时期主流的中国哲学诠释者们，甚至将"理气"问题也转化为心物问题，以"物"解"气"。这种理路恐怕对包括气本论学者在内的理学主流都是陌生的。

其四，西方哲学中国化第二阶段的这个特点，同样体现在马克思主义中国化上。由于马克思主义哲学与西方哲学尤其是德国观念论的密切关系，马克思主义在中国的理解和解释，与西方哲学之中国化密切相关，同时也与这个时期中国思想的底盘——阳明学密切相关。西方哲学中国化将唯心、唯物问题作为哲学的基准问题，同时也不排斥以此为框架整理和判断整个西方哲学与中国哲学史。从马克思、恩格斯、列宁论著中得到基本动力的中国化马克思主义当然认同这个框架，甚至给出了自己的理解与贡献。如果说，哲学家们的兴趣是书写中国哲学史，以便对"天道观"做出最新贡献的话，那么马克思主义的兴趣是书写中国通史或社会经济，给出最明确和雄辩的"历史观"。这同时意味着对"唯物主义"做出不同于学院派哲学的解释。历史唯物主义在历史领域比哲学领域取得了更多的成就。以贺麟为例，学院派哲学家们在解释实际政治历史，特别是中国当代政治思想时，已点出了知行问题，并明确地将之追溯到王阳明，且与西方哲学的有关学说相联系。[①] 这与它对理论哲学基本问题的判断是一致的。而中国化马克思主义同样以"知行问题"进入和理解马克思主义哲学的基本概念——实践。[②] 马克思主义者与学院派哲学家在唯心唯物、知行问题上截然相反的意见不能抹杀他们之间有三个最基本的共同之处：（1）他们对理论哲学和实践哲学之基本问题的把握完全一致，无非取舍不同。（2）他们都认为这种把握既适用于，甚至首先适用于从泰勒斯到黑格尔的全部西方哲学，也适用于从老子到孙中山的全部中国哲学。[③]（3）心物、知行作为问题直接来自阳明学，马克思主

---

① 参见贺麟《五十年来的中国哲学》，第 85—88、139—227 页。知行合一说与阳明密切相关，朱熹虽已将知—行分为两截进行讨论，但知行关系并非理学的基本问题，与此问题相关的《大学》文本内容，字面的，同时也是正统的解说是对应于"诚意""不自欺"，而非知行。

② 毛泽东《实践论》的副标题正是"论认识和实践的关系——知和行的关系"，参见《毛泽东选集》第一卷，人民出版社，1991 年，第 282 页。

③ 在此标准下的具体判断可以争论，例如 1949 年后关于老子是"唯物主义者"还是"唯心主义者"的争论。但在学者们的争论中，被争论各方一再重复和确认的，就是那个不言而喻的基本判断——哲学系统的根本宗旨不是唯物主义的，就是唯心主义的。

义哲学家并不像学院派哲学家那样对此有显白的表述，虽然他们同时也从王船山与颜习斋等理学家那里同样汲取了不少有意义的东西。

马克思主义哲学在其源头上当然属于广义的西方哲学，但比起西方哲学的任何流派来说，马克思主义哲学的中国化、实践化、启蒙化更为成功。撇开复杂的历史原因，这与马克思主义的总体化论述特点有关。马克思主义最大的优点是可以顺畅地过渡，与 19 世纪完备的科学体系与 20 世纪的实践学说对接。它甚至把哲学理解为一切科学的科学、太上科学。用中国传统学术的语言说，这可以说是体用不二，即可以用一个原理贯通本体之学与诸器用之学。

不过，从学院哲学的视角看，本体论问题才是哲学之中心问题。在这个问题上，这个阶段的西方哲学研究者和马克思主义者都力有不逮，没有牢牢抓住本体论进行追问，这同晚明时期形成了鲜明的对照。在这个时期，只有那些受西学影响较少的、从传统学术的路子，特别是佛学和儒学中走出来的中国哲学家（如熊十力以及梁漱溟）才会对本体论问题异常敏感。但也正因为他们对西学相当隔膜，虽然了解传统中国学术之体（本体、道体），但并不了解此体虽相应于 ontology，但却不等于 ontology。因此其后学如牟宗三等，一转用西学概念（如存有、活动等）来说中国传统学术之道体，便又产生了偏差，仍然未能打开道体中不同于"存有"之维度。

综上所述，西方哲学中国化之第二阶段取得了不同于第一阶段之大成绩。首先，是体用一贯，由此使得"哲学"这一学术形态在中国确立起来，且能下摄自然科学、社会科学等器用之学，同时用广义哲学整理与概括中国传统学术思想。其次，这个阶段之哲学，仍未失去本体论这个中心，然而只有本体论的答案（唯心唯物），而未能追问本体论自身之双重性（传统学术之道体，西方哲学之"存在论"），这与晚明的西学解释形成了鲜明对照。再次，在这个阶段，中国传统学术与西学之间的宾主关系已然倒转，且对中国学术思想的解释呈现了明显的"反向格义"特点，而中国传统学术尤其是阳明学，仍默默地起着巨大的作用，构成了中国哲学理解和转化西方哲学的基本视域。

三、即用见体与交互格义：西方哲学中国化之第三阶段

20 世纪 70 年代末以来，中国的西方哲学研究进入了一个新的历史时期。从所涉范围看，在此时期的西方哲学研究中受到关注的，恰是前一历史时期相对被忽视的内容，特别是马克思主义之后的西方哲学[①]，以及古代的西方哲学。换言之，在新时期得到关注的都是与"近代哲学"或"近代唯心论"有最大差异的哲学。在中国自觉走上现代化道路的同时，中国的西方哲学研究在"现代西方哲学"的名目之下，涉及与关注了许多反思现代性的哲学。黑格尔独尊的局面消失了，20 世纪 80 年代兴起了康德哲学研究的热潮，但 20 世纪 90 年代之后，则代之以现象学尤其是海德格尔、胡塞尔研究的热潮。[②] 在某种意义上，康德哲学标志着从黑格尔到海德格尔这两个研究中心之间的过渡。在这个脉络里，对康德哲学的研究进路其实是被海德格尔式的问题意识——本体论或存在论引导的[③]，这与 21 世纪从道德哲学或政治哲学出发对康德哲学的重新关注有很大不同。随着海德格尔一同兴起的，是关于本体论、存在问题以及真理问题的持续的研究旨趣，甚至波及马克思主义哲学研究领域。[④] 海德格尔之名首先意味着本体论的复兴。海德格尔穷本究源的"存在之问"终结了关于唯心唯物（黑格尔—马克思脉络）、主体客体（康德脉络）的一切套话，也逼迫中国哲学从源头（也就是从古希腊）追究本体论的全部

[①]　参见刘放桐《现代西方哲学》，人民出版社，1981 年。

[②]　萨特热、尼采热与弗洛伊德热基本都被吸收到对海德格尔的持久兴趣之中，参见丁耘《启蒙主体性与三十年思想史》，《读书》2008 年第 11 期。熊伟、叶秀山、张志扬、倪梁康、靳希平、李幼蒸、张祥龙、关子尹、张灿辉、刘国英、王庆节、陈嘉映、张汝伦、张庆熊、孙周兴、陈小文等一批学者通过译介、研究、教学或出版有力推进了中国的现象学运动。

[③]　参见谢遐龄《康德对本体论的扬弃》，湖南教育出版社，1987 年；李泽厚《批判哲学的批判》，人民出版社，1979 年。李泽厚此书虽未以本体论为焦点，但此后提出了"情本体""历史本体论"等重要设想。杨祖陶、邓晓芒、李秋零、张志伟、韩水法等一些学者推进了康德哲学本身的译介与研究。

[④]　参见俞宣孟《本体论研究》，上海人民出版社，1999 年；钱广华《近现代西方本体论学说之流变》，安徽大学出版社，2001 年。吴晓明、俞吾金、王德峰等代表了马克思主义哲学研究中的本体论取向。取道西方哲学或西方马克思主义对一般意义的马克思主义进行更深入研究的，或从马克思主义出发对西方哲学做出回应的，还有孙正聿、陈学明、童世骏、张一兵、王南湜等一些学者。

历史，逐渐明白源于联系动词的 ontology 与中文之存有、本体的基本差别。① 虽然有关这个差别的意义尚未被中国哲学界充分估计，但与西方哲学中国化之第二阶段相比，可以说本体论之问题自觉终于重新登场了。

以海德格尔哲学为新基点，产生了当代中国西方哲学研究的三条道路：一是向前进入法国哲学乃至后现代哲学的研究（德里达、福柯、列维纳斯、梅洛-庞蒂等）。这条道路是接着现象学的诸多母题思考的。二是沿着海德格尔的弟子辈进行研究，例如伽达默尔、列奥·施特劳斯以及汉娜·阿伦特。② 这条道路则逐渐偏离了现象学及本体论，将研究领域推进到了诠释学特别是政治哲学。三是沿着海德格尔及其弟子返回古希腊哲学。这里同样有本体论与政治哲学之双重关怀。除了老一代古希腊哲学的集大成式贡献之外 ③，年轻一代对柏拉图与亚里士多德的热情也令人印象深刻。同样值得注意的是，包括黑格尔研究在内的德国古典哲学研究亦不无复兴之势。④

无论哪一条道路，无论取道本体论还是政治哲学，无论基本倾向有多大差异，西方哲学中国化之第三期的基本出发点是"现代"。现代观与中国"近代"哲学中的"历史观"及"革命观"具有同等的地位与相应的内容。⑤ 本体论则相当于"天道观"。正如历史观不能脱离天道观一样，哲学之现代观也不能脱离本体论，哪怕本体论看起来有多么迂远。但从本体论开出现代观或新的历史观，需要完成更多更艰难的工作。这需要某种体用融贯的总体性哲学。海德格尔哲学有助于重新深入本体（"体"），也有助于思索历史之"用"，但并未也不可能给出具体的总体性。

---

① 参见宋继杰编《BEING 与西方哲学传统》广东人民出版社，2011 年。是与存在（或存有）之争论从海德格尔研究界开始，逐渐拓展到古希腊哲学乃至整个西方哲学研究。王路、熊林（较早则有陈康、俞宣孟等）对以"是"译 Being 的一贯主张值得注意。但最有意义的是用中文对译 Being 之困难这一基本事实。

② 甘阳、刘小枫等通过著述特别是博雅教育开创了经典诠释的新传统，这是后海德格尔哲学道路中最值得注意的一条。

③ 汪子嵩、陈村富、范明生、姚介厚等学者的四卷本《希腊哲学史》可以追溯到第二期之研究，特别是接续了陈康与严群的学脉。

④ 参见张世英、梁志学、杨祖陶、先刚、邓安庆等对黑格尔、谢林、费希特等的新译介。这与贺麟、王玖兴、王太庆等先生在第二时期的译介活动既有连续性，也有重要的推进。

⑤ 参见冯契《中国近代哲学的革命进程》，第 12 页。

黑格尔以及正统的马克思主义哲学都是体用融贯的总体性之学。围绕中心、建立整体性，这也是西方哲学中国化第二个历史时期的特点。而在第三个历史时期研究者所注重的黑格尔之后的哲学中，那种至大无外的总体性倾向已一去不复返。同时，正统的马克思主义哲学支配一切学科的总体权威实际上也已经削弱。此时无论在中国还是在西方，哲学呈现的局面是大致相同的，即体用分离、道器殊绝。一方面，道体之学彰显；另一方面，器用之学猛进。如果说 19 世纪哲学还能勉强收拾住 19 世纪的科学，那么 20 世纪的自然科学与社会科学已非 20 世纪哲学所能笼罩，哲学已无法像 19 世纪那样作为太上科学、科学的科学来统领诸科学门类了。哲学不再是科学，也不再可能是科学的哲学（scientific philosophy），哪怕仍有人试图这样做。但哲学如不再是科学，那它应该是什么样的呢？体用隔绝对哲学的考验是巨大的。西方哲学对此有各种各样的回应，对科学技术批判的哲学固然是一种回应，认同科学、运用科学、侍奉科学的哲学也是一种回应。用中国传统术语说，前者达体而绝用，后者立用而失体。但在这个时期的中国，在西方哲学的研究中，对此的回应非常有特点。这就是在哲学的本体层面尽力思考"用"，并且特别注重能够有助于此的西方哲学资源。这是中国思想传统中"体用不二、即用见体"的强大加持力量所致，尽管研究者对此几乎没有自觉。

在"体"的层面思考"用"、容纳"用"，这不是器用之学，仍是道体之学；不是科学，仍是哲学，无非不直接从"体"，而是从"用"入手进入哲学原理。对此可以举一个意味深长的例子。这个时期西方哲学研究最早的杰出人物李泽厚先生明确重提体用问题，强调中国文化之"实用理性"，将此与"实践理性"区别开来。而他之后的思想努力，从工具本体到情本体等，都试图由"用"及"体"。同样在这个历史时期，在黑格尔之后的各哲学流派中，在中国得到异常关注和充分研究的是现象学运动与实用主义传统。① 中国人远比德国人重视胡塞尔，也远比美国人重视杜威。这不是偶然的，而是一个哲学史事件。在对现象学和实用

---

① 刘放桐教授作为现代西方哲学研究领域的开拓者，同时也是当代中国实用主义研究的开创者，这也许并非偶然。参见刘放桐等主编《杜威全集》，华东师范大学出版社，2015 年。

主义看似相互平行的研究兴趣中，透露着同一个思想旨趣：即用见体或由用及体。按照詹姆士的说明，实用主义（pragmatism）一词源于古希腊文的 pragma，与实践（practice）概念同源，意思是行动、实行。① 无独有偶，现象学的口号叫作"面向实事本身"（zur Sache selbst）②。海德格尔指出，所谓实事本身，也就是希腊人说的 to pragma auto。③ 由此可见，现象学和实用主义在根本旨趣上是相通的，都可源于"实践"与实行。④ 作为译名的"实用"与"实践"之间并无李泽厚指出的鸿沟。而pragmatism 一词，更贴切的翻译应该是"实行主义"或"行事主义"。无论在古希腊文还是中文那里，行与用并不能直接等同。中译名之所以带有原文所无的"用"，这是中国传统思想中强大的"体用论"力量之体现。正如 ousia 被翻译为"实体"，ontology 被翻译为"本体论"一样，都源于"体用论"学脉。译名虽未贴着字面，但准确表达了字面背后的精神气质。盖实用主义与现象学派的理论倾向本身，都是即用见体的。在实用主义那里，思想之意义无非就是其引发的行事 ⑤，换言之，抽象不可见的思想含义，被还原到了呈现的行事之中。同样，现象学的主旨，即把在哲学史中一向被定为只可思、不可见的本质、理念（eidos）还原为直接被给予的现象。⑥ 脱离行事之思想、脱离现象之本质，同于乌有。现象被海德格尔考证为即同于实事或曰事情 ⑦，亦即希腊人之 pragma。故现象学之"现象"与实用主义之"实用"，非但其源为一，其义实亦一也。实用主义与现象学之行事或现象之内容有差异、范围有广狭，其即用见体之义则了了分明。此二学派在中国之兴盛，其深层原因，盖为克服体用断裂之时代难题，不期然暗合于体用论之传统论式。

---

① 《实用主义》，商务印书馆，1995 年，第 26 页。
② 参见海德格尔《我进入现象学之路》，载孙周兴编《海德格尔选集》下册，上海三联书店，1996 年，第 1285—1286 页。
③ 参见海德格尔《哲学的终结与思的任务》，载孙周兴编《海德格尔选集》下册，第 1248 页。
④ 实践、实事乃至实现在希腊人那里是相通的，参见亚里士多德《形而上学》，1048b20—21。*Aristoteles' Metaphysik*，Neubearbeitung der Uebersetzung von H.Bonitz，Felix Meiner，Hamburg，1989，希德对照版第二册，第 116—119 页。
⑤ 参见威廉·詹姆士《实用主义》，商务印书馆，1995 年，第 26 页。
⑥ 参见胡塞尔《纯粹现象学通论》，李幼蒸译，商务印书馆，2012 年，第 84—85 页。
⑦ 参见海德格尔《存在与时间》，陈嘉映、王庆节译，读书·生活·新知三联书店，1987 年，第 36—40 页。

克服体用断裂的另一条道路则是深入器用之学，直接忽略本体问题；或用器用之学之方法，处理本体问题，或排除，或回应。这就是科学技术哲学与分析派哲学的道路。这两派在 20 世纪 80 年代之前的西方哲学研究中，基本处于边缘地位。从 20 世纪 80 年代之后直到 21 世纪初，亦远非显学。近年随科学技术之长足进步，人工智能、生命伦理、认知科学等问题在中国亦渐出场，科技哲学渐渐壮大。随着分析派哲学势力的不断扩充，甚至已进入欧洲大陆的哲学教席，而中国学界的留学运动正方兴未艾、全面铺开——这将是中国有史以来最大规模的留学运动——分析派哲学渐有压倒欧陆哲学、占据中心之势。这主要表现在，分析式的西方哲学不仅在对英语国家哲学的研究中，而且也在对欧陆传统哲学的历史研究中，甚至在对中国传统哲学的研究中都成为一支越来越主流化的力量，更不必说在伦理学或政治哲学领域了。在欧美，哲学研究的基本方式正在发生文艺复兴以来最大的变化。如果说，哲学在 19 世纪以太上科学自居，那么自 20 世纪下半叶以来，尤其进入 21 世纪，哲学则渐有"科学的婢女"之势。这对中国的西方哲学研究乃至哲学一般的研究，绝不会毫无影响。如果说，西方哲学中国化第二期的显著特点是以西学为基源、以中学为对象的"反向格义"，那么，第三期可能即将出现"反向格义"的新形态，即以科学为基源、以哲学为对象；以分析哲学为基源、以大陆哲学为对象；以当代哲学为基源、以其外所有哲学为对象。与现象学等由用反体不同，这是以祛除本体、只认器用的方式来克服体用断裂。一旦哲学只能依附于器用之学，那么它的末日也就可以想见了。

最后，西方哲学中国化第三期最重要之趋势，是对传统中国哲学的解释与当代中国哲学的自身建设，正逐渐获得自觉，开始走出反向格义阶段。"反向格义"一说既于此时期出现，这本身就意味着中国哲学某种程度的自觉。但走出"反向格义"则远非易事。彻底摆脱西学去解释中国哲学，在现代是不可能的。在面对真正的哲学问题之前，首先就会面对"是否存在着中国哲学"，或"中国哲学应该持何法度"这样关乎"中国哲学合法性"的基本问题。事情不在于要还是不要西方哲学，而在于如何在整体上判摄西方哲学，如何辨析西方哲学内部的不同传统，如何理解西方哲学的基本问题。所以，走出"反向格义"的道路不是一蹴而就的，走出"唯心唯物"的框架，只是走出了"反向格义"的一种形态，而非彻底走出"反向格义"。而完全走出"反向格义"，需要的恰恰是更全面、更中肯地了解、判断西方哲学。而这首先必然意味着自觉地用中国学术去解释西方哲学。换言之，需要某种"反反向格义"或"交互格义"。在西方哲学中国化的第三期，这项工作正缓慢且有效地展开。但仍需要检讨、总结与更自觉地推进。

新时期以来的中国哲学研究，可以说基本摆脱了唯心唯物的解说框架，但这并不意味着对西方哲学的排斥。恰恰相反，正是这个时期对西方哲学更深入的研究、更全面的了解，使人能以更开阔的背景与更贴切的态度进入传统中国哲学的解释和当代中国哲学的建设。换言之，这个时期的中国哲学研究，非但没有脱离西方哲学之中国化，而且本身就是西方哲学中国化的最好表征。如果说，第二时期的中国哲学研究之基本框架，囿于某种不无流俗的黑格尔—马克思传统的话，那么第三期的中国哲学解释，则自觉地逾越或偏离黑格尔主义术语。顺着这个时期西方哲学研究的几个重心，基本就能找到这个时期中国哲学解释的原初框架。按照时间线索，第三期西方哲学研究的学派重心首先是康德。这是以一种不突破"近代唯心论"的方式突破黑格尔，然后突破康德以转移重心。西方哲学研究者突破康德的方式是沿着德国哲学自身的途径，起初是短暂的新康德主义时期[1]，然后过渡到现象学尤其是海德格尔时代，之后进入后海德格尔时期。

西方哲学研究的重心转移与中国哲学研究的典范转移有明显的相应之处。以康德哲学，或李泽厚与牟宗三的康德解释为基本框架所引导的中国哲学史研究，占了这个时期一批新著的相当比例。牟宗三本人的一系列著作是这个典范最好的展示。到现在为止，中国哲学史学科的许多年轻人仍对牟宗三的著作情有独钟。

以康德解理学有合榫处，也有大抵牾处。以康德解中国哲学中的其他流派就格格不入了。此时，西方哲学研究的其他重心就显出它们的意

---

[1] 参见恩斯特·卡西尔《人论》，甘阳译，上海译文出版社，1985年。

义。由于海德格尔亲自译解过《道德经》，更由于其思想倾向，海德格尔哲学在解释道家或非理学化的中国天道思想的工作中具有很大的启发性。① 海德格尔对中国哲学最大的教诲不是直接运用他的学说，而是如何更源初地思"道"，如何以更合乎中国思想传统的方式进入道论之域，而不再受心—物或主体—客体框架的支配。这不是说将心物、主客问题简单地搁置一旁，而是要在一个本源的问题情境中衡量它们。② 要言之，打开原初经验的完整情境是首要的，这是现象学传统为中国哲学解释做出的大贡献。③

　　海德格尔之后的哲学重心则不一而足，既有后海德格尔哲学（保守主义政治哲学、以法国哲学为中心的后现代哲学，抑或以古希腊哲学为中心的古典哲学运动），也有非海德格尔哲学或反海德格尔哲学传统（分析哲学及科学化的哲学）。这些流派为中国哲学的解释与建设提供了不同的典范选择。其中值得重视的有：（1）以一种保守主义的姿态反思启蒙甚至反思理学，而回到非哲学化的经学的儒学努力；以及从保守主义的诠释学策略出发，从整体上重新整理和解释中国传统学术。（2）从海德格尔出发，返回西方哲学基本问题的源头，同时批判地审视现代西方哲学和现代中国哲学。（3）从海德格尔或后海德格尔哲学基本问题意识（本体论或形而上学）出发，在反思西方哲学架构的同时，批判地推进现代中国哲学、构建当代中国哲学。④ 这三条道路都可算作中国哲学之后海德格尔典范，更是西方哲学中国化的最新成就。而非海德格尔式的典范，体现为用分析哲学传统，以还原论证的方式解释或构建中国哲学。⑤

　　后海德格尔时代也许正在到来，但海德格尔的时代尚未真正过去。海氏思想对西方形而上学根源的彻底追究启发着中国哲学家拆除或悬置

---

①　参见张祥龙《海德格尔思想与中国天道》，读书·生活·新知三联书店，1996 年。
②　参见陈来与杨国荣的阳明学研究著作。
③　参见丁耘《是与易——道之现象学导引》，载丁耘《儒家与启蒙》，读书·生活·新知三联书店，2011 年，第 217—300 页。
④　参见陈来《仁学本体论》，读书·生活·新知三联书店，2014 年；杨国荣《道论》，华东师范大学出版社，2009 年。
⑤　参见黄勇《论王阳明的良知概念：命题性知识，能力之知，抑或动力之知？》，《学术月刊》2016 年第 1 期；郁振华《再论道德的能力之知——评黄勇教授的良知诠释》，《学术月刊》2016 年第 12 期；赵汀阳《天下体系》，江苏教育出版社，2005 年。

西方形而上学传统，以同样的彻底性直面道体经验，就像晚明西学初入中国时那样。海德格尔哲学本身也包含着接触东方思想的可贵努力。列奥·施特劳斯在论及海德格尔时指出，东西方哲学应在"至深根源"上会通 [1]，这绝非空穴来风。与西方哲学中国化的第二期相比，第三期已触摸到了"至深根源"，也就是"存在"（Sein）与"道"之差异，但其相应的展开还远远不够。正如上文所示，走出"反向格义"的重要一步是反省整个西方哲学，就其根源和统绪做整体性的判摄。迄今为止，这一步尚未进入当代中国哲学的议题。而只要这一层工作没有完成，西方哲学之中国化就远未了结。

原载《天津社会科学》2017 年第 5 期

---

[1] 参见列奥·施特劳斯《海德格尔式存在主义导言》，丁耘译，载列奥·施特劳斯《古典政治理性主义的重生》，华夏出版社，2011 年。

从中国哲学的合法性到汉语哲学的可能性

马寅卯 *

随着对西方哲学了解和研究的加深，随着中西哲学巨大差异性的彰显，不仅引发了狭义上的中国哲学（即 Chinese Philosophy 或中国传统哲学）的合法性问题，而且引发了广义的用汉语或中文表达的哲学（Philosophy in Chinese）的可能性的思考。

合法性的讨论是防御性的和辩护性的，它关涉的是传统上或习惯上被称为中国哲学的那些东西是否真的有资格被称作哲学或者在何种意义上才可以被称作哲学，还是只是一种历史的误会或者名分上的错位？其实质是在差异下对哲学这一命名的分享权。这种讨论不仅涉及如何理解中国哲学，也涉及如何理解哲学本身。如果以古希腊特别是柏拉图、亚里士多德以来的西方哲学为哲学的典范，那么，中国哲学在何种意义上称得上是一种哲学的确成了一个问题；如果中国哲学的存在是一个确定的、不容置疑的事实，那么需要问的是如何定义哲学而不是质疑中国哲学是不是哲学，也就是说一种把中国哲学理所当然地纳入哲学定义中的哲学才配称为哲学，否则这种冠以哲学名义的东西就是狭隘的，就是名不副实的。围绕这样一些问题，争论者的立场自然分成三大派别。一派认为中国哲学是某种不同于西方哲学的东西，而如果西方哲学是哲学的典范或者意味着哲学的标准定义的话，那么中国哲学也就是某种不同于哲学的东西，或者至多是需要单独处理的哲学中的例外。它可以叫作别的什么东西，比如"思想"，但最好不要叫作哲学，否则会给哲学带来混

---

* 马寅卯，1970— ，男，中国社会科学院哲学研究所研究员。

乱。一派认为即便按照西方哲学关于哲学的严格定义，中国哲学依然配得上被称为哲学，并试图以此来重新梳理和书写中国哲学史。第三种观点则认为，现在被我们称作中国哲学的那些东西是高于、大于、也优于（西方）哲学的，把中国哲学纳入（西方）哲学的话语框架中是对自己的贬低和剪裁，中国哲学根本无须也不屑于与西方哲学共享一个名称。哲学要使自己更有包容性和生命力，必须重新定义自己。在这种观点的坚持者看来，要问的不是中国哲学的合法性问题，而是这种提问本身是否合法的问题，它是对一个铁板钉钉的事实的虚妄质疑。

可以看到，中国哲学合法性问题的提出和讨论虽然最初带有某种防御性的姿态（它首先是一种危机意识的显现），但随着讨论的展开，其中不乏十分激进的立场，这种激进的立场把对中国哲学本身存在的问题的讨论引向了一种中国哲学和中国文化优越论。

与合法性讨论相比，汉语哲学的可能性问题的讨论更多的是一种建设性的姿态，但它同样是一种危机意识的显现。如果说合法性讨论更多的是在中国哲学圈内展开，虽然其中也不乏西方哲学研究者的参与，但西方哲学及其研究者主要是提出问题并促成这场讨论；那么关于汉语哲学的可能性的讨论则主要是在西方哲学圈展开，虽然也不乏中国哲学研究者的参与。不过，这两场讨论更大的不同在于，合法性的讨论是在外在刺激和批评下的被动反应，而汉语哲学的可能性问题的讨论则是在中国学者对西方哲学的翻译和研究有了相当积累后的一种自觉反思。在经过几十年对西方哲学如饥似渴的学习和研究后，一些学者突然发现我们一直扮演着小学生的角色，听到的只是老师的声音，而自己的声音和身影是缺位的。我们不是在翻译，就是在转述；不是在重复，就是在介绍，没有自己的学派，没有在世界上有影响力的学者，在国际哲学界没有自己的话语。在国际主流期刊上，很少能看到中国学者的文章。我们最好的学者是哲学经典的翻译者，最知名的学者是教科书的编撰者。

中国哲学合法性的讨论主要是指向过去的，它针对的是既成的事实，关注的是中国传统哲学是否以及在何种意义上具有一般哲学的特征，力图把中国的传统学问解释成或纳入规范的西方学科建制中；而汉语哲学的可能性的讨论则是指向未来的，它是在一种使命意识的召唤下力图让哲学讲汉语的尝试，它要问的是：经过西方哲学漫长的洗礼后，今天和今后的中国哲学工作者能否"修成正果"？即有没有可能创立具有自己风格又在国际上被广泛认可的哲学？如果有，那么这种哲学有可能是怎样的？

对这样一种哲学的特征进行具体的设想和描绘是困难的，因为它不是当下的现实，甚至当下还看不到其迹象和苗头，也许我们只能泛泛而论。从积极的方面来说，它是以汉语或中文为载体的，但同时又可以置换为其他语言、用其他语言来翻译和理解的哲学；它是严格意义上的哲学，就是说符合哲学家对于一般哲学的理解和定义；它有中国人自己的视角和问题意识；它是独创性的，在某些重要的问题上有独到的贡献和重要的推进；它是吸收了西方哲学乃至世界哲学的成就并且面向世界的，它是可以与国际哲学界进行交流的。总之，笔者心目中的汉语哲学既是对汉语的丰富又是对哲学的丰富，它让汉语长上了思想的翅膀，也让哲学拓展了表达的空间：汉语借助哲学使自己具有了思想的承载力，汉语的潜力得以被充分挖掘，直至逼近其可能性的边缘。语言的功能是需要开发的，一种被哲学化了的语言，一种承载了伟大思想的语言就是一种升级了的从而也更加富有魅力和生命力的语言。汉语哲学同时是对哲学的丰富，哲学的大家庭增加了一位富有创造力的成员，哲学也不再专属于某一种或某几种语言、某一个或某几个民族，任何一种有思想和理性能力的语言和民族都可以为哲学这桩人类的共同事业做出贡献。

从消极方面来说，汉语哲学不是翻译哲学，不是简单地将用其他语言表达的哲学置换成我们自己的母语，它自身虽然是可译的，但它自身不是对用其他语言表达的哲学的翻译或改写或重述，一种翻译成了汉语的德语哲学、法语哲学和英语哲学依旧是改头换面的德语哲学、法语哲学和英语哲学。汉语哲学也不是把西方哲学看作自己的对立面并与其对决的哲学，一种成熟的汉语哲学不是标榜地域特殊性的哲学，不是作为西方哲学反题的哲学，它不是哲学的例外或者对哲学的重新定义。

汉语哲学首先是哲学，其次是用汉语表达的哲学，汉语在这里只是表达和交流的方式，而不带有强烈的民族或国别色彩，它的重心不是地域性或民族性，它不强调特殊性。过分宣扬自己的特殊性或者随意将某种思想或观念夸大或上升为一种"民族精神"，不仅会导致对与己不同的东西的完全拒斥，而且也将人为地制造敌人，为世界的其他部分所警惕和排斥。只有通过多元文化间的对话，只有通过向不同哲学和传统的开放，只有否定自我特殊化的立场与排他的立场，才能在这片大地上实现真正的哲学与文化自觉，为一种具有普遍精神的汉语哲学的诞生奠定坚实的基础。

汉语哲学的希望和魅力必定不在于关起门来自说自话、自娱自乐，必定不在于发思古之幽情、从历史中寻求慰藉；而在于它能吸纳人类一切优秀的思想成果并借此完成自己的现代性转捩。这样，汉语哲学就不仅仅是世界哲学在地域上的一个东方版本，在时代上的一份古代遗产，不是哲学中的他者；而是世界哲学的一个有机组成部分，甚至是世界哲学发展的中国时刻。而所谓"越是民族的就越是世界的"就不只是博物馆意义上的或者独特性意义上的，而是意味着它一定程度上代表了哲学的方向，具有了更大和更高的普遍性。但要做到这一点，首先要让西方的、世界的成为我们的，让西方哲学、世界哲学成为我们的一部分，成为我们的传统。一句话，我们需要努力超越那种特殊的和有条件的私人视野，发展一种健全理性和科学的视野，也就是普遍的和绝对的视野。①

节选自《从西方哲学到汉语哲学——试论西方哲学研究四十年带来的观念变革》，原载《哲学研究》2018 年第 12 期

---

① 李秋零主编:《康德著作全集》第 9 卷，中国人民大学出版社，2013 年，第 39—40 页。

《东西方哲学比较研究》前言

王淼洋　范明生 *

本书致力于以马克思主义为指导，根据大量原始资料，广泛吸收国内外有关的研究成果，以中国、印度、西方为代表的三种不同类型的哲学为对象，循纵向时间和横向空间、历史和逻辑相结合的途径，从宏观上揭示东西方哲学发展的历程及其基本特征的同时，对其第一哲学、自然观、认识论、逻辑学、方法论、科学思想、历史观、人的理论、伦理价值观、审美观、政治观和文化观进行系统的比较研究，揭示其发展过程中的共性、特殊性和规律性，以期有助于东西方思想文化的交流，促进改革开放和实现现代化的宏伟事业。

东西方哲学之间的区别是同其第一哲学密切相联系的。西方的第一哲学体现为本体论，它是依靠概念和逻辑推理进行纯粹思辨而构成的体系，是西方人历史上形成的，运用普遍的概念或范畴所表达的对世界的一般的看法。它在构成这些看法中所包含的思想方法，影响了当今西方文化的各个方面。但由于经受不住确有现实依据的追问，因而日趋衰微。中国的第一哲学体现为道论。"道"是直接从事物中提炼、超越而得出的最高、最普遍的范畴，它不是像西方的本体论那样建立在概念的逻辑关系上，而是运用一般、普遍的概念对于实际事物的直接描述或说明，其有效性在于实际事物的例证。因此，任何试图以西方本体论的模式来重构中国传统哲学中的本体论，无不免于失败。也正因为这样，某些现

---

* 　王淼洋，1934—　，男，上海社会科学院哲学研究所研究员；范明生，1930—　，男，上海社会科学院哲学研究所研究员。

代西方哲学家，随着西方本体论的终结，对中国的传统哲学产生浓厚的兴趣。

人类的自然观经历了古代朴素有机论——近代机械论——现代有机论的发展阶段。中国和印度的自然观长期以来基本上停留在古代朴素有机论阶段，西方则随着资本主义制度的发展进入近代机械论阶段，从而促进了近代自然科学的产生和发展。但是，现代自然科学所揭示的自然界的整体性则更倾向于"有机论"，因此，当今西方许多自然科学家为了适应现代科学日益突破机械论框架的发展趋势，从而对东方的有机论传统表现出浓厚的兴趣，出现了"东方哲学热"。

人类总是在改造客观世界的实践过程中，改造、提高和发展自己的认识能力，并形成相对稳定的思维模式。但是，西方认识论的形成和发展，较多地是由专业哲学家体现的，和数学、自然科学的联系比较密切，以形式逻辑为主要工具，富于批判精神，从而有助于建立论证比较严密的体系。但也由于受到其本体论和宗教、神学的影响等原因，其中唯心主义因素是相当强烈的。其思维模式呈现为形式分析思维长期以来占主导地位，习惯于遵循形式逻辑的推理规律，从而形成假说——演绎推理程序。崇尚知性思维形式，崇尚推理思维的能力、过程或结果，习惯于将观察到的个别事物的认识纳入适当的概念，以领会和解释经验事实。而中国的认识论的形成和发展，由于同伦理道德、社会政治问题的探讨相结合，因此带有明显的经世致用的特征，在方法论上更多地倾向于以素朴的辩证逻辑为工具。由于长期以来受制于经学传统，因此批判精神显得不足。整体有机思维模式占主导地位，习惯于把人和自然、主体和客体、心和物、心理的东西和物理的东西等看作是有机的整体；并认识到整体是由诸部分构成的，诸部分之间存在着密切的联系，从而构成一个有机的整体；强调要了解诸组成部分，就必须首先了解整体；象性思维模式比较发达，习惯于凭借形象符号来表达一般的东西。印度的认识论的形成和发展，同宗教伦理的关系尤为密切，其中除了顺世论学派外，都致力于为信仰永恒的道德秩序、宗教意义上的解脱作论证。直觉的思维模式同方法论上精致的逻辑论证是结合在一起的。加之，由于其认识论的发展具有"类型保持相同"的特征，所以从总体上来讲缺乏批判精神。其思维模式介于中国的整体有机思维模式和西方的形式分析思维模式之间。

西方的形式逻辑、中国的墨辩和印度的因明，是在三种不同文化传统中形成和发展起来的，并又反作用于各自的传统文化。首先，它们各自形成于不同的哲学框架，产生自不同的动力，追求着不同的功能和目标。其次，它们各自有其不同的推理规则系统。西方的形式逻辑以概念为基本形式，以规则化、形式化的三段论作为带必然性的推理规则系统，由此履行证明的功能。中国墨辩中与概念相对应的思维形式，是凭表象经验地把握对象，其推理以类似关系为基础，履行辩明异同、是非的功能。印度的因明则介于西方的形式逻辑和中国的墨辩之间。此外，这三种不同的逻辑各自影响了其思维模式。西方的形式逻辑对其形式分析思维模式起了决定性的影响；中国的墨辩则由于形成后很快就趋于式微，因此对其整体有机思维模式未产生重大影响；印度的因明主要是一种佛教逻辑，由于佛教并未占主导地位，因此对其思维模式同样未产生重大影响。

东西方哲学的方法论在其各自的哲学体系中，占有截然不同的地位。西方哲学具有理性主义的特征，其方法论是第一哲学（本体论）——认识论——方法论的三元结构中的一个独立构元，与认识论具有同等的地位，并促进了理性主义的发展。中国传统方法论的哲学基础是“天人合一”，它依附于哲学理论而没有独立地位，是哲学发展过程中的派生物，因而未成为一个独立构元。各自方法论体系的形成也有明显的区别。西方的方法论以“概念—逻辑方法”为基本原理，它是由理性—经验、概念—逻辑、演绎—归纳三对范畴规定的三个层面构成。其基本精神是批判性、分析性和精密性。中国的传统的方法论则以“自我体认”为基本原理，它是由“格物渐悟”、“辩”和象性思维诸成分组成浑然一体的模糊结构。其基本精神是守成性、和合性和模糊性。正因为这样，西方的方法论从根本上来讲就是科学的方法论，它与科学的产生和发展血肉相连。中国的方法论则是对一般方法论的特殊应用，它对中国传统科学的影响不大，但今天正日益受到现代科学的重视。

东西方都有丰富的科学思想。古代中国不仅有着和古希腊原子论截然不同的元气论，也存在着和古希腊很相似的科学思想，如中国的数论和毕泰戈拉（即毕达哥拉斯——编者注）的数字学、中国的五行学说和古希腊的四元素说、中国的阴阳学说和西方的两极宇宙论、中国的天人感应说和西方的大宇宙—小宇宙论等。从中西科学思想的相似或相应的部分表明，人类认识世界有着共同的观念，具有殊途同归的一致性。从其相异的部分，也同样表明其具有统一性。现代物理学的发展表明，物质有两种基本的存在形态：实物形态和场的形态，而一切宇宙形态是实物和场的统一。现代物理学的两种物质形态的物质观，似表明类似具有实物形态的西方原子论，同类似具有场的形态的中国元气论，它们之间具有两极相通的联系，是统一的科学的物质观的两个方面。

东西方的历史学和历史观，在其文化的发展中占有不同的地位和作用。中国自古以来具有独特的重视修史的传统，把史学同国家的存亡继绝密切相联系起来，因而在整个世界文化思想发展中占有独特的地位。致力于追求实录的目标，强调历史记载应该忠于史实；强调鉴诫垂训、经世致用的社会功能方面，中国和西方的史学基本上是一致的；但是在其评判的标准上，则又是有明显区别的。至于史观方面，中国和西方的思想家们，同样就此进行了持久的探讨，就其循环史观而言，在中、西史观中都占有显著的地位，但是彼此的具体内容都有所区别。对历史发展的总趋势，都是比较注意的，其中有的已经显示出对人类发展的规律已有所认识，有的强调变易，有的强调倒退；至于进化史观，在西方是在进入资本主义阶段才出现的，中国则在古代已有不同程度的认识。中西史观的明显区别在于，西方由于宗教在文化思想的发展中占有突出地位，因此神学史观占有突出地位；中国则由于宗教观念比较淡薄，因此不是神学史观而是天人史观占主导地位。

就关于人的理论来讲，集中讨论人的本质和价值问题。中国的传统人论，以"天人合一"为追求的理想人格。但是儒道两家在人的本质问题上持有不同的观点，因而在实现其"天人合一"上，存在着"入世"和"出世"的对立；但从汉末魏晋开始进入儒道互补阶段。印度则随着佛教的产生，开始形成以"涅槃"为人生理想的彻底"出世"说。当其传入中国以后，逐渐为儒道所改造吸收，在宋明理学中以儒、道、佛三家会通的方式达到出世和入世的统一。西方则由于重视探讨人的本质，以自由为人生的理想。但在其发展过程中，也经历过基督教的出世观。以后随着资本主义的兴起，其人论也从静态发展为动态，直到发展为马克思主义的科学的人论。东西方人论最后都将汇入马克思主义的人论。

就伦理价值观来讲，中国随着统一王权的出现，使宗教意识政治伦理化，在历史反思和施政实践的基础上，萌生了以"德"为中心的政治伦理类型。发源于古希腊的西方伦理思想则以宗教信仰为支柱，促成了奥菲斯教灵魂说的传播。先秦以孔子为代表的儒家，向内深拓德的含义，形成"仁"的范畴；荀子注重礼的外在规范作用，强调身份伦理。雅典学派实现了伦理学和灵魂不朽说的综合。秦汉变革引起的儒法合流促成了中国政治伦理类型的形成。基督教的产生，标志着西方宗教伦理的形成。中国和西方各自不同伦理类型形成以后，中国则由于没有出现新的资本主义生产方式，因此没有出现足以跟政治伦理相抗衡的经济伦理，政治力量可以调动理性不断强化政治伦理体系。反之，西方在中世纪之后，逐渐形成新生产方式，形成了足以跟宗教伦理相抗衡的经济伦理，在人文主义和科学理性的冲击下，经济伦理遂取代了宗教伦理。

就审美观来讲，审美活动是全人类共有的，因此，全人类的审美观念是相通的。但由于文化传统和地区的差别，东西方审美观之间便呈现出不同的特色。首先，西方、中国、印度的审美观在其形成期就显示出各自不同的特色，它具体体现在哲学基础、价值取向、美学基本范畴和类型特色等方面。其次，西方、中国、印度这三种审美观，在其展开期显示得最充分、最集中、最典型，艺术和现实的关系则是根本问题。西方美学重视对客体的模仿，辅以对内心世界的表现；中国美学注重表达主体的情、志，辅以对现实世界的模拟；印度美学注重对情与味的感受，从模仿现实走向超越现实。其次，中国的意境说注重主体情志表达的审美观的精髓。西方的模仿理论是注重认知世界的审美的艺术基本观念，其延续时期最长。中国艺术注重应物象形和直抒胸臆，西方艺术偏重于再现与表现。传统的东方美学强调主体真实，传统的西方美学则强调客体真实。这两种美学的发展方向，在总体上是不同的，有些地方甚至是相反的。但在现代的发展中，双方都在融合，相互吸收有利于自己发展的营养。从这种意义上来说，东西方美学既逆向又并存，既并存又互补。

就政治观来讲，西方的政治哲学是由古希腊的柏拉图和亚里士多德开创的，他们关于国家起源、政体形式和理想社会等方面的政治思想，不仅影响了古罗马的西塞罗和波利比（即波利比乌斯——编者注），还影响了中世纪的奥古斯丁和托马斯·阿奎那，他们把柏拉图和亚里士多德的政治思想与基督教神学结合起来，形成了在西方统治达千余年之久的神权政治的基本内容。随着资本主义的兴起，英国的 T. 霍布斯探讨了近代形式的政治义务问题，融合马基雅弗利的思想建立一种君权理论。后来又有斯宾诺莎、洛克等制定关于政治义务的社会契约理论。中国的政治哲学在春秋战国时期出现了百家争鸣的局面。儒家高唱仁政礼治，墨家主张兼爱非攻，法家强调法治，道家则尚无为而治。秦统一中国后，汉武帝罢黜百家独尊儒术，政治思想出现儒法道合流，或外儒而内法，或外儒而内道的局面。这种情况大体上一直延续到鸦片战争。中西政治哲学的内容极其丰富。这里仅就三个问题进行比较研究。一是西方的理想国和中国的大同世界。二是神权和君权。在西方，神权政治在相当长的时期内占主导地位，到近代又出现了社会契约论。而在中国，虽然也说君权神授，但君权政治始终占据主导地位，并且在封建社会一直延续下来，这当然与中国社会资本主义的不发展有关系。三是西方的民主政体思想和中国的民本观，两者的区别表现了中西政治哲学之间的差异。

就文化观来讲，文化的形成和发展，既遵循着一定的客观规律，受制于一定的社会经济政治状况；同时它又有相对的独立性，文化传统自身有其继承性。中国古代文化以"道"为最高范畴，以"天人合一"为文化传统，以整体有机思维模式占主导地位，具有宗法关系内的理性意识和重人精神的因素。中国传统文化在封建时代得到高度发展，尤其是四大发明推动了西方近代文明的进程。印度古代文化以"梵"为最高范畴，以"梵我同一"为文化传统，具有神秘主义的出世性质，从而妨碍其科学技术的发展。但是印度的佛教对中国文化的各方面，从人生哲学到文学艺术都发生了深远的影响。西方古典文化以"逻各斯"为最高范畴，以"主客二分"为文化传统，以形式分析思维模式占主导地位，从而极大地推动了数学和自然科学的发展，促使西方文化在当今世界上处于优势地位。现代西方人本主义强调人与自然的融合，它与"主客二分"一样，同是"逻各斯"由抽象发展到具体的一个环节。西方文化传入中国至今，产生了一系列有待解决的问题，只有重视文化发展的内在规律性及其内在机制，才能更好地沟通和融合东西文化。

原载王淼洋、范明生主编《东西方哲学比较研究》，上海教育出版社，1994 年

《天人之际——中西哲学的困惑与选择》序

张世英*

　　20 世纪 80 年代初，我国哲学界开始讨论主体性问题，但至今人们大多只从主观能动性的角度来理解主体性概念，不少人甚至认为主体性就是主观片面性，一般地说都远未能明确地从人与世界万物的主客二分关系（subject-object dichotomy）来理解主体性，似乎不知道离开了主客二分关系就谈不上主体性；哲学问题被归结为仅仅是主客二分的关系问题（尽管持这种看法的人并没有明确提出"主客二分"这个术语），更是在学术界占主导地位；至于西方当代哲学的一些重要派别已把主体性和主客二分视为过时的概念，我国学术界则很少涉及，当有人提到"主体死亡"的口号时，甚至被视为奇谈怪论。——所有这些，都引起我极大的疑惑和兴趣。人对世界万物的关系是否只是主体对客体的关系问题？西方传统哲学的主客关系问题是否囊括了哲学问题的全部？西方当代哲学的许多重要思想学说，特别是人文主义思潮，能用主客二分的模式说明吗？中国传统哲学能用主客二分的模式来涵盖吗？主体性能作为中国传统哲学的主导原则吗？一些西方当代思想家提出的"主体死亡"的口号有什么深刻的含义？中国哲学今后的发展将与西方现当代哲学发生什么样的相互作用和影响？

　　我长期研究西方古典哲学，特别是德国古典哲学，主客二分的思维模式和主体性原则紧紧框住了我、束缚住了我。但上述一系列问题的缠绕引起了我集中读西方现当代哲学家尼采、狄尔泰、海德格尔、伽达默

---

*　　张世英，1921—2020，男，北京大学哲学系教授。

尔、德里达等人的著作的兴趣，也引起了我读中国传统哲学特别是道家著作的兴趣，这两类书的思想都是与主客二分、主体性不同道的东西，前一类属于主张主体死亡或接近死亡的书，后一类属于尚未达到主体性原则的书，但它们二者有重要的相似之处而与西方传统哲学相对立。这两类书都启发了我，仅仅囿于主客二分式，只能使眼光狭窄。

从尼采、海德格尔等人对西方传统哲学的主客二分和主体性原则的批评中，我体会到，人对世界万物的基本态度和基本关系有主客二分和主客不分（主客浑一、物我交融）两种，主客二分已是西方哲学固定的、常用的专门术语，主客不分的术语在西方学界尚不十分固定，我姑且借用中国哲学的术语称之为"天人合一"。当然，中国的天人合一的学说与西方的（无论是西方现当代的，还是古希腊早期的）主客不分的思想有很多不同之处，我借用"天人合一"这个术语来指称西方哲学中主客不分的思想时，其中的"天"是泛指世界万物或自然万物，而不只是指与地相对待的天空，更不是指封建的义理之天，其中的"合一"也不是说人与物或自然之间没有任何差异，其实，中国哲学的天人合一说也并不排斥天与人之间的差异，只是这种差异不像在主客二分式中那样是作为认识者一方的主体与作为被认识对象一方的客体之间的差异。我借用"天人合一"的术语，只是取其人物交融、主客浑一、人与自然融合的基本含义，这是中国传统的天人合一说与西方现当代的一些重要思潮以至古希腊早期哲学的共同或相通之处，不用说，它们之间的各种具体区别是不容否认的。

大体说来，中国传统哲学是天人合一的哲学，西方传统哲学是主客二分的哲学。中西哲学史各有其发展线索，中国哲学史是长期以天人合一为主导原则到转向主客二分式的发展史，明清之际是转折点；西方哲学史是从古希腊早期的主客不分思想到长期以主客二分为主导原则又到现当代反对主客二分的发展史，也可以粗略地说是从"天人合一"到主客二分又到"天人合一"的发展史。

但中西哲学史并不是两个互不相干的东西。无论中、西、印等几种不同的文化思想各有其历史源头，但仅仅就其都是人类思想这一根本事实来说，几种不同的文化思想应可视为同一棵大树上的枝丫。从这个总的观点出发，我以为我们的研究工作不应对中西哲学史上的各种思想派别只做横向的、静止的比较，而应着重于把它们放在同一条历史长河中、同一棵大树的成长过程中做纵向的考察，考察其各自所占的历史地位、阶段性和发展趋势，当然，历史、思想的错综复杂性不容许我们做死板的先后次序上的排列。本书的下篇"哲学与哲学家"的各章就是按这种思路来写的。

我由此而集中想到了两个问题：一是中国哲学向何处去？一是哲学何为？

这是我近些年来全身心地投入的两个问题，也是本书最终探讨的两个问题。本书的上篇"历史"与中篇"理论"就是对这两个问题的考虑与探索。

中国的天人合一的传统思想给中国人带来了人与物、人与自然交融和谐的高远境界，但也由于缺乏主客二分思想和主体性原则而产生了科学和物质文明不发达之弊，尤其是儒家传统把封建"天理"的整体性和不变性同天人合一说结合在一起，压制了人欲和个性。明清之际，特别是鸦片战争以后，开始了主客二分思想的转向，开始了召唤西方近代哲学的主体性的新时期，可是西方哲学已经前进得很远了，西方现当代哲学中的人文主义思潮，特别是后现代主义，已淡化了主客二分思想和主体性原则之利而强调其弊，如人的物化，形而上的普遍性和确定性对个体性和差异性的压制等，因此它们已把主客二分和主体性当作过时的话题，甚至提出了"主体死亡"的口号，提倡人与物的融合和诗化哲学，强调差异性和不确定性。面对这种国际思潮，中国哲学将向何处去？是固守中国的老传统呢？还是亦步亦趋地补完西方近代哲学的主客二分与主体性原则之课然后再走西方当代哲学之路呢？还是预为之计，走中西结合的道路呢？我主张中国传统的天人合一与西方传统的主客二分相结合。

中国当前要发展自然科学，需要主客二分和主体性原则，但主客二分和主体性原则固有的形而上的普遍性（统一性、同一性）和确定性很容易同中国儒家传统固有的封建"天理"的整体性和不变性勾结在一起，从而制造一种新型的加倍压制个体性和差异性的哲学。我不赞成西方后现代主义完全否定主体性、普遍性和确定性的思想，但针对中国传统哲学的封建"天理"的顽固性，后现代主义未尝不可以对我们起一点冲击和振聋发聩的作用。另一方面，西方传统哲学过分强调思与诗、概念与隐喻的划界，把诗排斥在哲学之外，而西方现当代哲学的一些重要思潮，特别是后现代主义，则力图取消这种对立。如果说我们把主客二分和主体性的召唤叫作"西化"，那么西方现当代哲学主张人物交融，提倡诗化哲学，就可以叫作"东化"。我们为什么不可以与西方现当代哲学的这种思潮结成联盟呢？未来中国哲学的发展也许是一种既有西方近代的主客二分和主体性的进取精神，又有天人合一、人物交融的诗意境界的哲学，是个体性、差异性和流变性从传统的整体性和凝滞性中获得解放的哲学。

整个人类思想由主客不分观到主客二分思想又回复到（高一级的回复）主客不分观的发展过程，与个人意识成长的过程是一致的。婴儿无自我意识时，处于主客不分的阶段；后来出现了自我意识，也就有了主客的区分与对立，有了认识和知识；而如果一个人能进一步超越认识和知识，超越主客二分，他就可以达到高一级的主客不分、物我交融的阶段。整个人类思想的发展与个人意识的成长两者之间的一个重要不同之处在于，后者所包含的各阶段所经历的时间不过以月计、以年计，而前者则往往以百年计、千年计；个人达到了自我意识或主客二分的阶段，并不等于他就能建立以主客二分和主体性为指导思想和原则的哲学体系，这也就是为什么许多大哲学家可以有缺乏主体性原则的哲学的缘故。

在个人意识的成长过程中，我把认识和各种实践（自然科学的实践，经济的政治的实践，道德的实践）都放在主客二分的阶段，而高级的主客不分或物我交融阶段则是审美意识。我不同意用主客二分模式解释审美意识，我认为审美意识不问主客，不分主客，是人与物的交融，是"天人合一"。人若停留在主客二分阶段，则终因主客彼此外在、彼此限制而达不到心灵上的自由境界，这就是为什么与主客二分相联系的主体性虽然在其运用上有民主与科学之利，但民主与科学还不等于自由——不等于心灵上的自由境界，不等于审美意识中的自由，这种自由不仅高于政治上的经济上的自由以及获得必然性知识的自由，而且高于道德意识上的自由。

审美意识中的自由境界只有靠超越主客二分、超越自我（亦即超越主客二分式中的主体）才能实现。我不赞成"主体死亡"，我主张主体——自我应被超越。这里的超越不是超越到超时空的抽象世界中去，而是超出人对世界万物的主客二分态度，达到高一级的"天人合一"。主客二分和主体性所给我们的是无穷进展、执着追求的精神，"天人合一"、物我交融所给我们的是胸怀旷达、高远脱俗的境界。理想的人格应该是二者的结合。哲学何为？也许就是通过修养、陶冶，超越自我（主体），提高境界。

西方当代许多哲学家正大谈哲学的终结。我同意那种以形而上的抽象普遍性、统一性、终极性为最高原则的哲学确乎应当终结；与此相联系的是，所谓寻找普遍规律的哲学也应该终结。普遍规律可以交给科学去探讨，那是个知识问题，而超越自我，提高境界，则是任何科学知识所不能代替的，这里需要的是陶冶和修养，需要的是超越知识，老子所谓"学不学""欲不欲"，其庶几乎！

不少人正谈论终极关怀，认为人不能满足于日常生活中的计较和追逐，人生的意义和价值在于终极关怀。我赞成这种看法。终极关怀有道德上的，有宗教上的，也有审美意识上的。人各有志，应该容许各人的终极关怀各不相同。我所说的超越是否也是一种终极关怀呢？

中国传统给了中国人太多的自满自足，现在大家已经躁动起来了；西方传统给了西方人太多的追求索取，现在他们却在向往安宁。中西哲学都正处于安宁与不安宁的烦恼和困惑之中。但烦恼会给我们带来希望，困惑会让我们选择。一个人只要肯认真严肃地思考时代和各自的国度向自己提出的种种问题，他就是一个有哲学头脑的人，一个过着充实生活的人。哲学不是什么需要中西哲学家们携起手来、共同攻关的课题或学科，我们应该在相互交流和彼此对话中进行各自的创作。

本书的序言由我的博士研究生胡自信同志译成英文，英译的后面一部分在内容上略有增删。严平博士对本书的出版给予了很多帮助，做了很细致的编辑加工的工作。谨在此一并向他们致谢。

原载张世英《天人之际——中西哲学的困惑与选择》，人民出版社，1995 年

《进入澄明之境：哲学的新方向》序

张世英[*]

大约 30 年前，我曾经在当时的《新建设》杂志上发表过一篇文章，声称要立志搞一套类似黑格尔逻辑学的概念体系，然而不是唯心论的，而是唯物论的。《新建设》是当时的全国性重要综合性刊物，而且文章发表后，还得到不少人的好评，可见我当时的哲学观点也是很合乎时宜的。但是现在看来，我的那套想法虽说要在唯物与唯心上与黑格尔对立，实则是典型的西方自柏拉图到黑格尔的"在场形而上学"（metaphysics of presence）的旧观点。"在场形而上学"是西方现当代人文主义思潮的哲学家批评传统哲学时所用的一个贬词。"文化大革命"前，人们搞西方哲学，大都是限于黑格尔以前的古典哲学，虽然主要还是立足于批判，但也注意吸取其"合理的东西"，至于西方现当代哲学，则被视为洪水猛兽，一律不加分析地加以驳斥。我在那个年代里，和其他许多哲学工作者一样，根本不认真阅读和研究西方现当代哲学，不理会在场与不在场相结合的含义，更不懂得从现当代哲学的立场批评传统的"在场形而上学"。一直到 80 年代初，我转向西方现当代哲学，才逐渐理解到西方传统的旧形而上学的抽象性、纯理论性和现当代人文主义思潮之注重现实性和实践性。马克思说："哲学家们只是用不同的方式解释世界，而问题在于改变世界。"[①] 其实，西方现当代哲学的人文主义思潮从某种意义上说是马克思主义以外把旧形而上学的抽象性和纯理论性还原为现实性和实践性的另一支巨大的思想力量。旧形而上学以为哲学的最高任务就是从

---

[*] 张世英，1921—2020，男，北京大学哲学系教授。
[①] 《马克思恩格斯选集》第 1 卷，人民出版社，2012 年，第 14 页。

感性中直接的东西上升到理解中的东西（"逻各斯"），从而以"永恒在场的"抽象同一性或本质概念为万事万物之根底，这种哲学观点把人引向抽象的概念世界，就像黑格尔的逻辑概念体系那样，哲学变得苍白无力、枯燥乏味，为人们所畏惧。现当代的人文主义思潮不满足于这种"在场形而上学"，其中的许多哲学家如胡塞尔、海德格尔、伽达默尔、德里达等和其他一些专家教授都强调构成事物的背后的隐蔽方面的重要性，强调把在场的具体的东西与不在场的然而同样具体的东西结合为一个无尽整体，认为这才是人们实际生活于其中、实践于其中的活生生的世界。形而上学所崇尚的抽象性被代之以现实性，纯理论性被代之以实践性（广义的，而非仅指阶级斗争、生产斗争的狭义的实践）。哲学变得生动活泼、富有诗意，引导人进入澄明之境。

哲学与诗脱离，是西方自柏拉图到黑格尔的传统哲学的特点之一。

20世纪40年代初，我在西南联大哲学系读书时，听冯友兰先生的中国哲学史和金岳霖先生的认识论、形而上学问题等课程，又听贺麟先生的黑格尔哲学课程。冯先生和金先生讲的基本上是柏拉图主义的思想，冯先生讲的新实在论是柏拉图主义的新的变形，与贺先生的思想观点相反。冯、贺两位大师在讲堂上和论坛上时有争论，而我对两派却都很爱好。现在回过头来想想，原来他们所宣讲的都是西方传统的"在场形而上学"。他们所教人向往的，都是"永恒在场的"抽象概念世界。记得1945年昆明学生运动高潮时期，校门旁边贴了一张漫画：几个哲学系的学生戴着近视眼镜，连成一串，汗流浃背地爬梯子，梯子的顶端云雾缭绕，隐藏着一座象牙之塔，塔壁画满了"思维与存在""个别与普遍""变与不变""抽象与具体"之类的概念。我看了这张漫画，不免生气，自觉身在其中。几十年过去了，人世沧桑，自以为思想大大改变了。只是这十多年来才日益感到自己原来是长期在西方旧形而上学的窠臼中打圈子。

我现在仍然认为"思维与存在""个别与普遍"之类的传统的概念范畴非常必要和重要。但必须加以超越。哲学不能老停留于抽象概念，而应当重现实；不能老停留于思维和理论，而应当重想象重实践；不能老停留于哲学本身，而应当与人生相结合，与诗和文学相结合。所以我在本书中提出并讨论了诸如思维与想象、诗与思、在场与不在场、隐蔽与显现、言与无言之类的新范畴。我希望本书对西方现当代哲学新方向的理解和我自己的发挥能有益于我们超越哲学的旧传统，把哲学变成真正贴近于人、贴近于生活的有激情的东西。哲学家不应是脱离真空的柏拉图式的"鸽子"，哲学家的"鸽子"应当在天地之间乘着气流飞翔。

　　中国古代哲学有重现实、重想象、重哲学与文学相结合的优点（尽管它讲得比较朴素、简单而缺少分析和逻辑论证）。所以我在本书对西方哲学转向的论述中也结合了中国古代哲学和中国古典诗。我希望本书不仅在结合哲学与文学方面，而且在打通中西方面做些尝试，这里我又想起了在西南联大读书时的一段情景，闻一多和沈有鼎各开一门同名课程"易经"，大家都知道，闻一多是满腔激情的诗人和中国文学家，沈有鼎是不食人间烟火的逻辑学家和西方哲学专家。但有意思的是，闻一多的"易经"课堂上经常坐在第一排中间的"学生"是沈有鼎，沈有鼎课堂上经常坐在第一排中间的是闻一多。我是他们的旁听生，亲眼看到他们在课堂上和课后讨论和争论，我当然听不懂他们究竟讨论些什么。但现在看来，这是一个多么难得的中西对话、哲学与文学相互通达的场面啊！这个场面已经过去了几十年，现在把它记述下来，希望能给今天的哲学研究以启发。我尤其希望中国传统哲学的弘扬与发展能与西方现当代哲学深入地、具体地相结合。

　　本书和两年前出版的《天人之际》都是"文化大革命"后近20年来我研读西方特别是德国现当代哲学著作和中国古代哲学著作后因受到一些启发而写成的。《天人之际》着重讲由主客关系到主客融合的转向，本书则着重讲由"在场形而上学"到在场与不在场相结合的思想转向，二者都是讲的由西方传统形而上学到现当代哲学人文主义思潮的转向，主客关系与"单纯在场"的观点有必然联系，主客融合与在场不在场相结合的观点也密不可分。所以本书在某种意义上可说是《天人之际》的续篇，本书中有许多需要多加分析和论证的地方，凡在《天人之际》中已经讲过的，这里就不再重复了。冬外，《天人之际》着重讲史，论的部分较少，该书从交稿到问世，拖延了两年时间，在此过程中，自觉理论部分还有很多未尽之意，便写了此书的某些章节，该书问世后又继续研究这方面的问题，加上受到一些读者的鼓励，我愈来愈感到时代正要求哲学有一个新的指向。近几年来，我视力不佳，但似乎更觉得有一种责任感追逼着我，要抢时间，我发奋多读西方现当代哲学的书，特别是一些哲学前沿的书，也着重联系中国传统的思想著作，希望能从中找到启发，我真正体会到了"朝闻道，夕死可矣"的感情和含义。在研读过程中，我经常有思如泉涌、不能已于言之感。现在这本书就算是近几年来研读的一点小小成果，如能引起读者进一步思考问题的兴趣，我就心满意足了。

本书的导论是全书的纲领，由我的学生甘绍平博士译成德文，谨在此向他致谢。

原载张世英《进入澄明之境：哲学的新方向》，商务印书馆，1999年

新时期中西哲学比较研究论纲

俞宣孟 *

    一百余年来，我们的前辈筚路蓝缕，在中西哲学的比较研究方面做了大量的工作。但是，前辈的工作中也存在着严重的局限。首先，用以判断哲学之为哲学的这把尺子是取自西方的。汉语中本来没有"哲学"这个词，它是日本明治维新时人西周创造出来用以翻译"Philosophy"，晚清时经黄遵宪介绍才在中国流行开来的。[①] 这说明，在中国传统的学问中，哲学并不是一门独立的学科。中国哲学史是根据西方哲学的定义和西方哲学中的框架勾勒出来的。这一点早在 1919 年蔡元培为胡适《中国哲学史大纲》所作的"序"中就明白地道出来了，他谈到写作中国哲学史有两层难处，其中第二点是"形式问题"，说是"中国古代学术从没有编成系统的记载……我们要编成系统，古人的著作没有可依傍的，不能不依傍西洋人的哲学史。所以非研究过西洋哲学史的人不能构成适当的形式"[②]。蔡元培先生的见解是颇具代表性的，这只要检阅今天可以读到的种种有关中国哲学史的著作便可明白：不仅其中的问题是按照西方哲学的榜样从中国典籍中抽取出来的，而且还尽量依照西方哲学的分类和形式去表述这些问题，甚至模仿西方哲学，把中国哲学中的概念称作"范畴"。这一现象的出现，也许是历史发展过程中一个不可避免的阶段（它不仅反映在哲学学科中，也反映在历史、语法学、美学等学科中），

*   俞宣孟，1948—   ，男，上海社会科学院哲学研究所研究员。

①   参见《中国大百科全书·哲学卷》，邢贲思撰"哲学"，中国大百科全书出版社，1987 年，第 1 页。

②   胡适：《中国哲学史大纲》，商务印书馆，1987 年，第 1 页。

但现在我们必须思考，这样构造出来的中国哲学史是否反映了中国哲学史的真相。据说钱穆曾有见于此，"他尽量避免用'哲学'这一概念。在他看来，中国思想中虽然有与西方哲学相应的部分，而不相应的部分则更占分量。如果以中国思想之实来迁就西方哲学之名，则恐易流于削足适履"①。不过，他是站在"中国学术思想史"的角度看问题的。我们则欲就哲学谈哲学，难度更大些，它需要从根本上考虑究竟什么是哲学，而不是从形式上去模仿西方哲学。但唯其难度大，一旦突破，其所取得的学术进步也定会令人欢欣鼓舞。

其次，一百余年来，我们对西方哲学的精髓是否把握确切了？按理说，这是模仿西方哲学时首须搞清的问题，然而我们遗憾地发现，这却是大有疑问的。我们这里不是指某些个人，在某些具体哲学理论上不同的理解和体会，而是指在哲学重大问题上普遍的模糊不清的认识。这个重大问题便是本体论。"本体论"是对"ontology"一词的翻译，但据字面，ontology 并无"本体"的意思在内，故有人也译作"万有论"。近来，许多人喜欢用"存在论"这个名称，这当是考虑到从字面上说，ontology 是关于 being 的学说（being，希腊文作 ον）。然而 being 不单纯作"存在"的意思，它还有"本质"的意思。其实，being 是系词 to be（是）的分词（在希腊文和德文中，则由分词进一步作成名词），泛指一切所是或是者。因为凡我们可以称道的东西，总可以表达为"这是××"，这就是说，一切东西概可以说成为"所是"。说"所是"有其"存在"和"本质"，这用中文表达也是不难理解的。由此可见，ontology其实是围绕"是"和各种"所是"来做文章的一门学问，它应当说成"是论"。而"是"使各种"所是"是其所是，它本身则是最高最普遍的概念。这样说的时候，我们其实已经明白了，"是""所是"的意义是从逻辑方面来规定的，是逻辑上规定的范畴，这就使它们与指称具体事物的"名"区别开来了。

上面的讨论绝不仅仅是关于翻译的问题，深入下去，它将揭示出西方哲学所独具的一种哲学形态："是""所是"是从逻辑上规定的，本体论

① 余英时：《钱穆与中国文化》，上海远东出版社，1994年，第56页。

也就是在逻辑的推演中展开的。于是我们在西方的本体论著作，例如黑格尔的《逻辑学》①一书中看到，哲学以"是"为开端，运用逻辑的方法（在黑格尔这里是辩证逻辑），逐步推导出质、量、度，本质、现象、现实，以及主观性、客观性、理念等概念，成为一个严密的范畴体系。由于这个体系是用逻辑的方法和普遍性的概念构成的，虽然它并不是从经验事实中提升而来，却被认为是对经验世界普遍适用的真理；它也不是对经验世界的直接描述，却被认作是必然有效的原理本身。沃尔夫为本体论下的最早的、被认为经典的定义是这样的："本体论，论述各种抽象的、完全普遍的哲学范畴，如'是'以及'是'之成为一和善，在这个抽象的形而上学中进一步产生出偶性、实体、因果、现象等范畴。"②如果我们真正把握了本体论，那么就会承认，中国传统哲学中并没有与之相应的部分。

　　然而在我们这里，见之于各种专业和百科工具书的关于本体论的定义，主要是把它界说为关于世界本源、本体的学说，或者关于存在的学说。这些说法既没有指出西方哲学中的本体论是纯粹的原理本身，更没有指出本体论的逻辑特性。造成这种误解的根本原因在于，中国传统哲学中本没有这种形态的形而上学，也没有这样的思想方法，此外还由于与哲学形态相关的语言形态方面的差异。

　　本体论向来被认为是纯哲学或第一哲学，因此对它的误解势必影响到对全部西方哲学的理解的可靠性。例如，关于哲学的分类。在西方哲学中，本体论与自然哲学、宇宙论是有严格区别的，后两者是以自然界、宇宙为对象的，讨论世界的始基或本原，宇宙的起源及其演变等问题。如果看不到本体论是纯粹原理系统，看不到它不限于任何特定的事物以为自己的对象，便会混淆它与自然哲学、宇宙论之间的区别。事实上，这种混淆在今天是很普遍的。又如，西方认识论的产生也与本体论有极密切的因缘。有人把本体论运用于认识，强调逻辑推论在认识过程

---

① 对于黑格尔的《逻辑学》即本体论之作有疑问的话，可读他评论亚里士多德时的话："在这个本体论或者用我们的话来说这个逻辑学里面……"见黑格尔《哲学史讲演录》第二卷，商务印书馆，1983 年，第 288 页。

② Hegel, *Lectures on the History of Philosophy*, Vol. III. London: Routledge and Paul, 1924, p. 353.

中的作用，于是就成为唯理论者；有人则根本否认有这种悬空存在的纯粹原理，强调认识当从经验中来，成为经验论者。不了解这个背景过程，便企图在中国传统哲学中寻找相应的唯理论和经验论，总是十分牵强的。洋洋大观的本体论在黑格尔哲学中达到了它的顶峰以后便江河日下，现在已经成了历史陈迹。但即便如此，如果我们不了解它，那么就不明白引发现代哲学家胡塞尔、海德格尔等人思考的问题是什么。甚至，还会妨碍我们对马克思主义哲学的正确理解，看不出马克思主义哲学创始人对黑格尔、青年黑格尔派以及杜林等人的批判实际上就是对本体论的批判，相反，却去争论马克思主义哲学有这样还是那样一种本体论。这难道不是我国哲学界的实际情况吗？

我国一位德高望重的学者生前曾说过这样意思的话：大家都认为他是黑格尔哲学的专家，其实黑格尔究竟讲些什么，他也不太明白，主要是要靠后来的人去研究。这话是由他的一位弟子传达出来的。我觉得老前辈的话既诚恳又符合实际情况。如果我们只把它当作是前辈学者的谦虚来理解，那就等于放弃了我们自己的责任。他的话透露出同样的消息：我们对于西方哲学，尤其是它的精髓实质的了解显然是大大不够的。而我以为，关键则在于对本体论的把握距离还很远。

在这种情况下，依西方哲学的定义和框架去构造中国哲学史，不免有依样画葫芦、削足而纳履之嫌。例如，在中国哲学史中抽取出一些资料、组成一个"本根论"，以与本体论相对应。又如，依照黑格尔把哲学史看成是哲学范畴自身逻辑发展与历史过程相一致的观点，把一部中国哲学史也看成是范畴的逻辑发展史。这些都十分牵强附会。他们可能没有留意到，西方以范畴的逻辑推论来表达的本体论，最初出于柏拉图关于理念之间结合和分离的理论。概念要成为可以进行逻辑推论的范畴，它们本身必须先要从逻辑规定方面取得意义，这便是说逻辑概念或范畴的意义出自它们之间的相互关系，如作为逻辑范畴，整体从部分取得意义，而部分也只有相对于整体才有意义，而不是像日常大多数概念那样，从其所指示的对象方面取得自身的意义。使概念脱离其所指示的实际事物，成为单纯的逻辑规定性，这又同西方语言的特征有密切关系：词形的变化使得系词"是"可以脱离上下文，成为一个独立存在的概念；在柏拉图这里，系词联结主词和宾词也被说成是这三个理念之间的结合或相互分有。这便是从日常概念过渡到逻辑规定性的范畴的源头，它决定了西方哲学的特殊的形态。不顾西方哲学的这种独特的形态，企图从形式上与之对应地看待中国传统哲学，这显然是行不通的，这样构造出来的中国哲学史势必也是脱离其本来面目的。在对中、西哲学分别做上述理解的基础上，进行两者的比较研究，也只能说"西方话"。

深入开展中西哲学的比较研究，当以怎样的方法去着手呢？我们必须找到一把既能够涵盖中、西两种哲学的统一性，同时又能显示出它们各自差异性的尺度。但是我们又不能站在两者之外去寻找普遍性，这简直是匪夷所思，因为哲学本身已经被认为是最具普遍性的学问了。唯一可能的方法是潜入哲学自身的底部，重新考察哲学究竟是什么这样的基本问题。

关于什么是哲学，我们并不是没有答案，而恰恰是答案太多。这样，我们最好还是回到哲学的源头去检索。在古希腊时代，philosophy（哲学）一词原意指"热爱智慧"，这是大家知道的。但是要说智慧是什么，这却不好说。因为一旦我们说出智慧是什么，它就成了一种知识。然而智慧却绝不等同于知识。智慧是一种能力，有了它，人才能进行创造，才能把握知识。从源头上看，哲学与其说是一门学科、一种普遍的知识，还不如说是表现在超越现实的创造活动中的智慧的敞开状态和过程。

在智慧的敞开状态中实现超越现实的创造活动，这难道不是人超出一切其他动物的优越和美妙之处吗？所以苏格拉底说：美德是智慧。[①] 然而由于智慧是隐而不显的，所显示出来的总是人的创造活动，尤其看得见的是创造的技能和知识，因此智慧常常易于为技能和知识所掩盖。对这一点，苏格拉底应当是清楚的。他说，那些政治家、诗人、剧作家和工匠，因为一技之长，"他们就以为自己也知道一切重大的事物。而这一缺点就掩盖了他们的智慧"[②]。不幸的是，事情正是向苏格拉底所担忧的方向去发展了。当柏拉图复述苏格拉底"美德即智慧"时，改成了"美德

[①] 参见色诺芬《回忆苏格拉底》，商务印书馆，1986 年，第 117 页。
[②] 北京大学哲学系外国哲学史教研室编译：《古希腊罗马哲学》，商务印书馆，1962 年，第147—148 页。

即知识"①。他并且发展出了一种超验的普遍知识，以对这种知识的追求取代了对智慧的追求。这一超验的普遍知识即关于理念之间结合和分离的知识，它便是后来逐渐成熟的本体论的最初形态。虽然构成和把握知识仍然需要智慧的力量，但毕竟不是以智慧本身为目标。并且，当知识的构成越是在形式上依靠逻辑的力量，智慧就越是隐而不显。以至于两千多年以后，当海德格尔再次反思哲学的意义时，说今后的哲学不应再叫哲学，而应称作"思"。② 难道我们还要把哲学固守在从柏拉图到黑格尔这一种形态吗？

中国原来没有哲学这个名称，但是对道的追求则是中国文化哲学精神的最显著的特点。那么什么是道呢？可能各有各的不同说法。然而正因为这种"道其所道非吾所道"的情况，使得道成为中国文化精神中既确定而又不确定的崇高的概念。道的这种既确定而又不确定的特点，迫使人们为要得到它便须反复在生活中去体察，而不能企求把它当作知识一劳永逸地加以把握。道可以在每个人自己的生活中体察，是因为道被认为是贯穿一切的。这在先秦道家著作中表达为"道不离器"，宋儒说为"理在气中"，禅宗佛教则说得更通俗："担水劈柴，皆为妙道。"虽然中国古人没有说过类似热爱智慧的话，但是在以道为终极目标的追求中，日常生活中平凡的事件成了荣辱得失、成仁赴义……化为色彩斑斓的意义。这种种意义是敞开了的心灵在追求超越现实中实现的结果。这难道不是哲学的活动吗？哲学在这里不仅仅是"思"，哲学家也不仅仅是饱学之士，而是通达高明、内圣外王式的人物。以中国传统文化为背景的人，难道不是这样去认定哲学的吗？

看来在古代中国和希腊，都表达出了人类对于超越现实的追求和向往，这便萌发了哲学。在中国它表达为向着道的追求，在古希腊表达为热爱智慧。中国人认为道既遍布万物又高于万物，用《周易》的话来说叫作"形而上者为之道"，因此，追求道的途径是形而上的，关于追求形而上的学问可称为形而上学。在西方，当对超越现实的追求落实到了对

---

① 北京大学哲学系外国哲学史教研室编译：《古希腊罗马哲学》，第 164 页。
② M. Heidegger, *Basic Writings*. Routledge and Paul, 1977, p. 242.

超验知识的把握时，这部分超验知识因为是超出实际事物和特定对象的学问的，也被命名为形而上学。因而，哲学至少是哲学的核心部分，也可以说就是形而上学。

除了相同点之外，我们更应注意中西哲学之间的不同点。在某种程度上讲，只有理解了对方与自身的差异处，才是对对方真正的理解，中西方哲学的差异有许多，集中反映在道论和本体论之中。西方的本体论，作为超验的知识体系，讲求普遍性；中国的道论，需要个人到实际生活中去细心体察，更突出真实性。按理说，追求终极目标的形而上学的途径应当是多种多样的，但是由于西方人把它托付给了本体论，托付给了概念自身的逻辑运动，即如黑格尔所说"只有沿着这条自己构成自己的道路，哲学才能够成为客观的论证的科学"[①]，人自身的哲学活动之路倒被堵死了。用他的观点去看，中国人是没有自己的哲学的，甚至还没有形成具有逻辑规定性的概念。黑格尔的话尽管使中国人不愉快，但在中国影响还是很深。人们不是去寻思黑格尔所说的范畴的逻辑体系是不是哲学的唯一准则，而是努力把中国传统哲学史刻画成哲学范畴的发展史，以满足黑格尔所谓的哲学的条件。现在，当我们从哲学的原始本义方面去反思中国传统哲学，在搞清本体论真相的前提下，不怕承认中国哲学与西方哲学路数上的差别时，上述这种学术上的委曲求全态度应当结束了。

开展新一轮中西哲学比较研究，我们面临的任务是十分艰巨的。我们要从比较研究的角度重新认识和审察西方哲学，尤其是对于中国哲学中没有其相应部分的本体论，因为它集中反映了西方哲学的特殊形态。目前，我们对于本体论已经有了初步的揭示。为了加强说服力，还应当从整个西方哲学史上考察本体论的来龙去脉，包括它的产生、基本特点、主要表现形式、围绕本体论展开的争论及其走向衰亡的过程等。此外，还要研究现象学和释义学。事实上，当胡塞尔从思考数学的本质走向思考普遍的哲学范畴的本质，因不满足于范畴仅仅从逻辑规定性获得其意义，也要让它们在意识的分析中求得清楚明白时，本体论靠逻辑的必然

---

① 黑格尔：《逻辑学》上卷，商务印书馆，1974年，第5页。

性构成的体系便被动摇了。此后，海德格尔沿着现象学的道路，把意向分析扩展为生存状态分析，提出基本本体论的命题时，本体论作为第一哲学的地位就彻底垮台了。因为基本本体论说明，哲学范畴是人的一种生存状态的结果。海德格尔后期更是连基本本体论的提法都抛弃了，提倡直接思入"是"的本质，这极类似于中国哲学对道的追求。现代西方哲学对本体论的批判，打破了本体论是哲学唯一的最高形式的神话，大大增强了没有本体论的哲学的自信。这是我们在开展比较哲学研究时首须搞清的西方哲学方面的主要内容及背景。

对中国哲学也要进行重新考察，这主要指两个方面：一是对历年来种种有关中哲史的著作进行检讨，检出其中因受西方哲学定义及框架影响而牵强附会、削足适履之处，加以适当的论定和纠正；二是依据我们对哲学的基本认识，把被遗漏而却能反映中国哲学特色的内容补充、转录进来。中国哲学认为，追求道的途径是多种多样的，哲学的活动和思路应当也是遍及社会生活各种领域的。如固守西方哲学传统本体论观念，那么便将禁锢了自己的思想，像金岳霖先生那样会断然说出《红楼梦》与哲学没有关系。① 依我们的看法，至少像中医以及论述个人身心修养的那类内容当是哲学。事实上，张载《正蒙》一类的著作今天被学生奉为教科书来读的倒是在中医大学里。此外，中国大量的著作是围绕历史学展开的，甚至有"六经皆史"之说，这也是中国哲学应当发掘的场所。

除了对中西哲学做分别的考察之外，当然更要进行横向的直接比较研究。这种比较研究也是多方面的，可分为许多专门领域，如哲学形态（它仅仅是一种知识，或者同时也是一种生活态度）、思想方法（依赖于逻辑推论的必然性，还是强调亲身感悟）、哲学与科学的关系以及其他可资比较的领域。其中一个重要而艰难的方面是哲学与语言的关系。大家都意识到一种哲学与表述它的语言有密切的关系。语言形式在一定程度上制约着思想表述的方式，本体论及其逻辑方法的运用正是同西方语言的特点，尤其是系词的运用有关，而中国先秦时，语言中是不用系词的。这一专题的研究虽然难度较大，却是必须深入下去的。此外，还有人提

---

① 山石：《金岳霖讲"小说和哲学"》，《新民晚报》1996 年 4 月 5 日。

出应开展中西文化的比较研究，因为文化是一种哲学存活的背景。

本论纲提出开展新一轮中西哲学比较研究，其称为"新"，是因为过去对中、西哲学两方面的认识俱有偏颇，这并非哗众取宠。如果平心想一想，一种具有很大差异的哲学要被有悠久传统的中国哲学所理解、消化、选择、融合，并且说它在过去短短一百年间已经完成，那是谁也不会承认的。以佛教的传入为例，至少过了五六百年，才渐为中国人真正理解和吸收，那么我们的前辈在这方面做了一百年的工作实在算是短的。况且我们当意识到，佛教传入是当中国处于强盛之时，而西方哲学在近代传入时，恰当中国在世界上处于相对落后之时，求强盛之心会影响学术心态，说"西方话"多一些。但是我们也有比古人有利的条件，今天的交通通信技术使我们不必如玄奘一样，非历经千辛万苦才能取得真理。为此，我们相信随着某些带有根本性问题的突破，必将使中西哲学比较研究结出重大的硕果。

原载《社会科学》1996 年第 8 期

我们现在需要的是"全盘化西"

——论"中西哲学比较研究"之"拐点"

张耀南 *

所谓"化西",就是"吃掉"西学,"消化"西学;所谓"全盘化西",就是"全方位地吃掉"西学,"全方位地消化"西学。这个"全方位"既包括哲学内部的各个层面,各个分支,也包括哲学之外的其他学科,比如用"中式文学批评"吃掉、消化"西式文学批评",用"中式史学"吃掉、消化"西式史学",用"中式科学"吃掉、消化"西式科学",等等。换句话说,"全盘化西"就是"西学西理的全盘中国化",就哲学内部来说,就是"马克思主义哲学的中国化"、"西方哲学的中国化"以及"中国哲学的中国化"。

在《新民主主义论》(1940)中,毛泽东曾说:"这种新民主主义的文化是民族的。它是反对帝国主义压迫,主张中华民族的尊严和独立的。它是我们这个民族的,带有我们民族的特性……中国应该大量吸收外国的进步文化,作为自己文化食粮的原料,这种工作过去还做得很不够……但是一切外国的东西,如同我们对于食物一样,必须经过自己的口腔咀嚼和胃肠运动,送进唾液胃液肠液,把它分解为精华和糟粕两部分,然后排泄其糟粕,吸收其精华,才能对我们的身体有益,决不能生吞活剥地毫无批判地吸收。所谓'全盘西化'的主张,乃是一种错误的观点。形式主义地吸收外国的东西,在中国过去是吃过大亏的。"[①] 此处最为关键的是"西学原料说"与"西学食物说":吃牛肉不是为了把自己变

---

* 张耀南,1963—2021,男,北京航空航天大学人文与社会科学高等研究院教授。
① 《毛泽东选集》第 2 卷,人民出版社,1991 年,第 706—707 页。

成牛，而是以牛肉为"原料"，为"食物"；吃猪肉不是为了把自己变成猪，而是以猪肉为"原料"、为"食物"。

同样地，吸收"西学"不是为了把"中学"变成"西学"，而是以"西学"为"原料"、为"食物"，强我"中学"；吸收"西理"不是为了把"中理"变成"西理"，而是以"西理"为"原料"、为"食物"，强我"中理"。"全盘化西"就是以"中学中理"为口腔胃肠，全方位吃掉、消化"西学西理"。

四百余年来"中西哲学比较研究"之根本失误，就在以"中学原料说"取代了"西学原料说"，以"中学食物说"取代了"西学食物说"，就在以"西学西理"吃掉、消化"中学中理"。一方面批判所谓"西方话语霸权"，一方面又在做"全盘西化"的帮办，岂不是南辕北辙！要获得"话语权"，就必须把自己变成口腔胃肠；自愿居于"原料"与"食物"之地位，要想掌握"话语权"，乃是痴心妄想。"全盘西化"的目标，是人为刀俎，我为鱼肉，人为口腔胃肠，我为原料食物；"全盘化西"的目标则相反，是我为刀俎，人为鱼肉，我为口腔胃肠，人为原料食物。

甲乙两种异质文化相遇相融，主体上有三大格式：一是以乙化甲，援甲入乙；二是甲乙并尊，或甲乙并斥；三是以甲化乙，援乙入甲。具体到"中西哲学比较研究"，就是比较研究的三大格式：以西化中，援中入西；中西并尊，或中西并斥；以中化西，援西入中。考察明末以降四百余年的"中西哲学比较研究"，我们发现这门学问已经来到"全盘化西"的"拐点"之上。

一、止步于"以西化中"已经没有出路

"以西化中"之格式起源于明末，最早之代表作品就是利玛窦的《天主实义》（1595 年）。该书以"中士"代表中国哲学，以"西士"代表西方哲学，基本框架是以西方哲学为格式，界定、批驳中国哲学。如上卷第二篇载：西士曰："上达以下学为基，天下以实有为贵，以虚无为贱，若谓万物之原，贵莫尚焉，奚可以虚无之贱当之乎？况己之所无，不得施之于物以为有，此理明也。今曰空曰无者，绝无所有于己者也，则胡

能施有性形以为物体哉！物必诚有，方谓之有物焉，无诚则为无物。设其本原无实无有，则是并其所出物者无之也。世人虽圣神，不得以无物为有，则彼无者空者，亦安能以其空无为万物有、为万物实哉？诚以物之所以然观之，既谓之空无，则不能为物之作者、模者、质者、为者，此于物尚有何着欤！"①

"作者"即亚里士多德之"动力因"，"模者"即亚氏之"形式因"，"质者"即亚氏之"质料因"，"为者"即亚氏之"目的因"。此处利玛窦是以亚里士多德之"四因说"，批驳道家之"无"与释家之"空"。《天主实义》全书采用的，都是这个格式。如以西方哲学中之"实体—属性"学说批驳"太极"与"理"，判定中国哲学之"太极"与"理"为"属性"而非"实体"，且以"时间在先"之说界定"理物先后"。②又以西方哲学中之"白板说"批驳儒家之"性善论"与"复性说"③；又以西方哲学中之"知识论"释读儒家"圣人之学"与"成己之学"④；又以西方哲学中之"本体论"与"有主论"批驳中国哲学中之"天地万物活体"说、"天地万物自化"说⑤；又以西方哲学中之"实体—属性"学说释读"性情说"，判定中国哲学中之仁、义、礼、智、信等为"属性"⑥；又以西方哲学中之"博爱"置换中国哲学中之"仁爱"⑦，并以此否定中国哲学中"天地万物一体之仁"⑧思想。

总之，《天主实义》是力图将中国哲学纳入西方哲学的"释读框架"中，让儒、释、道三教归一于"天主一教"。⑨表面上只为"护教"，背后的哲学基础乃是"以西方哲学化解中国哲学"，是所谓"以西化中"或"援中入西"。也就是以西方哲学为"口腔胃肠"，吃掉、消化中国哲学。

① 利玛窦：《天主实义》，载李之藻《天学初函》第 1 册，台湾学生书局，1965 年影印初版，第 401—402 页。
② 同上书，第 405—408 页。
③ 同上书，第 568—570 页。
④ 同上书，第 572—577 页。
⑤ 同上书，第 416—418 页。
⑥ 同上书，第 562—566 页。
⑦ 同上书，第 579—583 页。
⑧ 同上书，第 587—589 页。
⑨ 同上书，第 400—401 页。

这个格式到了清末，得到中国学者的普遍认同。尤其在这些学者的青年时期，这个格式成为"最前卫"的学术规范。如早年康有为，就以此格式撰写了《中庸注》（1901）、《孟子微》（1901）、《礼运注》（1901—1902）、《春秋笔削大义微言考》（1901）、《论语注》（1902）等大量作品。目标是以西洋"进化论"及"社会达尔文主义"等"西学西理"释读儒学。如《孟子微》以西洋"平等"之说释读儒学①，以西洋"进化"之说释读儒学②；《礼运注》以西洋"进化"之说、"平等"之说、"民主"之说等释读儒学；《春秋笔削大义微言考》以西洋"进化"之说、"平等"之说、"民权"之说、"政体"之说等释读儒学；《论语注》以西洋"进化"之说、"平等"之说、"博爱"之说、"自由"之说、"政体"之说、"人权"之说、"公理"之说、"忏悔"之说、"革命"之说等释读儒学。这些作品均可视为康氏"早年格式"之代表作，共同目标是"以西化中""援中入西"，以西学西理为刀俎，以中学中理为鱼肉，以西学西理为"口腔胃肠"，以中学中理为"原料食物"。

梁启超早年也是如此。其《论君政民政相嬗之理》（1897）就以西洋政体学说释读中国之"三世说"，以"多君为政"释"据乱世"，以"一君为政"释"升平世"，以"民为政"释"太平世"。③乃是典型的"以西化中"，试图把中国哲学纳入"西式释读框架"。《论支那宗教改革》（1899）亦然，试图以"西式宗教"释读"孔子之教"，以西方之"主义"重新释读"支那宗教"，包括"进化主义""平等主义""强立主义"等。④同样地，我们在严复、郭嵩焘、王韬、郑观应、王国维、柳诒徵等学者身上，也发现了同样的格式。大致上可以说，清末民初一代知识分子都曾走过相同或相近的"心路历程"：早年倾心于"西学西理"，中年转向"中西并尊"，晚年则转至"中学中理"，力图达到"以中化西"。这说明此时之中国学者，虽然已倾心于"西学西理"，但却并没有完全忘记自己之"中国"身份，并没有完全丧失对于"中学中理"之信心。

---

① 姜义华编校：《康有为全集》第5集，中国人民大学出版社，2007年，第417—418页。
② 同上书，第440页。
③ 梁启超：《饮冰室合集·文集之二》，中华书局，1989年，第7页。
④ 梁启超：《饮冰室合集·文集之三》，中华书局，1989年，第55—56页。

虽说这个格式是起源于明末的中国，但"五四"前后的这个格式，却不是接续明末而来，而是清末"日式框架"向中国的移植。中国学术界几乎所有学科之"释读框架"，自此全面陷入"日式框架"中，贻害至今。如胡适《中国哲学史大纲》（1919）把"中国哲学史"分成古代哲学（自老子至韩非）、中世哲学（自汉至唐）、近世哲学（自北宋至明清）三个阶段，其中"近世哲学"在时间上是指北宋到晚清约一千年。这个划分法是从哪里来的呢？我们查日人远藤隆吉（1874—1946）所撰《支那哲学史》（1900—1902），就是这样的三分法："古代哲学"述先秦诸子，"中古哲学"述前汉至唐，"近世哲学"述北宋至明清。就连备受中国学者推崇的胡适所谓"截断众流"之大手笔（直接"从老子、孔子讲起"），也跟《支那哲学史》一模一样。

分期是如此，内容也是如此。《支那哲学史》采用的格式就是"五四"学人常用的以西洋"本体—现象"之说肢解中国哲学之"释读框架"，类似框架还有以西哲亚里士多德"形式—质料"学说释读中国"理气关系"，判"理"为"形式"、"气"为"质料"等。[1] 葛兆光曾谓："明治大正年代，也就是中国的晚清民初时代，当中国哲学史或思想史界还在艰苦转型的时候，日本的中国哲学史研究已经完成了相当大的转向……西方哲学的分类方式代替了原来传统的理解框架，这构成了日本近代重新书写中国思想史和哲学史的开端。"[2] "以西化中""援中入西"，用西方哲学吃掉、消化中国哲学，本是日人所为，本是"日式框架"，"五四"前后之中国学者却是不假思索，照单全收了。这其中就包括早年的梁启超。[3]

至于胡适，我们虽然尚未找到直接材料，证明其中国哲学史研究之"释读框架"源于"日式"，但就算他完全不知道"日式"的存在，也丝毫不能影响后人对其"释读框架"的价值判断。这个判断就是：他的中

---

[1] 远藤隆吉：《支那哲学史》，金范臣译，光绪二十八年（1902）刊行，卷一第 30 页，卷二第 21 页，卷三第 2—3 页。
[2] 葛兆光：《道统、系谱与历史——关于中国思想史脉络的来源与确立》，《文史哲》2006 年第 3 期。
[3] 桑兵：《梁启超的东学、西学与新学——评狭间直树〈梁启超·明治日本·西方〉》，《历史研究》2002 年第 6 期。

国哲学史研究、他的《中国哲学史大纲》，并非"开山之作"，并没有根本上的"独创性"。在他之前，有远藤隆吉之《支那哲学史》采用这个框架；在远氏之前，有松本文三郎之《支那哲学史》（1898）采用这个框架；在松氏之前，有小柳司气太之《宋学概论》（1890）采用这个框架；在小氏之前有内田周平（1872—1919）之《支那哲学史》（1888）采用这个框架。再往前推，明末利玛窦《天主实义》采用的就是这个框架。

就算把外国人排除开，中国学者中间，首次采用这个框架的是谢无量而非胡适，这又是胡适没有"独创性"之明证。谢无量之《中国哲学史》（1916）已完整采用这个"以西化中""援中入西"的"释读框架"，却被中国学人刻意贬低（似乎就是为了抬高胡适），谓其"以中释中"，没有采用"新格式"，谓其读者有限，影响不大。该书初版于民国五年（1916）九月，至民国十七年（1928）九月已出至第九版，能说它影响不大吗？至于其格式，则完全是"以西化中"的：整体布局与分期法是"西式"的[①]；所设坐标是"西式"的[②]；思维方式是"西式"的[③]，其中又以西洋"本体—现象"之说为主要"释读框架"。胡适《中国哲学史大纲》并没有在这个框架之外"独创"新框架。

这个"以西化中"的框架，又被冯友兰、金岳霖等大学者全盘搬用。如冯氏之《中国哲学史》（1931），"以西化中"之作也；其《新理学》（1939）更是"以西化中"之作，采用的基本格式就是柏拉图"理念界与现象界严格区分"之学说、亚里士多德"形式—质料"之学说、现代西方之"新实在论"等。中国哲学在这里成为"原料"，西方哲学是"模型"；中国哲学在这里成为"食物"，西方哲学是"口腔胃肠"；中国哲学在这里成为鱼肉，西方哲学是刀俎。

但这个格式在"中西哲学比较研究"之第四期［庚辰（2000）前后］走到了尽头，没有太大市场了。这个时期的中外学者，几乎不约而同地走上了反叛"以西化中"的道路。他们反叛所使用的武器，就是"中西

---

① 谢无量：《中国哲学史·绪论》，中华书局，1917年，第3页。
② 同上书，第1页。
③ 同上书，第6—10页。

并尊"。

二、止步于"中西并尊"已经没有出路

"中西并尊"格式也是在明末就出现了。明天启五年艾儒略撰《三山论学纪》（1625 年初版于浙江杭州，1627 年再刻于福州），记中国学者叶向高（明廷相国）、曹佺（观察史）诸人与意大利传教士艾儒略（P. Julius Aleni，1582—1649）有关儒学与天学异同、中学与西学异同之争论。争论的结果是"中西并存"或"中西并尊"。[1]

清末"中西并尊"格式还存在。如康有为《英国监布烈住大学华文总教习斋路士会见记》（1904），就以"中西并尊"格式对"中国哲学史"与"西方哲学史"做出完整的比较研究，并以此格式对当时学者"以欧美一日之富强而尽媚之""见吾国一日之弱遂以为绝无足取焉"之恶劣学风，提出尖锐批评，斥之为"媚外自轻""媚外自弃""媚外忘耻"。[2] 又撰《物质救国论》（1904）、《中华救国论》（1912）[3] 等，继续此格式。

又如梁启超《变法通议·学校余论》（1896）提出"自古未有不通他国之学而能通本国之学者，亦未有不通本国之学而能通他国之学者"[4]之主张，采取的就是"并尊"立场。其《西学书目表后序》（1896）亦持相同立场："要之舍西学而言中学者，其中学必为无用；舍中学而言西学者，其西学必为无本。无用无本，皆不足以治天下。"[5] 其《新大陆游记》（1903）[6]、《开明专制论》（1905）、《孔子教义实际裨益于今日国民者何在欲昌明之其道何由》（1915）等作品，均采"中西并尊（或并斥）"立场。

这个格式在"五四"前后，受到"以西化中"格式的打压，成为当

---

① 艾儒略：《三山论学纪》，载吴相湘主编《天主教东传文献续编》第 1 册，台湾学生书局，1966 年，第 439—440 页、第 442—443 页。
② 姜义华等编校：《康有为全集》第 8 集，中国人民大学出版社，2007 年，第 31—38 页。
③ 姜义华等编校：《康有为全集》第 9 集，中国人民大学出版社，2007 年，第 328 页。
④ 梁启超：《饮冰室合集·文集之一》，中华书局，1989 年，第 61 页。
⑤ 同上书，第 129 页。
⑥ 梁启超：《饮冰室合集·专集之二十二》，中华书局，1989 年，第 141 页。

时学界的一个"伏流"。占据绝对优势地位的格式是"以西化中"，"中西并尊"格式在弱不禁风中艰难地生存。如张东荪虽有《思想言语与文化》（1938）、《朱子的形而上学》（1945）、《知识与文化》（1946）、《思想与社会》（1946）、《中国哲学史讲义》（撰于1950年左右，只发表过部分章节）等众多作品，却未能跃居学术前台，进入后世研究者的视野。张东荪的"中西哲学比较研究"，就是一项典型的保护中国哲学之"原生态"的研究，力图凸显中国哲学之独特性，跳出"生解"与"曲解"的阶段，专注于"中国哲学"而非金岳霖所谓"在中国的哲学"，专注于"中国哲学的史"而非金岳霖所谓"在中国的哲学史"。这项研究的目标很明确，就是要向胡适《中国哲学史大纲》、冯友兰《中国哲学史》等"开山之作"提出挑战，就是要向"以西化中"格式、"援中入西"格式提出挑战。认定：（1）中国哲学不是西方哲学中所谓"本质或本体的哲学"（substance philosophy），不是"因果原则的哲学"（causality philosophy），而只是"函数哲学"（function philosophy）。（2）中国哲学不是"形式哲学"（form philosophy），不是形式逻辑支配下的哲学。（3）中国哲学根本不追求"最后的实在"，故"本质"概念是插不进去的。[①] 总之，中国哲学的思维，完全套不进"西式框架"；"中国哲学"是在"西方哲学"之外，有其完整发展历史的、完整体系的另一种"哲学"。

张东荪等人为之奋斗终身的这个"中西并尊"格式，不能在"五四"前后得到发展，却在"中西哲学比较研究"之第四期，蓬蓬勃勃地发展起来。张世英的大量优秀作品，如《天人之际——中西哲学的困惑与选择》《进入澄明之境——哲学的新方向》《哲学导论》等，所采纳的基本格式就是"中西并尊"，包括"天人合一"与"主客二分"之思维方式的并尊 [②]、"在场优先于不在场"与"不在场优先于在场"之立场的并尊 [③]、"无底论"与"有底论"之整体观的并尊 [④]，等等。

这个时期被学界视为取得重大进展的有关"中国哲学有无本体论"的

① 张东荪：《知识与文化》，商务印书馆，1946年，第99—101页。
② 张世英：《"天人合一"与"主客二分"》，《哲学研究》1991年第1期。
③ 张世英：《阴阳学说与西方哲学中的"在场"与"不在场"》，《社会科学战线》1998年第3期。
④ 张世英：《无限：有限者的追寻》，《社会科学战线》2000年第2期。

讨论，止步于"中西并尊"。俞宣孟证明"有无本体论，决定了中西哲学形而上学形态的差异"[1]，止步于"中西并尊"。方朝晖证明"西学在多数情况下与中学在本质上是两种不同类型的学问"，它们之间"根本就没有可比性"[2]，止步于"中西并尊"。雷敦和证明中国哲学是一套"非定义、非文法系统的思想"，与"西方思想注重字的定义以及文法式的逻辑系统"完全不同，"两者都有他们的贡献，都可以并存"[3]，止步于"中西并尊"。

但是这个格式已经走到尽头了：我们还能在这个格式下取得任何新的进展吗？我们还能在这个格式下取得任何"重大突破"吗？假如在这个格式下我们无法超越张东荪，假如在这个格式下我们无法超越众多学者已有的成果，我们就应当改弦易辙，去寻找新的格式，开辟新的疆土。

三、止步于构建"普世哲学"已经没有出路

"普世哲学"的构想，是"中西并尊"格式的一个变种。这个构想，可说是中国学者的独创：就是认为"中国哲学"与"西方哲学"等都是殊相，在它们之上或之后还有一个共相，名叫"哲学"。这个"哲学"，著者称之为"普世哲学"。之所以著者视其为"中西并尊"格式的一个变种，是因为此种构想并未超出"中西并尊"格式，只是在"中西并尊"之上加了一顶帽子而已。

这个格式的始作俑者是谁，著者目前还无法考定。但有一个人我们必须提出来，这个人就是大哲学家金岳霖。金氏在和张东荪讨论"逻辑"问题时，就曾提出过一个"普世逻辑"的构想，认定在各种不同的逻辑系统背后，存在着一个普遍、永真而又唯一的"本来的逻辑"。这个"本来的逻辑"就是著者所谓"普世逻辑"。金氏曾撰《简论不相容的逻辑系统》（1934）、《不相融的逻辑系统》（1934）等文，间接批驳张东荪提出的"中国无形式逻辑与因果关系的思维"之观点。更撰二万余言之长篇专文

---

[1] 俞宣孟：《本体论正义》，《上海社会科学院学术季刊》2000 年第 1 期。

[2] 方朝晖：《从 Ontology 看中学与西学的不可比性》，《复旦学报》（社会科学版）2001 年第 2 期。

[3] 雷敦和：《定义与系统：中国哲学与西方哲学之别与结合的可能性》，《湖南大学学报》2006 年第 3 期。

《论不同的逻辑》（1941），直接批驳张东荪《不同的逻辑并论中国理学》（1939—1940，刊于《燕京学报》第 26 期）一文中坚持的类似观点。①

金氏的观点综合起来，大致有四条：（1）逻辑是唯一的。（2）逻辑命题是永真的。（3）逻辑命题对事实毫无表示，但逻辑命题也有积极性。（4）逻辑就是必然的理。这些观点指向一个共同目标："西式逻辑"就是"普世逻辑"，"形式逻辑"就是"普世逻辑"，无中外之别，无古今之别，全球人类都必在这个逻辑支配之下，"根本没有不同的逻辑"。②金岳霖的构想是以西式逻辑为"普世逻辑"，为"本来的逻辑"，可以"通吃"中西哲学；以西式逻辑为释读中国哲学的唯一"密钥"。张东荪的构想则是"反普世逻辑"，认为西式逻辑只能是"特殊的"，不可能是"普世的"；在西式逻辑之外，存在着一种具有同等价值的中式逻辑；只存在各种不同的逻辑系统，根本不存在一个普遍、永真而又唯一的"本来的逻辑"。③

金氏这个"普世逻辑"的构想，是不是中国学者"普世哲学"之"开山"，目前还无法判定。但有一点可以肯定，就是在金氏之后，构建"普世哲学"成为中国学者从事"中西哲学比较研究"的一种"高端思维"，影响极为深远。如 2003 年前后中国学界掀起的"中国哲学的合法性"之讨论，所取得的"最高成果"就是构建"普世哲学"。

陈来撰《关于"中国哲学"的若干问题》，反对"西方文化中心主义"，但反对的办法是在中西两种哲学之上，构建一个所谓"广义的哲学"："所以，非西方的哲学家的重要工作之一，就是发展起一种广义的'哲学'观念，在世界范围内推广，解构在'哲学'这一概念理解上的西方中心立场，才能真正促进跨文化的哲学对话，发展 21 世纪的人类哲学智慧。如果未来的哲学理解，仍然受制于欧洲传统或更狭小的'英美分析'传统，而哲学的人文智慧和价值导向无法体现，那么 21 世纪人类的前途将不会比 20 世纪更好。"④陈先生把中国哲学的希望寄托在构建"广义的哲学"上，以为这样做了就可以打退"西方中心论"。殊不知除了各

---

① 张东荪：《知识与文化》，第 198—224 页。
② 金岳霖：《简论不相容的逻辑系统》，载《金岳霖学术论文选》，中国社会科学出版社，1990 年，第 554 页。
③ 张东荪：《思想言语与文化》，《社会学界》1938 年第 10 卷。
④ 陈来：《关于"中国哲学"的若干问题》，《新华文摘》2004 年第 1 期。

种不同的哲学，根本不存在一个所谓普遍、永真而又唯一的"本来的哲学"，也根本构建不出这种哲学。

王中江撰《"范式"、"深度视点"与中国哲学"研究典范"》（2003），同样承认"普世哲学"的合理性："按照张岱年先生的处理方式，'哲学'术语源于西方，但'哲学'不等于'西方哲学'，因为他把'哲学'视为一个'共名'，在此之下，西方哲学、中国哲学和印度哲学都是它的一个'属'。"① 文章对此种"普世哲学"的枨想持赞同态度："虽然我们可以从不同方面批评胡适、冯友兰、侯外庐、张岱年等人的中国哲学研究工作，但我们相信他们在中国哲学研究中都建立了不同的'典范性'……比起他们来我们实际上显得极其无力，甚至是无能。"② 张岱年构建"普世哲学"的"典范"，似乎是无法超越的了。

无独有偶，彭国翔撰《合法性、视域与主体性——当前中国哲学研究的反省与前瞻》（2003），同样倡导"普世哲学"。具体做法是以"理一分殊"之法，将"哲学"视为"理一"，将中、西、印等哲学系统视为"分殊"，并谓："只要在'理一分殊'的'哲学'观念下来看待作为世界哲学传统之一的'中国哲学'即可，无须过多地执着、纠缠于'中国哲学的合法性'问题本身。"③ 并总结说："事实上，中国的哲学家或中国哲学的研究者，从老一代的张岱年、牟宗三到当今较年轻一代的陈来等人，恐怕都是这种'哲学观'，只不过在论及该问题时各自具体的表述有话语的差别而已。"④

这就是 2003 年前后"中国哲学的合法性"之讨论所取得的"最高成果"，很大程度上也是金岳霖、张岱年以降"中西哲学比较研究"所取得的"最高成果"。我们能对这个成果满意吗？我们能对这个"典范"满意吗？我们能对这个"格式"满意吗？站在西方哲学家的角度，他们是不满意的，因为中国人没有权力把"西方哲学"降为"殊相"，降为"分殊"；站在中国哲学家的角度，我们也是不满意的，因为我们还没有起步

---

① 王中江：《"范式"、"深度视点"与中国哲学"研究典范"》，《新华文摘》2004 年第 1 期。
② 同上。
③ 彭国翔：《合法性、视域与主体性——当前中国哲学研究的反省与前瞻》，《新华文摘》2004 年第 1 期。
④ 同上。

就自居于"殊相"之地位、"分殊"之地位，等同于"自我弃权"。中国哲学自愿降为"殊"，自然没有问题，西方人自然高兴。但问题在于，西方哲学家心中的"普世哲学"并不是这个所谓"广义哲学"，而就是"西方哲学"本身。他们以为唯有"西方哲学"才有"普世哲学"之资格，"西方哲学"完全没有必要与"中国哲学"联手成为"普世哲学"。你中国人自降为"殊"以求得与西方的联手，但西方不会理睬，结果只能是："普世哲学"之构想乃是中国学人的一厢情愿，根本上是没有出路的。

因为西方哲学自居于"共相"之地位，已超过四百年，不可能自愿降为"殊相"；西方哲学自居于"理一"之地位，已超过四百年，不可能自愿降为"分殊"。中国哲学的出路只有一条：把西方哲学从"共相""理一"的地位上拉下来，自己站到那个地位上去。而获得这个地位的唯一途径，就是"以中化西""全盘化西"。

四、"全盘化西"：中国哲学之唯一出路

"以中化西"需要有勇气，也需要有能力；"全盘化西"更需要有勇气，更需要有能力。

这个能力就是王中江先生所谓的"宏大叙事"能力、"新的重大范式和深度视点"能力。[1] 王先生以为这个能力需要我们重新去培养，这个"典范"需要我们重新去"自创"；著者则以为无须再创，我们祖先在五千年的长史中，已经创造出一套完整的"格式系统"。我们就可以拿这个"格式系统"去吃掉西学、消化西学，最终把"西方哲学"变成"中国哲学"的一部分，产出"新中国哲学"。就像我们曾经拿这个"格式系统"吃掉佛学、消化佛学，最终产出"禅宗"一样。中国当代学人，要拿出"禅师"的勇气与气魄来。

以中国的"格式系统"吃掉、消化"西方哲学"，明末中国学者可有这样的气魄？有的。我们举明末邵辅忠《天学说》(1616)为例，它就是一部试图以易学之"释读框架"吃掉、消化"西学"的"中西哲学比

---

[1]　王中江：《"范式"、"深度视点"与中国哲学"研究典范"》，《新华文摘》2004年第1期。

较研究"专著，约刊行于明万历四十四年（1616）"南京教难"前后。其言曰："窃想孔子一生所深知而得力者，莫如易。易，天书也，天学之祖也。"[①] 以"易理"释读西方"天学"，认为《易》乃是"天书"，乃是"天学之祖"；认为"天主之说"同于"易理"，乃是"异其名而同其实也"；认为"天主之义"乃是"泄易之蕴"，而不是易学泄天主之蕴。这就是明末学者的气魄：以"天学"为"易理"之发明与延续，以"西学"为"中学"之发明与延续，就是《天学说》之最终皈依与根本"释读框架"。[②] 其后徐光启于崇祯四年撰《历书总目表》（1631），提出一个可名为"西材中模"的类似格式[③]："西材"就是以"西学"为材料，为原料，为食物；"中模"就是以"中学"或"中式格式系统"为格式，为"典范"，为"口腔胃肠"。吃掉"西学"，消化"西学"，以"中学"为刀俎，以"西学"为鱼肉，这就是明末中国学者的气魄。

这个气魄到了清末民初还有没有呢？还有的。虽说不是主流了，虽说受到谴责了，但还是存在的。如康有为晚年，就是坚守这个格式。[④] 具体的内容可以讨论[⑤]，但"以中化西""全盘化西"之气魄，还是有的。再如梁启超晚年，倡导对于"西学"而讲"思想解放"，倡导"中国人对于世界文明之大责任"，就是一种"以中化西"的立场。[⑥] 其"以中化西""全盘化西"之决心，是很坚定的。[⑦]

"以中化西""全盘化西"之气魄，到了"五四"前后还有没有呢？没有了，基本上没有了！最近几年局面才稍有改善。安乐哲（Roger T.Ames）提出"中国来了"之重要命题[⑧]，"中国来了"，正乃是"以中化西"的基础与前提。于连（Francois Jullien）则对中国哲学发出"附庸"地位之警告：中国人不以中式"格式系统"为刀俎，就永远只能是"西式框架"之鱼肉；这个"刀俎"地位，如果中国人不主动争取，它是不

---

① 邵辅忠：《天学说》，载吴相湘主编《天主教东传文献续编》第1册，第11—12页。
② 同上书，第16—18页。
③ 王重民辑校：《徐光启集》，上海古籍出版社，1984年，第374—375页。
④ 姜义华等编校：《康有为全集》第10集，中国人民大学出版社，2007年，第143页。
⑤ 姜义华等编校：《康有为全集》第11集，中国人民大学出版社，2007年，第287页。
⑥ 梁启超：《饮冰室合集·专集之二十三》，中华书局，1989年，第27—28、37—38页。
⑦ 梁启超：《饮冰室合集·文集之四十》，中华书局，1989年，第1—7页。
⑧ 安乐哲：《文化对话的意义》，《中文自学指导》2004年第5期。

会自动到来的。① 叶舒宪则全方位梳理西方哲学之"东方转向"、西方经济学之"东方转向"、西方生态伦理学之"东方转向"、西方心理学之"东方转向"、西方女性主义之"东方转向"等，总之，全方位梳理"西学之东方转向"，并提出"反韦伯问题""新人文主义""再启蒙运动"等关键性概念，为我们完成'以中化西""全盘化西"之使命增强了信心。② 赵敦华则提出"中国人的眼光"（著者简称"中式眼光"）这个关键概念，强调不仅研究中国哲学需要有"中国人的眼光"，就是研究西方哲学也需要有"中国人的眼光"。③ '用中国人的眼光解读西学"，实际就是"以中化西"，实际就是以中式"格式系统"吃掉、消化西学。此处"全盘化西"之格式，已经呼之欲出。

我们可以把明末以降之"中西哲学比较研究"分为四期：明末清初为第一期，"以西化中""中西并尊""以中化西"三大格式同时态均衡发展；清末民初为第二期，"以西化中""中西并尊""以中化西"三大格式历时态均衡发展；"五四"前后为第三期，"以西化中"格式一家独大；庚辰（2000）前后为第四期，"中西并尊"格式一家独大，并发展出"普世哲学"之变种，"以中化西"格式开始逐渐受到重视，但还没有成为主流格式。于是第五期的"中西哲学比较研究"，就来到了"以中化西""全盘化西"之"拐点"上。走完这个"拐点"，也许正是中国哲学的希望所在。没有这个"拐弯"，就没有"中国文化"的真正"复兴"；没有"中国文化"的真正"复兴"，所谓"中华民族的伟大复兴"，终将成为笑柄！

"中西哲学比较研究"不是一项"证明中国哲学劣于西方哲学"的事业，也不是一项"证明中国哲学等于西方哲学"的事业，更不是一项"构建普世哲学"的事业，而是一项"证明中国哲学优于西方哲学"的事业。没有这个立场，就没有所谓"国学"；没有这个立场，中国文化将永远只是西洋文化的"二奶"与跟班；没有这个立场，就不可能有"中国哲学新开展"，就不可能有中华民族的真正未来。

---

① 于连：《新世纪对中国文化的挑战》，《二十一世纪》总第 52 期（香港）。
② 叶舒宪：《20 世纪西方思想的"东方转向"问题》，《文艺理论与批评》2003 年第 2 期。
③ 赵敦华：《关于"西学"的几个理论问题》，《哲学研究》2007 年第 6 期。

　　"中西哲学比较研究"现在已被逼到"格式转换"的"拐点"上：摆脱"以西化中"之格式，摆脱"中西并尊"之格式、摆脱"普世哲学"之格式，彻底转换到"以中化西""援西入中"之格式上来，彻底转换到"全盘化西"之格式上来；彻底实现"马克思主义哲学中国化"、"西方哲学中国化"以及"中国哲学中国化"。我们曾经月了八个世纪，吃掉佛学、消化佛学。明末以降中西哲学之较量已历四个世纪，再用四百年，我们还是有机会用中华"格式系统"吃掉、消化掉"西方哲学"，开启中华文明的新时代！我们有这样的能力，我们缺少的只是气魄与信心！

原载《北京行政学院学报》2009 年第 2 期

《马克思恩格斯同时代的西方哲学》绪论

赵修义　童世骏*

本书是一部以问题为中心展开的断代哲学史，讨论马克思恩格斯同时代的西方哲学。

19 世纪 40 年代黑格尔哲学解体，马克思主义产生，在哲学史上开创了一个新的时代。无论从马克思主义哲学史的角度，还是从整个欧洲哲学史的角度来看，从 19 世纪 40 年代起直至 20 世纪初列宁登上哲学舞台止，都属于马克思恩格斯的时代。这一时代，古典哲学的终结在另一极上，产生了一些非马克思主义的哲学派别，它们与马克思恩格斯的哲学相比较而存在，相斗争而发展。本书以这一时期西欧哲学的主要论题为中心力图展示资产阶级哲学如何反映这一时代提出的问题，如何回答这些问题；并从马克思主义与西方哲学同时代性的角度来考察这一时期的西方哲学与马克思恩格斯哲学思想的关系，以期为深入研究马克思主义经典作家的哲学思想提供一个参照系，并为理解古典哲学终结后西方哲学的走向提供一种钥匙。

在展开这一时期哲学的主要论题之前，拟在此就马克思主义与西方哲学的同时代性以及研究马恩同时代的西方哲学的意义，这一时期哲学所面临的问题和制约哲学发展的主要因素，问题史方法与本书的结构等作一说明。

一

马克思在谈到哲学的特征时有一句名言："哲学是文明的活的灵

---

*　赵修义，1938—　，男，华东师范大学哲学系教授；童世骏，1958—　，男，华东师范大学哲学系教授。

魂。"1842 年他在《科伦日报》的一篇社论中写道："哲学从其整个发展来看，它不是通俗易懂的"，然而真正的哲学家却是"自己的时代，自己的人民的产物"，"任何真正的哲学都是自己时代精神的精华"。① 哲学之生命力就在于它是自己的时代精神的集中体现，而时代精神主要是通过问题来体现的。马克思说"问题就是时代的口号，是它表现自己精神状态的最实际的呼声"是"左右一切个人的时代声音"。② 从整个哲学发展的规律来看，哲学所面临的时代提出的问题至少有以下四个方面：（1）社会经济、政治发展向哲学提出的问题。（2）文化思想的演变和意识形态的冲突向哲学提出的问题。（3）科学（自然科学和社会科学）及科学思维形式的发展向哲学提出的问题。（4）哲学自身的逻辑发展提出的问题。

如果我们从马克思对哲学与时代的关系的论述加以考察，不难发现，马克思和恩格斯的哲学与 19 世纪中后期的西方哲学不但在时间上处于同一个历史时代，而且面临着时代向哲学提出的同样的问题。尽管马克思恩格斯提出问题的角度，对问题的解答与同时代的西方哲学不同，但是二者往往总结着相同的自然科学和社会科学的成果，反映着同一时代的思维形式的特点，概括着相同时代的历史经验，从而从不同的角度和侧面体现着时代精神。因此，马克思主义哲学与现代西方哲学有同时代性。

从这一角度去考察，研究马克思恩格斯同时代的西方哲学具有重要的意义。首先，它有助于我们更加深入地去了解马克思恩格斯的哲学思想的意义。列宁说过："马克思主义的全部精神，它的整个体系，要求人们对每一个原理只是（α）历史地，（β）只是同其他原理联系起来，（γ）只是同具体的历史经验联系起来加以考察。"③ 这里所讲的具体的历史的考察，运用到对马恩哲学思想的研究上来，就不仅要求我们去考察它的思想来源，即考察它同以黑格尔为代表的德国古典哲学、同青年黑格尔派及费尔巴哈唯物主义哲学的关系，而且要考察与马恩同时代的西方哲学的关系。其中既包括马克思恩格斯直接评论过的哲学家、思想家，

---

① 《马克思恩格斯全集》第 1 卷，人民出版社，1956 年，第 120—121 页。
② 《马克思恩格斯全集》第 40 卷，人民出版社，1982 年，第 289 页。
③ 《列宁全集》第 35 卷，人民出版社，1959 年，第 238 页。

也包括马克思恩格斯没有或来不及予以评论的哲学家和思想家，恩格斯曾经提到马克思毕生主要的精力运用于同工人运动内部的各种思想体系展开理论上的争论，因此较少直接评论资产阶级的哲学家、思想家。但是，这并不意味着这些思想家、哲学家对时代提出的问题的概括不包含在马克思恩格斯哲学思想的具体历史条件之中。相反，只有深入地考察他们同时代的哲学（包括他们未曾和未及评论的哲学），才能充分理解马克思主义在哲学上所实现的革命变革，并充分理解马克思恩格斯提出的哲学见解的意义所在。令人遗憾的是，国内对哲学史的研究一般以黑格尔和费尔巴哈为下限，现代西方哲学的研究注重于 20 世纪，对 19 世纪中后期的西方哲学尚缺乏整体的研究。而马克思主义哲学史的研究对马恩早期与黑格尔哲学、青年黑格尔派及费尔巴哈的哲学之间的关系倾注了很大的精力，对马克思恩格斯创立新哲学的同时和以后的其他西方哲学派别则语焉不详。相信对马克思恩格斯同时代的西方哲学的研究，将有助于对马恩哲学思想研究的深化。

其次，将有助于我们把握一个半世纪来，整个马克思主义哲学同现代西方哲学的关系。正像马克思恩格斯的哲学思想是 20 世纪马克思主义哲学的源头一样，20 世纪西方哲学思潮的源头出于 19 世纪中后期的西方哲学。把握了这两个不同的源头及其相互关系，便可以从历史根源上更深入地考察 20 世纪马克思主义哲学和现代西方哲学发展的趋势。

此外，对于中国的哲学工作者来说，马恩同时代的西方哲学的研究更有特殊的意义。中国近代自 1840 年鸦片战争之后，经历了一场哲学革命。其进程充满古今、中西之争。近代许多哲学家曾经远涉重洋，走向世界，力图吸收西方的先进思想并将它与中国哲学的优秀传统结合起来，以回答当时中国现实提出的问题。当他们刚刚迈出国门的时候正值 19 世纪中后期，所接触的既有 17—18 世纪和 19 世纪初的哲学思想，又有 19 世纪中后期的哲学大师，而后者是更大量的。在马克思主义传入中国之前，孔德、斯宾塞、穆勒、马赫、尼采都曾吸引过许多走在时代潮流前面的思想家、哲学家的注意力。当时西方哲学家所关注的历史观、伦理价值观、认识论和方法论，也是近代中国哲学的热点。马克思主义正是在这样的思想背景下传入中国的。因此，在马克思主义哲学传入中国之后，马克思主义与这些西方哲学家及其思想的关系，仍然引起人们的关注。与马恩同时代的西方哲学的研究将为中国近代哲学的研究提供丰富的背景材料，有助于进一步总结近代中国中西哲学交汇的经验教训，为当今中国哲学走向世界提供历史的借鉴。

对于研究马恩同时代的西方哲学的意义，学界存在着不同的看法。有一种见解认为，这一时期的西方哲学建树甚少，未必值得重视。这种观点自然有一定的根据。确实，19 世纪中后期哲学上发生的最重要最有意义的事情，是马克思主义所完成的革命变革。与此相比，这一时期的西方哲学确实显得薄弱和缺乏生气，既没有古希腊哲学童年时代那种永恒的魅力，也没有 18 世纪启蒙哲学家那种叱咤风云的气概；没有德国古典哲学家那种深邃的理论思辨和巍峨严整的体系，也不像 20 世纪有那么多号称实现了"哥白尼式革命"的奇思妙想和突进开拓。身处这一时期的西方哲学家，也有不少人感受到自己那个时代哲学的弱点。在欧洲大陆，德国的哲学界深为失去德国哲学昔日的荣耀而痛心疾首，把眼光转向过去，大声疾呼要"回到康德去！""回到×××去！"；英伦三岛上的哲学家则为传统经验论遇到的种种困境而苦恼，不得不放下架子乞灵于德国人黑格尔的哲学。文德尔班（Wilhelm Windelband，1848—1915）还指出，19 世纪下半期的西方哲学，往往只是沉湎于对自己的过去的反思，哲学史成了学院哲学中唯一有成效的哲学学科。世纪之交，狄尔泰（Wilhelm Dilthey，1833—1911）在回顾 19 世纪后期的哲学时，十分惋惜地写道，哲学为空洞的争辩所困扰，处于无政府状态之中，唯有在科学和文学中崛起的哲学思想才使人看到一线光明。20 世纪的西方哲学家，往往以传统的革新者自居，除了对启发过自己的几位先驱者表示一点敬意之外，大都将 19 世纪中后期的哲学归诸应当抛弃的过时的传统。

恩格斯在晚年用犀利的笔锋揭示了 19 世纪中后期西方哲学式微的阶级根源。他写道，1848 年之后，"'有教养的'德国抛弃了理论，转入了实践的领域"。"随着思辨离开哲学家的书房而在证券交易所里筑起自己的殿堂，有教养的德国也就失去了在德国的最深沉的政治屈辱时代曾经是德国的光荣的伟大理论兴趣。""而在包括哲学在内的历史科学的领域内，那种旧有的在理论上毫无顾忌的精神已随着古典哲学完全消失了；

代之而起的是不动脑筋的折中主义，是对职位和收入的担忧，直到极其卑劣的向上爬的思想。"①

　　然而，从哲学与时代的关系，从总结理论思维的经验教训来看，19世纪中后期的西方哲学仍然是一个有待于我们去耕耘、开拓的研究领域。其中不乏反映了时代的呼声的真正的哲学家。而19世纪中后期独特的历史条件向哲学提出的问题，在这一时代的哲学中得到了全面的反映。下面我们就来考察一下这一时代提出了哪些独特的问题。

二

　　马克思恩格斯所处的19世纪中后期，是世界历史发展进程中一个极其重要的时代。无论就社会、经济、政治还是从文化思想、科学以及哲学自身的逻辑发展来看，哲学都面临着一系列独具风貌的问题。

　　（1）从社会、经济和政治的角度来看，1848年是世界历史上的一个分水岭，1848年的革命在欧洲结束了资产阶级革命时代。从此资本主义制度在西欧确立，资产阶级所面临的任务已经从进行社会革命为新制度扫清道路转为维系和巩固已经取得的政权，并在此前提下发展生产力，进一步实现现代化。同时，无产阶级已经形成阶级，团结为一股力量，登上历史舞台。1871年巴黎公社之后，如列宁所说，欧洲社会经历了近五十年的"社会和平"时期。其间，经历了人类历史上第二次科学技术革命的发端，以内燃机和电的发明为标志的这场革命，给经济的发展注入了新的动力。资本的积累和集中，使资本主义从自由竞争向垄断发展，同时就酝酿着战争和革命。无产阶级政党在欧洲各国纷纷建立，正在积聚力量迎接新世纪的来临。尽管直至20世纪降临的钟声敲响，战争和革命都未曾发生，但是，将导致革命和战争的矛盾正在深化。正是这些矛盾在20世纪初引发了第一次世界大战和开辟人类历史新纪元的十月革命。

　　历史向何处去？这是这一时代提出的最尖锐的问题。这一问题在

---

① 《马克思恩格斯全集》第21卷，人民出版社，1965年，第352页。

当时的具体内涵是，资本主义制度能否永葆青春？工业和科学技术的发展能否使西方社会免除革命、战争和危机？人类社会终究会朝什么方向发展？

这个问题反映到文化思想和意识形态领域，就变成了对近代欧洲文明的反思：近代以来欧洲的传统文明，"自由""平等""博爱"的理想及其理论基础，近代以来以普遍个人主义为特征的伦理价值观念能否维系下去？其命运如何？

对于这些问题，19 世纪中后期的西方思想界从不同的角度提出了两种相反的回答。

一种答案是肯定的。这就是被称为"新启蒙运动"的思潮。这个广泛涉及政治、社会、伦理、科学和艺术领域的思潮之所以被称为"新启蒙运动"，有两个主要原因：一是它保持了 18 世纪启蒙运动的精神，反对超自然主义，重视理性和科学，热衷于社会问题和社会行动主义，推崇"自由、平等、博爱"的理想和近代的价值观念，对人类本性和历史进步抱乐观的态度。二是顺应新的历史条件，赋予启蒙精神以新的内容。一方面顺应科学技术革命和工业化的潮流，更加推崇科学与技术，带有科学崇拜的色彩；另一方面，更加强调维系现存秩序，以之为宗旨来调整近代的价值观念使之适应维护现存制度的需要，以保证在秩序中求得进步。孔德（Auguste Comte，1798—1857）的名言"爱、秩序、进步"，就是它的集中体现。

"新启蒙运动"对于"历史向何处去"的问题持乐观的态度。他们相信在现有社会秩序下，依靠科学和工业能够保证欧洲社会的繁荣和进步。当时的大生理学家贝尔纳（Claude Bernard，1813—1878）曾说：科学在多大程度上压抑我们的自负，就在多大程度上增强我们的力量。这段话代表着新启蒙思潮对于科学能增强人类支配自然的力量的信念。不仅如此，"新启蒙"的思想家还相信，仰使用科学方法建立起来的富有预见性的社会科学或精神科学，人类能够了解历史事件中的"普遍性"和"齐一性"，了解其实实在在的原因，因而能够有效地治疗各种社会病症，推进历史。因而他们对历史的进步抱乐观的态度，相信历史是一条"进步的轨迹"，并由此出发对欧洲文明、欧洲的未来做了美妙的预言。

法国艺术家凯斯特纳里（Jules Castagnary）用诗一般的语言写道："在我被驱赶出来的那个神圣乐园旁边，我将建立一座新的伊甸园，在它的入口处我将树立一座'进步之神'的雕像……我将让他手执铮亮的宝剑，告诉上帝'汝不得进入此地'。"① 英国维多利亚时期的历史学家黎德（Winwood Reade）1872 年在《人的殉难》一书中为欧洲的未来描述了一幅天堂般的图景："眼下还是一座炼狱的地球，将被建成一座天堂"，靠的是人自己的努力。"使人成为万兽之王、万象之主，河流和电力的主宰的发现和发明，全是以实验和观察为基础的。一旦我们借科学之助确定了自然的活动方式，我们就能够取而代之，按自己的目的加以操作。一旦我们理解了［自然的］规律，我们就能够预知未来。"② 这些文字代表了新启蒙思潮对科学与工业文明在现存制度下推动人类进步的信念，在 19 世纪中后期的西方思想界有极其广泛的影响，可以说是一种相当普遍的信念。

这种信念深深地打上了欧洲中心论的烙印，并且同当时盛行的民族主义结合在一起。它以为，至少在欧洲，人类仰仗科学、工业和现有秩序下道德的进步，正在走向一个人人能够幸福和谐地生活的人间天堂。它无视欧洲社会深刻的矛盾和正在酝酿着的战争和革命，使欧洲的思想界、政界沉湎于维多利亚时代的乐观气氛之中，直到新世纪的来临。在世纪之交，许多科学家、政治家、思想家还在对 20 世纪做出种种美妙的预言。德国科学家海克尔（Ernst Heinrich Haeckel，1834—1919），1904 年在罗马自由思想者大会发表演讲称，人类在 19 世纪已经达到令人叹服的文化高度，自然科学惊人的发展速度及其在技术、工业和医疗领域的实际应用，使人对 20 世纪人类能够取得进一步的巨大成果抱有信心。伦敦大学的社会学权威霍布豪斯（Leonard Trelawney Hobhouse，1864—1929），1901 年在《进化的思想》一书中说，人类思想已经达到进化过程中的一个新阶段，它能把未来置于理智的控制之下。英国经济学家安

① 转引自霍夫曼（Werner Hofmann）《人间天堂——19 世纪的艺术》（*The Earthly Paradise: Art in the Nineteenth Century*, New York, 1961），第 363 页。
② 黎德：《人的殉难》（*The Martyrdom of Men*, Trübner & Co. London, 1872），第 512—515 页。

捷尔爵士（Norman Angell，1873—1969）大胆地预言，由于人类理智有一种"加速规律"，人性变得更理智更文明了，战争在现在不过是一种幻觉，在一切文明的国度里终止战争的日子已经来临。有些政治家也做了类似的预计，这些乐观的预言很快被第一次世界大战的隆隆炮声所否定，然而这却是19世纪中后期欧洲大多数思想家、科学家、政治家真诚地信奉的信念。

哲学上集中代表新启蒙思潮的，主要是法国孔德、英国约翰·穆勒（John Stuart Mill，1806—1873）、斯宾塞（Herbert Spencer，1820—1903）所倡导的，承袭经验论传统的实证主义哲学。马赫（Ernst Mach，1838—1916）的经验批判主义，英国人巴克尔的历史理论也属于实证主义的范畴。此外，毕希纳（Ludwig Büchner，1824—1899）、海克尔等人的自然科学唯物主义，德国的新康德主义从思想倾向上看也可视为新启蒙思潮的一个组成部分。

与新启蒙运动持相反观点的另一种答案，被称为"世纪末"潮流。这一继承近代浪漫主义传统的思潮，在19世纪中叶已露端倪，到70年代至80年代，开始在文学艺术、社会历史理论等领域中悄然兴起。其首要的特征，正如"世纪末"（Fin-de-Siede）这个名称所标明的那样，是悲观主义，它以欧洲文明的没落、幻灭和颓废感为主题。

与新启蒙运动的乐观预言相反，"世纪末"的思想家对欧洲的现状和未来做了极其悲观的估计。历史学家布克哈特（Jacob Burkhardt，1818—1897）认为，19世纪下半期的欧洲类似于衰亡中的古罗马，使欧洲文化成为可能的基础正在消失。文学家哈代（Thomas Hardy，1840—1928）在1877年就把他所处的时代称为"幻灭"的世纪。许多文学家、思想家断言，现代欧洲正在滑入颓废状态，这颓废不只是某一国家的特征，也不仅是一代人、一个文学运动或一个政党的特征，而是整个欧洲文明的特征。诗人们主张躲进自己的内心世界，以逃避外部世界的现实；或者像兰波（Arthur Rimbaud，1854—1891）在《地狱里的一季》中表达的那样，情愿抛弃欧洲这个地狱，到非洲去、到东方去，寻求更古老、更有活力的文明。尼采（Friedrich Wilhelm Nietzsche，1844—1900）对欧洲文明的现状与未来的描述更使人触目惊心："在我们的道路上，一切都是不可靠的和危险的；那一片还支撑着我们的冰块已经如此脆薄，我们越来越感到融化冰雪的温暖气息。"①对欧洲人来说，"上帝的存在，圣经的权威，不朽的灵魂将永远成为问题"，任何东西都不能站稳脚跟。这位敏锐的历史批评家和预言家还指出，在繁荣富裕的欧洲潜伏着深重的危机，不但有精神的危机，而且有社会的、政治的危机。他预言欧洲文明正在朝灾难扑去，"动荡不安，刀兵水火""大革命正在酝酿"，与未来的动荡相比，巴黎公社只是小小的肠痉挛。

那么，欧洲文明危机的根源在哪里呢？"世纪末"思潮的思想家们把它归诸人的非理性的本性和近代科学与工业文明的兴起。

与相信人类本性不断进步的新启蒙思想相反，"世纪末"思潮把"非理性的人"当作自己的主题。他们把人归结为非理性的，在本性上充满罪恶的，因而也是难以互相沟通、互相了解的。而人性的堕落的一面，则是人类进步的永久性障碍。"人间罪恶无疑是世界历史这个大系统中的一部分"，它决定了人类的未来是捉摸不定的，难以见到光明的。因此"进步"的信念必然会破灭。属于这一潮流的象征主义、表现主义的艺术家，用艺术的形象表现埋藏在人们心灵深处的恐惧、孤独、焦虑和狂热。心理学家们则着力研究无意识深处的非理性。法国的勒·蓬（Gustave Le Bon，1841—1931）从社会心理学的角度揭示群众的无意识行为；弗洛伊德（Sigmund Freud，1856—1939）在1900年写成的《梦的解析》，其实不只是他个人的发明，也是许多先驱者和同代人共有的见解。哲学家们则从本体论上去论证人的非理性的本性。像爱德华·冯·哈特曼（Edwad von Hartmann，1842—1906）1869年发表的《无意识哲学》就是一例。

否定新启蒙运动的"科学崇拜"，是"世纪末"思潮的另一主题。它不仅反对把一切知识置于科学的管辖之下，否定科学知识的真理性，而且更着力于否定建立在科学之上的工业文明对人类的意义。强调科学的进步、工业文明的勃兴虽然给人带来物质的福利，增强了人类控制自然的能力，但却使人本身迷失了方向，失去了生活的意义。小说家哈代和

---

① 尼采：《权力意志》，§557［本书所引尼采著作按国际惯例均注节（§），不注页码。］（*The Will to Power*, translated by W. Kaufmann and R. J. Hollingdale, New York，1967）。

法朗士都认为，尽管欧洲人在 19 世纪尝到了科学之树的某些果实，但是人们日渐清醒地发现，与动物同源的人被遗忘在茫茫宇宙中一片小小的沙洲上，人失去了纯真，感受到生活的悲剧性的荒诞。在这种条件下，"无知是生存本身的必要条件。如果我们无不知晓，那么我们对生命连一小时都忍受不了"。历史学家布克哈特断言，人类社会向工业主义之迈进，将欧洲更高的文化判处了死刑。尼采明确地提出了对"现代性"的批判，斥责工业文明使人们生活在一片文化荒漠之中。商业化的社会使人为了财富的增值发了疯似的劳动，加之匆忙的生活、强制的分工，人成了机器上的螺丝钉。沉沦于世俗之中的人，丧失了自信。整个人类堕入颓废。人类已不再有前途，唯有寄希望于未来的新种族——"超人"种族的降生。造成这一切的根源则在于削弱和压抑人的本能的科学理性。这就是尼采的结论。

"世纪末"的思想家们在价值观念上，否定了近代"自由、平等、博爱"的理想，也否定了近代功利色彩甚浓的普遍的个人主义，而主张回到特殊的孤独的个人，回到个人的内心世界，眼睛向内去寻求人生的意义和目的。

代表这一潮流的哲学是一批非理性主义哲学家的学说。产生于 19 世纪初，40 年代开始流行的叔本华（Arthur Schopenhauer，1788—1860）的唯意志论，哈特曼的"无意识哲学"，丹麦神秘主义哲学家克尔恺郭尔（Søren Aabye Kierkegaard，1813—1855）的学说，尼采的"权力意志论"，以及世纪终结前问世的柏格森（Henri Bergson，1859—1941）的生命哲学等，便是主要的代表。

新启蒙运动和"世纪末"潮流对"历史向何处去""人类向何处去"这一时代的迫切问题给出了不同的答案。一个盲目乐观，一个悲观失望，都没有找到正确的答案。真正回答时代提出的问题的是马克思和恩格斯。

马克思精辟地解剖了资本主义发生发展的过程，揭示了它的历史趋势，论证了无产阶级革命的必然性。恩格斯晚年预见了行将来到的战争和革命。1887 年他在给波克罕（Sigismund Ludwig Borkheim，1825—1885）的《纪念 1806 至 1807 年德意志极端爱国主义者》一书所写的引言中，对未来做了如下的预见："对于普鲁士德意志来说，现在除了世界战争以外已经不可能有任何别的战争了。这会是一场具有空前规模和空前剧烈的世界战争。那时会有 800 万到 1000 万的士兵彼此残杀，同时把整个欧洲都吃得干干净净，比任何时候的蝗虫群还要吃得厉害。三十年战争所造成的大破坏集中在三四年里重演出来并遍及整个大陆；到处是饥荒、瘟疫，军队和人民群众因极端困苦而且普遍野蛮化；我们在商业、工业和信贷方面的人造机构陷于无法收拾的混乱状态，其结局是普遍的破产；旧的国家及其世代相因的治国才略一齐崩溃，以致王冠成打地滚在街上而无人拾取；绝对无法预料，这一切将怎样了结，谁会成为斗争中的胜利者；只有一个结果是绝对没有疑问的，那就是普遍的衰竭和为工人阶级的最后胜利造成条件。""无产阶级的胜利不是已经争得，就是终于不可避免。"① 恩格斯写下这段文字后，不到三十年，空前野蛮的第一次世界大战就爆发了，其结果是"十月革命"的胜利。列宁在 1818 年引用这段论述后写道："这是多么天才的预见。"② 20 世纪，特别是前五十年，西方战争—革命—危机—战争周而复始，更证明了马克思恩格斯对这一时代提出的问题之把握具有何等深刻的洞察力。

与此相比，新启蒙的预言和"世纪末"的悲鸣都显得黯然失色。不过，他们毕竟提出了时代面临的问题，其中，尤其是对近代西方文明发展中一些突出的问题——科学技术与社会进步，工业文明与人生意义，物质利益的追求和精神价值的关系等问题，不但在当时有重要的意义，而且为 20 世纪各派思想家所关注。集中体现这些问题的 19 世纪中后期的哲学及其对这些问题的研究，自然有其意义。这是不言而喻的。

（2）19 世纪中后期另一个重要的时代特征是科学。尽管近代科学，即以实验和观察为基础的理论自然科学早在十七八世纪已经形成，而且对社会生活、对哲学都发生了广泛的影响，但是，真正科学时代的到来却在 19 世纪，尤其是 19 世纪的中后期。这是 20 世纪许多思想家一致的看法。其原因不仅在于近代科学在 19 世纪中后期有了长足的发展，占领了许多过去未曾占领的领域（如生物和社会），出现了一批具有划时代意

---

① 《马克思恩格斯全集》第 21 卷，第 401—402 页。
② 《列宁选集》第 3 卷，人民出版社，1972 年，第 577 页。

义的重大研究成果（如能量守恒定律、生物进化论等），更重要的是科学本身的功能、结构发生了重大变化，科学在社会生活中的作用更加突出，而且对"科学"本身的理解也与十七八世纪大相径庭。

丹皮尔（William Cecil Dampier）在其《科学史》中指出，人们有正当的理由把 19 世纪看作科学时代的开始，其主要原因是，只有在这一时期，"为了追求纯粹的知识而进行的科学研究，开始走在实际应用与发明的前面，并且启发了实际的应用和发明。发明出现之后，又为科学研究与工业发展开辟了新的领域"。"总之，科学过去是躲在经验技术的隐蔽角落辛勤工作，当它走到前面传递而且高举火炬的时候，科学时代就可以说已经开始了。"① 这里，丹皮尔把科学功能的变化视为进入科学时代的一个重要标志，这是很有见地的。

以往，科学的功能是追求可靠的真理、理性的规律。它往往停留在学院的范围之内，其功能主要体现于"科学的教化"（culture through science）。德国科学家洪堡（Barron Alexander von Humboldt，1769—1859）的观点颇有代表性。他认为，科学的作用同道德一样是实行教化，使人的生活道德化，即通过研究科学，对科学真理的反思使人的行为更近于正当。科学本身是纯学术的、"无用的"，但可以通过它的教化作用，使人类达到理智和道德的完美，以"无用"致"大用"。大学的学习就是要把客观的纯学术的科学和主观的文化，理智的教化同道德的教化结合起来。到了 19 世纪的中后期，随着工业化的进程，科学成为在技术上可应用的东西，其功能也随之变化。科学成为工业发展过程中的一种探究技术，变成生产力，甚至成为工业化的最重要的决定力量之一。它被广泛地应用来改造生活世界，并逐步渗透到社会生活（包括文化）的一切方面。

一旦科学被广泛地应用于改造生活世界，就扩大了人类控制物质资源的能力，而且科学本身也职业化、专门化了。用马克斯·韦伯（Max Weber，1864—1920）的话来说，它首先成为"作为一种职业的科学"（science as a vocation）。科学的职业化意味着，科学不再出自科学家自

---

① 丹皮尔：《科学史》，商务印书馆，1975 年，第 283—284 页。

身的自由爱好和兴趣，而是作为一项事业，一项生产计划，在"研究共同体"中集体地进行的工作。出现了一个个与工业组织相类似的研究所。实验室在过去只是个别自然哲学家的私人房间，现在却由大学或研究所来开设。在这些研究机构中，天才也许在个别场合具有无可估量的价值，但是许多人都可以学到实验研究方法，因而，作为个人，在原则上是可以被替代的。因此，科学研究的进展，不再是少数特殊人物知识的增长，也不再是少数名人的工作，而是一种职业。职业化为相当数量的人员提供了从事科学工作的机会，也为他们提供了获利的可能性。于是科学研究之成功与否要视其能否积极地、有效地、持续地为社会服务而定，因此必须面对公众的检验。职业化再辅之以交通的便利，人员交往、学术会议和科学期刊，使众多的研究者随时可以得知新的成果，同时科学就国际化了。

职业化伴随着科学的专门化，"分工"的原则不仅使科学自身成为一种独立的职业，而且使科学分化为用特殊的方法研究不同的物质领域的众多的专门学科，而且越往后发展，分科也越来越专门。职业化还促使越来越多的科学家致力于创造能适应于改造生活世界之需要的新的事业，开拓新的学科、新的领域，加速了专门化的进程。其结果是科学的领地不断扩大，新学科层出不穷。这种情况也直接反映到教育，尤其是大学教育上来。19世纪初德国各大学还在讲授百科全书式的课程，系科也很少。当时的牛津和剑桥只是在古典学术研究方面领先，尚未具备大陆上的研究精神。进入19世纪中叶后，各大学都进行了改革，增设系科，建立实验室，后来其中许多大学成了著名的科学研究中心。

科学功能的变化也促成了科学自身结构的变化。当代德国学者施纳德尔巴赫（Herbert Schnädelbach）把这种变化概括为科学的"动态化"（dynamization）。其主要表现有两个：

一是"经验化"（empiricization），即经验本身成了科学的准则，科学变成了经验科学。但这里讲的经验已不同于以往的静观的经验，而是一种探究或研究的经验，即科学要探究和检验知识，科学工作的本质是探究，科学主要地成为一种探究的经验科学。这就同古典的科学结构和科学观有了重大的区别。以往的科学以追求普遍性、必然性的知识为目标，力求把握实在之所是，即真存在意义上的真理，因此科学本身要求说明普遍的本质、基础与要素，即要求有一种相应的本体论的说明。与此相应，科学就其表现形式而言，都使用普遍性的概念和普遍的判断，科学知识是由可靠证明的判断（而不是由假说或推测）所组成，并且依靠可靠的推论规则结成判断体系。现在，伴随着科学的专门化和众多应用学科的兴起，经验知识激增，成了推动理论前进的动力。于是发明成了科学的内在原则，科学变成了以发明和发现为目标的探究科学；理论被视为经验系统化的产物，借助于经验所达到的知识进步的一个中间阶段；科学知识变成了一种假说—演绎结构。

二是"时态化"（temporalization），即科学成了一个开放的可变的知识系统，不再是一个封闭的终极真理体系。以往，追求普遍的必然的真存在意义上的真理的那种科学，总是倾向于一个封闭的系统。随着科学的"经验化"，作为经验探究的产物的科学必定倾向于不断地增长与持续地变化，使体系化的要求服从于变革的理念。科学之服务于改造生活世界，促使科学成为一个活动的系统，以满足不断变化的实际生活提出的功能性的需要。加之新的时间经验、时间观念接管了科学，加速发展的工业化生产，整个社会生活节律的加快，社会关系的急骤变动，使得"过程""速度""加速"等观念在19世纪中后期深入人心。"循环"的观念为"进步"的观念所取代，而"进步"的观念不再像以前那样只指向现在，而指向了未来，不仅指向可设想的未来，而且指向非决定性的未来。于是不仅科学知识本身时态化了，而且使科学研究的对象也时态化了。由于达尔文主义的推动，自然科学中的"进化模式"在这时已成为时尚，自然界从此就有了自己的历史。黑格尔的辩证法，把变化的观念推广到人类思维和精神生活领域。马克思的唯物史观将时态化的人类社会也纳入了科学研究的对象。所有这些，促使科学变成了一个可变的、开放的、面向未来的永无终结的系统。

尽管19世纪中下期，以往的科学观还有相当大的影响（有些自然科学家仍囿于传统的见解，往往还倾向于一个封闭的系统，试图把物质和力或刚性质地的原子当作终极的要素，把牛顿力学或进化规律当作普遍必然的永恒规律。有些生物学家，也往往以为科学所构造的自然模型是终极的实在。有些物理学家，鉴于物理学和化学的和谐一致的发展，牛顿力学取得的辉煌成就，往往以为以后再也不会有什么惊人的发展了），但是，"经验化"和"时态化"的趋势在当时学界已经势不可挡，并且对这一时代的哲学产生了重大的影响。

　　除了科学自身的"职业化"、"专门化"、"经验化"和"时态化"之外，科学时代来临的另一个重要标志是科学主义的盛行。在 19 世纪中后期崛起的科学主义，其基本特征是力图用科学方法来回答所有的问题，尽可能把一切领域（包括人文领域）纳入科学，并把科学的原则运用于行动的领域。它相信只要运用科学方法，人世间的一切问题都可以解决。科学主义最初同对以牛顿力学为基础的物理学的信仰联系在一起，致力于将物理学的原理和方法运用于人体生理过程的研究，后来又用于心理过程的研究，不但促成了感官生理学的诞生，而且使心理学发生了一场革命，成为一门以实验为基础的经验科学。达尔文主义的兴起又给科学主义注入了新的动力。科学家的兴趣从天文扩展到地质，进而扩展到生命现象。人们日渐相信科学方法可以应用于人类活动的各个领域。

　　19 世纪中叶，将人文学科建成为科学，日渐成为许多思想家努力的目标。孔德试图建立关于社会的科学（社会物理学）。后来经过斯宾塞等人的努力，终于建成了用观察、比较、实验等自然科学方法考察社会现象的社会学。穆勒试图建立一门"人性科学"，并且详尽地讨论了"诸道德科学（即精神科学）的逻辑"。达尔文主义兴起之后，人们还致力于将生物学中的有机体的概念和进化概念引入社会科学。1889 年悉尼·维伯（Sidney Webb，1859—1947）概括了一个当时广为流行的观点："主要由于孔德、达尔文和斯宾塞的努力，我们不会再把理想社会当作一个没有变化的国家。社会理想已经从静态转为动态。现在社会有机体不断生长和发展的必然性已经成为公理。哲学家除了寻找旧秩序和新秩序的逐渐进化以外，不再寻找任何其他东西。"[①] 在科学主义影响下，许多人相信，包括神学、政治学、历史学在内的广义的精神科学可以借助于物理学、生物学、心理学的方法建成科学。文学家左拉（Emile Zola，1840 年—

---

① 《费边社会主义文集》（*Fabian Essays in Socialism*，London，1931），第 29 页。

1902 年）还提出要建立"由科学支配的文学"。他在《实验小说》一文中写道："我们小说家借自己的观察和实验是在继续生理学家的工作，而生理学家则继续了物理学家和化学家的工作。"① 法国人雷南（Joseph Ernest Renan）甚至想建立"科学宗教"。科学主义当然也招致了许多人的批评，但是连这些批评家也往往不得不用科学的材料来论证自己的观点。

科学的"经验化""时态化"与科学方法之渗透到各个研究领域，科学主义的盛行，对 19 世纪中后期的哲学产生了强烈的影响。如果从哲学流派的角度上看，主要是实证主义哲学潮流的勃兴，以及与之对抗的非理性主义各派哲学的活跃。如果从哲学问题的角度来看，首先是认识论同科学方法论的凸显。其中，认识论问题的侧重点已经从近代以论证形而上学可能性为主转向以科学知识的本性、知识与活动、心理的逻辑的社会的东西在知识中的作用等问题为主。科学方法论问题中，科学统一，包括自然科学与人文科学的关系问题具有重要的地位。然而，更为重要的是哲学和科学之间的关系变得十分紧张，需要加以比较详尽的讨论。

西方哲学自古希腊产生起，就把自身当作包罗万象的知识。从亚里士多德到黑格尔，科学和哲学具有同等的含义，而哲学又是领导其他科学的，它长期处于"科学之科学"的地位。现代意义上使用"科学"一词时所指的那种自然科学则常常被置于哲学的统治和监护之下。科学时代的来临，使这种传统的观念成了问题。首先，科学的职业化、专门化、动态化，改变了科学的概念，而且使日益发展起来的各门专门科学占有了各物质领域，不断从哲学中分化出来，从而把原来意义上的、作为"科学之科学"的哲学排除在科学之外。同时，专门化造成的各个科学部门之间的隔阂，在科学家中出现了各自为政的倾向。正如丹皮尔所说，一门科学分化为几门科学，"知识的进展非常迅速，以致无人能追踪其全部过程"，"这样比较透彻研究每一学科的机会增多了，致力于一般性研究的时间减少了，科学家也便倾向于只见树木而忘却森林"。"这种各

---

① 左拉：《实验小说及其他》（*The Experimental Novel and Other Essays*，London，1893），第 17 页。

自为政的倾向一直持续到 19 世纪末，只有少数概括性的结论是例外。"①
这种倾向使得科学界出现了厌恶整体考察、厌恶哲学的情绪；而黑格尔
以后的学院哲学不甘失去昔日对科学干预的权利又激化了哲学与科学的
冲突。在这种情况下，科学与哲学的关系问题成为各派哲学普遍关注的
问题。

在科学主义盛行、科学地位日隆的 19 世纪中后期，哲学界对科学与
哲学的关系问题，大体上有三种不同的反应方式。

第一种反应方式是将哲学同化于作为经验科学或研究科学的科学。
其具体表现形式有如下三种：

一是，自封为科学的体系。体系哲学在黑格尔之后不但没有消失，
而且一度大量涌现，在德国尤甚。它们往往力图对自然与社会，对各
门科学做出总体性的说明，以表明自己是科学的体系。实际上只是将
某些特殊的科学规律拔高为宇宙的普遍规律，或者将科学的材料纳入体
系，并按体系的需要取舍材料，甚至恢复过时的自然哲学。其结果只能
加深哲学同变化中的科学之间的裂痕。二是，把哲学变成哲学史，将哲
学史变成一门经验科学。策勒（Eduard Zeller，1814—1908）、埃尔德曼
（Johann Eduard Erdmann，1805—1892）、费舍尔（Ernst Kuno Berthold
Fischer，1824—1907）等著名的哲学史家就产生于这一时代。与黑格尔
不同，他们把哲学史视为一门接近于经验科学的探究科学，力图用科学
的方法寻求哲学自身发展的因果链索。他们的努力使哲学史作为一门学
科得以建立，并使之成为当时学院哲学中最有实际成果的学科。其积极
的成果至今还影响着哲学的教育和哲学问题的讨论，但是就推进哲学理
论本身的进展而言，并无多大建树，亦不足以回答时代提出的问题。三
是，使哲学成为一种人文研究。这是第二种表现形式的拓展。原来，在
黑格尔那里，哲学史是精神哲学的一个部分，把哲学史变成经验科学之
后，顺理成章的事便是把全部精神哲学变成关于人的精神的科学，即对
人的精神、人文现象的科学研究。

第二种反应方式是，建立作为哲学的科学（Science as philosophy），

_____

① 丹皮尔：《科学史》，第 391 页。

其变形有两种：

最简单最粗陋的形式是认为现存的科学本身已经满足了哲学的一切需要，因而把经验科学等同于哲学。被马克思恩格斯斥之为"庸俗唯物主义"的毕希纳、福格特（Karl Vogt，1817—1895）和摩莱肖特（Jacob Moleschott，1822—1893）的学说就是其典型。在他们看来，哲学无非意味着各门科学的理论部分或思想部分。摩莱肖特说："哲学必须全神贯注于经验，经验必须全神贯注于哲学。"[①] 任何哲学家最有价值的东西是，"吸收知识之树的精元，结出这棵树上最成熟的果实"。毕希纳认为，自然科学未曾触及的东西没有任何真理的价值。哲学最重要的是承认一个自身存在并由因果规律联结在一起的自然的世界秩序，加上在科学成果之上的世界观知识。科学知识留下的裂隙，在科学的持续创造中、在时间进程中将日渐被填平，无望填平之处将不得不由理性的推论架起桥梁。

在黑格尔唯心主义统治数十年之后，"庸俗唯物主义"者坚持费尔巴哈所恢复的唯物主义的基本原则并使人们注目于经验自然科学，有其积极的意义。但是在哲学与经验科学的关系问题上，过分夸大了哲学对经验科学的依赖关系，混淆了哲学和经验科学。他们的学说致力于将自然科学，特别是生理学充塞到哲学之中，用以论证18世纪唯物主义已经达到的结论。这不但没有把哲学推向前进，反而使唯物主义庸俗化了。他们重视经验科学，但是无法回答科学时代向哲学提出的新问题。尽管"庸俗唯物主义"在德国流行数十年之久，毕希纳的著作十数次再版，一度拥有广大的读者，终究成为过眼烟云，在历史上留下的只是发人深省的教训。

此外，进化论者海克尔的一元论哲学，奥斯德瓦尔德（Wilhem Ostwald，1853—1932）的唯能论对待哲学和经验科学的关系，也接近于这种态度。

建立作为哲学的科学的另一种形式，似有更深远的影响。其特点是力图把哲学问题当作经验科学的问题来解决，或者从某一门特定的科学中寻求哲学的基础。由于19世纪在物理学上没有哥白尼和牛顿那样革命

[①] 摩莱肖特：《生命的循环》（*Del Kreislaufs des Lebens*，1887），第26页。

性的发现，"在 19 世纪富有同样革命性的成果来自生物学方面：生理学和心理学研究了心与物的关系，达尔文在自然选择的基础上创立了进化论"①，因此，哲学家在建立作为哲学的科学时所倚重的特定学科，主要是生物学、感官生理学和心理学。这在认识论中尤其明显，朗格（Friedrich Albert Lange，1828—1875）、尼采、马赫、穆勒都试图把认识论的哲学问题当作心理学的问题来解决，倾向于心理主义。此外，在认识论、本体论中也有生物学主义存在，如生命哲学和阿芬那留斯（Richard Avenarius，1843—1896）的经验批判主义。这种从特定的学科中寻求哲学基础的做法一直延续到 20 世纪，只是所倚重的经验科学有所变化。然而，这种做法并不能正确解决哲学和经验科学的关系问题，它往往导致对哲学自身的否定。

第三种反应方式与前两种不同，它致力于为哲学重新恢复名誉，以便在科学时代为哲学保留一块独立于各门经验科学的领地。这里有三种不同的方法。

一种方法是致力于恢复传统的本体论学说，并在此基础上建立包罗万象的、处于科学之上的哲学体系。这类努力，就其多数而言，无论在当时，还是在后来，都没有发生重大的影响。唯有在英国以绝对唯心主义的名义恢复黑格尔哲学的新黑格尔主义，曾一度执哲学界之牛耳。此外，以恢复圣·托马斯的本体论为宗旨的罗马天主教的"新经院哲学"，在梵蒂冈的倡导和支持下，一直延续到 20 世纪。另一种方法是把认识论作为基本的哲学学科，致力于通过重建认识论来恢复哲学的名誉和地位。其典型是以"回到康德，回到认识论"为口号的新康德主义。它把认识论当作哲学和科学的基础。由于认识论以及与之相关的科学方法论事实上是科学及科学思维形式发展自身提出的迫切问题，是当时哲学的一个生长点，这种主张受到相当广泛的认同。即使那些致力于建立作为哲学的科学的哲学家，也很重视认识论问题。第三种方法是把价值领域当作哲学所独有的研究领域。其代表人物是尼采、文德尔班与李凯尔特（Heinrich Rickert，1863—1936）。他们主张哲学应以价值为对象，提倡

---

① 丹皮尔：《科学史》，第 392 页。

一种以价值为唯一对象的价值哲学。这种努力，抓住了当时价值观念的冲突提出的时代的迫切问题，引起广泛的关注。一直到20世纪初，价值哲学一直是许多不同的哲学流派所关注的一个哲学学科。

上述三类哲学家用不同的方法为恢复哲学的名誉所做的努力，在一个轻视哲学、轻视理论思辨的风气相当盛行的时代里，自然有它的积极意义。但是，从总体上看并没有找到一条正确解决哲学和经验科学相互关系的道路。恢复以往的本体论的尝试，使哲学仍处于至上的地位，无疑与科学时代不相适应；恢复和重建认识论的努力，把认识论同存在论分割开来，无法回答世界观问题；价值哲学家把事实的世界留给科学，使自己的哲学同科学断绝了关系。唯有马克思、恩格斯的哲学才为正确处理哲学和经验科学的关系指明了道路。一方面，马克思、恩格斯反对将哲学同化于经验科学，亦反对建立作为哲学的经验科学。强调"一个民族想要站在科学的最高峰，就一刻也不能没有理论思维"[1]。为此就必须要有独立的哲学。恩格斯还告诫人们："不管自然科学家采取什么样的态度，他们还是得受哲学的支配。"问题只在于："他们是愿意受某种坏的时髦哲学的支配，还是愿意受一种建立在通晓思维的历史和成就的基础上的理论思维的支配。"[2]另一方面，马克思、恩格斯反对恢复凌驾于经验科学之上的作为"科学之科学"的那种哲学，也反对把哲学同经验科学割裂开来，主张尊重经验科学，并且总结科学的成就以发展哲学的理论。恩格斯写道："随着自然科学领域中每一个划时代的发现，唯物主义必然要改变自己的形式；而自从历史也被唯物主义地解释的时候起，一条新的发展道路也在这里开辟出来了。"[3]这段名言，既是对哲学发展历史的概括，也为处理哲学和科学的关系指明了方向。

（3）科学时代提出的哲学与经验科学的关系问题同哲学自身的逻辑发展提出的传统哲学的命运问题（即形而上学的命运问题）是纠缠在一起的。二者将"哲学的对象是什么？""哲学向何处去？"这一至关重要的问题提上了历史日程，造成了19世纪中后期西方哲学的"认同危机"，

---

① 《马克思恩格斯全集》第20卷，人民出版社，1971年，第384页。
② 同上书，第552页。
③ 《马克思恩格斯全集》第21卷，第320页。

使西方哲学处于无政府状态之中。这正是 19 世纪中后期不同于以往任何一个历史时期的一个根本特征，它为 20 世纪西方非马克思主义哲学中出现的哲学职能的大分化准备了条件。

施太格缪勒（Wolfgang Stegmüller，1923—1991）在《当代哲学主流》中写道：现今哲学有两个形式方面的特征。一是"哲学职能上的分化过程"。各派哲学家把以往结合于一身的任务一一独立出来，各执一端，或作为取代宗教的世界观，或作为通晓人生指教的哲学，或作为独立于科学的关于价值的哲学学说，或作为专门科学的研究成果的概括，或作为对专门科学之基础的研究即关于概念和语言的研究。二是"不同流派的哲学家之间相互疏远和越来越失去思想联系的过程"。以至于"哲学"变成了一个多义的用语。各派哲学家对哲学研究工作的理解完全不同。总之，"没有希望找到任何能把现代哲学与过去哲学的诸种方向区别开来的内容方面的共同特征"[1]。确实，派系林立，莫衷一是，对于什么是哲学、哲学应当和可能研究什么、哲学的职能和任务是什么等最根本的问题没有共同的见解，这正是 20 世纪西方哲学的一个基本特征。虽然，近年来有些西方哲学家在谈论"语言学转变"，似乎各派哲学都进入了语言层次的研究，有可能在此基础上趋于一致。但从总体上看，哲学职能大分化的格局并未改变。

可见，研究这种格局的发端，研究 19 世纪中后期西方哲学"认同危机"中出现的各种趋势，具有现实的意义。它将有助于我们把握现代西方哲学的来龙去脉，从历史的线索中认识它的走向，从而有助于我们开展当代马克思主义与当代西方哲学同时代性的研究。

当然，19 世纪中后期，西方哲学的分化过程还刚刚发轫，处在从古典到现代的转折期中，带有承先启后的性质。把各种职能集于一身的旧观念还在顽强地表现自己，新的观念、新的出路还在尝试、探索，而且往往还打上了旧时代的烙印。各派哲学家相互之间还在频频对话、争论，尚未失去思想的联系。然而，从总结理论思维的经验教训的角度来看，这种局面也许更有利于我们去把握问题的实质，从理论上查明西方哲学

---

① 施太格缪勒：《当代哲学主流》上卷，商务印书馆，1986 年，第 26 页。

在当代大分化的原因。

三

本书研究的课题是马克思恩格斯同时代的西方哲学，采用的方法是以问题为中心的问题史的方法。

我们之所以采用这种方法来概括和分析马克思恩格斯同时代的哲学，有以下几个方面的考虑：

首先，从马克思主义与现代西方哲学同时代性的角度来看，只有抓住了反映时代精神的"问题"，才能抓住这一时代哲学的精髓，才能揭示马克思恩格斯的哲学与同时代西方哲学之间的关系。马克思在谈到时代精神与哲学的关系时，强调"问题就是时代的口号"，而且还进一步指出，问题比答案更有意义。他说："一个时代所提出的问题，和任何在内容上是正当的因而也是合理的问题，有着共同的命运；主要的困难不是答案，而是问题。""正如一道代数方程式只要题目出得非常精确周密就能解出来一样，每一个问题只要它是一个实际的问题，也就能得到答案。"[①] 如果我们抓不住一个时代哲学的主要问题，就难以在数量众多的哲学家和意见纷呈的哲学派别中找出最能体现时代特征、最有意义的东西。只有抓住了这些主要的问题，我们才能判别哪一些哲学家的哪一些思想，才是这一时代发展中具有重大意义的，是哲学思想发展中的环节，哪一些是无足轻重的。每一时代总有一些哲学安于因循抄袭，而另一些哲学则反映了时代的要求，提出了内容上正当且合理的问题，并为解决问题提供了有价值的材料。只有抓住了这些主要的问题，我们才能从各派哲学提出这些问题的不同角度，以及回答、解决问题的不同方案的比较和分析中，鉴别其优劣高下，给以恰当的评价。

在这一方面，恩格斯对毕希纳等人庸俗唯物主义哲学的评价可以给我们深刻的启示。如果只从对哲学基本问题的答案来看，那么对毕希纳等人的唯物主义的回答，应当给予高度的肯定。但是，如果从时代提

---

① 《马克思恩格斯全集》第40卷，第289页。

出的问题来看，情况就大不一样了。它既没有正确、恰当地反映科学发展提出的认识论和方法论问题，也没有涉及历史观的问题，相反只是因循抄袭 18 世纪唯物主义的问题和结论，辅之以一些新的科学成果作为例证。此外，对于时代所提出的哲学与经验科学的关系问题，哲学的对象和任务问题，它虽然有所触及，但是提供了一个不恰当的答案。下面我们还会看到，实质上这种解决问题的方案仍然没有离开以往的过时的传统，因此在理论上没有多大的意义。正由于此，恩格斯在《自然辩证法》《路德维希·费尔巴哈和德国古典哲学的终结》等著作中，以憎恶的口吻斥责他们是"庸俗的巡回传教士的唯物主义"，是"肤浅的""独断的""庸俗化的小贩们"，指责他们"在进一步发展理论方面"，"实际上什么事也没有做"。

其次，从 19 世纪中后期哲学自身的特点来看，问题史的方法也许是适合这一时代的比较恰当的方法。

19 世纪中后期是西方哲学史上一个承前启后的时代，是古典哲学向现代哲学的转折期。这一转折的一个突出标志是哲学问题的转换。施太格缪勒在讨论 20 世纪哲学中的"传统与创新"时，对这一转换有过一段中肯的分析。他说："在哲学的生命中，也像在专门科学的生命中一样，都发生过变化，而每一次变化都给今天的哲学打上了印记。这不仅因为譬如说所提出的见解是前所未见的、新颖的，并且部分是彻底的；而且也因为问题的提法根本改变了。在这种过程中，那些'永恒而古老的问题'常常完全消失了——一部分是当作多余的，一部分是当作错误的，一部分是当作完全没有意义的，——另一部分虽然还存在，但它们现在可以说只是构成明确阐明与它们有本质不同的问题的看不见的背景。"① 施太格缪勒从现代哲学的现实情况出发，批评了那种把哲学问题看作一成不变的东西的观点。这种观点以为，在专门科学中，不仅理论在进步，而且问题也在变化；哲学则不然，它的基本问题似乎从两千五百年前希腊哲学家提出以后，一直是相同的，只是解决问题的方法不断地变化，于是出现了层出不穷的体系和学说。他指出，这种见解未必全错，但是

---

① 施太格缪勒：《当代哲学主流》上卷，第 16 页。

如果把一致性的方面绝对化，就会对现代哲学产生错误的印象。应当承认，施太格缪勒的分析是符合现代哲学的实际情况的。同样，对于现代哲学孕育期——19 世纪中后期也是适宜的。因为当时，虽然许多"永恒而古老的问题"还没有像在 20 世纪那样被西方哲学家们所抛弃，但是，对这些问题的怀疑和否定已经出现，并且在哲学界引起了广泛的争议。同时确有一些新的问题被推到哲学舞台的中心，尽管在这些问题的后面还可以看到作为它们的背景的"古老而永恒的问题"。

第三，从总结理论思维的经验教训来看，以问题为中心的方法，更有利于达到预期的目的。

恩格斯在谈到理论思维的重要性时指出："理论思维仅仅是一种天赋的能力。这种能力必须加以发展和锻炼，而为了进行这种锻炼，除了学习以往的哲学，直到现在还没有别的手段。"① 我们研究哲学史的一个重要目的就是锻炼理论思维的能力，吸取理论思维的经验教训，以便更好地把握当今时代给哲学提出的问题。问题史方法的一个优点，就是有利于我们把眼光集中到对哲学发展最有意义的理论问题上来，并且从不同哲学家对问题的不同的处理方式及其得失的对比研究中，吸取经验教训。文德尔班在那本负有盛名的《哲学史教程》序言中谈到，他之所以采用"问题历史法"，旨在使"重点放在从哲学的观点看最有分量的东西的发展上，即放在问题和概念的历史上"②。这确是这部著作的长处。尽管文德尔班的哲学史观由于过分夸大哲学家个人的心理因素对哲学发展的影响而失之偏颇，他的问题历史法却有助于把哲学史研究同哲学问题的理论研究结合起来，有利于把握哲学理论的逻辑发展，有利于把握每一时期哲学理论发展的生长点。当然，我们所用的方法并不完全等同于文德尔班的"问题历史法"，除了运用历史唯物主义的方法来考察哲学之外，在具体做法上也有所不同。文德尔班的《哲学史教程》是一部通史，着力于把每一时期集中概括为某一个或某一些问题（如将希腊哲学的三个阶段概括为宇宙论时期、人类学时期和体系化时期），然后概述主要的人物

---

① 《马克思恩格斯选集》第 3 卷，人民出版社，1972 年，第 465 页。
② 文德尔班：《哲学史教程》上册，商务印书馆，1987 年，第 4—5 页。

和观点。我们则试图将 19 世纪中后期的哲学概括为几个主要的问题，然后考察每一问题下的几个子课题以及围绕这些子课题的争论，并对争论各方主要代表人物的观点做比较详尽的分析。在此基础上讨论马克思恩格斯对这些问题的见解及其与同时代西方哲学的关系。

运用以问题为中心的方法，困难之处在于问题的选择和代表性观点的撷取。我们在研究过程中遵循以下两个原则：一是从 19 世纪中后期西欧哲学的实际情况出发，而不是从哲学"应当"研究什么问题出发，并且致力于把握将这些哲学问题凸显出来的根据尤其是现实的根据，即时代如何向哲学提出了这些问题，以期比较准确地反映这一时代哲学的独特风貌。二是注意从西方哲学在当代展示出来的特征去把握 19 世纪中后期西欧哲学中那些对后世影响较大、较有生命力的东西。马克思的名言——"人体解剖对于猴体解剖是一把钥匙。反过来说，低等动物身上表露的高等动物的征兆，只有在高等动物本身已被认识之后才能理解。"①——乃是我们的向导。

基于这种考虑，我们主要选择了五个问题："哲学的对象、任务和前途"置于首位。一则，是因为西方哲学的"认同危机"的发生，是这一时期最富有特征的现象，它是牵动全局的根本问题，也是区别于以往哲学的主要之点；另则是因为，哲学大分化是 20 世纪西方哲学的最根本特征，而"认同危机"则是它的先兆。"认识论"和"科学方法论"既是 19 世纪中后期科学及其思维形式发展提出的突出问题，是当时哲学发展的生长点，同时又是 20 世纪西方哲学着重研究的知识基础问题和科学方法论问题的先兆。"社会历史观"，尤其是关于历史规律性、历史是否进步的讨论，在当时是历史和科学发展提出的突出问题，又是当代哲学中的一个热点。"价值论"是 19 世纪中后期新出现的哲学学科，是当时伦理价值观上的尖锐冲突和哲学"认同危机"的产物。同时它又是 20 世纪初哲学界的热点，现今价值观问题仍是西方哲学中争议的一个焦点。

在子问题和代表性人物及观点的选择上，我们也注意到上述两个原则，尤其是后一个原则。凡对于 20 世纪影响较大的问题、人物和观点，

①《马克思恩格斯选集》第 2 卷，人民出版社，1972 年，第 108 页。

均予以特别的关注，即使它在当时尚未引人注目。比如，认识论中的心理主义和社会学主义，前者既是当时的主流又是 20 世纪许多派别着意摆脱的倾向，后者则是 20 世纪某些流派的先兆。再如狄尔泰的作为认识方法和人文科学方法论的解释学理论，在当时影响甚小，到 20 世纪 60 年代哲学解释学盛行之后，则被追认为先驱。

本书的结构，就是按上述原则，择取五个主要哲学问题分别成篇，然后在每篇中再按子问题分别列章，按代表性观点逐次列节。

需要说明的还有如下两个方面：第一，为了集中讨论马克思恩格斯与同时代的西方哲学的关系，除了在每个具体问题和人物的评述中，分析马克思恩格斯的评价之外，每篇都专置一小结。其内容是讨论马克思恩格斯在这些哲学问题上的主张及其与同时代西方哲学之异同。这样做也许更有助于分析马克思恩格斯与那些他们并未或未及直接加以评述的西方哲学之间的关系，从理论观点上阐明马克思主义与同时代西方哲学的关系。第二，根据各篇所论问题的具体情况，在结构上稍有区别。鉴于西方哲学在 19 世纪中后期发生的"认同危机"涉及古典哲学的整个传统，而且从对"认同危机"及其在 20 世纪引发的哲学大分化的理解引出了对传统哲学观的新的理解；因此，在第一篇中增加了一章，讨论危机的发生，并对西方传统哲学观从新的角度做一回顾。此外，"价值论"一篇，由于讨论的对象是一个新出现的哲学范畴和哲学学科，重点放在对它兴起的历史背景和过程的分析，分成两章叙述。价值论中的各子课题则归入一章中讨论，每个问题的几种代表性观点则不再列节。这也许更适合于 19 世纪中后期各子课题尚未像 20 世纪初那样充分展开的现实情况。

上述研究和论述方法，也许能把马克思、恩格斯与同时代西方哲学的关系，这一时期西方哲学的时代风貌和理论思维的经验教训整理、表现出来，为深入研究马克思主义哲学史、现代西方哲学和整个欧洲哲学史提供一个参考系，同时为哲学理论的研究提供启示。然而，这种方法也带来了许多困难，它既要求用宏观的透视力去把握全局和关键性的问题，又要求在微观上准确细致地把握代表性的人物和观点。况且，这段哲学时限虽短，却人物众多、著作颇丰，情况又极其错综复杂。我们只能尽己所能，潜心研究。一方面从宏观上努力，另一方面也选择了一些代表性的人物和著作，作个案研究。同时注意吸收国内外宏观研究、个案研究的各项成果。但是，由于我们的眼界往往受制于自己所见或所侧重的东西，挂一漏万之处在所难免，问题与观点选择的倚重是否恰当还有待检验。

此外，问题史的方法，侧重于理论问题，侧重于问题和观点的历史线索，往往会给不甚熟悉这一段社会、文化、科学状况和哲学流派演变的读者带来一定的困难。我们在研究和表述的过程中做了一些弥补，在"绪论"中讨论了这一时代的概况，在有关章节中也相应地联系到哲学问题的背景。

期望本书的研究有助于推动对马恩同时代的西方哲学的研究。更期待哲学界的同仁用各自的方法对 19 世纪中后期的西欧哲学做出更全面、更丰富、更深入的研究，并在此基础上形成一部包括马克思主义哲学史在内的完整的 19 世纪中后期的断代哲学史。我们也将为之而继续努力。

原载赵修义、童世骏《马克思恩格斯同时代的西方哲学》，

华东师范大学出版社，1994 年

马克思主义哲学与现代西方哲学比较研究的回顾与前瞻

刘放桐*

一、比较研究的含义和由来

马克思主义哲学与现代西方哲学的比较研究可以有不同含义。从维护马克思主义哲学的立场说，它主要是指对马克思主义哲学本身的意义及与其同时代的西方哲学，即现代西方哲学的现实关系加以考察。这种考察在一定意义上就是对这两种哲学理论的是非对错、价值取向上的优劣，特别是二者在实践可行性上的高低等方面的评判。这种评判要在发展着的马克思主义指导下进行，从而防止"左"和"右"等方式的扭曲。

"左"的方式主要表现为在坚持马克思主义哲学立场的名义下笼统地对现代西方哲学全盘否定。由于它对马克思主义哲学往往做了教条主义的理解，背离了其与发展着的客观现实之间的内在联系，特别是抛弃了其与时俱进的特征；因此它对现代西方哲学的理解和批判与在本来意义上的马克思主义指导下的认识和批判必然南辕=比辙。"右"的方式往往同样打着维护马克思主义哲学的招牌，但却忽视了马克思主义哲学与现代西方哲学之间的原则区别，不加批判地对现代西方哲学全盘肯定，实际上是把马克思主义哲学融入现代西方哲学之中。这两种方式对马克思主义哲学和西方现当代哲学都未能做客观的、具体的分析研究，都脱离了这两种哲学的实际所是，不可能对二者做出具有现实意义的比较研究，不符合我们从事对这两种哲学的比较研究的目标。

---

* 刘放桐，1934— ，男，复旦大学哲学学院教授。

从事马克思主义哲学与西方现当代哲学的比较研究的主要目标，就是既坚定对马克思主义哲学的基本信念和立场，划清其与西方现当代哲学的界限；又对处于同时代的西方哲学采取求实态度，深入全面地揭示它们所存在的片面性以及可能存在的合理因素，从中吸取经验教训，以促进马克思主义哲学的丰富和发展，使其能发挥更大的现实作用。因此，我们既要排除"左"的、把马克思主义哲学教条化的批判方式，又要排除"右"的、抹杀马克思主义哲学与现代西方哲学的原则界限的批判方式。

从马克思主义产生以来，马克思主义者一直面对着如何处理与同时代的西方哲学的关系的问题。作为革命无产阶级世界观的理论形态，马克思主义哲学的基本使命就是对以资产阶级意识形态为主的一切旧的意识形态进行批判，为建立革命的无产阶级意识形态开辟道路，并以此促进社会主义革命和建设事业的发展。马克思主义理论本质上就是一种批判的理论。马克思主义经典作家在严格尊重客观现实的基础上对资产阶级在意识形态上自始至终保持了坚定的批判立场。但随着现实的发展，他们的批判方式也会及时采取更为适应的形式。

在19世纪中期，由于资本主义制度固有矛盾空前激化及与之相应的经济危机的爆发，欧洲无产阶级和资产阶级之间的斗争处于激烈对抗状态，马克思和恩格斯号召无产阶级联合起来，通过暴力革命来推翻资产阶级统治和资本主义制度。这时他们在意识形态领域也对同时代的资产阶级思想家采取彻底决裂的立场。马克思对孔德等人和恩格斯对叔本华、朗格等人的批判都没有提及这些人的理论中是否存在合理因素的问题。后来列宁为了揭露俄国工人运动中一些人企图用马赫主义来取代马克思主义，以及由此对当时俄国无产阶级的斗争产生了极大的危害，于是对俄国马赫主义的批评也局限于纯粹否定性的批判。

马克思主义经典作家对同时代资产阶级哲学家的否定性批判是在特定的情况下做出的。此后当情况发生了变化，特别是19世纪晚期资本主义经过自我调整而在一定程度上缓和了危机并使资本主义得到了新的发展，西方无产阶级与资产阶级的斗争在形式上也发生了某些变化。马克思和恩格斯都及时指出了武装起义不是唯一斗争形式，认为利用资产阶级所标榜的自由、民主等口号进行"合法"的议会斗争也是重要形式。

在哲学等意识形态上的斗争也是如此，不仅要看到对立，也要在某些情况下承认统一。马克思对以资产阶级启蒙主义为理论基础的美国《独立宣言》和《解放黑人奴隶宣言》的高度肯定就是突出的例证。[①]列宁在《哲学笔记》中对唯心主义可能包含的现实内容也做了明确的肯定，并提出了聪明的唯心主义比愚蠢的唯物主义更接近聪明的唯物主义的论断。[②]

但是，马克思主义经典作家在无产阶级的政治斗争与意识形态斗争上的这种与时俱进的态度，长期以来遭到一些人的"左"或"右"的扭曲。在哲学上，"右"的扭曲主要表现为修正主义，无视马克思主义哲学与现代西方哲学的原则区别，放弃了反对同时代西方哲学的斗争，甚至把马克思主义哲学融入现代西方哲学之中。"左"的扭曲主要表现为教条主义，一些人无视 19 世纪下半期以来西方资本主义的一些变更，特别是自然科学的革命性变更对同一时期西方哲学产生的影响中也可能存在积极性的因素，拒绝对这些哲学从事客观和具体的研究，笼统地将其归结为反马克思主义的反动哲学，由此将其全盘否定。这两种扭曲的共同特点是都背离了马克思主义的唯物史观，特别是不能从社会历史和人类认识（包括自然科学）的发展中来看待马克思主义哲学及与其同时代的现代西方哲学，因而对这两种哲学都没有客观和准确的认识。在这种情况下，自然也不可能对这两种哲学从事客观和准确的比较研究。

用马克思主义观点从事马克思主义哲学和现代西方哲学的比较研究是随着马克思主义者对这两种哲学的关系的反思而出现和发展的。国内外学界的情况大体上都是如此。我个人就是这样同我国哲学界一道开展这种研究的。

二、比较研究的准备历程

从清末民初开始，特别是"五四"新文化运动以来，马克思主义和同时代的各种西方哲学思潮都先后传入中国。如何处理二者之间的关系的问题从那时起就已经发生了。但是，只有在 1949 年中华人民共和国

---

① 参见《马克思恩格斯全集》第 16 卷，人民出版社，1994 年，第 17—19 页。
② 参见列宁《哲学笔记》，人民出版社，1956 年，第 280—281 页。

成立、中国共产党成为执政党以后，才可能由马克思主义者主导来从事马克思主义哲学与其同时代的西方哲学的比较研究。鉴于中华人民共和国成立以前几十年意识形态领域除了封建主义残余影响外，西方资产阶级的影响占据了支配地位；为了改变这种局面，在中华人民共和国成立之初，毛泽东领导中国共产党适时地发动了一系列批判资产阶级意识形态的运动，它们在较大程度上起到了预期的作用，特别是确立了马克思主义在中国的主导地位。但是，由于当时未能引导学者们严格坚持马克思主义的实事求是的原则，"左"的片面性愈演愈烈，以致产生了很大的负面作用。

正是由于受到"左"的片面性的影响，从中华人民共和国成立初期到改革开放近三十年的时期内，在正确强调确立马克思主义哲学主导地位的同时，对与其处于同时代的西方现当代哲学很少做客观求实的研究。由于笼统地把旧中国遗留下来的大学哲学系当作传播资产阶级反动哲学的温床，1952 年撤销了北京大学以外的全国各大学哲学系。1955 年发动的对胡适实用主义的批判运动在很大程度上起了全面简单否定西方现当代哲学的作用。1956 年党的"八大"后，一些大学的哲学系先后重建，西方哲学中的唯心主义一度被公认为应当研究。但不久又重新被归结为反动哲学而实际上成为研究禁区。除了当作供批判需要的反面材料而出版了少量有关论著和批判文章外，对现代西方哲学很少有真正客观求实的研究。在这种情况下，当然也不可能有马克思主义哲学与同时代的西方哲学的求实的比较研究。

一直到"文革"结束，随着关于真理标准问题的讨论的开展，更关键的是 1978 年 12 月党的十一届三中全会的拨乱反正以及 1981 年中共十一届六中全会通过的《关于建国以来党的若干历史问题的决议》的发表，长期流行的"左"的倾向受到了清算，用马克思主义观点从事马克思主义哲学与同时代西方哲学的比较研究也由此有了较好的条件，不仅得以正式启动，而且得到稳步发展。

就在 1978 年中期关于真理标准问题的讨论会后的 10—11 月，在安徽芜湖举行了大型的全国西方哲学史讨论会，学者们对长期流行的以马克思主义名义出现的对西方哲学的教条主义评价方式（特别是将其发展史简单地归结为唯物主义反对唯心主义、辩证法反对形而上学的斗争史的所谓日丹诺夫模式）明确地提出了质疑，一致认为必须纠正。这次会议被公认为是中华人民共和国成立以来我国西方哲学研究的转折点。对于中断研究近三十年的现代西方哲学，许多专家也建议恢复研究，但由于当时国内政治形势还较复杂，这次会议上未能展开讨论。1979 年 1—4 月，中共中央召开了理论工作务虚会，确立了改革开放的方针，探讨现代西方哲学研究的政治条件已开始明晰可见，学界适时地于 1979 年 11 月在山西太原举行了更大规模的现代外国哲学讨论会。会议除了由一些专家介绍当前国外的现代哲学流派的研究状况外，讨论的主题就是现代西方哲学研究在我国是否应当以及怎样恢复，并在这方面取得了很大的共识。尽管当时学者们在会上对现代西方哲学评价还很谨慎，但毕竟宣示了这一学科的研究的合法性，还制订了一些较具体的研究计划。因此可以把这次会议看作是现代外国哲学在我国正式恢复并开始呈现发展的趋势的标志。尽管当时还没有人直接将马克思主义哲学与现代西方哲学做比较研究，但对现代西方哲学学习和研究的合法化的肯定必然会为这种比较研究创造条件。

太原会议以后，我国的现代西方哲学学习和研究可谓形成了热潮。融入这一热潮的除了研究西方哲学的专家外，还有许多其他领域的专家以及大量的青年学生。他们虽然并未打算专事现代西方哲学的研究，但对以往几十年这方面的封闭状况大都不满；希望除了从传统的马克思主义哲学教科书了解哲学外，还能有机会对现代西方哲学等其他哲学有所了解，以便增进见识，拓宽眼界，促进他们所从事的其他领域的学习和研究。从这种意义上说，这股热潮有其积极作用。但是现代西方哲学的社会基础和理论形态与马克思主义哲学毕竟有原则的区别。如果不加批判地对其笼统肯定，就会造成冲淡，甚至放弃马克思主义哲学的结局。这显然不符合我国社会主义意识形态建设的要求。正因为如此，当时有关部门适时地提出了反对资产阶级自由化和西化的方针。这本来是维护马克思主义所必需的，但在执行中有些地方对其做了过分宽泛的解释，以致教条主义等过"左"的现象又乘机而起。为了在对待现代西方哲学上坚持真正的马克思主义的立场，克服"左"和"右"的偏向，必须在重新正确理解真正的马克思主义哲学的同时，对现代西方哲学进行深入具体的研究，揭示其实际所是，并在马克思主义的指导下对这两种哲学进行比较研究，正确揭示二者的现实关系。只有这样才能既坚持马克思主义，又能在马克思主义指导下正确对待现代西方哲学，从后者发展的成败得失中吸取经验教训，用以促进马克思主义哲学的丰富和发展。从20世纪80年代中期起至今，尽管有时还有曲折，我国哲学界整体上正是沿着这条道路开展研究的。

从马克思主义哲学产生以来出现的现代西方哲学纷繁复杂，要对其做出清晰的梳理和深刻的认识不是短期内所能做到的，只能先易后难，择其要者而为之。从在中国的影响之大以及在中国受到扭曲之广来说，莫过于实用主义了。因此我个人选择从重新认识实用主义开始，特别是关注如何恰当地将实用主义哲学家本人的学说与一些对实用主义做的片面解释以及野心家、庸人们所奉行的实用主义区分开来。尚在20世纪70年代末编写《现代西方哲学》教材时我就已如此关注了。这部教材由于是中华人民共和国成立以来国内本学科第一部教材，曾因受到广泛欢迎而大量发行，但也由此引起其是否导致资产阶级自由化的严重质疑。对实用主义未做以往那种激烈批判估计是引起人们质疑的焦点之一。这促使我拟撰写一篇既有关于实用主义的扎实的事实根据，又符合马克思主义的批判精神和求实态度，从而有较大说服力的"重新评价实用主义"的文章。这篇文章在1986年写成。它以分节小标题的形式对流传近百年的对实用主义的全盘否定性的评价提出了全面的质疑。我深知发表这样的文章要冒很大的政治风险，因此慎之又慎。写作虽只有几天，但准备了几年。写成后我先打印提交给中国现代外国哲学学会让少数专家传阅，他们反映很好。此后我试探性地在发行范围较窄的《现代外国哲学》（以书代刊）上发表，意外地获得了同行专家们的高度赞赏。现代外国哲学学会还决定专门召开一次会议来讨论如何评价实用主义，这次会议于1988年在成都举行，被公认为是我国学者如何用马克思主义观点评价实用主义等现代西方哲学的重要转折点。

在对如何用马克思主义求实的观点评价实用主义等现代西方哲学思潮取得较大共识后，下一步的工作是如何在对现代西方哲学的各种理论做出更为全面、具体、深刻的研究的基础上，开展将同时代的马克思主义哲学与这些哲学做比较研究，以便既划清二者之间的原则界限，又通过从现代西方哲学发展的成败得失中吸取经验教训，用以促进马克思主义哲学的丰富和发展，特别是帮助我们对发展着的马克思主义哲学能够有更为准确的认识。

用马克思主义哲学观点学习和研究同时代的西方哲学的过程实际上已蕴含着对这两种哲学的比较研究。不过这大体上还只是自发的，或者说未能从这两种哲学的社会历史背景和理论形态等各方面的问题作为直接研究的对象自觉地加以比较研究。只有在对现代西方哲学的各个流派有了较深入、具体和广泛的研究以后，只有在克服了长期存在的对马克思主义哲学的教条主义等片面的认识、对什么是真正的马克思主义哲学有了大体一致的认识以后，才有对这两种哲学做自觉的比较研究的条件。在 20 世纪 80 年代，我国马克思主义哲学界和西方哲学界虽然都开始在学习对方的理论，但就专门研究来说，双方大体上都局限于探讨本学科内部的一些重要问题。马哲界当时为马克思主义哲学的名称问题（例如是否可称为实践唯物主义或实践哲学）而争论不休。西哲界因为范围更广，如何协调和兼顾好欧陆哲学和英美哲学的研究已经为许多人所力不从心。加上当时一些人，特别是理论宣传部门的同志对加强有关现代西方哲学的研究与反对资产阶级自由化的关系还不善于处理。在这种情况下，正式启动对马克思主义哲学与现代西方哲学的比较研究仍是困难重重。其实，马哲界和西哲界的专家都有从事这种研究的意愿。我那时参加全国性的哲学会议的机会较多，除西哲的同行专家外，我与马哲界的一些最著名的专家也有较多交往。以我和当时在南京大学的夏基松教授为西哲一方同以萧前、陶德麟和黄楠森教授为马哲一方的朋友早在 20 世纪 80 年代后期就曾拟发起开一次全国性的马哲和西哲研究对话会，双方都做了认真的准备。开会的时间和地点都定了，最后却因举办地有关部门对现代西方哲学的疑虑而突然取消。

从改革开放伊始到 20 世纪 80 年代末的十多年中，自觉地用马克思主义观点对马克思主义哲学与现代西方哲学进行比较研究的工作虽然还没有正式启动，但已经为这方面的研究创造了非常有利的条件，一些专家实际上已经在考虑开始做这方面的工作。到了 20 世纪 90 年代，随着能将马哲和西哲研究打通的年轻一代学者的崛起，这方面的工作不仅得以兴起，而且取得了许多重要成果。

三、比较研究的兴起及其主要成就

马克思主义哲学与现代西方哲学比较研究在 20 世纪 90 年代兴起并得到迅速发展的一个决定性因素，是改革开放以后成长起来的中青年哲学家这时已开始进入其哲学活动的旺盛期。他们的一个共同特点是较少有我们这一辈以及我们的前辈学者所无法避免的沉重的历史包袱。当他们尚是学生时，他们所学的马克思主义哲学已在很大程度上摆脱了教条主义扭曲，他们不仅系统地学了现代西方哲学，而且这已不再是被全盘否定的现代西方哲学。当他们开始工作时，虽有马哲、西哲的分工，但他们大都较为容易突破这种分工，并在很大程度上将二者打通。正因为如此，他们的许多研究成果均显示出他们能超越本专业的范围而有广阔的视角。

我们这一辈人的历史局限性最大。在我们最能长知识的青年时代，一个接一个的政治运动占去了很大部分的学习时间，而意识形态的"左"倾又使我们不得不花大量时间去接受许多不能增进智慧，反而导致头脑僵化的教条，我们的"学术研究"也往往被限制在某种特殊体制所允许的范围。这样就造成了我们在专业知识和马克思主义的掌握上都有很大局限性。我们研究西方哲学的人大都有一段学习马克思主义哲学的经历，按说应当善于用马克思主义哲学来指导西方哲学研究并取得较好的成效。但由于所接受的马克思主义往往是受到过扭曲的，这反而使我们对西方哲学，特别是与马克思主义哲学同时代的现代西方哲学不能采取实事求是的态度，从而往往未能掌握现代西方哲学的真谛。在从事马克思主义哲学与现代西方哲学的比较研究上，即使是改革开放以后，我们走的也是一条曲折的道路。

我在同辈人中算是幸运的。在现代西方哲学被简单归结为帝国主义反动哲学而被禁止在大学课堂开设的年代，复旦大学的全增嘏教授却以

"现代外国资产阶级哲学批判"的名义获准开设。我1961年初来到复旦大学后不久，他就把这门课程的全部教学任务交给了我。系统讲授和编写相应教材的需要促使我对当时可能找得到的各个哲学派别的材料都有所涉猎，由此对现代西方哲学从整体上获得了较多了解，这使我在用马克思主义观点评价现代西方各派哲学以及将它们与马克思主义哲学做比较研究上能有一定信心。上面提到的《重新评价实用主义》一文之所以能有较大影响，正是由于此文既坚持了马克思主义的批判态度，又在较大程度上尊重了实用主义的实际所是。如果这样做能得到认可，那也可以这样来重新评价其他现代西方哲学流派。

重新评价现代西方哲学的目的不是简单地为它们翻案，更不是用它们来削弱，甚至取代马克思主义，恰恰相反，而是要更准确地来认识这两种哲学。既划清马克思主义哲学与现代西方哲学的原则界限，又揭示它们作为同一时代的哲学所必然具有的同一和差别的关系；通过揭示和总结现代西方哲学的成败得失，从中吸取经验教训，以便更好地丰富和发展马克思主义。正因为如此，在对马克思主义哲学的重新研究和对现代西方哲学的重新评价都取得了较大成果后，在马克思主义指导下对这两种哲学自觉地开展比较研究的任务就显得非常突出了。

我个人对这种比较研究思考较早。重新评价实用主义就是为做这种比较研究创造条件。1990年出版的《现代西方哲学》修订本抛弃了对现代西方哲学的僵化的批判模式，初步肯定了西方哲学从近代到现代转型的积极意义。这标志着已不把这种转型与马克思在哲学上的革命变更绝对对立起来，而企图从二者共同的社会政治和思想文化背景下来考察它们之间的对立和统一关系。这实际上意味着已开始尝试从事马克思主义哲学与现代西方哲学的比较研究了。由于当时的主客观条件都不具备，我无法把问题明确提出来，更无法对它们做出明确的回答。但是我已把明确提出和回答这方面的问题当作我今后工作的主轴。

为此，我密切关注哲学界与此相关的研究动态，特别是作为对这两种哲学的比较研究的指导思想的马克思主义哲学的研究动态。如果马克思主义哲学研究还停留于以往那种僵化的状态，这种比较研究根本无法进行。即使进行，也必然被人简单当作是抹杀这两种哲学的对立，甚至是将现代西方哲学取代马克思主义，那就成了一个重大的政治问题了。好在改革开放以来我国马哲界经过多年的讨论，克服了种种分歧，大家在抛弃传统的所谓"教科书批判模式"并肯定实践的观点是马克思主义哲学的核心观点这个大方向上取得了一致。而这意味着可以用重新理解的马克思主义观点来认识马克思主义哲学本身及与其同时代的现代西方哲学，并重新评价它们之间的关系。对于现代西方哲学，我国哲学界早已改变了以往那种简单地全盘否定的状况，对众多流派和哲学家的理论进行了越来越广泛和深入的研究，这也为对它们进行求实的评价提供了可靠的依据。

正是由于国内有上述哲学研究背景，我在 20 世纪 90 年代中期已就马克思主义哲学和现代西方哲学的比较研究问题形成了两个相对确定的观点。要言之，一是西方哲学从近代到现代的变更不能像以往那样归结为由唯物主义转向唯心主义、辩证法转向形而上学、进步转向反动，而是西方哲学发展史上一次具有划时代意义的哲学思维方式的转型，它标志着西方哲学发展到了一个新的、更高的阶段。二是西方哲学的现代转型与马克思在哲学上的革命变革大体上发生于同一历史时代。它们所要变更的哲学都是已处于严重危机和困境的西方近代哲学。二者在批判和超越西方近代的哲学思维方式、建立适应现代的哲学思维方式上必然存在着重要的共同之处，在一定程度上可以说是殊途同归。但是，二者之间在阶级基础和理论形态上又有着原则性的区别。例如，作为马克思主义哲学的核心观点的实践，指的是以物质生产活动为基础的人的全部改造自然和社会的活动，它与马克思主义的唯物主义自然观和社会历史观是统一的。因此，马克思主义哲学既超越了西方近代哲学，也超越了西方现代哲学。这两个观点是对流行了一个多世纪的权威观点的全面颠覆，公开发表显然要冒较大风险，但我还是要做一番尝试。1995 年我发表了《从西方古典哲学到现代哲学的转折》①一文。由于观点表述不够鲜明、论证不力，没有引起学界注意，但也未引起什么麻烦。于是我在 1996 年又发表了《西方哲学的近现代转型与马克思主义哲学和当代中国哲学的发

①　刘放桐：《从西方古典哲学到现代哲学的转折》，《河北师范学院学报》1995 年第 2 期。

展道路（论纲）》①一文。该文对上述两个观点的阐释比前文明确和清晰得多，经《新华文摘》几乎全文转载，在哲学界引起了相当广泛的反响。尽管也曾有人怀疑它是否偏离了马克思主义，但赞同和大体上赞同的占了绝大多数。

上述论文毕竟只是"论纲"性的，论证远非全面和充分。在此后的近二十年间，我一直持续在从事这方面的工作，发表了几十篇论文（其中《当代哲学走向：马克思主义与现代西方哲学的比较研究》②、《对西方哲学近现代转型的历史与理论分析》③等十多篇为《新华文摘》转载）。以此为基础，我编写了《马克思主义与西方哲学的现当代走向》（人民出版社 2001 年）、《中国的现代哲学历程：西方哲学与马克思主义》（华盛顿英文版 2004 年）、《西方近现代过渡时期的哲学：哲学上的革命变革和现代转型》（人民出版社 2009 年）、《探索、沟通和超越：现代西方哲学与马克思主义哲学的比较研究》（北京师范大学出版社 2010 年）、《马克思主义哲学与现代西方哲学研究》（北京师范大学出版社 2012 年）等专著。广为发行的《现代西方哲学》教材的第三版，即《新编现代西方哲学》（人民出版社 2000 年）在对现代西方各派哲学的评述上也具体贯彻了上述两个观点。在这些论著中，我试图分别从不同方面、不同视角，结合不同哲学问题对马克思主义哲学与现代西方哲学的关系问题尽可能做出明确的阐释。从相对狭义的马克思在哲学上的革命变革和西方哲学从近代到现代的转型来说，我个人所能做的大体上都已做了。

在重新得到正确理解的马克思主义指导下重新研究和评价现代西方哲学，在西方哲学从近代到现代转型的大背景下重新更深刻地理解马克思在哲学上的革命变革的伟大意义，这是改革开放以来我国哲学研究中的一种具有很大普遍性的潮流。我对马克思主义哲学与现代西方哲学的比较研究不过是较为自觉地适应这种潮流，我所做的工作只是我国哲学界在这方面的重要成就中的全豹之一斑。事实上，哲学界许多专家，特

---

① 刘放桐：《西方哲学的近现代转型与马克思主义哲学和当代中国哲学的发展道路（论纲）》，《天津社会科学》1996 年第 3 期。

② 刘放桐：《当代哲学走向：马克思主义与现代西方哲学的比较研究》，《天津社会科学》1999 年第 6 期。

③ 刘放桐：《对西方哲学近现代转型的历史与理论分析》，《学海》2000 年第 5 期。

别是中青年专家在这方面所做的比我要广泛和深刻得多。作为一个突出的事例，我在此提一下 2000 年在上海举行的马克思主义哲学和现代西方哲学研究的对话会。

上文曾提到早在 20 世纪 80 年代后期马哲和西哲界就曾准备举行双方的对话会，虽因时机不成熟未能开成，但我们一直在关注着这方面的研究动态。我从 20 世纪 90 年代中期发表的上述见解在马哲和西哲界都引起较多共鸣。许多专家发表了与我类似，但有的更深刻和具体的意见。研究马哲的专家深入研究西哲、研究西哲的专家重新研究马哲，这时已成为普遍的风尚。我感到对话的时机已经成熟，就向时任教育部哲学学科教学指导委员会主任的陶德麟教授建议，以这个委员会的名义召集马哲和西哲的专家开一个对话会，得到了他和其他几位副主任的赞同，教育部的相关领导也批准了我们的申请。这个对话会于 2000 年夏由复旦大学哲学系承办。参加会议的专家学者有一百多人，高教系统从事马哲和西哲研究的老中青三代著名专家几乎都来了，其中包括当时已年逾八旬的萧前、黄楠森、张世英教授，萧前教授是坐着轮椅来的。由于改革开放以后一直未能成立全国性的哲学学会，以往马哲和西哲界的全国性学术会议都是分学科单独举行的。这次难得有机会在一起，并就马克思主义哲学与现代西方哲学的关系这个共同关注的重要议题自由探讨，大家都很兴奋，表达了一种将这两种哲学结合起来研究的强烈意愿。由于会议时间毕竟有限，不可能就许多具体问题深入探讨，但在摆脱以往受到教条主义扭曲的马克思主义批判模式，重新理解马克思主义哲学的革命意义，并在其指导下重新研究和评价现代西方哲学上，可谓取得了高度的一致。这次会议对我国马哲和西哲研究，特别是二者的比较研究上起了重要的推动作用。

上海对话会以后，我国这方面的比较研究得到了新的重大发展。许多中青年专家在这方面做出了更为广泛、深刻和具体的研究，并取得了极为丰硕的成果。这最突出地表现在从事马哲研究的专家都非常重视对现代西方各派哲学的研究。他们已远不满足于对它们的一般性了解，而是按著名西方哲学家和哲学派别的具体理论逐个进行专题研究，他们关于这方面的论著所达到的研究水平受到了西哲界的高度评价。同样，西哲界的专家也更为关注对马克思主义哲学的重新学习和研究，更加善于将以往受到极大扭曲的马克思主义与真正的马克思主义区分开来，更好地将对西方哲学、特别是现代西方哲学的研究与对马克思主义哲学的研究结合起来，从而大大地推进了我国的整个哲学研究。而这也正是我国马克思主义哲学与现代西方哲学比较研究最主要的成就。

四、比较研究存在的问题及未来走向

马克思主义哲学与现代西方哲学的比较研究在我国已取得了许多重要成就，但也还存在一些问题，有待进一步研究和解决，对此笔者做些简要分析。

1. 对比较研究的合法性达成进一步的共识。

我们上面曾谈到，许多研究马克思主义哲学的学者对现代西方哲学做了大量研究。他们对现代西方哲学的各个派别和哲学家的理论所做的深入细致的探讨不亚于专业的西方哲学研究专家。他们不仅善于运用现代西方哲学的话语，往往还能把后者的一些积极因素引入马克思主义哲学研究中，丰富和发展了马克思主义哲学。例如，他们对现代西方哲学中的生存概念做了唯物主义的改造，并将其与马克思主义的存在论和实践论统一起来，就是对马克思主义哲学本体论的一种更好的阐释。但是，为了避免僵化的马克思主义的非难，他们在合理地利用现代西方哲学中反映人类哲学发展的积极因素时，却又不得不避免使用现代西方哲学中本来合理的话语，甚至避免提及现代西方哲学。尽管很少有人再主张用僵化的马克思主义来评价现代西方哲学，但毕竟还有人未能划清僵化的马克思主义与发展着的马克思主义的界限。这意味着马克思主义哲学与现代西方哲学比较研究的合法性问题尚未完全解决，这显然不利于批判地借鉴现代西方哲学的积极成果用来丰富和发展马克思主义哲学。

2. 全面研究和正确处理资产阶级自由化和西化思潮与现代西方哲学的关系。

资产阶级自由化和西化思潮与我国社会主义精神文明建设不相容，而西方资产阶级哲学是资产阶级自由化和西化思潮的重要理论基础。因此，许多人对西方哲学、特别是西方现当代哲学的作用怀有疑虑、对其可能产生的危害怀有警惕，这是很自然的。揭露和批判现代西方哲学思潮对我国可能产生的负面作用，是我国哲学研究的重要任务之一。

但是，对西方哲学思潮与资产阶级自由化思潮的关系的理解又不宜简单化。

大家现在所谈论的资产阶级自由化大体上是指西方资产阶级所宣扬的自由、平等之类思想倾向，它们的产生与资本主义商品经济的出现相适应。商品必须在市场上实现，商品经济就是市场经济。而市场关系外表上是自由、平等的买卖关系。相对于封建制度下农民在经济和政治上对贵族地主阶级的人身依附关系，资本主义的这种自由、平等关系有过进步意义。一些资产阶级思想家由此给它们戴上"普世价值"的光环。其实，这种外表上的自由、平等掩盖了资产阶级对无产阶级事实上的剥削和奴役。马克思在《资本论》中对这种自由、平等的虚伪性和欺骗性做过淋漓尽致的揭露。资产阶级的思想家大都是这种"普世价值"的宣扬者。但是，随着资本主义奴役制度内在矛盾的暴露，也有一些西方思想家从同情广大群众的角度来谈论"普世价值"。杜威强调"私利服从公益"、肯定发扬个性（个人主义）的主要目的是更好地服务于社会，罗尔斯等人强调公平正义，都不能简单地说是站在资产阶级欺骗立场，有的研究具有重要的现实意义，对之要具体分析。

更为重要的是：现代西方哲学不只是谈论自由化等政治问题。它们从当代科学技术和人类认识的发展出发对存在论、认识论、科学方法论等各方面的哲学问题都在不同意义上做过大量研究，有的研究取得了重要成果，推动了哲学的进步。

总的说来，反对资产阶级自由化并不排斥对西方哲学，特别是西方现当代哲学的研究，恰恰相反，为了更好地处理二者的关系，划清二者的界限，需要在加强对发展着的马克思主义的研究的同时，更深入具体地理解发展着的西方哲学，加强对它们的比较研究。

3. 深入探究西方现代各派哲学之间的区别和联系，特别是深入探讨它们的变化与由马克思主义哲学为主导的现当代哲学发展的总的趋势的联系。

改革开放以来，我国的西方哲学研究不仅得以恢复，而且在许多重要领域都取得了显著的成果。一些专家早已不满足于一般性的了解，而是选择他们认为重要的哲学家或哲学流派进行深入细致的研究。例如一些研究现象学的学者大都有一段在国外从事研究的经历，在那里取得博士学位或进行访问研究。回国后他们对现象学继续进行有计划、有组织的研究。他们在这方面的研究成果已不比国外同行逊色。对英美盛行的分析哲学的研究虽然有些曲折，但总体来说也已进入国际前沿。中国学者至少可以与国外先行的哲学家平等对话。也正因为国内哲学界对现代西方哲学的研究已经相当深入细致，他们的分析也已达到较高水平，那种仅凭现代西方哲学的片言只语便对之简单批判的状况总的说来已经过去。

但是，我国学界对现代西方哲学的研究也还有不足之处。其中最重要的是对各个西方哲学家和各派哲学之间的联系，特别是这些哲学家和哲学流派的理论与由马克思主义哲学为主导的整个现当代哲学的发展趋势之间的关系的研究还相对薄弱。研究现代西方哲学当然需要深入具体地研究各个哲学家和哲学派别的具体的理论。但如果只是孤立地研究各个哲学家或各个哲学派别，那我们所获得的就可能局限于它们所论及的较狭窄或者较独特的方面，无法从与其他哲学家或哲学流派的理论，特别是与马克思主义哲学的比较中来了解所处时代哲学发展的趋势。这样我们同样无法对这些理论做出恰当的评价。任何一种哲学理论发生什么样的作用，都不可能是孤立地来判断，都必须由它在所处时代以及这个时代哲学发展的总趋势中的地位来判断。准确地理解现当代哲学所处的时代以及这个时代哲学发展的总的趋势，是准确理解这些哲学的地位和作用的重要前提。

4. 为了准确地理解现当代哲学所处的时代以及这个时代哲学发展的总的趋势，最重要的是进一步深入具体研究西方哲学从近代到现代的各种转向，特别是马克思在哲学上的革命变革以及二者之间的关系。

对于近代哲学到现代哲学的转向，马克思主义哲学界一般做双重解释。其一是从近代哲学到马克思主义哲学的转化，即马克思在哲学上实现的革命变更。这方面虽然还有不少具体问题需要讨论，但对马克思把与唯物主义和辩证法相统一的革命实践当作这一变革的基础，大家的认识基本一致。其二是西方近代哲学到现代哲学的转向。绝大多数人都抛弃了过去的简单否定的倾向，肯定了这一转向的进步意义，但具体如何解释还是众说纷纭。

从 19 世纪中期即与马克思主义产生大致同时代起，西方哲学中弥漫着一种在不同的意义上批判黑格尔而要求回到康德的思潮，这也许并非简单倒退，而是利用康德的先验主体的能动性、将其做各种改造，以此超越传统的二元分立思维方式。许多哲学流派各自通过强调意志、生命、生活、行动、趋势、过程等的决定性作用，反对近代哲学的实体性形而上学和体系哲学，由此在不同程度上具有现代哲学的特征。20 世纪初罗素和摩尔通过语言分析对唯心主义的反叛所形成的分析哲学运动以及欧陆哲学家通过反对以二元分立为特征的传统形而上学所形成的现象学运动，构成了现代西方哲学的两大思潮，它们的兴起被公认为是由近代哲学转向现代哲学的标志性事件。这些现代西方哲学派别当然有着各种联系，都宣称自己实现了哲学上的转向，但又都强调各自的独特性，没有哪个流派具有优先地位。直到 20 世纪第二次世界大战时期，随着语言分析哲学越来越得势，所谓语言的转向在西方哲学的各种转向中逐渐取得了主导地位。往上由罗素、摩尔追溯到弗雷格、皮尔士，往下扩及绝大部分现代西方哲学思潮。欧洲大陆现象学、存在哲学、阐释学、结构主义和解构主义等也被认为在一定意义上把哲学问题归结为语言问题。然而，由近代哲学到现代哲学的转向真的可以归结为语言的转向吗？至少从与马克思主义哲学做比较研究来说难于这样归结。实践的观点是马克思实现哲学上的革命变革的核心观点，这大概是众所公认的。而实践的观点很难归入语言的转向。如果把语言的转向看作是现代哲学的根本转向，那岂不是要取消马克思在哲学上的革命变革的意义吗？

至于现代欧洲大陆哲学之把哲学问题当作语言问题，也具有与分析哲学不同的意义。就以海德格尔的存在哲学来说，他虽然说过语言是存在的家，但这并不意味着语言就是存在。他更多地是强调"在"（Sein，在，是）本身怎样"在起来"这种活动。在实用主义哲学家中，皮尔士和杜威特别强调语言的作用。杜威甚至认为正是语言的使用使人类成为有思维和智慧的动物，从而有别于其他任何动物。但是他也并不把语言当作是某种终极的事物。语言始于说话，而说话本身就是一种活动。语言是在利用语言这种人类实践的特殊形式中产生的。

上述分析并非否定语言的转向以及其他西方哲学流派或哲学家根据他们自己的理论所提出的各种特殊的转向的意义；我只是认为它们未能将各种特殊转向的独特的意义充分展示出来，从而也未能理清它们之间的关系，这样就难以把握整个现代哲学转向的更为深刻和具体的意义，特别是难以正确揭示和阐释西方现代哲学的各种转向与马克思在哲学上的革命变革的关系。马克思在哲学上的革命变革的深刻意义只有在与各种其他哲学形态，特别是与同时代的各种西方哲学转向的比较中才能更具体地显示出来，我们研究后者的主要意义也正在此。

5. 把对西方哲学与马克思主义哲学的比较研究与对中国传统哲学和文化的变更的研究进一步联系起来，更妥善地处理好二者的关系。这一点更为重要。

一定的哲学总是在一定相应环境下产生和发展并为维护和发展这种环境服务。西方哲学和中国哲学也都是这样。中国学者研究西方哲学（包括现当代）的主要目的不是发展，更不是创建这些适应西方环境和西方文化传统的哲学，而是通过研究这些哲学的成败得失，从中吸取经验教训，以利于创建和发展与中国环境相适应的中国特色的哲学。这并非什么新观点。严复等第一批译介现代西方哲学的专家早就是这样做的。由于后来出现过"全盘西化"倾向，对维护和发扬中国传统哲学和文化造成了不利影响，当时就有学者对其进行了批判。最近几十年来，随着对外开放的发展，中国学界对西学的译介和研究也空前发展，对"全盘西化"之类倾向更有必要提高警惕。许多学者就如何反对西化和自由化发表了大量论著，这是应当肯定的。

至于怎样从维护和发展中国传统哲学和文化的目标出发来研究西方哲学，前辈学者也做了大量工作，值得加以总结和借鉴。这方面的工作近些年仍有不少专家在做，并取得较多成果。现在大家更为关注的是如何使我们这方面的研究更加适应中国特色社会主义建设，特别是社会主义精神文明建设的需要。而这既需要我们对西方哲学本身与中国传统哲学和文化本身有更全面、客观和具体的理解，更需要我们对发展着的马克思主义，特别是中国化了的马克思主义有较好的掌握，因为只有在后者的正确指导下，我们才能在这方面取得预期的成就。改革开放以来，特别是党的十八大以来，中央和地方各有关部门都设立了大量有关这方面的重大研究课题，已有不少优秀的成果问世。我在这方面没有具体研究，无法多谈。

我对当下进一步开展马克思主义哲学和现代西方哲学的比较研究的理解，主要就是较好地解决上面所提到的几个主要问题。它们能得到何种程度的解决，是我国马克思主义哲学和现代西方哲学比较研究取得何种程度成功的主要标志。从近几年我国哲学界研究的实际状况看，上述一些问题都已在解决过程中，有的已取得重要成果。我对取得更好的成绩充满信心。

作为对马克思主义哲学和现代西方哲学比较研究的前瞻的补充，最后我就学界广泛谈论的关于如何打通"马中西"研究的问题再提一点看法。

人们在讲到当代中国哲学发展道路时经常强调要更好地打通"马中西"。我完全赞成。但如何理解三者以及它们的关系还有待探讨。有的学者提出"马魂、中体、西用"，但也有学者提出应当更强调中国传统文化这个根，反过来提出"中魂、西体、马用"或"中魂、马体、西用"。我则认为应当将三者结合起来考虑。"马"无论是作为"魂"、"体"还是"用"，都应是指在整个西方，甚至整个世界发展哲学发展大趋势下的"马"，是发展中的马克思主义，在中国运用更应是中国化了的马克思主义。"中"，也应当是发展中的"中"。建设中国特色社会主义新文化当然应当以中国传统哲学和文化为根基，但这不应当是照搬千百年来的、仅与以往历史相适应的旧文化，而应当是经过长期与外来文化，特别是一百多年来的马克思主义文化相互作用下的中国传统文化。至于"西"，更应是在西方社会变更影响下经历了重要变更的"西"，是经过马克思主义批判、用马克思主义观点重新理解的"西"。总之，"马中西"是发展着的"马中西"，是在三者变更了的形态下、在三者的当代条件下的"马中西"。只有这样，我们才能适应当代变更了的条件将三者在符合中国特色社会主义建设要求下打通。

原载《天津社会科学》2017 年第 5 期

重启世界哲学的宣言：中国哲学的意义

斯洛特[*]

一

是时候了，我们的哲学该按下重启键了。我指的是西方哲学——非西方哲学我稍后再提。在西方哲学史上，我们看到自柏拉图以来理性主义当道。希腊人是最早的西方哲学家，他们以一种极端的、不同寻常的方式抵制纯粹的肉身存在。肉身存在的确很难理解。某些基督教派告诉信徒，肉体是污秽的，或者是危险的，但没有人对希腊人这么讲。他们似乎是自己形成并奉行那样的观念，我不确定是否有人试图解释过这一现象是如何出现的以及为什么会出现，反正它确实出现了。柏拉图告诉我们，我们应该尽可能远离我们的肉体存在（而且应该追求理性）。亚里士多德告诉我们，纯理论生活是最高的存在样式。康德说，我们应该——或者说，在可能的情况下希望——尽可能摆脱肉体倾向。诸如此类的言论不胜枚举。

但你很可能会问，这和过度理性主义有什么关系？对肉体的拒斥和对情感的拒斥密切相关。在一定意义上，情感与肉体相关，而我们的认知则不然。我不确定究竟是对情感的恐惧催生了对肉体的厌恶还是相反。这可能是历史学家需要研究或者做更深入研究的——至少我没有看到他们关于这个特定的问题说了什么有用的或有启发性的话。（我想，研究这一问题的历史学家将是以哲学史为对象进行心理史研究，这

---

[*] 斯洛特，1941—　，美国迈阿密大学哲学系教授。

样的研究是非常值得的。）而且，众所周知，西方传统思想中的男权心态（patriarchal mentality）把情感、肉体、女性与理性、心灵、男性对立起来。但在今天，我们不会马上把女性和我们认为不太好的事物联系在一起。敏感的男性应该接受他们的情感，并由此发展自身，而不是唯恐避之不及。那么，哲学是否可以从中获得某种启发呢？

上述看法已经有人粗略提过。他们已经谴责西方的状况，但这些反对意见真正要接受的考验在于，它们是否提供了有吸引力的替代方案。我认为，迄今为止还没有人做到。对这一情况的反应之一乃是转向赞美情感、完全否定理性的非理性主义（尼采便是这一进路）。另一种可能的反应则是放弃作为哲学的哲学，放弃追寻智慧与真理的哲学，这一进路在欧洲大陆后现代主义中屡见不鲜。

但是，如果我们能够在保持哲学之为哲学的同时克服西方对于理性的极端偏好，情况将会如何？如果我们能够更加理智、更加冷静、更加开放地看待情感，让情感引导我们走向一种更加平衡的哲学，把理性与情感看成是人类思想和生活中具有同等价值的东西，情况将会如何？但我们需要这样去做的动机和理由。库恩（Thomas Kuhn）已经告诉我们，如果没有更好的新理论出现，那我们会很犹豫（还不只是犹豫）要不要放弃已有的理论。就传统、思想或思辨领域的一般进路而言，这一点同样适用。只有当我们知道要重新设置什么内容，并且看到这一重新设置的哲学或个人动机时，重启键才有意义。我们当中谁真的有这样的动机呢？

从英美哲学的现状来看，哲学家非常满足于延续过去的做法：赞成一种我只能称之为纯理性或纯认知的处理问题的进路，而把情感以及与之相关的"同情"（empathy）[①] 等放到一边，或置于事物的边缘。我并不反对处理这些问题，但我认为，处理这些问题时应该摘掉有色眼镜，而时下英美哲学的研究方向看不出有多大希望。诚然，妇女运动所引发的工作——例如，女性视角的认识论和关爱伦理学——对重要哲学问题

---

① 英文词"empathy"颇难译。我们在此将"empathy"译作"同情"。这里的"同情"取古典汉语中的含义，即"同其情"之意，意味着"设身处地地体验对方的情感与心情"，而不是现代日常用语中"同情"所表达的"怜悯"之意。这一点，需要在此特别说明。——译注

的看法较之时下大多数分析哲学家的通行观点更加开阔和深刻，但分析哲学家几乎无视这些发展趋势。我不得不说，我想到了吉利根（Carol Gilligan）在《不同的声音：心理学理论与女性发展》（*In a Different Voice：Psychological Theoryand Women's Development*）这部巨著中所讲的男人之于女人的关系。吉利根认为，传统社会或父权/男权社会的特征在于没有人真正关注或真正倾听女人和女孩的声音。我敢说，近几十年哲学界出现了同样的情形。像吉利根这样的先锋知识分子为哲学重要问题提供了新的或更开阔的观点（不只限于伦理学，还涉及我们对自我认同和心灵更普遍的理解），但很少有人认真地加以对待。

（广义上的）伦理学家没有注意到这一点。例如，帕菲特（Derek Parfit）里程碑式的两卷本著作《要务述论》（*On What Matters*）认为，伦理问题之所以产生，归根结底在于我们的公共生活需要一套规则系统，可惜他从未考虑过吉利根早前提出的观点：抚养男性长大成人，从而促使他们采取一种以公共规则为基础的道德观的典型方式，基本上不会发生在女性身上。我不知道诸位会怎么想，但倘若我是帕菲特，倘若我倾听吉利根已在其名著中阐述的观点，那么，我会有点担心。我会暗自思忖：哇，我不正是采取了典型的男性观点吗？更令我担心的是，帕菲特看起来丝毫没有担心的迹象，他没有倾听吉利根的学术观点，同时也是女性的声音。追随罗尔斯的契约论者把道德/政治问题视为我们应当赞成的规则的问题，他们也犯了同样的错误。比如，哲学家斯坎伦（T. M. Scanlon）和达沃尔（Stephen Darwall），当然，还有罗尔斯本人。一切似乎都还是吉利根写那本书以前的老样子。

我不是说限制伦理学发展的是思想狭隘——远不止于此。随着近年来同情概念与同情现象在学术界和公共讨论中日益凸显，人们本应更加严肃认真地对待下述看法：（在西方）历史上，人们远未充分认识到情感之于认知的重要作用。但是，你看近来分析的认识论和心灵哲学的研究，似乎一切都还运行在旧有的轨道之上，无人关注其他可能性。不过，也许你会问，他们为什么要关注其他可能性呢？我们不是得论证，而不只是妄自断言他们的进路错失了要紧的东西吗？的确需要论证。本文正是我对此的论证。我最近的工作试图指出传统所忽略的特定的可能性。我试图给出论证，而我也不是唯一这样做的人。确实，想要说明西方思想家忽略了重要的可能性和实在性，就必须拿出证据。不过，既然西方思想家并不认为他们的运思陷入任何危机，那么，（再次如库恩所言，）他们不可能认真听取那些批评其理性主义／认知主义主导范式的人的意见。有改变的可能性吗？

有可能的，而且发生改观的最大可能来自中国。也有可能来自印度或日本，但中国的可能性尤其大。中国思想从未被带入西方易出现的强劲的理性主义，中国及其他非西方国家在未来几十年的学术影响力可能会有效地帮助我们成功地启动重启键，单单在西方传统内部，这是不太可能实现的。

<h1 style="text-align:center">二</h1>

且让我为这些争论提供一些实质内容吧，让我简略地说明一下，我们需要为（西方）哲学按下重启键的主要理由是什么，为什么中国哲学家（或许在西方女性思想家的帮助和支持下）很可能会成功地按下重启键。我还想简要阐明，为什么需要的不只是哲学运思的某一个领域。在认识论、心灵哲学和伦理学中，我们当下的思想都存在着大量的限制和不平衡之处——包括错误的假定——有待更正。

例如，西方认识论者，即研究认识论的分析哲学家必须思量同情与情感之于他们的领域的意义。诚然，人们普遍承认，情感有时可以帮助我们更好地了解世界（当危险来临时，害怕是一个可靠的信号），而同情较之其他认知途径能让我们更为直接或更加成功地在认知上接近他人（如果我对你的痛苦有同情，那么，我就迅速地认识到了它的存在和性质，比在既定情况下任何理智的推断更加迅速）。但是，同情与情感的作用远不止于此。

例如，人们还没有承认，同情不仅可以使我们直接触及他人的态度或信念，还可以让我们直接了解他们对外部世界的认识。只要看两个例子：如果孩子经由同情接受了父母对蛇的恐惧或对赵阿姨的信任，他也就认识到蛇的危险性或赵阿姨的可靠性。易言之，孩子对父母的同情除了让他了解父母之外，还让他学到了其他重要的东西。此外，在通过断言（以及提问）等言语行为来传递知识方面，同情同样起到了重要的作用（这里我也只能简单地提一下，这些问题我在别处做了详细的探讨）。言语行为理论家把注意力集中在断言者的意图上：断言者一方面试图使听话者认识到他们的如下意图，即让听话者相信他们对所断言内容的信念，另一方面试图使听话者在此认识的基础上相信最初的说话者的意图。尽管这一言语行为分析已经存在反例，但是，这样一种关于言语行为是如何起作用的论述，它真正的问题在于，忽视了同情在实现正常言语行为方面所起的作用。休谟在《人性论》中指出，人们的观点和态度会经由同情（empathically）——尽管休谟用了"sympathetically"（经由同情）一词，因为当时"empathy"（同情）这个词还没有发明出来——影响周围的人。史蒂文森（Charles Stevenson）在其早期论文《道德判断的情感理论》（The Emotive Theory of Moral Judgments）[《心灵》（Mind），1937年]中指出，道德判断具有一种磁力或活力，它使得道德判断/陈述者所表达的情感通过感染传递给身边的人。可惜，史蒂文森原本可以在更一般的意义上阐明他的相当休谟化的观点。他本来可以说——我希望他这么说——做出真诚断言的人所感受到的自信和信念会经由同情——通过感染——传递给那些听到断言的人（或者，甚至传递给那些读到断言的人，虽然在强烈程度上要弱一些）。正常的断言言语行为之所以有效，至少部分原因在于，人类可以通过这种同情正常地传递观点与态度，而据我所知，这正是研究断言等言语行为的论著所完全忽略的一点（描述同情在提问和命令中的作用同样有意义）。相反，人们在很大程度上预设或假定，听者得出断言者之所说很可能是真的这样的结论，此乃是某种论证或推论，而论证或推论的基础则在于，认可断言者想让自己被相信的意图。这就把一个基本上是经由同情的接受过程过度理智化了。

且让我再举一个重要的例子，说明同情——在这个例子中也包括情感——在获得知识和信念的认识论辩护方面作用明显，但这一作用之前还没有被认识到。近年来，研究德行认识论的学者在一定程度上强调了"虚怀若谷"（open-mindedness）的德行，他们的重视程度超过了这一新传统之外的认识论专家。但是，没有一位认识论专家指出同情与情感在虚怀若谷的认识论／理性德行中所起的根本性作用。

我们知道，同情有两类：投射性的同情（projective empathy），它能进入他人头脑的内部；伴随性或感受性的同情（associative or receptive empathy），它能实实在在地认同他们，实实在在地（且不管如何短暂）从他人的角度观察事物。骗术高明的人知道怎样进入他人的头脑，善于揣测他人的想法和情感，但并不是真正地认同他人和他人的情感／信念。他们从头至尾都保持某种冷漠的距离。如果有人善于进入别人的头脑，而这样做只是为了更好地驳斥他的观点和论证，那么，他就不是虚怀若谷——他更像是非常善于从他人那里挖掘有用信息的心理变态者或骗术高明的人。相反，虚怀若谷要求我们认同他人和他人的情感／信念（不管如何短暂）。它包括从他人的视角看待事物（不管如何短暂），而这显然意味着，它包含感受性的同情，也意味着它包含情感。因为如果我从他人的角度看待事物，我就会在此程度上同情他们的观点，而同情是一种情感：在此情形之下，则是对某一观点或某一系列观念的同情而非对某一个人的同情，但是，就像其他任何形式的真正的同情一样，这种同情确实是一种情感。（如果一个人同情某政党的目标，他会对这个政党的目标或理念毫无情感反应吗？）同情与情感在一种重要的理智／认知德行中，从而在整个认知理性中发挥着重要作用，但是，竟然没有一位研究认识论的学者认识到这一点。

这种认识论意义上的作用意味着，情感在心灵哲学中有着类似的重要作用（虽然同情的作用可能要小一些）。刚才讨论虚怀若谷时我已经暗示，理智上虚心的人对起初至少是反对的（并非荒诞不经的）观点抱有某种同情，如果一个人对他人的信念真正虚怀若谷，真正具有同情，那么，这种同情就会实在地表现出来。不过，如果人们的观点和论证存在情感和态度的成分，这种情感与同情将更有意义，因为很容易想象，我们对带有某种感情色彩的事物产生同情。我相信，一般说来，人们的观点事实上带有这样的情感色彩。

一个人要相信对事物的某些假设或看法，就得偏爱它胜过其他不相容的假设或观点。这里所讲的偏爱绝不只是一个比喻。如果我们偏爱某政党，那么，我们的偏爱态度就含有情感的要素或方面。对观念或论证的偏爱，尽管它的目标或对象或许更加抽象，但它依然是偏爱行为或偏爱态度，这意味着它含有情感。按照最近及以往的分析哲学，信念是某种惰性的东西，或者说，信念具有严格的从心灵到世界的匹配方向。但是，如果我现在所讲的是对的，那么，信念就不是像我们所想的那样毫无生气或"纯属认知"。相信某事实际上就是对某事持一认知态度，而态度既非惰性又非毫无生气。

为了证明这一点，我们不妨看一下，如果有人站出来公开质疑我们所坚信的东西，我们会做何反应。"哦，来吧！"我们的典型反应会是说出诸如此类的话。如果我们认为显而易见或完全成立的东西受到唐突的质疑，我们就很可能感到心烦或恼怒。（一个非常清楚帝国大厦在纽约城的人听到有人出乎意料地说帝国大厦在纽约"帝国州"的首府奥尔巴尼，他会做何反应？）因此，我们充满情感地投入信念之中，信念不可能是惰性。进一步的证据在于，如果认为我们的信念遭到了（理智上）不公正的攻击，我们就会为它辩护（比如，我们正在为这样的信念辩护）。信念的例子事实上证明了认知与情感之间的关联或互渗，但是，除了某些德国浪漫主义思想家如舍勒（Max Scheler）和施莱尔马赫（Friedrich Schleiermacher）之外，在西方无人指出此种关联或互渗。甚至，就连强调信念中的主动因素或习惯因素的实用主义者也不熟悉信念的情感面向。因此，我们从西方哲学史获得的哲学文化或哲学学科的总体图景乃是无视情感在人类心灵中的作用或者说重要作用。毕竟，信念对于心智的主要功能（及意向性行动）来说至关重要，因此，西方的心灵哲学传统误解或忽视了相当多的东西。诚然，这些传统也讨论情感，但只是把它放在一边，并不认为它对于心智最根本的功能来说至关重要。这也再次表明了我们西方传统在这一重要哲学领域的片面和无知。

最后，让我简单地谈一谈西方规范伦理学和政治哲学传统对同情和情感的忽视。先来看"尊重"这一概念。它在柏拉图和亚里士多德的哲学中找不到，也几乎不适用，但斯多亚学派的塞内卡（Seneca）认为人类具有无价之尊严的观点（更不必提斯多亚学派的如下观点了：一切人类具有神性的光芒），的确强烈预示了现代道德意义上的尊重观念。但是在近现代，尤其是在当代，尊重观念和道德权利观念紧密相联。然而，无论是斯多亚学派，还是赞成基本人权、把尊重基本人权视为道德律令的现代/当代哲学家，都没有让同情与情感在他们的思想中起到任何积极的作用。坚决主张尊重人权的人，他们的正当性辩护通常诉诸我们理性的理解能力，或者诉诸天赋的直觉。这种思维方式的典型例子就是美国《独立宣言》所明确表达的观念，即某些道德—政治真理是不言而喻的，其中包括，人有权利获得某些基本的公民自由和政治自由。

例如，根据西方主流传统，人们有信仰之自由；不管是用理性还是凭直觉，我们知道我们必须尊重这一权利，即便我们所宽容和准许的宗教信念与习俗不合我们的口味，甚至即便我们厌恶和鄙视它们。然而，以这样一种理性主义方式理解何以要尊重他人自有其深层次问题。要真正而充分地尊重他人，心怀反感厌弃之情去宽容他人的宗教习俗是不够的——对于那些有着与我们截然不同宗教习俗的人，我们必须尽量理解他们的想法。如果我们不是用这种方式走近他们，而只是听任自己继续蔑视他们，那么我们就没有充分尊重他们。这好比家长一心盼望孩子成为能在音乐会上演出的伟大小提琴家，要求或强迫他每天练习小提琴 6小时，而不去倾听他的抗议。正如父母没有尊重自己的孩子一样，听任自己厌恶他人的习俗或思考方式，而不是尽量从他人截然不同的立场出发看问题，那就没有给予他人充分的尊重。因此，同情、感受性的同情在尊重这一现代核心道德政治理想中起着重要甚至决定性的作用，可惜我们的西方传统偏爱对这一理想做出单纯理性主义的理解，完全忽视了尊重的情感面向。

让我再举一个例子，看看我们的西方传统是如何完全忽视同情及情感在道德中的核心地位。几乎整个现代西方道德传统都认同利他主义对于道德及成为有德之人的重要性。但是，无论相信与否，这一传统并不承认，在利他的人性能力中，在本能地关爱他人的道德义务中，同情以及经由同情对他人的情感认同有任何位置。例如，康德认为，诸如怜悯、仁慈之类的利他动机以及对他人的同情都不是真正的利他，但他对此的论证［在巴特勒（Joseph Butler）看来显然或应该显然］具有深层的缺陷，而当代伦理学家也大都不愿意说怜悯之类的情感基本上属于自利的动机。但是，即使那些承认上述事实的人也不承认同情（以及对他人的情感）在我们通常熟悉的人类利他主义中的核心位置。

如今关爱伦理学家是显著的例外。他们看到同情的作用，（有时或经常）谈论同情的作用，然而这些几乎都没有对"主流"理性主义思想家产生影响。滑稽的是，在"主流"理性主义思想家看来，怜悯或同情意义上的利他主义恰恰是人类动机的某种基本事实。然而，在其最寻常的事例中，利他主义实际上植根于同情之中。我来简单解释一下为什么这么说。

我在上文提到过，休谟认为人们的态度和观点会渗入或"透"入周围的人。（休谟也讲过，情感如何通过"接触感染"传递给其他人。）且想一想这意味着什么。我在同情的潜移默化中接受了父母对丘吉尔的高度评价（这事发生在我身上，也发生在别人身上），我不只是接受某种一般性的散漫的好感，而是接受了关于丘吉尔或以丘吉尔为指向的好感。同样，如果一位父亲深受女儿集邮热情的感染，他就不只是接受了热情或积极的情绪，而是将集邮接受为（意向性）对象。同理，某人因疼痛而感到悲伤，富有同情的人看到他就不只是接收他的负面情绪，而是经由同情接收他因疼痛而来的悲伤感。（研究反射神经元的论著告诉我们，如果我们感觉到别人的疼痛，那么我们或者我们的大脑基本上会反映或感觉到他的悲伤，而不必反映或感觉到他人与痛觉相关的所有现象。）他人因疼痛而感到的悲伤本身构成了他摆脱疼痛的（某种）动机——这已经成为我们所理解的悲伤概念的一部分。如果我们对他人的这种悲伤有同情，我们也就会有试图减轻或消除他人的这种悲伤的动机，而这一动机在本质上是利他的。

在我看来，这就是人类利他动机的基本机制（或基本机制之一）——虽然其他动机可能经常干扰或先行于这样的动机，但我认为许许多多的事例告诉我们，利他行为包含了这样的利他动机（未必要有最终的或自利的动机推动某人做出利他行为）。但是，主流的道德哲学和政治哲学丝毫没有承认这一点，这也是我之所以主张需要重启哲学的一个深层理由。因此，我在本宣言中不只是宣称哲学需要重启——我还给出这一结论的理由，也就是要说明，我们西方传统的基本哲学预设和进路存在根本性的谬误。当然，在这里我只是给出了粗线条的论证。

　　然而，如前所述，这样一些论点似乎不太能让西方分析传统发生改变，更遑论改弦易辙了。女权主义者的一切努力未能在西方哲学思辨的盔甲上划出一丝凹痕。因此，成功的重启可能得来自外部，而在我看来，中国人就是来自"外部"的人，他们最有可能成功地按下必要的重启键。让我们拭目以待。美国哲学目前的实力和影响力是从美国在第二次世界大战中的相对胜利发展出来的。战后的德国和奥地利破败不堪，两国哲学家涌入美国，那里有足够的机会和经济保障让他们投入哲学研究。英国哲学家最终也难逃这样的趋势，尽管不是那么极端。尽管深受维特根斯坦的影响，英国哲学还是越来越接受美国式的哲学观和哲学研究方式。

　　但是，如今中国人在政治和哲学领域的影响力越来越大，而且，不难证明，中国哲学传统尤其是儒家思想包含着和我所倡导的哲学重启非常合拍的观念和视角。我不是说理性是不重要的，而是说，在探讨心灵哲学、认识论、伦理学和其他哲学领域的问题时，同情与情感也要放到中心位置。[①]且容我简单解释一下，为什么我认为儒家思想是这里所辩护的观念的怡人家园，因而也可能或极可能是重启哲学的资源。

三

　　让我们从心灵哲学开始。不难证明，儒家以及一般意义上的中国思想家没有像西方思想家那样很自然地从概念上区分认知与情感（但这一区分是自然的吗）。比如西方思想家认为，大多数日常信念是惰性的，而且是纯智性或纯认知的。也许最有力的证据来自汉语本身。汉字"心"通常译作"heart-mind"，因此，中国哲学家并没有像西方哲学家那样将认知/理性和情感/同情视为分离的心灵能力或心灵活动。[②]

　　今天的西方哲学家看到中国思想的这一倾向，很可能认为这是因为中国思想没有认识到或理解西方思想家所成功做出的重要区别。但是，

---

①　我在别处，也就是即将出版的《情感主义德行认识论》（*Sentimentalist Virtue Epistemology*）中认为，甚至在科学哲学所要讲的科学方法中，情感无疑起着核心作用。

②　日语词"心"（kokoro）通常也译作"heart-mind"，但有意思的是，印欧语言中找不到这样一个词。

从上文的观点来看则是另一番情形。如果信念以前文所论的方式包含情感，那么，正是坚持在理性／认知／信念与情感之间做出概念二分的西方哲学家犯了概念错误。如果当代中国哲学家乐于自信地援引自己的传统，那么，我想他们可以坚持认为自己没有犯西方哲学家所犯的概念错误，也不会天真地附和说，仔细的哲学分析表明心灵是二分的。因此，他们或许可以坚持或支持重启西方对心灵本质及其功能的理解。当然，正如我之前提到的，中国与日俱增的影响力会使中国思想家将来有可能甚至不可避免地主张或坚持重启心灵哲学。

如果中国传统在伦理学等领域也表现出相同的总体方向，即不那么强调或一味重视理性的作用与价值，那么，中国思想家就更有可能重启心灵哲学了。而且我认为，中国人在伦理学上主张和推进这一方向的可能性来自中国古老的阴阳相分相济思想的意义和魅力。（同样，与中国哲学家没有将人类心灵截然二分为认知与情感的做法相应，儒家传统也没有像康德或亚里士多德那样单纯从理性出发研究伦理学。我想我在这方面已经说得够多了。）2013 年，我在《道：比较哲学杂志》(*Dao：A Journal of Comparative Philosophy*) 上发表了《阴阳新义》(Updating Yin and Yang) 一文，认为需要赋予阴阳以新义，但经过重新赋义之后的阴阳概念可以提供一幅更加平衡的伦理生活图景，而我们现在对伦理生活的理解基本上来自西方传统。西方伦理学主要是理性主义传统，甚至像休谟这样例外的情感主义者也没有强调阴阳之间需要平衡。我在文章中指出，从时下的伦理与哲学意图来看，阴阳之别相当于感受 (receptivity) 与理性控制 (rational control) 之间的区分。在西方哲学史上，以牺牲感受为代价，近乎一味地强调理性控制，这样的例子比比皆是。我在《阴阳新义》一文中讨论了很多这样的例子。[①] 但还是让我举两个例子来说明为什么我说西方重阳轻阴，也就是说，过度强调理性控制而无视"感受"。

亚里士多德的《优台谟伦理学》(*Eudemian Ethics*) 以及后来罗尔斯

---

① 2013 年牛津大学出版的拙著《从启蒙到感受》(*From Enlightenment to Receptivity*) 有更加详尽的讨论。

的《正义论》(*A Theory of Justice*)都认为，唯一明智或理性的生活方式乃是制订全盘的人生规划，将一生中想拥有的一切美好事物囊括其中，且不管这样的人生规划受到何种条件的限制，或最终要做出何种调整。生活会告诉我们什么是美好的事物，但这在一定程度上是无法在事先制订的人生蓝图中加以预料的。除此之外，更令人不安的事实可能还在于，很多我们认为（对于我们或我们的生活来说）美好的事物恰恰是我们无法规划或无法理智地加以规划的东西。我特别想到了爱情与友谊。计划坠入爱河是毫无道理的，甚至计划结婚似乎也是高估了我们对此类事情的控制能力。我们得感受爱，即使我们可以注册一个婚恋交友网站或者接受精神疗法来帮助我们消除面对面的恋爱带来的烦恼。一个囊括了人生中一切基本的美好事物的人生规划或许可能诱导我们相信我们能够获得这些美好的事物，但实际上我们无法理性地控制或管理这些美好事物的获得。

　　但也要考虑自由主义者往往强调的一点：我们必须理性地、批判地审查生活中的一切——一切情感、信念和关系——然后才可以把它们纳入生活之中，或者允许它们在生活中继续存在。这再次要求我们把生活置于理性的控制之下，但这样做真的有道理吗，甚至是健康的吗？诚然，女性，大多数女性应当更注意她们和重要的男性交往者之间关系的性质，应当更多地自问，她们与某男性的关系对她们来说是否真正有益，甚至是否健康。然而，上述事实源自男性现在以及以前如何对待女性的经验事实，虽然后一事实非常普遍。这并没有告诉我们，独立于这样的事实之外，存在以下普遍、先天的道理：我们应当对我们的情感和关系等持怀疑和批判的态度。因此，比如说，一直爱着孩子或父母，却没有（事先）批判性地认真思考与孩子或父母的关系是好还是坏，或者这种关系对于我们来说是好还是坏，那么，这种爱就是一种理性错误。显然，这样的怀疑太夸张了，如果有人真的以这种方式吹毛求疵地审视一切，我们完全有理由认为他是不健康的，而且，他对生活的赐赠缺乏感受和感恩，这实际上是非理性的。

　　感受既不等于也不蕴含同情或情感——至少在以上情形下是如此。（不过，对他人之悲伤的同情和情感认同显然包含了对他人之实情或情感的感受性。）我想，如果一个人没有将生活中的一切置于理性审视之下的先天倾向，我们并不能就此认为他具有同情。但是，如果一个人真的将生活中的一切置于理性的审视之下，那么，（很不幸）我们确实可以认为他缺乏感受。前面所举的人生蓝图的例子同样说明了这一点。也许，我们不能认为，对人生有总体规划的人缺乏同情或情感，但是，我们显然可以认为，他们缺乏我所讲的感受德行。可惜，在这些情形下，以及在其他诸多情形下，西方传统并没有认识到感受性的价值或德行，而中国关于阴阳相分相济的思想提供了更为平衡的伦理学进路，使我们可以同时承认感受和理性控制的重大价值。因此，我们再次看到，如果我们通过那些对中国哲学来说很自然的想法重新思考西方的观念和价值，西方传统的限制和错误观点就可以得到更正、重组或重启，而中国人也许最终将处于强力推进西方人的位置。

中国思想可以教给西方重要的东西。本宣言前文所讲的东西正是这一结论的有力证据——事实上，我这样的西方哲学家最近几年才接触中国思想就认识到有此必要。最后，让我们把网撒得稍微大一点。除了上文提到的主要哲学问题，中西哲学之间的一些更为根本的差异再次总体上倾向于赞成中国思想。西方古代思想有一种贬低肉身的倾向，幸运的是，主流儒家思想中找不到类似的偏好。中国早就先于西方知道了如何欣赏日常生活（在没有战争、压迫、疾病和饥饿等重负的情况下）。我也反复讲到，中国从来没有像西方那样以一种不健康的、至少是受蒙蔽的方式贬低情感。所以，中国人可以给予西方或为西方贡献某些东西，这方面中国人无须心生怯意！即便不幸你们的传统没有像后来的西方伦理思想那样关注人权，但你们的哲学进路总体上也比西方更加平衡，对真实的日常生活也更加公正。你们将成为西方人的先生，因为全世界将会前所未有地强烈感受到中国的整体实力。所以，自信满满地面对你们自己传统的哲学信念吧！帮助我们（西方人，全世界的人）按下重启键吧！我找不到任何你们不能这样做的理由。

原载《学术月刊》2015 年第 5 期

研究俄国（苏联）、日本、印度、韩国等国
东方哲学的主要论著目录

《哲学研究》编辑部：《苏联哲学资料选辑》（1—26），上海人民出版社，1964—1966 年。

贾泽林：《苏联哲学纪事（1953—1976）》，生活・读书・新知三联书店，1979 年。

张念丰、郭燕顺：《德波林学派资料选编》，吉林人民出版社，1982 年。

贾泽林等：《苏联当代哲学（1945—1982）》，人民出版社，1986 年。

安启念：《苏联哲学 70 年》，重庆出版社，1990 年。

张百春、陈树林主编：《俄罗斯哲学研究丛书》（4 册），黑龙江大学出版社，2010 年。

黄心川主编：《东方著名哲学家评传》（西亚、北非卷，越南、犹太卷，印度卷，日本卷，韩国卷），山东人民出版社，2000 年。

徐远和等主编：《东方哲学史》（5 卷），人民出版社，2010 年。

朱谦之：《日本哲学史》，生活・读书・新知三联书店，1964 年。

刘及辰：《西田哲学》，商务印书馆，1963 年。

卞崇道主编：《战后日本哲学思想概论》，中央编译出版社，1996 年。

卞崇道：《日本哲学与现代化》，沈阳出版社，2003 年。

卞崇道、王青：《明治哲学与文化》，中国社会科学出版社，2005 年。

卞崇道：《融合与共生——东亚视域中的日本哲学》，人民出版社，2008 年。

史少博、土田健次郎等：《日本重要哲学家著作编译和研究》，中国

社会科学出版社，2015 年。

李甦平：《中国、日本、朝鲜实学比较》，安徽人民出版社，1995 年。

李甦平：《韩国儒学史》，人民出版社，2009 年。

金克木：《试论梵语中的"有—存在"》,《哲学研究》，1980 年第 7 期。

黄心川：《印度哲学史》，商务印书馆，1989 年。

黄心川：《印度近现代哲学》，商务印书馆，1989 年。

黄心川：《印度哲学通史》(上、下)，大象出版社，2014 年。

姚卫群：《印度哲学》，北京大学出版社，1993 年。

姚卫群：《佛教与印度哲学研究》，中国大百科全书出版社，2016 年。

孙晶：《印度六派哲学》，台湾大元书局，2011 年。

巫白慧：《印度哲学——吠陀经探义和奥义书解析》，东方出版社，2000 年。